Michael Schulze von Glaßer

An der Heimatfront

D1724873

Michael Schulze von Glaßer

An der Heimatfront

Öffentlichkeitsarbeit und
Nachwuchswerbung der Bundeswehr

PapyRossa Verlag

© 2010 by PapyRossa Verlags GmbH & Co. KG, Köln
Luxemburger Str. 202, D–50937 Köln
Tel.:   +49 (0) 221 – 44 85 45
Fax: +49 (0) 221 – 44 43 05
E-Mail: mail@papyrossa.de
Internet: www.papyrossa.de

Alle Rechte vorbehalten

Titelfoto und alle Fotos im Buch: Michael Schulze von Glaßer
Umschlag: Willi Hölzel, Lux siebenzwo
Druck: DIP Digital Print, Witten

Die Deutsche Bibliothek verzeichnet diese Publikation in der
Deutschen Nationalbibliografie; detaillierte bibliografische
Daten sind im Internet über http://dnb.ddb.de abrufbar

ISBN 978-3-89438-442-5

Inhalt

Vorwort

Renate Bayer, Mutter eines elfjährigen Sohnes an einem Münchner Gymnasium
... hat ... sich ... dem Arbeitskreis »Friedliche Schule« der Bildungsgewerkschaft
GEW angeschlossen. Die Gruppe befürchtet, dass Schulen zunehmend »unter die
ideologische Kontrolle der Bundeswehr« geraten ... Es werde versucht, bewaffnete
Konflikte den Kindern als Normalität zu verkaufen, sagt Bayer. ... Der Protest
[soll] nun auf breitere Beine gestellt werden. Aufgeschreckt hat sie der Fall eines
Jugendoffiziers, der Schülern erklärt haben soll, dass für deren Handys wegen
des enthaltenen Lithiums die Sicherung freier Handelswege durch die Armee
nötig sei – jene umstrittene These, die Bundespräsident Horst Köhler vor seinem
Rücktritt in Bedrängnis brachte; oder ein Vorfall bei einem Kasernenausflug von
Schülern in Schleswig-Holstein, wo Minderjährige vorschriftswidrig im Schieß-
Simulator ballern durften.

Aus: Johann Osel: Alleinunterhalter in Uniform, in: Süddeutsche Zeitung, *21.06.2010.*

Wenn die Bevölkerung von der Realität des Krieges abgeschreckt ist, versuchen Politik und Militär – auch flankiert von den Medien –, sie umzustimmen. Bei der Bundeswehr und dem Afghanistan-Krieg ist das nicht anders. Tatsachen werden verdreht,
Fakten beschönigt und den Nachwuchs versucht man, für das Militär zu gewinnen.

Bereits 1958 stellte die Bundeswehr die Einheit der Jugendoffiziere auf – junge,
rhetorisch und didaktisch geschulte Soldaten, die für den Umgang mit Kindern und
Jugendlichen ausgebildet wurden. Die heute 94 hauptamtlichen und 300 nebenamtlichen Jugendoffiziere werden ausgebildet an der »Akademie der Bundeswehr für
Information und Kommunikation« – bis 1990 noch treffend als »Amt für psychologische Kriegsführung« bezeichnet. Vor allem in Schulen kommen die Soldaten zum
Einsatz. Schon die Größenordnung ist enorm: 2009 führten die Jugendoffiziere 4.400
Veranstaltungen mit mehr als 115.000 Teilnehmerinnen und Teilnehmern durch. Offiziell informieren die Soldaten die Zuhörer nur, eigentlich informieren und rekrutieren sie aber. Eine Trennung beider Maßnahmen ist schlicht nicht möglich – und
auch nicht im Sinne des Militärs. Neben dem Gewinn der Zustimmung der jungen
Leute für die Bundeswehr und den ausufernden Auslandseinsätzen braucht die deutsche Armee vor allem neuen Nachwuchs. So erreichten Wehrdienstberater 2009 bei
rund 12.600 Veranstaltungen mehr als 280.000 junge Menschen.

Eine Welt, in der schon Kinder vom Militär beeinflusst werden, kann keine friedliche sein. Kurt Tucholsky brachte es bereits 1931 in einem noch heute aktuellen Artikel in der *Weltbühne* auf den Punkt: »Man hat ja noch niemals versucht, den Krieg
ernsthaft zu bekämpfen. Man hat ja noch niemals alle Schulen und alle Kirchen, alle

Kinos und alle Zeitungen für die Propaganda des Krieges gesperrt. Man weiß also gar nicht, wie eine Generation aussähe, die in der reinen Luft eines gesunden und kampfesfreudigen, aber kriegablehnenden Pazifismus aufgewachsen ist. Das weiß man nicht. Man kennt nur staatlich verhetzte Jugend.«[1] Die Misere ist groß, und es ist daher umso wichtiger, sich mit dem öffentlichen Auftreten des Militärs – in Deutschland eben mit dem der Bundeswehr – zu beschäftigen.

Was in diesem Buch nicht behandelt wird, sind Bundeswehr-eigene Medien, die sich an Soldaten und Militärs selbst richten, wie etwa die wöchentlich erscheinende Zeitung *aktuell* oder das auch an Bahnhofskiosken erhältliche Soldaten-Magazin Y. Ebenso werden die Pressemitteilungen des Verteidigungsministeriums und der Bundeswehr nicht explizit analysiert. Doch auch ohne die Beachtung dieser Medien gibt es umfassendes Analyse-Material. Nach einer Einführung in die Nachwuchswerbung und Öffentlichkeitsarbeit der Armee geht es mit den drei Säulen der Bundeswehr-Medienarbeit weiter: Bei eigenen Werbeveranstaltungen auf Marktplätzen oder bei Jugendsportfesten kann sich das Militär nach Belieben darstellen. Zudem wird geschickt, aber einseitig in den Bundeswehr-eigenen Werbemedien für den Kriegsdienst und ein besseres Image geworben. Die dritte Säule bildet Militärwerbung im zivilen Leben: im Fernsehen, in Printmedien und im Hörfunk. Danach wird ein kurzer Überblick über die Werbetätigkeit der US-Armee gegeben, um sie mit der deutschen vergleichen zu können und einzuschätzen, was hierzulande möglicherweise noch bevorsteht. Den Abschluss des Buchs bildet eine umfassende Kritik am »Kampf an der Heimatfront« der Bundeswehr.

Die Recherche für dieses Buch begann bereits 2007 und intensivierte sich im Laufe der Jahre. Ich habe dabei zahlreiche Messestände, Bundeswehr-»KarriereTreffs«, Musikkorps-Konzerte, Tage der offenen Tür, Wehrdienstberatungen in Arbeitsämtern, Gelöbnisse, Bundeswehr-Schulbesuche und Jugendsportevents der Armee besucht und langwierige Gespräche und Diskussionen mit Soldaten nicht gescheut. Wie diskussionsbereit die Bundeswehr ist, wurde mir dabei des Öfteren vor Augen geführt: 2009 wurde mir – trotz Presseausweises – der Zugang zu einem Gelöbnis der Bundeswehr im westfälischen Rheine allein mit der Begründung verwehrt, ich hätte Kontakt zu Antimilitaristen. Aus meinem Kontakt zu Friedensaktivisten mache ich keinen Hehl, warum auch? Es stellt sich vielmehr die Frage, woher die Bundeswehr von meinen Kontakten wissen wollte. Der Grund liegt wohl beim Begleiten einer antimilitaristischen Aktion 2008 in Münster: Dort wurde ich von Soldaten in Zivil, die ich einige Wochen später in Flecktarn traf, unauffällig fotografiert. Führt die Armee also eine Akte über Friedensaktivisten und diejenigen, die mit ihnen in Kontakt

---

1   Tucholsky, Kurt: Die brennende Lampe, in: Die Weltbühne, Jahrgang 27, Nummer 22, S. 815-816.

stehen? Ich weiß es nicht. Zumindest aber wird versucht, militärkritischen Journalisten Informationen vorzuenthalten. Trotz vorheriger regulärer Akkreditierung bei der zuständigen Bundeswehr-Stelle und einer Bestätigung des Bundeswehr-Sprechers wurde mir abermals am 30. Juni 2010 im westfälischen Münster der Zugang zu einer Militärzeremonie – einer Serenade – verwehrt. Die Feldjäger hätten den Auftrag, mich nicht durchzulassen. Daran ändere auch die offizielle Akkreditierung nichts. Später wurde mir auch der Zugang zum öffentlichen Zuschauerbereich verwehrt. Ein seltsames Schauspiel bot sich mir auch auf der Kasseler-Frühjahrsausstellung 2010: der lokal ansässige Wehrdienstberater kam gleich mit verzogener Miene auf mich zu und sagte ironisch: »Sie schreiben immer so nett über uns.« Kurz darauf sprach ich mit dem – noch unbefangenen und auskunftsfreudigen – Leiter des Messestands. Als dieser kurz verschwand, sprintete der Kasseler Wehrdienstberater hinter ihm her. Sie sprachen kurz miteinander. Und als der Leiter des Messestands wieder zu mir kam, brachte er keinen vernünftigen Satz mehr über die Lippen. Informationen bekam ich keine mehr. Wirklich unbefangen sprechen die Werbesoldaten nur, wenn sie nicht wissen, dass ihr Gegenüber ein kritischer Mensch ist. Dann sind sie allerdings auch sehr auskunftsfreudig und zuvorkommend – und manchmal sprechen sie wirklich aus, was sie denken und was der Zweck der Werbung ist. So etwa der Chefredakteur einer kostenlosen Bundeswehr-Jugendzeitung, der unverhohlen zugab vollkommen einseitig zu berichten und sein Magazin mit einer Werbebroschüre für Autos verglich. Oder die Soldaten auf Jugendsportfesten, die einräumen, dass es durchaus kritisch sei, wenn sie Kinder auf ihren Panzern herumturnen lassen.

Spätestens seit Anfang 2010 ist besonders beim Thema »Bundeswehr an Schulen« bundesweit viel Aktivität zu verzeichnen. Immer mehr Menschen und Organisationen wie die GEW beschäftigen sich damit. Ließe sich oppositionelle und pazifistische Arbeit ausreichend finanzieren, könnte man mit der kritischen Analyse der Öffentlichkeitsarbeit und Nachwuchswerbung der Bundeswehr eine Vollzeitstelle schaffen. Zwar floss in die Recherche für diesen Text sehr viel Zeit, das Thema entwickelt sich aber so rasant, dass kaum jedes Detail erwähnt sein kann. Dennoch dürfte er der aktuellste und umfassendste Text über die Öffentlichkeitsarbeit und Nachwuchswerbung der Bundeswehr sein. Sich nach dieser Hintergrundlektüre im Internet über die neuesten Entwicklungen zu informieren, ist aber zu empfehlen.

Noch zwei allgemeine Hinweise: Im Text erwähnte Personengruppen wie beispielsweise »Schüler« umfassen Menschen aller Geschlechter. Auf ein separates »Gendern« – beispielsweise mit Binnen-I wie in SoldatInnen – wurde verzichtet, um den Lesefluss nicht zu stören. Auch wenn in diesem Text harsche Kritik an der Bundeswehr geübt wird, so geht der allgemeine Blickwinkel weit darüber hinaus: Zugrunde liegt das langfristige Ziel einer Welt ohne Armeen.

I. Einführung

Wie ist die heutige Situation? Warum ist die Bundeswehr auf Nachwuchssuche und warum kämpft sie um ihr Image? Um die Öffentlichkeitsarbeit der Armee zu verstehen, bedarf es zunächst eines Blickes auf die Ursachen des Handelns. Nach einem (kurzen) theoretischen Teil folgt ein genauerer Blick auf die Basis der Militärwerbung: die Jugendoffiziere sind die Öffentlichkeits- und Nachwuchsarbeiter der Bundeswehr; das Sozialwissenschaftliche Institut der Bundeswehr in Strausberg bei Berlin erhebt und analysiert die Stimmung in der Bevölkerung und unterbreitet der eigenen Institution Lösungsvorschläge, um mehr Zustimmung und mehr Rekruten zu gewinnen.

Gefahr im Verzug – Militarisierung in Deutschland

Keine Gesellschaft war so militarisiert wie die deutsche.[2] Dies drückte sich im Ersten Weltkrieg und später nochmals in viel brutalerer Form im Zweiten Weltkrieg aus. Die totale Niederlage des faschistischen Deutschlands setzte den Schlusspunkt unter den vormaligen preußisch-deutschen Militarismus. Die Bevölkerung begann gar sich gegen einen erneuten Militarismus in Form der Gründung einer neuen deutschen Armee zu wehren – letztlich jedoch ohne Erfolg. Die konservative deutsche Politik beschloss mit Unterstützung der West-Mächte die Gründung der Bundeswehr – damals noch unter dem Namen »Neue Wehrmacht« geplant. Dennoch waren dem Militarismus in der Bundesrepublik Grenzen gesetzt. Dies hat sich nach Ende des Ost-West-Konflikts – während dem die Bundeswehr als reine Verteidigungsarmee in ihre Kasernen verbannt war – geändert. Seitdem ist Deutschland wieder auf dem Weg zu einer Militärmacht. Dies zeigt sich an einer offensiven Interventionspolitik nach Außen und einer zunehmenden Militarisierung nach Innen. Die Bundeswehr proklamiert eine »Transformation«, was sich auch in ihrer Ausrüstung und ihrem Agieren im Inland widerspiegelt. Seit Jahren drängen konservative Politiker zum

---

2   Siehe dazu: Wetter, Wolfram: Militarismus in Deutschland – Geschichte einer kriegerischen Kultur, Frankfurt am Main 2008.

angeblichen Schutz vor Terroristen auf einen – bisher grundgesetzwidrigen – Einsatz der Bundeswehr im Inland. Bisher hatten sie – wie sich beispielsweise am 2006 vor dem Karlsruher Verfassungsgericht gescheiterten Luftsicherheitsgesetz zeigt, das der Bundeswehr erlauben sollte mutmaßlich von Terroristen entführte Flugzeuge abzuschießen – keinen Erfolg. Um die Armee dennoch im Inland zum Einsatz zu bringen und die Bevölkerung an das Militär zu gewöhnen, gehen Politik und Militär seit Jahren den Weg über die im Grundgesetz Artikel 35 verankerte Amtshilfe: »Alle Behörden des Bundes und der Länder leisten sich gegenseitig Rechts- und Amtshilfe.« So kommt die Bundeswehr beispielsweise bei Sportveranstaltungen oder der jährlichen Sicherheitskonferenz der NATO in München zum Zug. Von 1996 bis 1999 gab es noch je eine Amtshilfemaßnahme pro Jahr. 2007 gab es 16, 2008 bereits 31 solcher Inlandsverwendungen und 2009 sogar 44 Amtshilfeeinsätze der Bundeswehr im Inland.[3] Der Einsatz von Tornado-Kampfflugzeugen zur Überwachung von Demonstranten während des G8-Gipfels 2007 in Heiligendamm zeigt, dass es sich bei den Amtshilfe-Einsätzen nicht nur um Kleinigkeiten handelt – etwa die Bereitstellung von Unterkünften für Polizeikräfte wie etwa bei der Fußball-Weltmeisterschaft der Herren 2006 in Deutschland –, sondern auch um handfeste politische Auseinandersetzungen. Darauf zielt auch die Einbindung von Bundeswehr-Reservisten und die so genannte zivil-militärische Zusammenarbeit (ZMZ) ab: in den letzten Jahren wurden 441 ZMZ-Kommandos aus jeweils zwölf Reservisten in sämtlichen Kreisen und Regierungsbezirken eingerichtet. Die Reservisten werden fast überall von den zivilen Katastrophenschutzstäben eingebunden und erhalten Einsicht in die Bereitschaftsstände von Polizei und Feuerwehr. Die Bundesregierung schließt nicht aus, dass die ZMZ-Kommandos bei Demonstrationen zum Einsatz kommen können. Dies obliege allein den Landesbehörden, antwortete sie auf eine kleine Anfrage der Linksfraktion.[4] Selbst der Militäreinsatz anlässlich von Streiks im Transport-, Energie- oder Gesundheitswesen wird nicht ausgeschlossen – eine Entscheidung darüber sei »dem jeweiligen Einzelfall vorbehalten.«[5] Welch wichtige Rolle Bundeswehr-Reservisten bei der Militarisierung spielen, zeigt ein im Februar 2005 ohne mediale Beachtung vonstatten gegangene Gesetzesänderung: das Einzugsalter wurde von 45 auf 60 Jahre festgesetzt.[6] Bis zu dieser Änderung gab es 4,3 Millionen Bundeswehr-Reservisten bis 45 Jahre, nun kamen 800.000 zwischen 45 und 60 Jahren hinzu. Das

---

3   Jelpke, Ulla: Pressemitteilung vom 22.02.2010: »Amtshilfe« der Bundeswehr wird uferlos, in: www.ulla-jelpke.de – Alle Internetquellen wurden eingesehen während der Manuskripterstellung 2009/2010.

4   Bundestags-Drucksache 16/13970.

5   Ebenda.

6   Sander, Ulrich: Die Militarisierung der Inneren Sicherheit, in: www.nrw.vvn-bda.de, 20.07.2009.

Potential, auf das die Bundeswehr kurzfristig – also nach einer kurzen Auffrischungs-
übung – zurückgreifen kann, wurde um knapp eine Million erhöht. Die Anzahl der
Soldaten erhöht sich und kann im Notfall – auch bei inneren Unruhen – zum Einsatz gebracht werden. Zu dieser Entwicklung passt die vermehrte Erforschung und
Indienstnahme so genannter Weniger-Letaler-Waffen (WLW), also Waffen, die keine
direkte tödliche Wirkung haben.[7] Dies sind etwa Reizgase, Gummigeschosse oder
sogar Wasserwerfer. Ursprünglich zu militärpolizeilichen Maßnahmen im Kosovo
entwickelt, könnten diese auch im Inland zur Aufstandsbekämpfung genutzt werden. Auch Soldaten werden heute standardmäßig in ursprünglich polizeilichen Aufgaben trainiert, etwa um Demonstrationen zu begleiten und zu zerschlagen, im so
genannten Crowd-Riot-Control (CRC).

Eine weitere wichtige Beobachtung bei der Militarisierung Deutschlands ist im
kulturellen Bereich zu anzustellen. Besonders der ehemalige Verteidigungsminister
Franz Josef Jung (CDU) schien es sich zur Aufgabe gemacht zu haben, mithilfe eines
neuen Helden- und Totenkults um Verständnis und Zustimmung für die Bundeswehr und ihre Einsätze zu werben. Am 6. Juli 2009 wurde erstmals das von Jung
gestiftete »Ehrenkreuz der Bundeswehr für Tapferkeit« an Soldaten verliehen. Zu
den schon bestehenden Einsatz- und Ehrenmedaillen der Bundeswehr kam die erste
Auszeichnung für besondere Tapferkeit – die Form der neuen Medaille entspricht
dem des schon im Ersten und Zweiten Weltkrieg von der jeweiligen deutschen Armee für Tapferkeit verliehenen Eisernen Kreuzes.[8] Ein weiterer großer Schritt zur
Etablierung eines neuen Kultes um deutsche Soldaten war die Errichtung des am
8. September 2009 feierlich vom damaligen Bundespräsident Hort Köhler (CDU)
eingeweihten Ehrenmals der Bundeswehr am Bendlerblock, dem Berliner Sitz des
Verteidigungsministeriums.[9] In der von Bronze umhüllten Stahlbeton-Konstruktion
werden die Namen aller seit Gründung der Bundeswehr 1955 im Dienst ums Leben
gekommenen Soldaten – über 3.100 – für jeweils etwa fünf Sekunden an eine Innen-
wand projiziert. An einer anderen Wand steht in goldenen Lettern: »DEN TOTEN
UNSERER BUNDESWEHR FÜR FRIEDEN RECHT UND FREIHEIT.« Vom
Bendlerblock vor den Reichstag verlegt wurde erstmals 2008 das jährliche feierliche
Gelöbnis von Bundeswehr-Rekruten. 2009 gab es am 20. Juli sogar eine Live-Übertragung des Gelöbnisses beim öffentlich-rechtlichen Fernsehsender Phoenix. Dazu
zog der Sender extra einen höherrangigen Soldaten zur Moderation hinzu, um den

---

7   Meuser, Thomas: Nicht-letale Wirkmittel – Möglichkeiten und Grenzen aus militärpolizeilicher
    Sicht, in: Strategie & Technik, November 2009, S. 65ff.
8   Müller, Andreas: Merkel und Jung verleihen Ehrenkreuze für Tapferkeit, in: www.bmvg.de,
    6.7.2009.
9   Lichte, Susanne: Ehrenmal der Bundeswehr eingeweiht, in: www.deutschesheer.de, 8.9.2009.

Bürgern vor den Fernsehgeräten die Militärzeremonie vor dem Reichstag zu erklären. Die Zahl öffentlicher Gelöbnisse außerhalb militärischer Liegenschaften nahm
unter Führung Franz Josef Jungs bundesweit zu: Lag sie 2007 noch bei 134, waren
es 2009 sogar 180 Gelöbnisse auf öffentlichen Plätzen.[10] 2010 forderte die FDP die
Einführung eines Verwundetenabzeichens für deutsche Soldaten – Verteidigungsminister Karl-Theodor zu Guttenberg (CSU) signalisierte Zustimmung. Zudem will der
Minister Afghanistan-Veteranen in Schulen schicken, um das Bild vom Kriegseinsatz
aufzupolieren.[11] Durch eine umfassende Öffentlichkeitsarbeit des Militärs soll die
Bevölkerung auf Kurs gebracht werden.

Zudem führen umfangreiche Überwachungsmaßnahmen, auch wenn sie nicht
vom Verteidigungsministerium oder der Bundeswehr durchgeführt werden, zu einer
weiteren Militarisierung der Gesellschaft. Ob Videokameras auf öffentlichen Plätzen
oder biometrische Daten in Pässen, die Bevölkerung wird unter dem Vorwand etwas
gegen Terrorismus zu unternehmen unter Generalverdacht gestellt. So war es der
ehemalige Innenminister und heutige Finanzminister Wolfgang Schäuble (CDU),
der zugleich mehr Überwachung und den Einsatz der Bundeswehr im Inland forderte. Reichen die präventiven Überwachungsmaßnahmen nicht mehr aus, soll Widerstand offenbar gewaltsam begegnet werden.

Die Militarisierung der deutschen Gesellschaft geht größtenteils unbemerkt vonstatten. Wohin sie führt, wird sich erst noch zeigen müssen. Zumindest aber werden
Grund- und Freiheitsrechte massiv eingeschränkt. Wer den Kurs der Regierenden –
zum Beispiel bei der Etablierung eines neuen Heldenkults – nicht mittragen möchte,
gerät schnell ins Visier staatlicher Repressionsorgane. Noch sind dies die Polizei und
der Inlandsgeheimdienst. Schon bald könnte es aber auch das Militär sein.

Massive Nachwuchswerbung –
Warum benötigt die Bundeswehr neue Rekruten?

»Gut ausgebildete, gleichermaßen leistungsfähige wie leistungswillige Soldatinnen
und Soldaten sowie zivile Mitarbeiterinnen und Mitarbeiter sind Grundvorausset-
zung für die Einsatzbereitschaft der Bundeswehr.«[12] Im strategischen Konzept des
Bundesministeriums der Verteidigung, dem »Weißbuch 2006 – zur Sicherheitspolitik Deutschlands und zur Zukunft der Bundeswehr«, macht das Militär unmiss-

---

10   Bundestags-Drucksache 17/715.
11   Guttenberg will Soldaten an Schulen schicken, in: www.welt.de, 15.5.2010.
12   Bundesministerium der Verteidigung: Weißbuch 2006 – zur Sicherheitspolitik Deutschlands
      und zur Zukunft der Bundeswehr, Berlin 2006, S. 44.

verständlich deutlich, wie wichtig ihm die Personalgewinnung ist. Die nach Ende des Ost-West-Konfliktes begonnene Transformation der Bundeswehr hin zu einer weltweit einsetzbaren Armee hatte besonders auf die Personalstruktur Einfluss: der Personalumfang soll von knapp 500.000 Soldaten zur Hochzeit des Kalten Krieges auf 252.500 verringert werden. Das Personalstrukturmodell 2010 (PSM 2010) der Bundeswehr sieht in Friedenszeiten (und daran hat auch der Afghanistan-Einsatz nichts geändert) einen Umfang von 195.000 Berufs- und Zeitsoldaten, 55.000 Grund-wehrdienstleistenden und freiwillig länger Dienenden sowie 2.500 Reservisten vor.[13] Von 117.000 zivilen Arbeitsplätzen bei der Bundeswehr soll es 2010 nur noch 75.000 geben.[14] Trotz des vermeintlichen Personalabbaus – das Bild wird gerade im zivilen Bereich durch Outsourcing an private Dienstleister verzerrt – müssen jährlich rund 20.000 neue Rekruten aus der Zivilgesellschaft für den Dienst an der Waffe gewor-ben werden. Dies liegt besonders an der hohen Personalfluktuation innerhalb der Armee: 131.000 Soldaten auf Zeit (SaZ) dienen in der Truppe. Zwischen zwei und zwölf Jahren bleiben die Zeitsoldaten in der Bundeswehr, mehr als 20.000 Soldaten auf Zeit verlassen die Bundeswehr jährlich und gehen danach einem zivilen Beruf nach, andere verpflichten sich gänzlich als Berufssoldaten. »Überwiegend im Al-tersband zwischen 20 und 30 Jahren sind sie hochbelastbar, vielseitig verwendbar und bilden so das Rückgrat der deutschen Streitkräfte bei der Auftragserfüllung im In- und Ausland«, so der Deutsche Bundeswehrverband.[15] Das Loch von mehr als 20.000 Soldaten, die die Bundeswehr jährlich verlassen, muss gestopft werden – und das ist ein Problem. Im Jahr 2009 hätte die Bundeswehr 23.700 neue Soldatinnen und Soldaten einstellen müssen.[16] Mit 21.784 wurde diese angestrebte Zahl al-lerdings unterschritten – in den Vorjahren wurde sie jeweils eingehalten. 14.000 Stellen konnten 2009 mit externen Bewerbern besetzt und knapp 7.800 Soldaten durch Binnenwerbung gewonnen werden – beispielsweise aus dem Pool der Wehrdienstleistenden.

»Wer berufliche Alternativen hat, geht nicht zur Bundeswehr«, beschreibt die Militärsoziologin Nina Leonard das Problem der deutschen Armee.[17] Der Dienst an der Waffe und in der Bundeswehr ist unpopulär. Dies stellt auch das Sozialwissen-

---

13   Jährlicher Austausch militärischer Informationen nach WD 99 – Verteidigungsplanung 2004, S. 10.

14   Bundesministerium der Verteidigung: Weißbuch 2006, a. a. O., S. 152.

15   Kirsch, Ulrich: Attraktivität steigern – Motivation schaffen – Nachwuchs sichern. Forderungen an die 17. Legislaturperiode zur Sicherung der persönlichen Einsatzfähigkeit. Deutscher Bundes-wehrverband, Juli 2009.

16   Bundestags-Drucksache 17/900.

17   Leonhard, Nina / Werkner, Ines-Jacqueline: Militärsoziologie – Eine Einführung, S. 261, Wies-baden 2005.

schaftliche Institut der Bundeswehr in ihrer Studie »Berufswahl Jugendlicher und Interesse an einer Berufstätigkeit bei der Bundeswehr« aus dem Jahr 2007 fest: »Auf die Frage, ob sie sich vorstellen könnten, zumindest für eine gewisse Zeit bei der Bundeswehr als Soldat oder als ziviler Mitarbeiter berufstätig zu sein, antworten 25 Prozent der befragten Jungen und jungen Männer im Alter von 14 bis 23 Jahren mit ›Ja‹, weitere 27 Prozent mit ›Vielleicht, unter Umständen‹ und die übrigen 48 Prozent mit ›Nein‹. Im Vergleich zur Vorjahresbefragung in 2006 ist der Anteil der jungen Männer mit Interesse am Arbeitgeber Bundeswehr um neun Prozentpunkte zurückgegangen.«[18] Zwar ist die Zahl der Bundeswehr-Interessenten – auch bei den Frauen – zurückgegangen, die Armee kann aber noch immer auf einen kleinen, festen Kern junger Leute zählen, die sich für einen Dienst an der Waffe oder einem vermeintlich zivilen Beruf bei der Armee interessieren. Durch den demografischen Wandel wird dieser Kern wie das gesamte Bewerberaufkommen jedoch immer kleiner. Das Bundesministerium der Verteidigung hat dies erkannt und bereits Anfang 2007 die Arbeitsgruppe »Demographischer Wandel« eingesetzt, die bereits mehrere Berichte dazu veröffentlicht hat. Darin werden Vorschläge unterbreitet, wie die Armee trotz Geburtenrückgangs ihr Soll erreichen kann. Hinzu kommt ein weiteres Problem: ein Fachkräftemangel. Zwar benötigt die Bundeswehr auch in den Mannschaften viele Rekruten, doch heutige Waffensysteme sind kompliziert und bedürfen gut ausgebildeter Fachkräfte und Akademiker zur Bedienung. Doch gerade die bleiben der Armee fern. Wie bereits in den 1980er-und 1990er-Jahren wissenschaftlich ermittelt wurde, verweigern insbesondere Abiturienten den Wehrdienst, da sie zunehmend nach Idealen wie Selbstentfaltung und Partizipation streben.[19] Traditionelle militärische Kategorien wie Gehorsam, Pflichtbewusstsein und Unterordnung sind für diese Gruppe unattraktiv. Umso stärker wirbt die Bundeswehr beispielsweise für den Beruf des Piloten, da Rekruten sowohl gute Bildung als auch körperliche Fitness mitbringen müssen. Eine weitere Möglichkeit, Abiturienten für den Dienst an der Waffe zu gewinnen, ist der Verweis auf ein kostenloses Hochschulstudium an einer der Bundeswehr-Universitäten in Hamburg und München. Wer dort studieren will, verpflichtet sich für lange Jahre in der Armee Dienst zu tun, und inzwischen auch, an Auslandseinsätzen teilzunehmen. Die Ökonomisierung des bundesdeutschen Hochschulsystems spielt der Bundeswehr dabei in die Hände: Wer sich keine Studiengebühren leisten kann oder keine Lust hat in überfüllten Vorlesungen und

---

18 Bulmahn, Thomas/Burmeister, Julia/Thümmel, Kathleen: Berufswahl Jugendlicher und Interesse an einer Berufstätigkeit bei der Bundeswehr – Ergebnisse der Jugendstudie 2007 des Sozialwissenschaftlichen Instituts der Bundeswehr (SoWI) – Forschungsbericht 88, Strausberg, Sept. 2009, S. 8.

19 Leonhard / Werkner: Militärsoziologie, a. a. O., S. 257.

Seminaren zu sitzen, kann ein »Studium mit Gehalt« – wie es die Armee bewirbt – bei der Bundeswehr antreten.

Im Bildungswesen, wo der Staat seinen Pflichten nicht genügend nachkommt und unaufhörlich Finanzmittel kürzt sowie versucht die Lernenden zur Kasse zu beten, versucht die Bundeswehr Boden zu gewinnen. Dies sieht man bei Universitäten, aber auch im Schulwesen. Dort springt die Armee immer mehr in die Lehrerausbildung ein, um später Jugendoffiziere in die Schulklassen der eigens ausgebildeten Lehrkräfte schicken zu können. Dadurch sollen wiederum junge Leute rekrutiert werden und für Zustimmung für die Bundeswehr gesorgt werden.

Was dem Militär – wie sich beispielsweise aktuell sehr deutlich in den USA und in Spanien zeigt – am meisten in die Hände spielt, ist eine schlechte Wirtschaftslage. Die US-Army kann sich seit Beginn der Wirtschaftskrise 2008 kaum vor neuen Bewerbern retten. In Deutschland führt die Bundeswehr gezielt Veranstaltungen in Arbeitsämtern durch, um junge Erwerbslose für sich zu gewinnen – in rund einem Dutzend Arbeitsagenturen betreibt die Armee sogar feste Büros. Die Bundeswehr profitiert bei ihren Rekrutierungsbemühungen sehr von der in den letzten Jahren verschärften Sozialgesetzgebung, die vor allem für Menschen unter 25 Jahren massive Kürzungen der Unterstützung und die so genannte Stallpflicht vorsah. Bekannt geworden sind Fälle, bei denen es zu Sanktionsandrohungen gegen Arbeitslose, die sich weigerten zu Bundeswehr-Rekrutierungsveranstaltungen zu gehen.[20] »Ab in den Krieg, sonst wird die Stütze gekürzt«, überschrieb die *Dresdner Morgenpost* Ende 2007 einen Beitrag, in dem der Sprecher der ARGE Leipzig, Ronny Schleicher, erklärte: »Ein Angebot für einen Job beim Bund werten wir als normale Wiedereingliederungshilfe. Allerdings werden wir in jedem Einzelfall prüfen, ob das Angebot zumutbar war und somit Sanktionen fällig werden.«[21] Wie wichtig die Vermittlungsrolle der Arbeitsagenturen für die Armee ist, zeigt ein Beispiel aus Hamburg: Von 328 jungen Menschen, die im Januar 2007 in der Hansestadt ihren Dienst bei der Bundeswehr antraten, waren 107 zuvor arbeitslos.[22] Symptomatisch erscheint, dass einer Meldung von März 2010 zufolge Frank-Jürgen Weise zusätzlich zu seiner Tätigkeit als Vorstandsvorsitzender der Bundesagentur für Arbeit die Leitung einer Bundeswehr-Strukturkommission übernehmen soll. Die Bundeswehr gewinnt ihr Personal heute überproportional aus wirtschaftsschwachen Regionen, wobei der Rekrutie-

---

20 Schürkes, Jonna: Armee der Arbeitslosen? Arbeitsagenturen als Rekrutierungsgehilfen der Bundeswehr, in: IMI-Studie – 7/2008.

21 Ab in den Krieg, sonst wird die Stütze gekürzt, in: Morgenpost am Sonntag 16.12.2007, zitiert nach: ebenda.

22 Gerlach, Tanja: Wir sind lieber Soldat als arbeitslos, in: Hamburger Abendblatt, 6. Februar 2007.

rungsschwerpunkt in den ostdeutschen Bundesländern liegt.[23] Umgekehrt kommen weniger Bewerber für den Soldatenberuf aus Gebieten, wo es neben der Bundeswehr viele Unternehmen mit beruflichen Möglichkeiten gibt.

Die mit der Transformation der Bundeswehr einhergehenden Kasernenschließungen haben sich ebenfalls negativ auf die Personalgewinnung ausgewirkt.»Wer [...] die Bundeswehr nicht mehr in der Nachbarschaft erleben kann, der kommt unter Umständen gar nicht auf den Gedanken, dass auch die Streitkräfte interessante und fordernde Berufsalternativen bieten«, meint Generalmajor Wolfgang Born,»Beauftragter für Personalgewinnung und Ausbildungszusammenarbeit mit der Wirtschaft«.[24] Bei einem Bundeswehr-Jugendsportfest bedauerte Pressesprecher Oberstleutnant Jürgen Mertins 2008 die vielen Standortschließungen, da einige Jugendliche dadurch noch nie einen Soldaten in Uniform gesehen hätten.[25] Dies sei auch der Grund, warum die Bundeswehr verstärkt Jugendevents durchführe.

Eine Reaktion auf die sinkenden Rekrutenzahlen, die kurzfristig die Zahl der für den Soldatenberuf tauglichen Jugendlichen erhöhen sollte, war die Änderung der Einstellungskriterien für Freiwilliglängerdienende (FWLD) im Jahr 2006. Die Soldaten verpflichten sich über ihren Grundwehrdienst hinaus länger bei der Armee zu bleiben. Die Dienstzeit von FWLD-Soldaten beträgt mindestens 10 und höchstens 23 Monate. Dabei erklären sie sich auch bereit zu einer Teilnahme an Auslandseinsätzen, sodass sie sich zusätzlich einem Test unterziehen müssen. Interessant ist, dass 2006 die Einstellungskriterien in Bezug auf die physischen Anforderungen an zukünftige Soldaten angehoben wurden, während sie in Bezug auf soziale Kompetenz, psychische Belastbarkeit und Verhaltensstabilität abgesenkt wurden. Im Bericht des damaligen Wehrbeauftragten des Bundestags heißt es:»Ab dem Diensteintrittstermin 1. Oktober 2006 können Wehrpflichtige dieser Sondergruppe auch im Falle einer Unterschreitung der Mindestvoraussetzungen im Hinblick auf ›soziale Kompetenz‹ und ›psychische Belastbarkeit‹ bis Bewertungsstufe 6 und ›Verhaltensstabilität‹ bis Bewertungsstufe 5 verpflichtet werden.«[26] Das steht im Widerspruch zu der Behauptung der Bundeswehr, dass gerade die soziale Kompetenz der Soldaten bei so genannten»Friedensschaffenden Maßnahmen« im Ausland von hoher Bedeutung sei. Tatsächlich dürften Soldaten mit einer geringen sozialen Kompetenz noch weniger

---

23 Heikenroth, André: Wer will zur Bundeswehr? Ergebnisse der Allgemeinen Bevölkerungsumfrage 1998 des Sozialwissenschaftlichen Instituts der Bundeswehr, S. 86.

24 Marberg, Jan: Vier-Punkte-Plan für Nachwuchs, in: www.y-punkt.de, 2.5.2008.

25 Schulze von Glaßer, Michael: Die Bundeswehr im Kampf an der Heimatfront, in: IMI Studie 01/2009.

26 Bewertungsstufe 1:»besonders ausgeprägt«, Bewertungsstufe 7:»ungenügend ausgeprägt« – Bundestags-Drucksache 16/4700.

in der Lage sein, die Kriegseinsätze der Bundeswehr der betroffenen Bevölkerung im Einsatzland als »humanitäre Einsätze« zu verkaufen. Schon mehrmals kamen in Afghanistan Zivilisten durch psychisch überlastete deutsche Soldaten ums Leben: eineinhalb Tage nachdem eine Bundeswehrpatrouille nahe Kundus im August 2008 in eine Sprengfalle fuhr und ein 29 Jahre alter Hauptfeldwebel getötet wurde, erschoss ein Bundeswehrsoldat eine Frau und zwei Kinder, die in einem Auto auf den Kontrollpunkt zufuhren.[27] Gerade nach Anschlägen auf die Bundeswehr-Einheiten scheinen viele Soldaten dem Druck nicht gewachsen und den Finger sehr leicht am Abzug zu haben: am 2. April 2010 kamen drei deutsche ISAF-Soldaten bei Gefechten mit Taliban ums Leben. Später beschoss ein Bundeswehr-Schützenpanzer einen Jeep der afghanischen Armee, den sie nicht als solchen identifizieren konnte – fünf Soldaten der Afghan-National-Army wurden dabei getötet.[28] Was Nina Leonhard, Mitarbeiterin des Sozialwissenschaftlichen Instituts der Bundeswehr, in ihrem 2005 erschienenen Buch »Militärsoziologie – Eine Einführung« fürchtete, hat sich bewahrheitet: die geringeren Einstellungskriterien haben zu einem »Qualitätsverlust« in der Armee geführt, der wiederum einen »Ansehensverlust« mit sich bringt.[29] Dies ist der Beginn einer Abwärtsspirale, da ein geringeres Ansehen zugleich weniger Rekruten bedeutet, woraufhin notgedrungen wieder die Einstellungskriterien gesenkt werden müssen.

Die Absenkung der Einstellungskriterien ist aber nicht nur für andere Menschen gefährlich, sondern auch für die Soldaten selbst. Jonna Schürkes von der Informationsstelle Militarisierung e. V. merkt dazu in ihrer Studie »Armee der Arbeitslosen? Arbeitsagenturen als Rekrutierungsgehilfen der Bundeswehr« an, dass »hinsichtlich der zunehmenden Anzahl an Soldaten, die mit Posttraumatischen Belastungsstörungen (PTBS) und anderen psychischen Problemen von Auslandseinsätzen zurückkehren«, die Absenkung der psychischen Einstellungskriterien »verantwortungslos« ist.[30] Und die Zahl PTBS-kranker Soldaten wächst unaufhörlich. So heißt es im Wehrbericht 2009: »Die Anzahl der an PTBS erkrankten Soldatinnen und Soldaten hat sich seit Beginn der Auslandseinsätze der Bundeswehr kontinuierlich erhöht. 2009 sind insgesamt 466 Soldatinnen und Soldaten mit der Diagnose PTBS behandelt worden. Damit hat sich die Anzahl der PTBS-Erkrankten gegenüber 2008 mit 245 Fällen nochmals deutlich fast verdoppelt. Fast 90 Prozent der PTBS-Fälle (418)

---

27   Deutsche Soldaten töten Zivilisten, in: www.handelsblatt.com, 29. 8.2008.

28   Bundeswehr tötet afghanische Soldaten, in: www.handelsblatt.com, 3.4.2010.

29   Leonhard / Werkner: Militärsoziologie, a. a. O. S. 261.

30   Schürkes, Jonna: Armee der Arbeitslosen? Arbeitsagenturen als Rekrutierungsgehilfen der Bundeswehr, in: IMI-Studie 7/2008.

entfallen auf Soldaten des ISAF-Kontingents.«[31] Die Dunkelziffer soll aber weitaus höher liegen – viele Soldaten schämen sich die Krankheit offen zuzugeben, da diese als vermeintliche Schwäche angesehen wird. Der damalige Wehrbeauftragte Reinhold Robbe (SPD) nennt in seinem Bericht zwei Gründe für den Anstieg der Krankenzahlen:»Zum einen die erhöhte Zahl der Soldaten im Einsatz, zum anderen die Zunahme der Einsatzintensität und die kriegsähnlichen Verhältnisse in Afghanistan, insbesondere im Raum Kunduz.«[32] Dass das Problem noch grundlegenderer Natur ist, übergeht Robbe. Denn anstatt nur psychisch gesunde Soldaten in die Armee eintreten zu lassen und sie so vor PTBS zu schützen, spielt das Verteidigungsministerium mit der Gesundheit ihrer Soldaten. Aus dieser Betrachtung erscheint auch die Einrichtung eines medizinischen Trauma-Zentrums der Bundeswehr, das im Mai 2010 eingeweiht wurde, als Farce. Ein Schutz vor PTBS kann eine stabile Psyche sein – am besten aber schickt man die Soldaten erst gar nicht in Situationen, in denen sie ein Trauma erleiden könnten.

Auch bei der Behandlung psychisch kranker Soldaten hat die Bundeswehr ein Problem. So war zur Einweihung des neuen Therapiezentrums zur Behandlung von PTBS im Bundeswehrkrankenhaus Berlin nur die Hälfte der 40 Dienstposten für Psychiater besetzt. Die deutsche Armee beklagt seit Jahren einen massiven Ärztemangel. Der von der Bundeswehr bereits 2008 prognostizierte Mangel an 400 Sanitätsoffizieren im Jahr 2010 wurde schon 2009 erreicht und sogar übertroffen.[33] 429 Sanitätsoffiziere fehlten der Armee im Februar 2009 – im Jahr 2008 hatten 97 Sanitätsoffiziere die Streitkräfte auf eigene Initiative verlassen, 18 weitere waren aus gesundheitlichen Gründen entlassen und drei Mediziner verstorben. Der laut Regierung »sprunghafte Anstieg unplanmäßiger ärztlicher Personalverluste in 2008« sorgt bei der Bundeswehr für Probleme.[34] Durch die Zunahme gefährlicher Militäreinsätze im Ausland steigt der Bedarf an ärztlicher Versorgung in der Armee stetig – nicht nur beim Thema PTBS. Wegen mangelnder Attraktivität – vor allem das eigene gesundheitliche Risiko und die starke Konkurrenz durch die zivile Wirtschaft – bleiben Mediziner (wie auch anderen Akademiker) der Bundeswehr immer öfter fern. Dass nun auch noch viele Sanitätsoffiziere der Armee den Rücken kehren, zeigt, wie unattraktiv der Dienst ist – Ärzte die ihre Ausbildung dadurch finanziert haben, dass sie sich vertraglich verpflichteten einen Zeitraum für die Bundeswehr tätig zu sein, müssen bei vorzeitigem Abgang die fünfstelligen Ausbildungskosten zurückzahlen.

---

31   Bundestags-Drucksache 17/900.
32   Ebenda.
33   Bundestags-Drucksache 16/12012.
34   Ebenda.

Selbst diese Kosten scheuten einige Ärzte nicht. Die Bundesregierung versuchte 2009 gegenzusteuern: Fachärzte in der Bundeswehr bekommen bis ins Jahr 2014 eine monatliche Zulage von 600 Euro und junge Sanitätsoffiziere werden stärker gefördert. Zudem wurde eine Arbeitsgruppe »Attraktivität und Funktionalität des Sanitätsdienstes der Bundeswehr« vom Verteidigungsministerium eingerichtet, die Vorschläge machte, wie beispielsweise das Familienleben der Armee-Ärzte mehr zu achten. Zwar war das Bewerberaufkommen in den Jahren 2009 und 2010 wieder besser und die Bundeswehr konnte mehr Ärzte vom zivilen Arbeitsmarkt abwerben, es mangelt aber weiterhin an knapp 400 Medizinern. Die Bundesregierung bewertet die Situation daher »als weiterhin kritisch«[35].

Um dennoch einsatzbereit zu sein, beschreitet das Bundesverteidigungsministerium neue, ungewöhnliche Wege. In einem Mitgliederbrief der Deutschen Psychotherapeuten-Vereinigung 2009 suchte die Bundeswehr mit einem Appell qualifizierte externe Psychotherapeuten zur Behandlung traumatisierter Soldaten. Beigelegt war der Fachzeitschrift ein Formblatt, in dem sich die Therapeuten bereit erklären sollten, kurzfristig Therapieplätze zur Verfügung zu stellen, nebst der Aufforderung, »den Aufgaben der Bundeswehr in ihren Auslandseinsätzen nicht ablehnend« gegenüberzustehen. Kritische Ärzte warnten vor einer Drei-Klassen-Medizin, in der Militärangehörige gegenüber Zivilisten bevorzugt würden. Die deutsche Ärzteorganisation IPPNW wandte sich in einem offenen Brief an den damaligen Verteidigungsminister Franz Josef Jung (CDU): »Kriegstraumatisierung kann aus unserer Sicht nur in der Art sinnvoll behandelt werden, dass im therapeutischen Prozess klar zwischen Aggressor und Opfer unterschieden wird, zwischen denen, die der Gewalterfahrung ohne ihr Zutun hilflos ausgeliefert waren und denen, die eben diese Gewalt mit hervorbringen. Anderenfalls würden wir eine rein symptomatische Behandlung ohne kausalen Ansatz betreiben. Die Forderung, Therapie ohne kritische Hinterfragung des politisch-militärischen Kontextes zu betreiben, ist mit unserem Verständnis psychotherapeutischer Arbeit nicht vereinbar. Ist doch das angestrebte Ergebnis einer Therapie in jedem Fall die konsequente Gewalt-Prävention, um Amokläufen oder Suiziden, der Selbst- wie der Fremdgefährdung, vorzubeugen.«[36] Der Brief ist von rund 200 Psychologen und Psychotherapeuten aus dem gesamten Bundesgebiet unterzeichnet.

Auch das Deutsche Rote Kreuz (DRK) soll in die deutsche Kriegsführung eingebunden werden, um die sanitätsdienstliche Versorgung sicherzustellen. Am 16. Ok-

---

35   Bundestags-Drucksache 17/1665.

36   Claußen, Angelika/Jochheim, Matthias/Müller, Michaela M.: Offener Brief an Verteidigungsminister Franz Josef Jung (CDU) – »Wir Ärzte und Psychotherapeuten lehnen die Beteiligung der Bundeswehr am Krieg in Afghanistan ab«, Berlin 2009.

tober 2008 wurde – weitestgehend unbemerkt von der Öffentlichkeit – ein neues Rotkreuz-Gesetz vom Bundestag verabschiedet.[37] Die Bundeswehr kann künftig Sanitätspersonal des DRK zwangsweise zur Unterstützung des militärischen Sanitätsdienstes heranziehen. Die Bundesregierung begründet die Gesetzesinitiative mit einer notwendigen Angleichung nationalen Rechts an das Völkerrecht, da der Rechtsstatuts des DRK seit dem Zweiten Weltkrieg unklar war. Von der Änderung sind viele Sanitäter und Helfer betroffen, nur die wenigsten wissen allerdings von der neu auferlegten Zwangsmaßnahme.

Was bei Medizinern aus Not durchgeführt wird, hat in anderen Bereichen der Bundeswehr System: Outsourcing. Dadurch, dass die Armee Fähigkeiten an private Unternehmen abgibt, kann sie Personal einsparen bzw. das Personal an anderer Stelle einsetzen, wo es vielleicht dringender benötigt wird. So übernahm die BwFuhrparkService GmbH – ein mittelständisches Unternehmen, das zu 24,9 Prozent der Deutschen Bahn AG und zu 75,1 Prozent dem Bundesministerium der Verteidigung gehört – 2002 alle Angelegenheiten rund um die zivile Fahrzeugflotte der Bundeswehr, Baufahrzeuge und LKW. Seitdem muss sich die deutsche Armee die zivilen Fahrzeuge ausleihen. Die Bundeswehr spart so mehrere hundert Soldaten ein, die durch Mitarbeiter des zivilen Unternehmens, welches nur für die Armee arbeitet, ersetzt werden. Eine Strategie, die auch in anderen Armeen zur Personaleinsparung angewandt wird.[38] Weniger Kreativität bei der Einbindung neuer Leute zeigte die Bundesregierung bei der Wehrpflicht – wenn sie auch hier geschickt verfährt. Seit Juli 2010 müssen wehrtaugliche Männer, die keinen Wehrersatzdienst leisten wollen, nur noch sechs Monate zur Bundeswehr. Was sich für viele junge Männer erst einmal gut anhört und auch von vielen friedensbewegten Menschen positiv aufgenommen wurde, hat für die Bundeswehr einen ganz praktischen Aspekt: so vergrößert sich ihr Pool an Wehrpflichtigen, die ihren Dienst bei der Armee anschließend freiwillig verlängern könnten oder gar sofort Berufssoldat werden. Die Rechnung ist einfach: jeder Grundwehrdienstleistende ist kürzer in der Armee, dafür ist ihre Zahl höher, da durch die verminderte Zeit Kapazitäten frei sind. Die seit Jahrzehnten nicht eingehaltene, obwohl im Grundgesetz verankerte Wehrgerechtigkeit soll hergestellt werden. Zwischen 2000 und 2009 wurden im Durchschnitt nur 82,8 Prozent der Männer eines Jahrgangs zum Dienst bei der Bundeswehr herangezogen und gemustert (ein Großteil davon verweigerte den Kriegsdienst). Die restlichen 17,2 Prozent bekamen schlicht keine Post von der Armee und entgingen dem Zwangsdienst.

---

37   Brendle, Frank: Erste Hilfe auf Befehl, in: junge Welt, 20. Oktober 2008.

38   Vgl. ausführlicher Marischka, Christoph/Dağdelen, Sevim: Dammbruch Afghanistan. Die privatwirtschaftliche Basis einer Armee im Einsatz, in: Tal, Mario (Hg.): Umgangssprachlich Krieg. Testfall Afghanistan und deutsche Politik, Köln 2010, S. 170-188.

Diese Ausschöpfungsquote soll nach Plänen des Verteidigungsministers auf nahezu 100 Prozent gesteigert werden, wodurch man sich auch mehr Wehrdienstleistende verspricht: »Eine kürzere Wehrpflicht soll auch gerade zu mehr Wehrgerechtigkeit führen«, betonte Verteidigungsminister Karl-Theodor zu Guttenberg (CSU) in einem Interview im November 2009.[39] Obwohl die Wehrpflicht in NATO-Staaten ein Auslaufmodell ist, halten CDU/CSU und SPD seit Jahren verbissen daran fest. In anderen Ländern wurde auf die grundlegend veränderte sicherheitspolitische Lage nach dem Kalten Krieg mit der Abschaffung des Zwangsdienstes reagiert: Belgien schaffte den Zwangsdienst bereits 1994 ab, Frankreich und Spanien folgten 2001, in Dänemark wurde die Wehrpflicht 2004 bedingt abgeschafft (nur wenn Mangel an Soldaten besteht, greift eine Wehrpflicht), in den Niederlanden und in Italien wurde die Wehrpflicht 1996 bzw. 1999 ausgesetzt und in Italien 2005 sogar ganz abgeschafft.[40] In den USA ist die Wehrpflicht seit dem Vietnam-Krieg ausgesetzt und auch in Großbritannien wurde das Ende des Zwangsdienstes bereits in den 1960er Jahren eingeläutet. Die deutschen Wehrpflicht-Befürworter argumentieren (nicht ganz zu Unrecht), dass reine Berufsarmeen noch größere Probleme bei der Nachwuchsfindung haben. Die Berufsarmeen seien weniger Teil der Bevölkerung und natürlich stehe auch kein Pool von länger dienenden Soldaten mehr zur Verfügung.

Die aktuelle Wehrreform könnte aber doch einen Schlusspunkt hinter 54 Jahre Wehrpflicht in der Bundesrepublik Deutschland setzen. Die Wehrpflicht soll zumindest ausgesetzt und die Truppe verkleiner werden. 163.500 Soldaten – 156.000 Berufs- und Zeitsoldaten plus mindestens 7.500 bis 23 Monate freiwillig Wehrdienst Leistende – soll die Bundeswehr nach zu Guttenbergs Plänen noch umfassen. Mit diesem Schritt soll zum einen zur Haushaltskonsolidierung beigetragen werden, es geht aber auch ganz eigennützig um den weiteren Umbau der Bundeswehr hin zu einer Armee im Einsatz.[41]

Auch der einflussreichste deutsche Think-Tank, die »Stiftung Wissenschaft und Politik«, Trägerin des »Deutschen Instituts für Internationale Politik und Sicherheit«, hat das Nachwuchsproblem der Bundeswehr mittlerweile wahrgenommen: »Während die deutsche Bevölkerung zunehmend durch Alterung, Schrumpfung, regionale Unterschiede und ethnisch-kulturelle Heterogenisierung gekennzeichnet ist, fragt die Bundeswehr junge, leistungsfähige Rekruten mit deutscher Staatsbürgerschaft nach«, heißt es im Text »Demographischer Wandel als Rekrutierungsproblem? – Re-

---

39   Blome, N./Meyer, J.: zu Guttenberg: Kriegsähnliche Zustände in Teilen Afghanistans, in: www. bundesregierung.de, 3.11.2009.

40   Wehrpflicht im europäischen Ausland, in: Tagesspiegel, 31.08.2007.

41   Haid, Michael: Money makes the world go round – Finanzkrise und Strukturkommission als Hebel zur Reform der Bundeswehr, in: IMI-Studie 2010/11, www.imi-online.de.

gionale Ungleichheit und unerschlossene Potentiale bei der Nachwuchsgewinnung der Bundeswehr«, von Wenke Apt.[42] Laut der Ausarbeitung wird die Bundeswehr in Zukunft noch größere Probleme bei der Personalgewinnung haben. Nicht nur, dass die Gesamtbevölkerung abnimmt, gerade in den ostdeutschen Bundesländern, aus denen aktuell ein im Vergleich zur Gesamtbevölkerung hoher Teil von Soldaten stammt, wird die Zahl junger Menschen rapide abnehmen. Der Vorschlag der Denkfabrik zur Trendwende liest sich ungeschminkt:

> »Zum einen könnte man das Rekrutierungspotential auf Personen ausdehnen, deren physische und kognitive Fähigkeiten zunächst noch unzureichend sind, jedoch dem soldatischen Anforderungsprofil angeglichen werden können. Zum anderen wäre daran zu denken, bisher unterrepräsentierte Bevölkerungsgruppen (Frauen sowie ethnische, kulturelle und religiöse Minderheiten mit deutscher Staatsbürgerschaft) verstärkt anzuwerben und bislang ausgeschlossene Gruppen (Personen mit ausländischer Staatsbürgerschaft sowie Ältere) zu legitimieren.«[43]

Mit solch einem Vorgehen würde die Bundeswehr der US-Armee folgen, die Ausländer schon seit langem mit dem Versprechen auf US-Staatsbürgerschaft in die Armee lockt.

Das größte Problem für die Nachwuchsrekrutierung – wie auch für das Image der Bundeswehr – liegt aber nicht in Deutschland, sondern am Hindukusch.[44] Auch Jugendliche bekommen etwas vom risikoreichen Einsatz der Bundeswehr in Afghanistan mit. Nahezu täglich gibt es neue Medien-Meldungen über Vorfälle bei der ISAF-Truppe. Über 40 deutsche Soldaten sind mittlerweile gefallen. Zu Zeiten des Ost-West-Konfliktes stand die Landesverteidigung im Vordergrund und wurde von einem großen Teil der Bevölkerung – mit Ausnahme der Zeit der Wiederbewaffnung Deutschlands – akzeptiert. Wie neuere Umfragen zeigen, unterstützt die Bevölkerung auch heutzutage fast ausnahmslos die Beschränkung auf die Landesverteidigung als Aufgabe der Bundeswehr.[45] Doch genau diese Aufgabe tritt gegenwärtig immer stärker hinter die Einsätze im Ausland zurück. Eine von der *Frankfur-*

---

42 Apt, Wenke: Demographischer Wandel als Rekrutierungsproblem? – Regionale Ungleichheit und unerschlossene Potentiale bei der Nachwuchsgewinnung der Bundeswehr, in: SWP-Aktuell 41, Mai 2010.

43 Apt, Wenke: Demographischer Wandel als Rekrutierungsproblem? – Regionale Ungleichheit und unerschlossene Potentiale bei der Nachwuchsgewinnung der Bundeswehr, in: SWP-Aktuell 41, Mai 2010.

44 Vgl. ausführlicher: Schulze von Glaßer, Michael: Werbefeldzug an der Heimatfront. Öffentlichkeitsarbeit und Nachwuchswerbung der Bundeswehr in Zeiten des Afghanistan-Krieges, in: Tal, Mario (Hg.): Umgangssprachlich Krieg. Testfall Afghanistan und deutsche Politik, Köln 2010, S. 205-214.

45 Bulmahn, Thomas: Berufswunsch Soldat: Interessen und Motive, in: Gareis, Sven Bernhard/ Klein, Paul: Handbuch Militär und Sozialwissenschaft, S. 37, Wiesbaden 2004.

ter Allgemeinen Zeitung in Auftrag gegebene Umfrage beim als konservativ geltenden Institut für Demoskopie Allensbach, die am 26. Mai 2010 veröffentlicht wurde, zeigt: 59 Prozent der Befragten beantworten die Frage »Würden Sie rückblickend sagen, dass es ein Fehler war, sich an der Schutztruppe in Afghanistan zu beteiligen?« mit Ja. Lediglich 21 Prozent bezeichnen den Einsatz nicht als Fehler, ein Fünftel ist unentschieden bzw. macht keine Angabe.[46] Ferner spricht sich der Umfrage zufolge eine relative Mehrheit (48 Prozent, in den neuen Bundesländern sogar 68 Prozent) für einen sofortigen Abzug der Bundeswehr aus. Nur 32 Prozent sind für einen Abzug erst nach Stabilisierung Afghanistans: »Noch eindeutiger fallen die Antworten aus, wenn etwas allgemeiner gefragt wird, wie sich die Bundesregierung zukünftig verhalten solle, wenn Militäraktionen wie jetzt in Afghanistan geplant seien. Lediglich 8 Prozent der Deutschen meinen, dass Deutschland sich in solchen Fällen ›ohne Wenn und Aber‹ daran beteiligen sollte, 52 Prozent sagen, man sollte sich dann so weit wie möglich zurückhalten, 31 Prozent lehnen eine Beteiligung ab.«[47] Die Auslandseinsätze sind unpopulär und viele Menschen in Deutschland fragen sich, was die Bundeswehr überhaupt am Hindukusch zu suchen hat. Die Worte des ehemaligen Verteidigungsministers Peter Struck (SPD), Deutschland werde auch am Hindukusch verteidigt, werden – so dies überhaupt jemals der Fall war – nicht mehr ernst genommen. Und eben für diesen gefährlichen Krieg müssen sich junge Menschen heute verpflichten, wenn sie sich bei der Armee einschreiben wollen – wer hat darauf schon Lust?

Daher nimmt die Nachwuchswerbung der Bundeswehr seit Jahren zu. Nicht nur die Indienstnahme des neuen »Zentralen Messe- und Eventmarketings« der Bundeswehr im Jahr 2006 ist ein Zeichen dafür. In den letzten Jahren sind die Kosten für die Nachwuchswerbung massiv gestiegen. Gab die Regierung 1998 noch 9,2 Millionen Euro dafür aus, wuchs der im Haushaltsplan verzeichnete Posten bis 2008 auf 10,3 Millionen Euro an. Für 2009 waren sogar 12 Millionen veranschlagt und 2010 sollten die Finanzmittel zur Nachwuchsgewinnung mit 27 Millionen Euro mehr als verdoppelt werden.[48] Der Posten »Nachwuchswerbung« in den Haushaltsplänen des Bundes erfasst jedoch lange nicht alle Mittel, die für die Anwerbung von Jugendlichen ausgegeben werden. Die Gehälter für Jugendoffiziere, ihre Reisekosten etc. sind beispielsweise in diesem Posten nicht enthalten. Auch alle anderen Ressourcen, die die Bundeswehr zwar zur Nachwuchswerbung nutzt aber nicht explizit dafür im Einsatz hat, werden nicht berechnet: etwa Soldaten, die Artikel für die Bundeswehr-

---

46   Petersen, Thomas: Allensbach-Umfrage – Wird Deutschland am Hindukusch verteidigt?, in: www.faz.net, 26.5.2010.

47   Ebenda.

48   IMI-Fact-Sheet: Bundeswehr und Schule, in: www.imi-online.de, Mai 2010.

Jugendmedien schreiben oder Panzer, die zu Werbeveranstaltungen transportiert und dort ausgestellt werden. Ob sich der finanzielle Aufwand lohnt, die Lust der jungen Leute auf die Armee zu steigern, muss sich erst noch zeigen.

Massive Öffentlichkeitsarbeit – Warum die Bundeswehr um ihr Image kämpft

»Gewiss, die Bundeswehr ist gesellschaftlich anerkannt; aber was heißt das eigentlich genau? Die Deutschen vertrauen der Bundeswehr, mit Recht, aber ein wirkliches Interesse an ihr oder gar Stolz auf sie sind eher selten. Noch seltener sind anscheinend der Wunsch und das Bemühen, den außen- und sicherheitspolitischen Wandel zu verstehen und zu bewerten, der da auf die Bundeswehr einwirkt. Natürlich lassen sich für dieses freundliche Desinteresse Gründe angeben«, so der ehemalige Bundespräsident Horst Köhler (CDU) in einer viel zitierten Rede auf der »Kommandeurtagung der Bundeswehr« in Bonn 2005.[49] Köhler macht die Erfahrungen aus dem Zweiten Weltkrieg, eine zu laxe Wehrpflicht und ein fehlendes Bedrohungsgefühl für das »freundliche Desinteresse« der Bevölkerung an der Armee ausfindig: »Früher drohte den Bürgern in Zivil und den Bürgern in Uniform dieselbe Kriegsgefahr, heute scheinen die Heimat friedlich und die Einsatzorte der Bundeswehr weit.«[50] Die inszenierte Bedrohung durch Terroristen wirkt in der deutschen Bevölkerung nicht recht. Und als Köhler Auslandseinsätze der Bundeswehr am Rande seines Afghanistan-Besuchs Ende Mai 2010 in einem Interview auch noch mit wirtschaftlichen Interessen begründete, war der Aufschrei groß: »Meine Einschätzung ist aber, dass insgesamt wir auf dem Wege sind, doch auch in der Breite der Gesellschaft zu verstehen, dass ein Land unserer Größe mit dieser Außenhandelsorientierung und damit auch Außenhandelsabhängigkeit auch wissen muss, dass im Zweifel, im Notfall auch militärischer Einsatz notwendig ist, um unsere Interessen zu wahren, zum Beispiel freie Handelswege, zum Beispiel ganze regionale Instabilitäten zu verhindern, die mit Sicherheit dann auch auf unsere Chancen zurückschlagen negativ durch Handel, Arbeitsplätze und Einkommen.«[51] Köhler gab nur das wieder, was das Verteidigungsministerium und die Bundeswehr schon 2006 im »Weißbuch – zur Sicherheitspolitik Deutschlands und zur Zukunft der Bundeswehr«, dem aktuellen strategischen Papier des

49 Köhler, Horst: »Einsatz für Freiheit und Sicherheit« – Rede von Bundespräsident Horst Köhler auf der Kommandeurtagung der Bundewehr, Bonn, 10. Oktober 2005.

50 Ebenda.

51 Fischer, Sebastian/Medick, Veit: Bundeswehr in Afghanistan – Köhler entfacht neue Debatte, in: www.spiegel.de, 27.5.2010.

deutschen Militärs, schrieben. Einige Tage nach dieser Äußerung trat Köhler überraschend von seinem Amt zurück: »Mir zu unterstellen, ich befürwortete Einsätze der Bundeswehr, die vom Grundgesetz nicht gedeckt werden, diese Kritik entbehrt jeder Rechtfertigung. Sie lässt den notwendigen Respekt vor meinem Amt vermissen«, begründete der CDU-Mann seine Entscheidung.[52] Dass die deutsche Bevölkerung die Transformation der Bundeswehr von einer reinen Verteidigungsarmee hin zu einer weltweit agierenden Militärmacht schlicht ablehnt, das will man in den Führungsetagen nicht akzeptieren. Daher werden weder Kosten noch Mühen gescheut, um einen Meinungsumbruch herbeizuführen – doch dies ist schwerer als gedacht.

Das Problem heißt Afghanistan: Zwar ist die Bundeswehr in der Bevölkerung akzeptiert und Umfragen weisen ihr ein großes Vertrauen zu, doch Meinungsforschungs-Instituten zufolge wird der Einsatz am Hindukusch seit Jahren mit breiter Mehrheit abgelehnt. In der bereits im vorherigen Abschnitt zitierten Umfrage des Meinungsforschungsinstituts Allensbach im Auftrag der *Frankfurter Allgemeinen Zeitung* vom Mai 2010 wird nicht nur eine massive Ablehnung des Afghanistan-Einsatzes festgestellt. Für die Befürworter von Militärinterventionen kommt es weitaus schlimmer: lediglich 8 Prozent der Befragten meinten, dass sich Deutschland in Fällen geplanter internationaler Militäroperationen »ohne Wenn und Aber« daran beteiligen sollte.[53] Das »freundliche Desinteresse« beim ISAF-Einsatz könnte also kein Einzelfall sein, sondern zur Regel für Auslandsinterventionen der Bundeswehr werden. Und dabei wären die Militärs vielleicht sogar noch gut bedient: es könnte auch zu offener Ablehnung und Protesten kommen. Schon heute ist die ablehnende Haltung der Bevölkerung für Politiker ein Problem. Ihre Umfragewerte sinken mit zunehmender Gewalteskalation im fernen Afghanistan. Sie müssen fürchten abgewählt zu werden oder zumindest einen Stimmverlust zu erleiden und versuchen dies mit Medienarbeit zu verhindern: die Bundeswehr unterstützt im Auftrag des Verteidigungsministeriums zivile Filmproduktionen, wirbt auf Marktplätzen, bei Messen oder Großveranstaltungen um Zustimmung (und auch um Nachwuchs). Zur PR-Kampagne gehörte auch die Benennung Karl-Theodor zu Guttenbergs (CSU) zum neuen Verteidigungsminister nach der Bundestagswahl im Herbst 2009. Der von den meisten Medien gefeierte und in Beliebtheits-Umfragen meist weit vorn liegende zu Guttenberg löste den oft farblos wirkenden Franz Josef Jung (CDU) als Minister für das Militär ab.[54] Genützt hat es wenig: ebenso wie Jung konnte auch zu

---

52   Duwe, Silvio: Bundespräsident Köhler erklärt mit sofortiger Wirkung seinen Rücktritt, in: www.
     telepolis.de, 31. 5.2010.

53   Petersen, Thomas: Allensbach-Umfrage – Wird Deutschland am Hindukusch verteidigt?, in:
     www.faz.net, 26.5.2010.

54   Schulze von Glaßer, Michael: PR-Offensive – die Bundeswehr nach der Parlamentswahl, in:

Guttenberg die für Politik und Militär negative Berichterstattung über das von der Bundeswehr befehligte Bombenmassaker nahe Kundus am 4. September 2009 nicht verhindern. Der CSU-Politiker trug einen enormen Image-Schaden davon. Auch die Nicht-Bestrafung des befahlshabenden Oberst Georg Klein durch Bundeswehr und Justiz führte zu Kritik an der Bundeswehr und an zu Guttenberg. Politiker von CSU/ CDU, FDP, SPD und Grünen sind sich ihres Handelns gegen den Willen der Bevölkerung sehr wohl bewusst. Laut Bundestagspräsident Norbert Lammert (CDU) steht das Parlament zwar mehrheitlich hinter den Auslandseinsätzen der Bundeswehr, in der Gesellschaft aber sei dies umgekehrt.[55] Diese Diskrepanz sei aber »so ungewöhnlich nicht«, das Parlament solle sich davon nicht beeinflussen lassen, so der Bundestagspräsident im April 2010.

Auch für die Soldaten ist das Desinteresse an ihnen und ihrer Organisation ein Problem oder zumindest unangenehm: »Für unsere Bundeswehrangehörigen ist ganz einfach nicht nachvollziehbar, weshalb ihre Mitbürgerinnen und Mitbürger ihnen so wenig Beachtung und – wie die Soldaten es selber formulieren – ›moralische Unterstützung‹ schenken, obwohl sie ihre Gesundheit und ihr Leben für deutsche Interessen und im Auftrag des Deutschen Bundestages einsetzen«, versucht es der ehemalige Wehrbeauftragte Reinhold Robbe (SPD) in seinem letzten Bericht über das Jahr 2009 zu verdeutlichen.[56] Das Thema sei bei jedem seiner »Truppenbesuche in den Heimatstandorten und in den Einsatzgebieten von den Soldatinnen und Soldaten angesprochen« worden, so Robbe. Nur mit Mandat des Parlaments und nicht mit dem der deutschen Bevölkerung in den Krieg zu ziehen, lastet schwer auf der Psyche der Soldaten. Um dies zu ändern, buhlen nicht nur Politiker um die Gunst für den Einsatz, sondern auch die Bundeswehr selbst: »Das Schwerpunktthema ISAF-Einsatz in Afghanistan wurde in nahezu jedem Vortrag von Seiten des Jugendoffiziers oder der Zuhörer angesprochen«, heißt es im Jahresbericht der Jugendoffiziere 2008.[57] Die rhetorisch und didaktisch geschulten jungen Soldaten treten gezielt vor Schülerinnen und Schülern – den Wählerinnen und Wählern von morgen – auf, um schon bei den Jüngsten eine positive Grundstimmung für die (Interventions-)Armee-zu erzeugen. Weniger um neue Rekruten als viel mehr um Akzeptanz für den umstrittenen Einsatz warb die Bundeswehr beispielsweise auf der Kasseler-Frühjahrsausstellung vom 27. Februar bis zum 7. März 2010.[58] Das Mo-

---

IMI-Standpunkt 2009/060, www.imi-online.de, 27.10.2009.

55 Lammert verteidigt Afghanistan-Mandat, in: www.zeit.de, 23.4.2010.

56 Bundestags-Drucksache 17/900.

57 Schnittker: Jahresbericht der Jugendoffiziere der Bundeswehr 2008, in: www.bmvg.de.

58 Schulze von Glaßer, Michael: Bundeswehr: Zwischen Dampfstaubsauger und Teflonpfanne, in: www.nordhessische.de, 8.3.2010.

dell eines »Tiger«-Kampfhubschraubers und eines Marine-Schiffs sollte die Besucher gleich beim Eintritt in die Messehalle zum Stand der Bundeswehr locken. Unter der Überschrift »Deutschland hilft Afghanistan« konnte sich das Publikum mit Soldaten unterhalten, sich an Computern über die Armee informieren oder mit Broschüren und anderen Werbemitteln eindecken. Junge Leute – die Messe befasste sich mit den Schwerpunkten Garten, Wohnen, Energie, Ernährung – waren nicht die vorrangige Zielgruppe des Bundeswehr-Messestands. Auf die Kritik, es sei nicht die Aufgabe der Bundeswehr in der Bevölkerung für Akzeptanz des Afghanistan-Einsatzes zu sorgen, da dies eine politische Entscheidung sei, reagierte der den Messestand leitende Bundeswehr-Soldat mit Verweis auf ein Schild des Bundesministeriums der Verteidigung – der Stand sei nicht von der Bundeswehr. Dennoch wird der Messestand von Bundeswehr-Soldaten betreut und vom Zentralen Messe- und Eventmarketing der Bundeswehr (ZeMEmBw) geplant.

Selbst die USA – genauer: der Geheimdienst CIA – sorgen sich um die schwache Zustimmung Deutschlands zum Afghanistan-Krieg. Ein der Enthüllungswebsite »WikiLeaks« zugespieltes Memorandum der CIA beschreibt, wie die Fortführung des Krieges in Afghanistan der Bevölkerung in Deutschland und Frankreich schmackhaft gemacht werden kann.[59] Seit die Koalitionsregierung in den Niederlanden wegen des Streites über eine weitere Truppenstationierung am Hindukusch auseinandergebrochen ist, sorgen sich die USA um ihre Kampfgefährten am Hindukusch. So möchte das CIA in Deutschland Einfluss auf die Medien nehmen: »Medienauftritte afghanischer Frauen in Europa« seien besonders gut geeignet, um Zustimmung für den Krieg zu gewinnen, heißt es in dem von der CIA-Gruppe »Red Cell« am 11. März 2010 verfassten »Sondermemorandum«.

Natürlich gibt es neben dem Afghanistan-Krieg noch weitere Gründe, weshalb die Bundeswehr um ihr Image kämpfen muss: kaum eine Institution produziert so viele Skandale wie die Armee. Die Misshandlungen von Grundwehrdienstleistenden durch höherrangige Soldaten, rechtsextremistische- sowie frauenfeindliche-Übergriffe sind nur einige der Skandale, über die öfters in den Medien zu lesen ist. Dennoch bewirkt der Krieg am Hindukusch aktuell den größten Image-Schaden für die Bundeswehr. Dessen Folgen sind bislang glimpflich für die Bundesregierung: Ein »freundliches Desinteresse« der Bürgerinnen und Bürger herrscht nicht nur bei den Einsätzen der Bundeswehr, sondern auch bei Protestaktionen der Friedensbewegung. Daran haben bisher auch die Skandale in den Reihen der Bundeswehr nichts geändert, die ans Tageslicht kamen.

Immerhin hat sich der Ton der Bundeswehr-Öffentlichkeitsarbeit nach dem Kal-

---

59   Rupp, Rainer: CIA macht Stimmung, in: junge Welt, 3. April 2010.

ten Krieg geändert: »Eine verantwortungsvolle Teilhabe der Bürger an der politischen Willensbildung des Volkes setzt voraus, dass der einzelne von den zu entscheidenden Sachfragen, von den durch die verfassten Staatsorgane getroffenen Entscheidungen, Maßnahmen und Lösungsvorschlägen genügend weiß, um sie beurteilen, billigen oder verwerten zu können.« Nach diesem Urteil des Bundesverfassungsgerichts vom 2. März 1977 richtet sich die aktuelle Presse- und Öffentlichkeitsarbeit der Bundeswehr. Zuvor hieß es bis 1997 noch in den Rahmenrichtlinien der Armee: »Presse- und Öffentlichkeitsarbeit ist die gezielte Vermittlung von Informationen unter Ausnutzung aller zur Verfügung stehenden Medien. Sie muss überzeugen.«[60] Der Ton hat sich verändert und 20 Jahre nach dem Urteilsspruch dient die Forderung des Bundesverfassungsgerichts von 1977 nach verantwortlicher Teilhabe des Bürgers an Entscheidungen nunmehr als Auftrag zur Informationvermittlung. Die dogmatische Forderung zur Überzeugung aus dem Jahr 1993 könnte zu der Vermutung verführen, dass bei der Presse- und Öffentlichkeitsarbeit der Bundeswehr eher an die Vermittlung gezielter Informationen gedacht wurde, anstatt gezielt zu informieren.[61] Das oben zitierte Verfassungsurteil scheint in den neuen Rahmenrichtlinien eine zentrale Stellung eingenommen zu haben. Inwieweit das alte Dogma jedoch verdrängt oder nur verschleiert wird, muss offen bleiben.

Rhetoriker für ein gutes Image – Jugendoffiziere der Bundeswehr

Jugendoffiziere, junge Männer und Frauen mit einem abgeschlossenem Studium und langjähriger militärischer Erfahrung in der Bundeswehr sind ein grundlegender Bestandteil der Nachwuchs- und Öffentlichkeitsarbeit der deutschen Armee und weltweit einzigartig. Die Funktion des Jugendoffiziers gibt es bereits seit dem 8. September 1958 – nur drei Jahre nach Gründung der Bundeswehr.[62] Initiator war der damalige erste Generalinspekteur der neuen deutschen Armee, General Adolf Heusinger (1897 – 1982), der seit seiner Jugend ab 1915 in den verschiedenen deutschen Armeen gedient hatte und im Nationalsozialismus bis in den Rang des Generalstabschefs des Heeres emporgestiegen war.[63] An der Initiierung der Jugendoffizie-

---

60 Politische und NATO-Angelegenheiten, Gesamtplanung. Richtlinien für die Presse- und Öffentlichkeitsarbeit der Bundeswehr, Erstfassung, VMBl 1993, S. 54.

61 Schäfer, Jürgen: Öffentlichkeitsarbeit der Bundeswehr – zur Selbstdarstellung einer totalen Institution, Norderstedt 2001, S. 14f.

62 Teil 1: Die Gründerjahre, in: www.bmvg.de.

63 Lasko, Werner: Bemerkenswerte Laufbahn, in: aktuell – Zeitung für die Bundeswehr Nr. 21/2007.

re hinderte ihn das nicht: Aufgabe der neuen Jugendoffiziere war es, den Widerstand breiter Kreise der westdeutschen Bevölkerung gegen eine Remilitarisierung zu brechen. Auf der Website des Bundesministeriums der Verteidigung heißt es zu den Zielen: »Die Bundeswehr stand vor der Aufgabe, eine intensive Öffentlichkeitsarbeit zu betreiben, um ihren Bürgern zu verdeutlichen, dass hier keine Armee in der Tradition der Wehrmacht entstehen würde.«[64] Zwar kann die Bundeswehr nicht leugnen, in Nachfolge der Wehrmacht zu stehen[65], aber die damals 17 jungen Offiziere im Dienstgrad Leutnant und Oberleutnant sollten helfen, die öffentliche Meinung über die neu gegründete Armee zum Positiven zu verändern. Offiziell sollen die jungen Offiziere seither nur informieren: Schon 1961 wurde in den »Richtlinien und Informationen für Jugendoffiziere« festgelegt, dass die jungen Soldaten keine Werbeoffiziere und Nachwuchswerber sind – dies gilt auf dem Papier noch heute. Jugendoffiziere sind keine Wehrdienstberater, aber sie weisen jungen Menschen den Weg zu den Beratern. 1969 gab es schon 26 hauptamtliche Jugendoffiziere. Zwei Jahre zuvor, 1967, wurden erstmals auch nebenamtliche Jugendoffiziere und Unteroffiziere berufen, die die hauptamtlichen bis heute aus der Bundeswehr heraus unterstützen. Für Schulen aus der Region organisieren diese nebenamtlichen Öffentlichkeitsarbeiter meist »Besuche bei der Truppe« in der lokalen Kaserne. Laut Bundesministerium der Verteidigung betrug die Gesamtzahl der Jugendoffiziere bis Ende der 1960er Jahre 56, die sich damals vor allem mit der Außerparlamentarischen Opposition (APO) kontroverse verbale Auseinandersetzungen lieferten.[66] Die beiden darauf folgenden Jahrzehnte waren für die Jugendoffiziere etwas ruhiger – Themen waren vor allem die transatlantischen Beziehungen im Allgemeinen und die North Atlantic Treaty Organisation (NATO) im Besonderen.[67] Ende der 1970er Jahre gab es neben den 57 hauptamtlichen bereits 590 nebenamtliche Jugendoffiziere.[68] 1979 sollen bei Informationstagungen und Truppenbesuchen nahezu 400.000 Jugendliche und Erwachsene angesprochen und darüber hinaus in 118 Seminaren etwa 3.700 Pädagogen betreut worden sein – zu dieser Zeit gab es jedoch auch sieben Millionen Schüler im Alter von über 12 Jahren und rund 620.000 Lehrer.[69]

---

64 Teil 1: Die Gründerjahre, in: www.bmvg.de.

65 Siehe dazu: Bald, Detlef: Die Bundeswehr: eine kritische Geschichte 1955-2005, München 2005.

66 Teil 2: Die 60er Jahre, in: www.bmvg.de.

67 Teil 3: Die 70er und 80er Jahre, in: www.bmvg.de.

68 Glatz, Rainer: »Reisender in Sachen Sicherheitspolitik« – Hauptamtliche Jugendoffiziere zu Zeiten der »Nachrüstungsdebatte« von 1978 bis 1981, in: IMS – Internationales Magazin für Sicherheit Nr. 04/2008, S. 44 – 47.

69 Ebenda.

Die erreichten Menschen waren zwar nicht wenige, es handelte sich aber dennoch um eine klare Minderheit. 1982 fand für die nunmehr 62 hauptamtlichen Jugendoffiziere zum ersten Mal im Rahmen der Ausbildung eine Reise in die USA statt – seitdem wird diese für alle neuen Jugendoffiziere durchgeführt. Dem US-amerikanischen Verteidigungsministerium, aber auch dem Sitz der Vereinten Nationen werden dabei immer Besuche abgestattet. 1988 wurden erstmals Jugendoffiziere zu Leitern des Simulations-Rollenspiels »Politik & Internationale Sicherheit« (POL&IS) ausgebildet.[70] Dabei handelt es sich um ein Simulations-Brettspiel für Schüler ab der 10. Klasse, bei der anhand konkreter Beispiele weltweite Ressourcenverteilungskonflikte und Interventionsszenarien durchgespielt werden – auch der Einsatz von Atomwaffen ist möglich. Lehrer und betriebliche Ausbilder können POL&IS-Seminare im Rahmen von Klassenfahrten kostenlos buchen – unter der Anleitung von Jugendoffizieren wird dann zwei bis fünf Tage meist in Kasernen gespielt (detaillierter siehe Kapitel POL&IS).[71] Im Zuge der Wende und der Auflösung der Nationalen Volksarmee (NVA) der DDR deckte die Bundeswehr auch die so genannten neuen Bundesländer ab. Die Zahl der hauptamtlichen Jugendoffiziere stieg daher kurzzeitig auf über einhundert – bevor sie kurze Zeit später auf 94 Jugendoffiziere festgelegt wurde. Auf diesem Niveau verbleibt die Zahl bis heute. 1994 wurde die Ausbildungsstätte der Jugendoffiziere, die Akademie der Bundeswehr für Information und Kommunikation (AIK bzw. AkBwInfoKom; früher: Amt für psychologische Kriegsführung[72]), von Waldbröl nahe Köln nach Strausberg bei Berlin verlagert.[73] 2008 gab es neben den 94 hauptamtlichen über 300 nebenamtliche Jugendoffiziere und Unteroffiziere.[74] Erstmals wurden 2009 auch Frauen zu Jugendoffizieren ausgebildet.[75]

Die Ausbildung der Jugendoffiziere ist heute weitaus professioneller als noch zu Beginn der Institution. In den Anfangsjahren reichte noch ein einwöchiger Kurs, in dem die jungen Soldaten zwischen 27 und 35 Jahren die drei bis heute gleich gebliebenen großen Bereiche der Ausbildung erlernten:[76]

70   Schlich, Thorsten; Fonrobert, Ulrich: Die Jugendoffiziere der Bundeswehr – Ihre Referenten für Sicherheitspolitik (Broschüre), Sankt Augustin, Mai 2009.

71   Humburg, Heiko: In Zeiten von Jugendarbeitslosigkeit und »Hartz IV«: PR-Strategien der Bundeswehr, in: IMI-Studie 07/2008.

72   Ebenda.

73   Teil 4 – Die Jahre nach der Wiedervereinigung, in: www.bmvg.de.

74   Humburg, Heiko: In Zeiten von Jugendarbeitslosigkeit und »Hartz IV«: PR-Strategien der Bundeswehr, in: IMI-Studie 07/2008.

75   Schlich, Thorsten; Fonrobert, Ulrich: Die Jugendoffiziere der Bundeswehr – Ihre Referenten für Sicherheitspolitik (Broschüre), Sankt Augustin, Mai 2009.

76   Ebenda.

- Rhetorik – d. h. Schulung von Verhaltens- und Argumentationsweisen
- politische Bildung/Sicherheitspolitik – d. h. inhaltliche Schulung zu strittigen Bundeswehrthemen
- Informationen über die Jugendlichen – d. h. über Einstellungen von Jugendlichen, Verhaltensweisen, Interessen usw.

Heute muss jeder Jugendoffizier ein abgeschlossenes Hochschulstudium vorweisen und hat etwa acht Jahre Berufserfahrung in den Streitkräften – davon einige als Führungskraft. Die intensive Ausbildung dauert rund drei Monate und umfasst eine Reise in die USA.[77] Einige Jugendoffiziere sollen außerdem Erfahrungen von Auslandseinsätzen mitbringen können um so einen authentischeren Eindruck zu hinterlassen.[78] Hauptamtliche Jugendoffiziere haben den Dienstgrad Hauptmann/Kapitänleutnant. Sie verbleiben durchschnittlich drei Jahre in dieser Funktion. Nebenamtliche Jugendoffiziere sind meist Leutnant oder Oberleutnant, Jugendunteroffiziere sind in der Regel jüngere Feldwebel-Dienstgrade.[79]

Was die genauen Aufgaben der Jugendoffiziere sind und wie sie dabei vorgehen sollen, darüber informiert das »Handbuch der Jugendoffiziere«. Das interne Handbuch ist für Zivilisten nur in einer der wenigen Bundeswehrbibliotheken einzusehen. »Du bist jetzt auf einem der schönsten, aber auch anspruchsvollsten Dienstposten, den die Bundeswehr zu bieten hat«, werden die neuen Werbeoffiziere auf der ersten Seite begrüßt.[80] »Ihr persönliches Auftreten und kritische Diskussionsfähigkeit tragen zum glaubwürdigen Auftreten bei. Sie sind sozusagen ›Mr. Bundeswehr‹ und stehen für das gesamte Offizierkorps und die Bundeswehr.«[81] Im weiteren Verlauf des Textes werden die Jugendoffiziere auch als »Einzelkämpfer«, die allein tätig werden müssen, bezeichnet.[82] Dies dürfen sie aber nur in einem sehr engen Rahmen: »Für die Arbeit müssen sie sich immer an politische Grundsatzaussagen, Analysen und Hintergrundinformationen aus den Bereichen der Sicherheits- und Verteidigungspolitik des BMVg, des SKA [Streitkräfteamt], ihres LdI [Leiter der Informationsarbeit] oder ihres StOffz ÖA [Stabsoffizier Öffentlichkeitsarbeit] halten.« Weiter heißt es: »Als Offizier der Bundeswehr sind sie Repräsentant der Exekutiven der Bundesrepublik Deutschland in der Öffentlichkeit. Eine persönliche Meinung oder Stellungnahme bleibt ihnen unbenommen. Sie müssen sie nur als solche kenn-

77   Teil 5 – Die Gegenwart, in: www.bmvg.de.
78   Jugendoffiziere im Dialog – Sicherheitspolitik in der Schule, in: infopost Nr. 2/2008.
79   Schnittker: Jahresbericht der Jugendoffiziere der Bundeswehr 2008, in: www.bmvg.de.
80   Handbuch der Jugendoffiziere, Sankt Augustin 2009, S. 5.
81   Ebenda, S. 7.
82   Ebenda.

zeichnen.«[83] Dieser Punkt spielt vor allem bei Jugendoffizierseinsätzen in Schulen eine wichtige Rolle, da er beweist, dass Jugendoffiziere die Minimalbedingungen für die politische Bildung nicht einhalten können. Entgegen den Geboten des so genannten Beutelsbacher Konsens' dürfen sie nur eine einseitige Sicht der Dinge präsentieren (dazu weiter unten und vor allem im Kapitel zu Bundeswehr an Schulen mehr). Für eine friedliche Welt ohne Militär treten die Soldaten freilich nicht ein, stattdessen sollen sie jungen Menschen den »Sinn und Auftrag der Streitkräfte« verdeutlichen.[84] Dabei wird auch quantitativ einiges von den Jugendoffizieren verlangt: mindestens zehn Seminare, zehn Besuche bei der Truppe und 80 Vorträge vor Schulklassen fordert die Armee jährlich von einem Jugendoffizier.[85] Das »Handbuch der Jugendoffiziere« gibt auch für das Verhalten bei Diskussionen Tipps: »Überzeugen Sie nicht das Podium, überzeugen Sie das Publikum! Sie müssen die Diskussion nicht gewinnen! Wenn nichts von dem Thema in Erinnerung bleibt, so muss auf jeden Fall ein positiver Eindruck des Jugendoffiziers als Vertreter der Bundeswehr entstehen.«[86] Zur Arbeit mit Medien heißt es im Handbuch, diese seien »wichtige Informations-Multiplikatoren«, die dafür sorgten, »dass viele Bürger von den Projekten und den Erfolgen der Bundeswehr erfahren.«[87] Durch die Medien könne das Bild, das »Bürger von der Bundeswehr und ihren Soldaten haben, beeinflusst werden – natürlich sowohl positiv als auch negativ.«[88] Die Jugendoffiziere sollen die Angst vor Medienvertretern verlieren und jene stattdessen nutzen: »Sie werden in Ihrer täglichen Arbeit fast ausschließlich mit der Lokalpresse zu tun haben. Diese Redakteure und auch ihre freien Mitarbeiter sind nicht daran interessiert, nach Skandalen in der Bundeswehr zu suchen. [...] Sie sind froh, wenn sie genügend Material haben, um die Zeitung für den nächsten Tag füllen zu können.«[89] Kritische Berichte – heißt es weitgehend zutreffend in dem Handbuch – gibt es im Lokaljournalismus nicht. »Im Journalistenjargon wird das manchmal auch als ›Hofberichterstattung‹ bezeichnet, aber das soll Ihnen ja nur recht sein.«[90]

Auch über die interne Struktur der Jugendoffiziere gibt das Handbuch Auskunft. So gibt es ein Onlineportal namens »infobörse«, über das sich Jugendoffiziere untereinander austauschen, sich über aktuelle politische Ereignisse informieren und sich

---

83 Ebenda, S. 6.
84 Ebenda, S. 9.
85 Ebenda, S. 52.
86 Ebenda, S. 21.
87 Ebenda, S. 50.
88 Ebenda.
89 Ebenda.
90 Ebenda.

gegenseitig Tipps geben können. Auch das E-Mail-Postfach jedes Jugendoffiziers sowie ein Kalender und Adressbuch finden sich dort. Ausgerüstet werden die Soldaten
mit einem Laptop und einem PDA – einem Kleinstcomputer.

Generalmajor Rainer Glatz, stellvertretender Befehlshaber des Einsatzführungskommandos der Bundeswehr in Geltow bei Potsdam und zwischen 1978 und 1981
selbst Jugendoffizier, schrieb 2008 im *Internationalen Magazin für Sicherheit* (IMS): »Er
[der Jugendoffizier] hat sicherheitspolitische Themen von nicht minderer Bedeutung
einer zunehmend an Sicherheitspolitik desinteressierten Öffentlichkeit zu vermitteln.
Im Lichte einer gewissen Gleichgültigkeit weiter Teile der Gesellschaft gegenüber
der Bundeswehr muss es dem Jugendoffizier gelingen, beispielsweise die Diskussion um Sinn und Zweck der Auslandseinsätze der Bundesrepublik Deutschland auf
eine gesamtgesellschaftliche Ebene zu heben.«[91] Im Fokus stehen daher besonders
Kinder und Jugendliche – die Wählerinnen und Wähler von morgen und zugleich
potentielle neue Rekruten. Die jungen Offiziere dürfen heute bei Dienstantritt nicht
älter als 32 Jahre sein, um noch auf Augenhöhe mit den jungen Menschen sprechen
zu können: »Den Jugendoffizier muss Wendigkeit, Begeisterungsfähigkeit, Redege-
wandtheit, politisches Interesse und Freude an der Jugendarbeit auszeichnen«, heißt
es im Handbuch für Jugendoffiziere des Verteidigungsministeriums.[92] »Er soll von
seinem Auftreten her frisch und jugendlich, kann sogar noch etwas jungenhaft wirken. Er muss redegewandt, schlagfertig und mit einer Portion Humor begabt sein.
Er soll ein Mensch sein, zu dem man gern Kontakt sucht und der seinerseits leicht
Kontakt findet. Auch soll er ein ausgeprägtes Interesse am politischen und sonstigen
Tagesgeschehen haben.«[93] So entsprechen die Jugendoffiziere ganz und gar nicht
dem Bild eines Militaristen: zackig, Kasernenhofton, schablonenhafte Argumentation und übertriebener Formalismus. Im Gegenteil, ohne Uniform wären sie kaum
von einem Lehrer zu unterscheiden.[94]

Hauptzielgruppe der Wehrpropaganda ist die Jugend. Sie gilt als besonders emp-

---

91   Glatz, Rainer: »Reisender in Sachen Sicherheitspolitik« – Hauptamtliche Jugendoffiziere zu
      Zeiten der »Nachrüstungsdebatte« von 1978 bis 1981, in: IMS – Internationales Magazin für
      Sicherheit Nr. 04/2008, S. 44-47.

92   BMVg, IPStab/Public Relations – Az 01-61-00: Tätigkeit der Jugendoffiziere der Bundeswehr
      im Rahmen der Öffentlichkeitsarbeit, zitiert nach: Humburg, Heiko: In Zeiten von Jugendar-
      beitslosigkeit und »Hartz IV«: PR-Strategien der Bundeswehr, in: IMI-Studie 07/2008.

93   Fregattenkapitän Hans-Jürgen Meyer: Jugendoffiziere und Jugendunteroffiziere in der Bundes-
      wehr, Beilage zum Heft 8/1999 Informationen für die Truppe, S. 17f, zitiert nach: Humburg,
      Heiko: In Zeiten von Jugendarbeitslosigkeit und »Hartz IV«: PR-Strategien der Bundeswehr,
      in: IMI-Studie 07/2008.

94   Witt, Gregor: Öffentlichkeitsarbeit der Bundeswehr durch die Jugendoffiziere, in: Kerbst, Rena-
      te/Witt Gregor: Bundeswehr und Schule – Militarisierung, Jugendoffiziere, Friedenserziehung.
      Köln 1984, S. 27.

fänglich für eine kritische Haltung zur Bundeswehr und ist damit offener für Alternativen zur herrschenden Sicherheitspolitik. Mehr noch: Als Wehrpflichtigen- und Freiwilligenreserve stellt sie denjenigen Teil der Bevölkerung, dessen ablehnende Haltung zur Bundeswehr sich unmittelbar auf Personalbestand und »Verteidigungsbereitschaft« der Streitkräfte auswirkt.[95] Räumlich verortet sich die Arbeit der Jugendoffiziere daher zum weitaus größten Teil in Schulen. Neben dem schon erwähnten Simulationsspiel POL&IS, das die Jugendoffiziere mit Schülern ab der 10. Jahrgangsstufe spielen, gehören 90-minütige Vorträge zu den Hauptaufgaben der Jugendoffiziere. Schülerinnen und Schüler ab der 9. Jahrgangsstufe werden von den rhetorisch geschulten Militärs über Sicherheitspolitik informiert. Dem Unterricht angepasst und an den Interessen der Schüler orientiert, stehen u. a. folgende Themen zur Auswahl:[96]

- Soldaten als Staatsbürger in Uniform
- Auftrag und Aufgaben der Bundeswehr
- Alltag und Dienst in der Bundeswehr
- Auslandseinsätze der Bundeswehr
- Transformation der Bundeswehr
- Friedenssicherung im Bündnisrahmen und im Auftrag der Vereinten Nationen sowie der Europäischen Union
- Europäische Sicherheits- und Verteidigungspolitik
- Deutschlands Einbindung in Systeme kollektiver Sicherheit
- Entspannung durch Abrüstung und Rüstungskontrolle
- Internationaler Terrorismus als Bedrohung des 21. Jahrhunderts

2008 führten die 94 hauptamtlichen Jugendoffiziere bei insgesamt 8.061 Veranstaltungen mit 199.227 Teilnehmerinnen und Teilnehmern durch, von denen 175.450 Jugendliche waren.[97] Davon 360 POL&IS-Simulationen mit rund 17.500 Schülern, Lehrern sowie Studenten und Referendaren an mehr als 2.000 Seminartagen.[98] 2008 wurden außerdem 647 »Besuche bei der Truppe« registriert, an denen 19.500 Zivilisten teilnahmen.[99] Die Jugendoffiziere führten in dem Zeitraum zudem über 500 Seminarfahrten mit Jugendlichen (meist Schulklassen) nach Brüssel, Straßburg, Wien, Berlin oder Stettin durch.[100] In 1.376 Seminartagen konnten sich über 15.500

---

95   Ebenda, S. 16.
96   Göpel, Tobias; Lichte, Susanne: Schulbesuche – Jugendoffiziere im Klassenzimmer, in: www. bmvg.de.
97   Schnittker: Jahresbericht der Jugendoffiziere der Bundeswehr 2008, in: www.bmvg.de, S. 4.
98   Ebenda.
99   Ebenda.
100   Ebenda.

Teilnehmer sicherheits- und verteidigungspolitisch aus dem Blickwinkel der Bundeswehr weiterbilden. An 69 Podiumsdiskussionen nahmen Jugendoffiziere 2008 teil.[101] Im selben Jahr begleiteten Jugendoffiziere zudem 311 Großveranstaltungen – beispielsweise Messestände oder Tage der offenen Tür.[102] 2009 erreichten die Jugendoffiziere laut Bundestags-Drucksache bei über 4.400 Vortrags-Veranstaltungen mehr als 115.000 Menschen – gegenüber dem Vorjahr, in dem die Zahl bei rund 130.000 Jugendlichen lag ein Rückgang, der allerdings lediglich darauf zurückzuführen ist, dass nicht alle Dienstposten der Jugendoffiziere besetzt waren.[103] Mitunter weichen aber auch offizielle Zahlenangaben voneinader ab. In der Zeitschirft – *Neue Deutsche Schule (nds)* hieß es im Juni 2010: »Auf eine Kleine Anfrage im Düsseldorfer Landtag antwortete das Schulministerium, dass 2008 insgesamt 1050 Bundeswehrveranstaltungen »an und mit Schulen« stattgefunden haben. »Im Jahr 2009 waren es 1098«. Bundesweit wurden im vergangenen Jahr rund 400.000 Schülerinnen und Schüler von Offizieren »bedient«. Das Ziel lautet, jährlich 20.000 Jugendliche anzuwerben.«[104]

In Diskussionen an Schulen geht es auch um aktuelle Bundeswehr-Einsätze, wie sich in einem Mitte 2009 veröffentlichten Bericht der Jugendoffiziere lesen lässt: »Die zentralen Vortragsthemen in 2008 waren analog zu den Vorjahren vor allem die Auslandseinsätze der Bundeswehr sowie die Gefahren des internationalen Terrorismus. Das Schwerpunktthema ISAF-Einsatz in Afghanistan wurde in nahezu jedem Vortrag von Seiten des Jugendoffiziers oder der Zuhörer angesprochen. Im vierten Quartal 2008 kam die Beteiligung der Deutschen Marine an dem EU-geführten Einsatz gegen Piraterie vor der Küste Somalias verstärkt zur Sprache. […] Die Jugendoffiziere reagieren bei ihren Vorträgen, Diskussionen und Seminaren flexibel auf die vielfältigen Themenwünsche, Ziel- und Altersgruppen. Neben den eher allgemein gehaltenen Vorträgen über die Aufgaben der Bundeswehr für Haupt-, Real- und Mittelschulen geht es in Gymnasien vornehmlich um den Auslandseinsatz der Bundeswehr in Afghanistan sowie Gefahren durch den internationalen Terrorismus. Daneben behandeln die Jugendoffiziere in den Abiturjahrgängen auch die sicherheitspolitischen Prüfungsthemen des Zentralabiturs der einzelnen Länder«[105]. Die Diskussionen über den Afghanistan-Einsatz wurden 2009 fortgeführt, wie in dem

---

101   Ebenda.

102   Ebenda, S. 5.

103   Bundestags-Drucksache 17/1511.

104   Schönian, Guido: Schule mit oder ohne Bundeswehr?, in: nds. Die Zeitschrift der Bildungsgewerkschaft, Nr. 6/2010, S. 10f., hier S. 10.

105   Schnittker: Jahresbericht der Jugendoffiziere der Bundeswehr 2008, in: www.bmvg.de, S. 3.

im Mai 2010 veröffentlichten »Jahresbericht der Jugendoffiziere 2009« zu lesen ist.[106] Guter Kontakt zu Bildungseinrichtungen, ihren Trägern und den Kultusministerien der Länder ist den Jugendoffizieren ein besonderes Anliegen und der Grundstein für die Schuleinsätze. Die Zusammenarbeit »mit den zuständigen Schulbehörden bis hin zu den Ministerien« sei sehr eng und vertrauensvoll, berichten die Jugendoffiziere in ihrem Jahresbericht 2008.[107] 2005 wurden zur Herstellung dieser Zusammenarbeit erstmals 16 so genannte Bezirksjugendoffiziere in Dienst gestellt, die ausschließlich den Kontakt zu den Schulministerien suchen und an Besprechungen und Diskussionsrunden der Schulaufsichtsbehörden teilnehmen: »Aus dieser vertrauensvollen Zusammenarbeit ist z. B. in Nordrhein-Westfalen auf Anregung der Bezirksjugendoffiziere eine Kooperationsvereinbarung für den Einsatz der Jugendoffiziere in Schulen zwischen dem Schulministerium und dem Wehrbereichskommando II entstanden; in Rheinland-Pfalz und dem Saarland werden derzeit solche Vereinbarungen vorbereitet. Zudem gibt es in anderen Bundesländern Vorgespräche für ähnliche Kooperationen. In Baden-Württemberg hat sich eine Kontaktausschusssitzung ›Schule und Bundeswehr‹ etabliert«, heißt es in dem Jahresbericht (mittlerweile gibt es bundesweit sechs solcher Abkommen; detaillierter siehe Kapitel zu Bundeswehr an Schulen).[108] »Im Rahmen der Aus- und Weiterbildung für Pädagogen und Multiplikatoren bieten die Jugendoffiziere außerdem spezielle sicherheitspolitische Seminare an. So informieren sie z. B. Referendare bei mehrtägigen Fahrten nach Berlin, Brüssel oder Straßburg über die deutsche Außen- und Sicherheitspolitik, die Entwicklungen in der NATO sowie die Europäische Sicherheits- und Verteidigungspolitik.«[109] Die Ausbildungsarbeit von Referendaren haben die Jugendoffiziere seit 2005 erheblich ausgebaut. 2005 wurden fünf Veranstaltungen mit 103 Teilnehmern durchgeführt, 2009 nahmen bereits 1.073 Nachwuchslehrkräfte an 27 Veranstaltungen teil. Zusätzlich haben sich über 3.200 Lehrkräfte durch Jugendoffiziere aus- und fortbilden lassen.[110] Die Finanzierung der Bundeswehr-Veranstaltungen wird teilweise über die Landeszentralen für politische Bildung (LpB) und über die Arbeitsgemeinschaft Staat und Gesellschaft (asg) abgewickelt.[111] In der 2008 erschienenen Studie des damaligen Lehramtsreferendaren Heiko Humburg mit den Fächern Geschichte und Politik heißt es zudem:

---

106 Schnittker: Jahresbericht der Jugendoffiziere der Bundeswehr 2009, in: www.bmvg.de, S. 3.

107 Ebenda, S. 6.

108 Ebenda.

109 Humburg, Heiko: In Zeiten von Jugendarbeitslosigkeit und »Hartz IV«: PR-Strategien der Bundeswehr, in: IMI-Studie 07/2008, S. 11.

110 Bundestags-Drucksache 17/1511.

111 Ebenda, S. 6.

»In vielen Bundesländern werden diese Veranstaltungen von den Kultusministerien als Lehrerfortbildungsseminare anerkannt. So kann der Jugendoffizier in Bad Salzungen (Thüringen) berichten: ›Mittlerweile wurde erreicht, dass das Ministerium seine Schulämter ausdrücklich auf die Zusammenarbeit mit den Jugendoffizieren hinweist. Außerdem wurde erreicht, dass die Jugendoffiziere am Thüringer Institut für Lehrerweiterbildung nun als Dozenten aufgeführt und somit vom Ministerium und den Schulämtern anerkannte Weiterbildungen für Lehrer anbieten können‹. Es werden also bereits Lehramtsanwärter militärisch geschult; Offiziere der Bundeswehr unterrichten in Thüringen die künftigen Klassenlehrer aus den Fächergruppen Gemeinschaftskunde, Geschichte und Ethik.«[112]

Weiter berichtet Humburg aus seiner Referendariatszeit:

»Wichtig ist den Jugendoffizieren, schon zu Beginn einer Veranstaltung eine vertraute Atmosphäre zu schaffen. So erzählen sie zunächst von sich: Alter, verheiratet, Kinder, zur Bundeswehr, um die Familie schützen zu können oder Ähnliches. Erst auf direkten Widerspruch reagiert der Jugendoffizier aggressiver. Die Strategie ist dabei, seinen Gegenspieler als uninformiert oder uneinsichtig hinzustellen. Häufig versucht der Jugendoffizier kritische Positionen als jugendlich-naiv darzustellen, ihnen aber scheinbar Verständnis entgegen zu bringen. Der Jugendoffizier verschließt sich also nicht grundsätzlich der Kritik. Sachlich und emotionslos geht er auf die aufgeworfenen Probleme ein, gibt zu, dass es sie gibt. Aber im Laufe seiner Argumentation stellt sich heraus, dass die Probleme aufgebauscht werden, dass sie nicht typisch für die Bundeswehr sind oder längst alles getan wird, um sie zu beseitigen. Letztlich gibt es keine Probleme von Bedeutung, außer denen, die der Jugendoffizier selbst aufwirft: zu wenig Geld für die Rüstung, zu wenig Verteidigungswillen und Dienstbereitschaft bei Jugendlichen etc.«[113]

Da die Jugendoffiziere zur politischen Bildung von Schülerinnen und Schülern beitragen, sind sie an die 1976 im so genannten Beutelsbacher-Konsens festgelegten Minimalbedingungen für politische Bildung gebunden. Der Konsens soll den jungen Schülern die Chance auf eigene Meinungsbildung ermöglichen und besteht aus drei Grundprinzipien[114]:

• Überwältigungsverbot: Es ist nicht erlaubt, den Schüler – mit welchen Mitteln auch immer – im Sinn erwünschter Meinungen zu überrumpeln und damit an der Gewinnung eines selbstständigen Urteils zu hindern.

• Kontroversitätsgebot: Was in Wissenschaft und Politik kontrovers ist, muss auch im Unterricht kontrovers erscheinen. Diese Forderung ist mit der vorgenannten aufs Engste verknüpft, denn wenn unterschiedliche Standpunkte unter den Tisch fallen, Optionen unterschlagen werden, Alternativen unerörtert bleiben, ist der Weg zur Indoktrination beschritten.

---

112   Humburg, Heiko, a. a. O. – Dortige Quellenangabe für Zitat des Jugendoffiziers: BMVg: Bericht der Jugendoffiziere für das Jahr 2005, S. 7f. (www.bundeswehr-wegtreten.org).

113   Humburg, Heiko, a. a. O.

114   Mickel, Wolfgang W. (Hrsg.): Handbuch zu politischen Bildung, Schriftenreihe der Bundeszentrale für politische Bildung Band 358, Bonn 1999, S. 173-175.

- Analysefähigkeit: Der Schüler muss in die Lage versetzt werden, eine politische Situation und seine eigene Interessenlage zu analysieren sowie nach Mitteln und Wegen zu suchen, die vorgefundene Lage im Sinne seiner Interessen zu beeinflussen.

Laut Bundesregierung wird der Konsens von den Jugendoffizieren beachtet: »Die Grundprinzipien des Beutelsbacher Konsens sind Grundlage der politischen Bildung in der Bundeswehr [...]. Sie sind integraler Lehrinhalt der Ausbildung der nebenamtlichen/hauptamtlichen Jugendoffiziere an der AKBwInfo-Kom.«[115] Auch die Bundeswehr bekräftigt dies. Humburg wirft den Jugendoffizieren jedoch vor, »keinesfalls wertneutral« zu arbeiten und mit den Minimalbedingungen zu brechen. Dazu verweist er auf eine Darstellung von Jugendoffizieren auf einer Seite des Bildungsservers Sachsen-Anhalt: »Die Jugendoffiziere in Sachsen-Anhalt stehen Ihnen und Ihren Schülern als Referenten, Diskussions- und Ansprechpartner in allen Fragen, die das Themenfeld Sicherheitspolitik der Bundesrepublik Deutschland, Europas und der Welt betreffen, zur Verfügung. Wir möchten mit unserer Arbeit einen Beitrag zur Erhaltung und Festigung des Grundkonsens über die Sicherheits- und Verteidigungspolitik unseres Landes leisten.«[116] Die Bundeswehr gehe von einem Grundkonsens aus, der so nicht bestehe. Dies gelte auch für vom Verteidigungsministerium mitentwickelte Unterrichtsmaterialien, die von den Jugendoffizieren genutzt würden. »Die Nutzung von offen wertenden und höchst umstrittenen Konzepten, die als vermeintlich wertneutral und allgemein anerkannt verkauft werden«, widerspreche dem Kontroversitätsgebot, so Humburg. Als weiteres Beispiel nennt er die Einsätze von Jugendoffizieren in Berlin. Von 205 Veranstaltungen der Jugendoffiziere im Jahr 2000 habe nur eine unter Beteiligung von Wehrpflichtgegnern stattgefunden.[117] Gregor Witt kritisiert in einem bereits 1984 erschienenen Buchbeitrag zu Bundeswehreinsätzen in Schulen: »Eine Werbung um Unterstützung und Zustimmung [für das Militär durch die Jugendoffiziere] erlaubt [...] keine kritische Auseinandersetzung, die das Für und Wider abwägt, Vor- und Nachteile prüft, sicherheitspolitische Fragen auch grundsätzlich problematisiert.«[118] Auch Siegfried Schiele, einer der Initiatoren des 1976 beschlossenen Beutelsbacher Konsens, sieht den Einsatz des Militärs an Schulen kritisch: »Wenn der Lehrer das Thema ›Sicherheitspolitik‹ allein im Unterricht behandelt, muss er bei dem verwendeten Informationsmaterial und dem, was er sagt, alle Positionen angemessen

---

115 Bundestags-Drucksache 16/8852.
116 Die Jugendoffiziere in Sachsen-Anhalt, in: www.bildung-lsa.de, zit. nach: Humburg, Heiko, a. a. O.
117 Ebenda, S. 11.
118 Witt, Gregor: Jugendoffiziere im Unterricht, in: Kerbst, Renate/Witt Gregor: Bundeswehr und Schule – Militarisierung, Jugendoffiziere, Friedenserziehung. Köln 1984, S. 98.

vortragen«, so Schiele auf Nachfrage. Der langjährige Leiter der Landeszentrale für politische Bildung Baden-Württemberg sieht den Beutelsbacher Konsens gefährdet, wenn nur Jugendoffiziere als »Experten« in den Unterricht eingeladen werden. Eingehalten werde der Konsens hingegen, wenn Jugendoffiziere und ein Experte aus der Friedensbewegung in Schulen vortragen dürften. Die Debatte um Jugendoffiziere im Unterricht hat sich bereits intensiviert und ist längst nicht abgeschlossen.

Zwischen Wissenschaft und Propaganda – das Sozialwissenschaftliche Institut der Bundeswehr

Ebenso grundlegend wie der Einsatz von Jugendoffizieren ist für die Öffentlichkeits- und besonders die Nachwuchsarbeit der Bundeswehr ihr hauseigenes sozialwissenschaftliches Institut. Das in Strausberg nahe Berlin beheimatete »Sozialwissenschaftliche Institut der Bundeswehr« – kurz SoWI oder beim Militär SWInstBw abgekürzt – analysiert die Einstellung der Bevölkerung oder spezieller Bevölkerungsteile wie beispielsweise Jugendlicher zur Bundeswehr und entwickelt Strategien zum öffentlichen Auftreten und zur Personalgewinnung. Neben der Arbeit von und nach außen betreibt das Institut auch Arbeit nach innen, indem es etwa die Zufriedenheit von Soldaten analysiert und Verbesserungsmöglichkeiten erörtert. Dabei lassen die Ergebnisse vieler SoWI-Erhebungen aufhorchen: allzu oft unterscheiden sich diese von jenen unabhängiger Meinungsforschungsinstitute.

Ein Beispiel sind Erhebungen zum Einsatz von Tornado-Kampfflugzeugen zur Aufklärung militärischer Ziele in Afghanistan 2007. Für den ARD-Deutschland-Trend von April 2007 kam das Meinungsforschungsinstitut »Infratest dimap« zu dem Ergebnis, dass 63 Prozent der Befragten gegen den Tornado-Einsatz sind und nur 35 dafür.[119] Eine Erhebung des Instituts »Forsa« im Auftrag der NGO »Internationale Ärzte für die Verhütung des Atomkrieges« (IPPNW) kam sogar auf eine Ablehnung von 77 Prozent.[120] Bei der Bundeswehr fiel das Ergebnis knapper aus: »Dem Einsatz von Tornado-Aufklärungsflugzeugen der Bundeswehr im Rahmen von ISAF stimmen 43 Prozent zu und 48 Prozent lehnen ihn ab«, schreibt das SoWI als Ergebnis aus ihrer Bevölkerungsbefragung 2007.[121] Ein weiteres Beispiel: »Infratest dimap« kommt für das Jahr 2009 auf eine durchschnittliche Ablehnung des Afghanistan-

---

119   Mehrheit gegen »Tornado«-Einsatz, in: www.tagesschau.de, 5.4.2007.

120   Mehrheit der Bundesbürger gegen Tornado-Entsendung, in: www.ippnw.de.

121   Bulmahn, Thomas/Fiebig, Rüdiger: Sicherheits- und verteidigungspolitisches Meinungsklima in der Bundesrepublik Deutschland – Erste Ergebnisse der Bevölkerungsbefragung 2007 des SoWI, Strausberg, 19.11.2007, S. 7.

Einsatzes von rund 60 Prozent.[122] Die Zustimmung zum Einsatz lag im Schnitt bei etwa 40 Prozent. Das SoWI kommt in seiner Umfrage zu einem anderen Ergebnis: »Der ISAF-Einsatz der Bundeswehr wird von jedem zweiten Bundesbürger unterstützt.«[123] Wie kommt das Institut auf solche Ergebnisse?

Oft verlautbart das SoWI neutral zu forschen: »Wir arbeiten bedarfsorientiert, aber ergebnisoffen und sind in der Wahl der Methoden frei und in der Interpretation unserer Ergebnisse unabhängig.«[124] Dennoch handelt es sich bei dem Institut nicht um eine unabhängige Einrichtung, sondern um eine staatliche, genauer einer des Militärs: »Wir sind die Einrichtung der Bundeswehr für militärbezogene sozialwissenschaftliche Forschung. Wir arbeiten als Institut der Ressortforschung für das Bundesministerium der Verteidigung und unterstützen mit wissenschaftlichen Erkenntnissen die politische Leitung und militärische Führung der Bundeswehr in Meinungsbildung und Entscheidungsfindung«, heißt es auf der Website des SoWI.[125] An anderer Stelle wird erklärt: »Das Sozialwissenschaftliche Institut ist eine Einrichtung der Ressortforschung des Bundes und betreibt im Auftrag des Bundesministeriums der Verteidigung sozialwissenschaftliche Forschung für die Bundeswehr.«[126] Dass unter diesen Voraussetzungen neutrale und ergebnisoffene Forschung betrieben werden kann, ist fraglich. Die Ergebnisse einiger Befragungen weisen klar in eine für die Bundeswehr günstige Richtung.

Auch die vom SoWI angewandten Methoden stehen in der Kritik. So veröffentlicht das Institut seit Jahren nicht mehr den genauen Wortlaut aller Fragen, die bei der jährlichen Bevölkerungsumfrage gestellt wurden. Dies könnte eine Reaktion auf Kritik an der Auswertung einiger Umfrageergebnisse gewesen sein, in der das SoWI die Ergebnisse sehr zum Positiven für die Armee analysiert hatte. Auch an der im März 2010 erschienenen Umfrage zum politischen Denken der Studierenden an den Bundeswehr-Universitäten in Hamburg und München gibt es Kritik. Der Feststellung der hohen Zahl politisch Neu-Rechter-Bundeswehr-Studierender folgt in dem Forschungsbericht die Verharmlosung: in der Zivilgesellschaft sei der Anteil Jugendlicher, die der »Neuen Rechten« angehörten, beinahe doppelt so hoch. Eine Ursachenforschung findet in dem Bericht nicht statt. Ebenso wenig werden Vorschläge zur Änderung der politischen Ansichten der Bundeswehr-Studierenden gemacht.

---

122   ARD-Deutschlandtrend, Mai 2010 – Bundeswehr in Afghanistan, in: www.infratest-dimap.de.
123   Bulmahn, Dr. Thomas: Sicherheits- und verteidigungspolitisches Meinungsklima in der Bundesrepublik Deutschland – Erste Ergebnisse der Bevölkerungsbefragung Oktober/November 2009 des SoWI – Kurzbericht, Strausberg, Januar 2010, S. 34
124   Leitbild des SoWI, in: www.sowi.bundeswehr.de, 29.8.2007.
125   Ebenda.
126   Allgemeines, in: www.sowi.bundeswehr.de, 6.5.2008.

Allein die lange Zurückhaltung der Studie – die Befragung wurde 2007 durchgeführt und die Studie erst 2010 veröffentlicht, was selbst der Wehrbeauftrage des Bundestags in seinem Jahresbericht 2009 kritisiert[127] –, zeigt, dass sich die Bundeswehr nicht ernsthaft mit dem Problem auseinandersetzen will. Auch das Ergebnis einer 2007 erhobenen Jugendstudie – die übrigens von Studierenden des Militär-Studiengangs »Military Studies« an der Universität Potsdam durchgeführt wird – mit für die Bundeswehr desaströsem Ergebnis (da noch weniger Jugendliche sich vorstellen können zur Armee zu gehen als gemäß vorheriger Studien) wurde erst sehr viel später, im September 2009, veröffentlicht und bis dato unter Verschluss gehalten.

Die Durchführung von Jugendstudien und die Analyse personalwerblicher Instrumente sind eine wichtige Funktion des SoWI für die Bundeswehr. So ging die Indienstnahme des »Zentralen Messe- und Eventmarketing der Bundeswehr« (ZeMEmBw) 2006, wozu u.a. der »KarriereTreff« und die großen Messestände der Armee gehören, auf eine Empfehlung des SoWI zurück. Zudem kann man in der SoWI-Jugendstudie von September 2009 lesen, was die Bundeswehr als nächste werbliche Maßnahmen plant: Vor dem Hintergrund der Studienergebnisse 2007 »wird empfohlen, mehr Informationsveranstaltungen vor Ort anzubieten, die Zahl der Truppenbesuche und Praktikumsplätze zu erhöhen und Aktivitäten wie den ›Tag der offenen Tür‹, ›Girlsday‹, Bw-Beachen, Bw-Olympix etc. auszubauen. Wichtig ist, dass interessierte Jugendliche dabei die Gelegenheit haben, mit Soldatinnen und Soldaten oder mit den Zivilbeschäftigten der Bundes-wehr ins Gespräch zu kommen, um Einblicke in den Berufsalltag bei der Bundeswehr zu gewinnen und um sich ein möglichst realistisches Bild machen zu können.«[128] Um den Realismus, den die Bundeswehr bei Veranstaltungen wie den »Bw-Olympix« darstellt, darf getrost gestritten werden.

Das SoWI ist das Auge der Bundeswehr-Personalgewinnung. Es beobachtet und analysiert die Methoden zur Nachwuchsgewinnung und macht Empfehlungen für die effiziente Bundeswehr-Nachwuchsstrategie der Zukunft. Das 1974 gegründete Sozialwissenschaftliche Institut der Bundeswehr (dessen Vorgänger das »Wissenschaftlichen Institut für Erziehung und Bildung« schon 1968 gegründet worden war) ist daher ein im Hintergrund arbeitender wichtiger Baustein im Rekrutierungskomplex der deutschen Armee. Daneben gibt die Einrichtung Studien heraus, um neben der eigenen Armee-Führung auch in die Öffentlichkeit zu wirken – die Ergebnisse fallen dabei für die Bundeswehr auffallend positiv aus. Von den Medien werden die Ergebnisse der SoWI-Befragungen oft kritiklos übernommen und weiterverbreitet:

---

127   Bundestags-Drucksache 17/900, S. 33.
128   Bulmahn/Burmeister/Thümmel: Berufswahl Jugendlicher…, a.a.O., S. 12.

»Kaum Vorbehalte gegen den Bundeswehr-Einsatz im Innern«, titelte die *Frankfurter Allgemeine Zeitung* am 17. Februar 2010 nach Veröffentlichung der SoWI Bevölkerungsbefragung 2009; *Die Welt* veröffentlichte am 18. Februar 2010 gleich zwei Sensations-Artikel: »Bürger vertrauen Militär mehr als der Politik« und »Die Deutschen schätzen ihre Bundeswehr«. Als eine staatliche institutionseigene Forschungsanstalt ist es aber sehr zweifelhaft, ob die Forschung wirklich neutral verläuft – daran ändern auch die guten Worte, die der »Wissenschaftsrat« Ende 2009 für das SoWI übrig hatte, nichts.[129]

---

129 Stellungnahme zum Sozialwissenschaftlichen Institut der Bundeswehr (SWInstBw), Strausberg, in: www.wissenschaftsrat.de, 13.11.2009.

II. Bundeswehreigene Werbeveranstaltungen

Eigene Veranstaltung und Aktionen in Armee-Liegenschaften und vor allem im öffentlichen Raum sind für die Bundeswehr enorm wichtig. Die Armee kann sich auf ihren Veranstaltungen nach Belieben präsentieren: kein Aufwand scheint zu groß, keine Kosten zu hoch. So organisiert die Armee nicht nur Veranstaltungen in Fußgängerzonen, sondern auch Sportfeste, Konzerte und Messestände. Es folgt ein Überblick über bundeswehreigene Werbeveranstaltungen.

Bundeswehr on Tour – mobile Ausstellungen

Im August 2006 wurde der »KarriereTreff« der Bundeswehr im fränkischen Ansbach in Dienst gestellt.[130] Der parlamentarische Staatssekretär des Bundesministeriums der Verteidigung, Christian Schmidt, der Ansbacher Oberbürgermeister und zahlreiche weitere Gäste feierten die Indienstnahme des neuen »Event- und Informationsmoduls«, mit dem »sich die Bundeswehr flexibel und mobil als moderner Arbeitgeber« präsentieren kann. Seitdem tourt der »KarriereTreff« der Bundeswehr jährlich zwischen Frühjahr und Herbst durch etwa 40 Städte in der gesamten Bundesrepublik. Der »KarriereTreff« hat die teuren, schwerfälligen und Jahrzehnte alten Reklameshows »Unser Heer«, »Unsere Luftwaffe« und »Unsere Marine« abgelöst: »KarriereTreff Bundeswehr ist nicht alter Wein in neuen Schläuchen – sondern dahinter steht auch ein völlig neuer konzeptioneller Ansatz«, so Gerd Broich, Oberstleutnant und Leiter des »KarriereTreffs« auf einer Bundeswehr-Website.[131] Der Schritt der Außerdienststellung der alten Ausstellungen sei notwendig geworden, um sich als »ein« Arbeitgeber Bundeswehr zu präsentieren. Broich gibt auch über den Kernpunkt des neuen Konzepts Auskunft: »Wir sind dort, wo die Menschen sind und nicht mehr auf Festplätzen außerhalb der Zentren.« Die alten Ausstellungen konnten wegen des enormen Platzbedarfs für ausgestellte Panzer und anderes militärisches Großgerät meist nur an den Stadträndern um Nachwuchs werben. Nun geht die Bun-

---

130   KaririereTreff on Tour, in: aktuell – Zeitung für die Bundeswehr Nr. 35/2006.

131   Streitkräftebasis: KarriereTreff Bundeswehr, in: www.streitkraeftebasis.de 16. August 2006.

deswehr »mitten in die Städte, in die Fußgängerzonen, [und] sucht den Kontakt auch zum Laufpublikum«, heißt es im Artikel »Einmal Deutschland – Modularer Auftritt wirkt als Erfolgsrezept« des Bundeswehr-Magazins *Y* vom November 2006.[132]

Das Zentrum des rollenden Informationstrosses bildet der so genannte »Karriere-Truck«, ein großer, dunkelblau lackierter Mercedes-Sattelschlepper mit begehbarem Auflieger. »Entschieden gut. Gut entschieden: Sichern Sie sich einen von 20.000 Arbeitsplätzen« steht in großen Lettern auf dem Anhänger, auf dem außerdem noch Bilder von jungen Soldatinnen und Soldaten prangen.[133] Zentrales Motto der Veranstaltung ist – wie bei allen vom Zentralen Messe- und Eventmarketing der Bundeswehr (ZeMEMBw) organisierten Ausstellungen – »Bundeswehr: Karriere mit Zukunft«. In dem großen Auflieger befinden sich Broschüren und andere »Giveaways«, wie beispielsweise das kostenlose Bundeswehr-Jugendmagazin *infopost*, Kugelschreiber, Radiergummis und sogar DVD-Dokumentationen über Militärgerät. In einer Vitrine sind Modelle von Panzern und einer Aufklärungsdrohne ausgestellt. An modernen Touch-Screen-Monitoren können sich die potentiellen Rekrutinnen und Rekruten über Arbeitsplätze bei der Armee informieren. Zudem geben Soldaten aller Teilstreitkräfte und Wehrdienstberater den meist jungen Besuchern Auskunft – acht Armeeangehörige gehören zum Stammpersonal der Ausstellung.[134] Dazu kommen noch rund 20 Soldaten für den Auf- und Abbau sowie Feldjäger, die aus Sicherheitsgründen benötigt werden – auch zivile Mitarbeiter helfen der Bundeswehr bei ihren »KarriereTreffs«.

Direkt neben dem »KarriereTruck« befindet sich meist der »KinoTruck«. In ihm können sich bis zu 32 Zuschauer dank modernster Multimediatechnik für viel Geld produzierte 3D-Armeefilme ansehen. Außerdem ist der »KinoTruck« so konzipiert, dass er auch als moderner Vortrags- und Diskussionsraum genutzt werden kann: »Jugendoffiziere können Schulklassen einladen und hier Unterrichte anbieten«, benennt das Bundeswehr-Magazin *Y* eine mögliche Nutzung des Raums.[135]

Der dritte für den »KarriereTreff« verfügbare Sattelschlepper dient als Material-Transporter. Zu diesen drei Grundmodulen können, je nach Bedarf, weitere hinzugefügt werden: »Für die jeweiligen Einsatzorte des ›KarriereTreff‹ entscheiden die militärischen Organisationsbereiche, womit und wie sie sich präsentieren möchten. Natürlich spielen Auftragslage der Verbände und auch wirtschaftliche Kriterien eine entscheidende Rolle für Personal- und Materialunterstützung«, erklärt Oberleutnant

132   Schuldt, Frank: Einmal Deutschland, in: Y – Magazin der Bundeswehr, Nov. 2006, S. 106.

133   Schulze von Glaßer, Michael: Die Bundeswehr im Kampf an der Heimatfront, in: IMI Studie 01/2009.

134   Schuldt, Frank: Einmal Deutschland, a. a. O.

135   Ebenda.

zur See Sommer, Ausstellungsleiter des Militärspektakels.[136] Da die Bundeswehr mit ihrem »KarriereTreff« bewusst junge Leute ansprechen will, sind fast immer auch die Bundeswehr-Kletterwand »TopFit« für Kinder und das Bundeswehr-Quiz »Auf Zack!« für Schüler und Jugendliche dabei: beim Quiz werden natürlich nur Fragen zur Bundeswehr gestellt, beispielsweise wie viele Menschen in der Armee Dienst tun. Auf einer mobilen Bühne treten Musiker auf. Dort werden auch Schülerbandwettbewerbe durchgeführt.[137] 36 Musikgruppen engagierte die Bundeswehr für das Bühnenprogramm des »KarriereTreff« 2008, wofür Kosten in Höhe von 122.565 Euro entstanden.[138] 2009 wurden für Musiker sogar 140.000 Euro aufgewandt.[139] Darin enthalten sind allerdings 25.000 Euro für fünf Nachwuchsbandwettbewerbe, die die Armee während der »KarriereTreffs« in Langenselbold, Celle, Plauen, Zwickau und Nordhausen durchführte. Ein Besuchermagnet soll auch der Segway-Parcours sein, den die Armee bei ihren Ausstellungen oft dabei hat. Besucher können auf den einachsigen Elektrovehikeln einen Hindernis-Parcours abfahren – natürlich kostenlos. Ebenfalls kostenlos ist die Nutzung des Flugsimulators der Armee. Auch dieses Modul ist oft beim »KarriereTreff« dabei. Gezeigt werden beispielsweise Filme vom Luftwaffen-Kampfjet Tornado oder dem Militärtransportflugzeug Transall. Neu hinzugekommen ist 2009 das Modul »Parkouring«, bei dem junge Leute über Hindernisse springen müssen. Auf einer Website der Bundeswehr heißt es dazu: »Beim Parkouring können Sie die neue Trendsportart unter Anleitung professioneller Traceure kennenlernen.«[140] Das ist jedoch noch längst nicht alles, was der »KarriereTreff« zu bieten hat.

Um die Militär-Show noch erfolgreicher zu gestalten, werden zu jedem Einsatz Bundeswehrfahrzeuge bestellt.[141] Beispielsweise landete beim ersten »KarriereTreff« am 1. April 2008 ein UH-1D Militärhubschrauber auf dem Domplatz im westfälischen Münster. Am 22. Mai desselben Jahres lockten »Fuchs«-Spürpanzer und Sanitätsunimog die Leute zum »KarriereTreff« im ostwestfälischen Gütersloh, und am 31. Juli 2009 sorgten Motorräder der Feldjäger bei der Militärveranstaltung im nordhessischen Kassel für mehr Besucher. Schon 2006 setzte die Bundeswehr Panzer vom Typ »Wiesel«, Patriot-Luftabwehrraketen und anderes militärisches Großgerät bei den »KarriereTreffs« ein, um das Interesse der Passanten zu wecken.[142] Die Ausstel-

---

136   Ebenda.
137   Der KarriereTreff kommt, in: www.bundeswehr-karriere.de.
138   Bundestags Drucksache 16/12038.
139   Bundestags-Drucksache 17/715.
140   Der KarriereTreff kommt, in: www.bundeswehr-karriere.de.
141   Bundestags-Drucksache 16/7925.
142   Bundestags-Drucksache 16/4786.

lung von Exponaten »erfolgt zur authentischen Darstellung entsprechender Arbeitsplätze der Streitkräfte, orientiert sich primär am Bedarf und erfolgt im Rahmen der Unterstützungsmöglichkeiten der Streitkräfte«, lässt die Bundesregierung als Antwort auf eine kleine Bundestagsanfrage wissen.[143] Besonders um die Ausstellung von Exponaten herrscht seit Jahren ein Streit im Parlament: »Es geht offenbar allein darum, Nachwuchs durch Technikbegeisterung zu ködern«, wirft die Linksfraktion der Bundesregierung und noch mehr der Bundeswehr vor.[144] Die Regierung widersprach dieser Auffassung natürlich: »Die zum Ausdruck gebrachte Unterstellung, Zweck des Zentralen Messe- und Eventmarketings der Bundeswehr sei es, Nachwuchs durch Technikbegeisterung zu ködern bzw. durch Präsentation moderner Technik Minderjährige für das Militär zu begeistern, wird zurückgewiesen.«[145] Ob ködern oder nicht: die Zielgruppe – laut Armee alle Männer und Frauen im »wehrfähigem Alter«, d.h. ab 17 Jahre – scheint sich vor allem wegen der ausgestellten Technik für den »KarriereTreff« der Bundeswehr zu begeistern und von ihr angezogen zu werden.[146] Dies trifft insbesondere auch auf Kinder zu, die gar noch von den anwesenden Soldaten dazu ermuntert werden, in den Militärfahrzeugen Platz zu nehmen.[147]

Der »KarriereTreff« der Bundeswehr tourte 2006, dem Jahr der Indienststellung, durch 15 deutsche Städte.[148] Seit 2007 steuert der Bundeswehr-Tross jährlich vierzig Orte an. Gezielt werden dabei lokale Ereignisse aufgegriffen. So nutzte die Armee das Landesturnfest im Mai 2008 in Gütersloh, um sich gleich neben den Sporteinrichtungen auf einem Schulhof zu präsentieren. Tausende – meist minderjährige – Sportler wurden von den Militärs umworben, beraten, mit Broschüren ausgestattet und konnten im ausgestellten Panzer Platz nehmen.[149] Auch auf dem größten nordhessischen Volksfest, dem »Zissel« in Kassel, präsentierte sich die Bundeswehr mit ihrem »KarriereTreff«. Mit zwei Feldjäger-Motorrädern, einem Flugsimulator und einer eigenen Konzertbühne, auf der sich während des dreitägigen Festes im Sommer 2009 zehn Musikgruppen präsentierten, war die Bundeswehr zu einem der größten Aussteller auf dem Volksfest.[150] Die Werbeveranstaltungen dauern je nach

---

143 Bundestags-Drucksache 16/7925.

144 Bundestags-Drucksache 16/4532.

145 Bundestags-Drucksache 16/4768.

146 Schulze von Glaßer, Michael: Die Bundeswehr im Kampf an der Heimatfront, in: IMI Studie 01/2009.

147 Ebenda.

148 Schuldt, Frank: Einmal Deutschland, a.a.O.

149 Schulze von Glaßer, Michael: Die Bundeswehr im Kampf an der Heimatfront, in: IMI Studie 01/2009.

150 Sehmisch, Martin/Schulze von Glaßer, Michael: Kritik an Bundeswehr auf dem Zissel unerwünscht, in: www.nordhessische.de am 4. August 2009.

Der »KarriereTreff« der Bundeswehr auf dem Volksfest »Zissel« in Kassel, 31. Juli 2009

Einsatzort zwischen einem und sechs Tagen, in der Regel aber drei Tage. Für die nächtliche Bewachung hat die Bundeswehr ein privates Berliner Sicherheitsunternehmen angestellt, für das allein im Jahr 2008 Kosten in Höhe von 94.256 Euro entstanden.[151] Die Fahrten zu den Einsatzorten des »KarriereTreffs« werden von der Militärpolizei begleitet.

Die Bundeswehr scheut für die Werbemaßnahmen also weder Kosten noch Mühen: Die durchschnittlichen Ausgaben pro Einsatz belaufen sich laut Regierungsauskunft auf etwa 35.000 Euro. Für Transport, Auf- und Abbau sowie für die Eventmodule werden 16.500 Euro kalkuliert. Betrieb vor Ort, Bewachung und engagierte Musikgruppen schlagen mit 16.600 Euro zu Buche. Unterbringung und Platzmiete kosten durchschnittlich 1.900 Euro. Die erwarteten Gesamtkosten für den »KarriereTreff« der Bundeswehr betrugen 2009 (wie auch 2010) 1,4 Mio. Euro.[152] Das sind 100.000 Euro mehr als im Jahr 2008.[153]

Dem »KarriereTreff« ging schon 2002 ein Versuch der Bundeswehr voraus, mit einer modernen mobilen Ausstellung Nachwuchs zu gewinnen. Von Mitte März bis Anfang Juni reisten elf Werbe-Lastkraftwagen auf einer Infotour durch 24 deutsche Städte. »Ziel dieser bundesweiten Kampagne ist es, qualifizierten Nachwuchs für die Streitkräfte zu finden sowie die Öffentlichkeit – insbesondere junge Menschen – über

---

151   Bundestags-Drucksache 16/12038.
152   Ebenda.
153   Bundestags-Drucksache 16/7925.

die neugeordneten und attraktiveren Laufbahnen der Unteroffiziere zu informieren«, heißt es dazu in einer Bundeswehr-Publikation.[154] Ein Showprogramm gab es
bei dem Militärspektakel auch damals schon: »Auf einer mobilen Bühne führen die
22jährige Jessika Westen – Moderatorin beim TV-Sender NBC Giga – und ein Moderator von Radio Andernach [dem Radiosender der Bundeswehr, d. A.] durch ein
abwechslungsreiches Programm.« Ebenso wurde technisches Gerät wie das Triebwerk eines Kampfjets und ein Schnellbootmotor ausgestellt. Zu der achtwöchigen,
groß angelegten Werbekampagne gehörten auch Werbeflächen auf 125 Lastwagen
privater Speditionen.[155] »Verdien' nicht nur Geld, sondern Respekt. Das ja'n Ding!
25.000 neue Karrieren für junge Leute«, war auf den schwarz-weißen Aufliegern zu
lesen, darunter eine Infohotline der Bundeswehr. Natürlich war auch das Eiserne
Kreuz, das Logo der deutschen Armee, abgebildet.

Neben dem einmaligen und bundesweit eingesetzten »KarriereTreff« besitzt die
Bundeswehr weitere kleinere Werbelastwagen. Den vier Zentren für Nachwuchsgewinnung der Bundeswehr (ZNwGBw-WEST, -OST, -NORD, -SÜD) unterstehen
jeweils zwei Infomobile und zwei Infotrucks[156] – eine 2003 in Dienst gestellte Zug-
maschine brannte allerdings am 9. Mai 2009 vor dem Gebäude der Industrie und
Handelskammer im württembergischen Heilbronn aus – Armee und Polizei vermu-
ten Brandstiftung.[157] Dort warb die Bundeswehr mit dem Info-Fahrzeug im Rahmen
einer IHK-Bildungsmesse für den Dienst in der Armee. Im Mai 2010 fiel ein weiterer Sattelschlepper einem großangelegten Farbanschlag zum Opfer – Aktivisten be-
sprühten den begehbaren Auflieger mit roter Farbe.[158] Als »Infomobile« bezeichnet
die Bundeswehr kleine Lastkraftwagen ohne Auflieger. Die blau lackierten Fahrzeuge können – ähnlich wie der »KarriereTruck« – begangen werden und beinhalten
Informationsangebote zur Bundeswehr. Auch Wehrdienstberatungen finden darin
statt. Etwas größer sind die »Infotrucks«: sie besitzen einen gelb und blau lackierten
Auflieger, von dem aus die Gesichter lachender junger Menschen strahlen – daneben
Slogans wie »Arbeitgeber Bundeswehr« und Schlagworte wie »Ausbildung«, »Verantwortung« und »Qualifikation«. Das Informationsangebot ist dasselbe wie bei den
anderen Werbe-Lastkraftwagen. Die Infomobile und Infotrucks werden oft bei Ver-
anstaltungen der Bundeswehr-Musikgruppen – vor allem der BigBand – eingesetzt.
Außerdem tritt die Armee mit den Fahrzeugen auch direkt auf Schulhöfen auf: »Die
Einsatzdurchführung erfolgt hier durch die regionale Wehrdienstberatung mit grund-

154   Obersteg, Roland: On the road, in: aktuell – Zeitung für die Bundeswehr Nr. 10/2002.
155   Paul, Jörg Uwe: »Brummi« einmal anders, in: aktuell – Zeitung für die Bundeswehr Nr. 11/2002.
156   Schuldt, Frank: Einmal Deutschland, a. a. O.
157   Bundeswehr-LKW brennt aus, in: www.stimme.de, 9.5.2009.
158   Stuke, Jörg: Elf Maskierte überfallen Bundeswehr, in: www.nw-news.de, 20.5.2010.

sätzlich ein bis zwei Soldaten. Parallel werden die verfügbaren personalwerblichen Produkte (Broschüren, Flyer, Giveaways) eingesetzt. Exponate/militärisches Gerät kommen nur partiell zum Einsatz. Das Spektrum möglicher Exponate/militärischer Geräte orientiert sich an dem des KarriereTreff Bw«, schreibt die Bundesregierung dazu in ihrer Antwort auf eine kleine Bundestagsanfrage der Linksfraktion.[159] 2009 waren die Infotrucks 283 Mal und die Infomobile 373 Mal im Einsatz, für 2010 plante die Regierung für den Betrieb der 16 Lastwagen 640.000 Euro ein[160] – im Vergleich zum Vorjahr eine Kostensteigerung, die die Bundesregierung mit der Finanzierung von Sicherheitsdiensten begründet, um die Lastwagen vor Übergriffen zu schützen.

Präsent, wo der Nachwuchs ist – Messestände der Armee

Leipzig musste die Bundeswehr vor einigen Jahren verloren geben. Dort hatte der rund 200 Quadratmeter große Bundeswehr-Stand – einer der größten überhaupt – auf der Buchmesse 2002, 2003 und 2004 zu Protesten geführt. War der Protest 2002 noch klein, kam es ein Jahr darauf schon zu einer organisierten Demonstration unter dem Motto »Bücher statt Bomben«, an der sich 200 Menschen auf der Messe beteiligten.[161] Liefen die ersten beiden Protestaktionen noch friedlich ab, kam es 2004 während einer erneuten Demonstration gegen den Bundeswehr-Messestand zu einer handgreiflichen Auseinandersetzung. Dabei wurde der Verleger Dietmar Koschmieder (Verlag 8. Mai), der zum Sprecher der rund 60 protestierenden Autoren, Verleger und Besucher ernannt worden war, von Bundeswehr-Feldjägern und zahlreichen bereitstehenden Polizeibeamten überwältigt, an Händen und Füßen gefesselten und in Gewahrsam genommen. Weit über 1.000 Verleger und Verlagsmitarbeiter, Buchhändler und Besucher unterschrieben einen Aufruf an die Messeleitung, dem branchenfremden Aussteller Bundeswehr keinen Messestand mehr auf der Leipziger-Buchmesse zu genehmigen.[162] Auch die Schriftstellervereinigung P.E.N.-Zentrum Deutschland protestierte mehrere Jahre lang gegen das Militär auf der Buchmesse – 2004 war die Armee das letzte Mal auf der Messe vertreten, der Protest hatte Erfolg. Bis dahin war die Bundeswehr meist gleich mit mehreren Jugendoffizieren und dem POL&IS-Simulationsspiel anwesend. Der große Stand befand sich zudem zielgruppengerecht nahe den Comic- und Jugendbüchern. Das En-

---

159 Bundestags-Drucksache 16/12038.

160 Bundestags-Drucksahe 17/715.

161 »Bücher statt Bomben«: Weitere Proteste auf der Leipziger Buchmesse, in: www.tagesspiegel.de.

162 Polizeigewalt auf Leipziger Buchmesse, in: www.graswurzel.net.

»Deutschland hilft Afghanistan«-Stand des Zentralen Messe- und Eventmarketings der Bundeswehr auf der Kasseler Frühjahrsausstellung, 7. März 2010

gagement der Bundeswehr auf Messen ist trotz dieses Rückschlags ungebrochen. Die Messeaktivitäten der Bundeswehr sind heute in zwei Einheiten aufgeteilt:

1.) Das Zentrale Messe- und Eventmarketing der Bundeswehr (ZeMEMBw) ist seit 2006[163] im Besitz eines großen modernen Messestandes und stellt auch militärisches Großgerät aus – auf der »Frühjahrsausstellung 2009« im nordhessischen Kassel beispielsweise einen Kampfhubschrauber vom Typ »Tiger«. Auf Flachbildschirmen können sich Interessierte am Bundeswehr-Messestand über Armeelaufbahnen informieren, auch Werbefilme werden gezeigt. Jugendoffiziere und andere Bundeswehr-Werber begleiten die Stände und stehen für Beratungen zur Verfügung. 2009 stellte die Einheit auf insgesamt 52 Messen aus, wobei es vornehmlich um Nachwuchsgewinnung ging.[164] Daher sind besonders Messen für Jugendliche Ziel der Werber: auf der »Games Convention«, einer der größten Computerspiele-Messen in Europa, stellt die Bundeswehr schon seit mehreren Jahren aus. Auch auf dieser Messe – die wie die Buchmesse in Leipzig stattfindet – ist die Bundeswehr nicht unumstritten und sorgte 2009 bei den jungen Besuchern für einigen Unmut, den diese in Internetforen Ausdruck verliehen. Organisierten Protest gab es bisher aber noch nicht. Auch auf der größten Jugendmesse Europas, der YOU, ist die Bundeswehr zugegen. Schon 2007 stellte die Armee auf 200 Quadratmetern aus und wollte mit den Jugendlichen einige Fragen klären: »Wie füllt man eigentlich ein Offiziersanwärter-Formular aus,

163 KarriereTreff on Tour, in: aktuell – Zeitung für die Bundeswehr Nr. 35/2006.
164 Bundestags-Drucksache 16/12038.

was macht ein Feldwebel oder wie wird man Berufssoldat?«[165] Alle drei Teilstreitkräfte präsentierten sich auf der Jugendmesse:»Die Marine stellt verschiedene Schiffsmo-
delle aus – darunter auch mit der ›F125‹ die Fregatte der Zukunft. Die Heeresflieger
bringen verschiedene Modelle von Hubschraubern und die Luftwaffe Schleudersitze
und Simulatoren mit. Das Motorrad, mit dem die Feldjäger Eskorten fahren, kann
ebenfalls besichtigt werden.«, schreibt die Bundeswehr vorab in einer ihrer Publikationen.[166] Auch eine Bühne, auf der während des Events verschiedene Musiker
spielten, hatte die Bundeswehr auf die YOU 2007 mitgebracht. Auch 2008 und 2009
war das Militär auf der Jugendmesse nicht zu übersehen. In den vergangenen Jahren
wurden auf jeder YOU etwa 150.000 Besucher zwischen 14 und 22 Jahren gezählt
– eine geeignete Zielgruppe für die Bundeswehr also. Auch auf der Computerspiele-
Messe»Gamescom 2009« in Köln war das Zentrale Messe- und Eventmarketing ganz
groß vertreten – samt Feldjäger-Motorrad und »Fennek«-Spähpanzer. Das Atelier
»Scherer« sorgte für den Aufbau des modernen Standes – und nicht etwa die Armee
selbst. Interessantes gab Hauptmann Matthias Beyermann, Chef des Bundeswehr-
Messestandes vor Beginn der Gamescom von sich. Im Bundeswehr-Magazin Y wird
er zitiert:»Alle Dienstgrade werden abgeschafft. Vom Gefreiten bis zum Oberstleutnant wird hier jeder geduzt.«[167] Mit der Realität hat das freilich nichts zu tun und
zeigt nur, wie sich die Armee verstellt, um bei Jugendlichen gut anzukommen. 243
Termine mit Wehrdienstberatern wurden bis zum Ende der Messe angefragt und
3.500 Adresssätze konnte die Bundeswehr über die Teilnahme beim Bundeswehr-
Gewinnspiel gewinnen, was die verantwortlichen Soldaten auf der Messe erfreut
haben soll. Die Armee sucht mit ihrem aufwändigen Messestand aber nicht nur nach
einfachen neuen Soldaten, sondern gezielt auch nach qualifizierten Fachkräften. Der
Bundeswehr mangelte es in den letzten Jahren an 429 Sanitätsoffizieren.[168] Durch
die Zunahme gefährlicher Militäreinsätze im Ausland steigt der Bedarf an ärztlicher
Versorgung stetig. Wegen mangelnder Attraktivität – vor allem aufgrund des hohen
eigenen gesundheitlichen Risikos und der starken Konkurrenz durch den zivilen
Gesundheitssektor, in dem ebenfalls eine gute Bezahlung winkt – bleiben Mediziner der Bundeswehr aber immer öfters fern. Schon 2008 versuchte die Bundeswehr
neue Mediziner abzuwerben: die Armee war beispielsweise mit Messeständen auf
dem Kongress der Deutschen Interdisziplinären Vereinigung der Intensivmedizin in
Hamburg und dem Kongress der Deutschen Gesellschaft für Chirurgie in Berlin ver-

---

165 Fischer, Felix: Erkundung auf Rollen, in: aktuell – Zeitung für die Bundeswehr Nr. 42/2007.
166 Ebenda.
167 Lorber, Alexander: Mit Fennek und Nana Mouskouri, in: Y – Das Bundeswehr-Magazin, Okt./
     Nov. 2009, S. 65.
168 Bundestags-Drucksache 16/12012.

treten.[169] 2009 versuchte die Bundeswehr auf einem Anästhesiekongress in Leipzig und einem Kongress für Orthopädie und Unfallchirurgie in Berlin neue Mediziner zu werben[170] – angesichts der veröffentlichten Zahlen scheinen die bisherigen Werbemaßnahmen jedoch nur mäßigen Erfolg gehabt haben. Auch die 580.000 Euro – also durchschnittlich etwas über 11.000 Euro pro Event –, die der Messeeinsatz des Zentralen Messe- und Eventmarketings der Bundeswehr im Jahr 2009 gekostet hat[171], konnten daran nichts ändern. 2010 plante die Armee sogar 730.000 Euro für die Messebeschickung ein.[172] Dabei wird nicht nur um Nachwuchs gebuhlt, sondern auch um Zustimmung: auf der Kasseler-Frühjahrsausstellung vom 27. Februar bis zum 7. März 2010 warb die Bundeswehr unter dem Motto »Bundeswehr hilft Afghanistan« um Zustimmung für den umstrittenen Einsatz.[173] Nach Auskunft des dort verantwortlichen Soldaten sollte es 2010 neun solcher »Afghanistan-Stände« geben. Für die insgesamt 52 Einsätze stehen verschiedene Stände zur Verfügung.

2.) Die vier Zentren für Nachwuchsgewinnung der Bundeswehr (ZNwGBw) – NORD (Schleswig-Holstein, Niedersachen, Mecklenburg-Vorpommern), OST (Berlin, Brandenburg, Sachsen-Anhalt, Sachsen, Thüringen), SÜD (Bayern, Baden-Württemberg) und WEST (Saarland, Hessen, Rheinland-Pfalz, Nordrhein-Westfalen) – verfügen über acht Messestände[174], die zwar kleiner, aber nicht weniger modern als die des Zentralen Messe- und Eventmarketings sind. Auch hier präsentieren sich die Streitkräfte mit Werbefilmen auf Flachbildschirmen, die über Arbeitsstellen beim Militär Auskunft geben. An Stehtischen finden Wehrdienstberatungen statt, Broschüren und andere Give Away's liegen aus und auch an einer Verlosung kann teilgenommen werden. Besonders Berufsmessen werden von den Nachwuchswerbern angefahren. Mit der Osnabrücker »Barlag Werbe- und Messeagentur GmbH«[175] scheint die Bundeswehr sogar ein dauerhaftes Abkommen geschlossen zu haben – 2009 war sie auf jeder der bundesweit von der Agentur organisierten 18 Jobmessen vertreten. Diese Kooperation scheint schon seit Jahren zu bestehen. Auf der von Barlag organisierten »Jobmesse Münsterland«[176], die jährlich am letzten August-Wochenende in einem Autohaus im westfälischen Münster stattfindet, hat die Bun-

---

169 Bundestags-Drucksache 16/7925.
170 Bundestags-Drucksache 16/12038.
171 Bundestags-Drucksache 16/12038.
172 Bundestags-Drucksache 17/715.
173 Schulze von Glaßer, Michael: Bundeswehr: Zwischen Dampfstaubsauger und Teflonpfanne, in: www.nordhessische.de, 8.3.2010.
174 Schuldt, Frank: Einmal Deutschland, a. a. O.
175 www.barlagmessen.de.
176 www.barlagmessen.de/muensterland.

deswehr seit mindestens drei Jahren den mit Abstand größten Messestand.[177] An dem Stand können sich die jungen Besucher – meist Schüler, die kurz vor Abschluss der 10. oder 13. Schulklasse stehen – über die Bundeswehr informieren, Broschüren liegen aus, Jugendoffiziere stehen für Gespräche bereit und auch Wehrdienstberatungen finden statt. Am 29. August 2009 hielt ein Oberstleutnant zur See vor den jugendlichen Besuchern der Münsteraner Berufsmesse einen Vortrag über den »Arbeitgeber Bundeswehr – Berufswahl und Studium«.[178] Ein Feldjäger-Motorrad sollte – ähnlich wie beim Bundeswehr-»KarriereTreff« – junge Besucher zum Stand der Bundeswehr locken. 11.900 Besucher zählten die Organisatoren der Messe 2008 nach den beiden Messetagen in Münster[179], 2009 immerhin 9.800[180]. Die Nachwuchsgewinner des ZNwG treten aber nicht nur auf Jobmessen auf, sondern mit ihren Ständen teilweise sogar direkt in den Schulen. Für kleine Messen und Schulbesuche haben die vier Nachwuchsgewinnungszentren auch so genannte Kofferstände, also kleine Infostände, die meist von nur zwei Bundeswehr-Werbern betreut werden. Weit über 500 Einsätze fuhren die vier Zentren für Nachwuchsgewinnung 2009 – dazu zählen sowohl Messe- und Kofferstände als auch Infotrucks und Infomobile, die ebenfalls dem ZNwG unterstehen. Für die Beschickung der Veranstaltungen entstanden im Jahr 2009 Ausgaben in Höhe von etwa 600.000 Euro.[181]

Große Messestände der Streitkräfte gab es allerdings schon vor der Indienstnahme des Zentralen Messe- und Eventmarketings. Langjähriger Leiter war der Korvettenkapitän Peter Vossieg, über den in der Bundeswehr-Zeitung *aktuell* berichtet wird: »Vossieg selbst reist seit 1998 als Leiter mit seinem 20-köpfigen Team durch die Bundesrepublik, zeigt sich an rund 100 Tagen im Jahr auf Messen und Ausstellungen«.[182] Warb die Bundeswehr Anfang der 1990er Jahre noch mit altmodischen Stellwänden, wurden die Messestände um die Jahrtausendwende modernisiert: »Heute gibt es einen Flugsimulator, in dem eine kleine Besuchergruppe Platz nimmt und sich in einem ›SeaKing‹-Hubschrauber der Marine wiederfindet, der zu einer Rettungsmission startet«.[183] Mit militärischem Gerät wurde schon damals geworben, bei der Wassersportmesse »boot 2003« in Düsseldorf beispielsweise mit einem Unterwasserfahrzeug von Kampfschwimmern der Waffentauchergruppe in Eckernförde.[184] Viel

177   Messe-Guide der Jobmesse Münsterland 2009, in: www.barlagmessen.de/muensterland.
178   Ebenda.
179   Besucheransturm auf der »2. jobmesse münsterland«, in: www.barlagmessen.de/muensterland.
180   9.800 Besucher auf der jobesse münsterland, in: www.barlagmessen.de/muensterland.
181   Bundestags-Drucksache 16/12038.
182   Triebe, Benjamin: »Meer und mehr «, in: aktuell – Zeitung für die Bundeswehr Nr. 4/2003.
183   Ebenda.
184   Ebenda.

Aufwand betrieb die Bundeswehr auch 2004 auf der Hannoveraner CeBIT – der weltweit größten Messe für Informationstechnologie. Erstmals präsentierten sich die Bereiche Öffentlichkeitsarbeit und Personalmarketing der Bundeswehr gemeinsam auf einem 200 Quadratmeter großen Messestand.[185] Dabei wurde die auch von der ISAF-Truppe in Afghanistan eingesetzte Bundeswehr-Aufklärungsdrohne »Luna« samt Bodenstation präsentiert: »Die Drohne liefert über ihre eingebauten Kameras nicht nur eingespielte Bilder aus Afghanistan, sondern fängt auch Live-Aufnahmen des Messestandbetriebs ein, die dann auf einer überdimensionalen Video-Projektionswand zu sehen sind. Einsatzerfahrene Soldaten sowie Spezialisten des Koblenzer Bundesamtes für Wehrtechnik und Beschaffung erläutern das Leistungsspektrum und die Fähigkeiten der Drohne«, wird in einem *aktuell*-Artikel erklärt.[186] Eingebettet war das Spektakel in eine »Kulisse aus Schotter, Sand und Felsmaterial«, die dem »Einsatzgebiet der ISAF-Truppen« nachempfunden wurde. Auch Teile ihrer IT-Ausstattung präsentierte die Armee auf der CeBIT.

Die Bundeswehr ist mit ihren größeren Ständen auf Messen in vielen Fällen aber themenfremd, wie das Beispiel der Leipziger-Buchmesse zeigt. Umso erstaunlicher, dass sie auf den meisten Messen immer noch geduldet wird. Das Ziel aller Bundeswehr-Stände war seit jeher die Nachwuchswerbung.

Cool, jung, dynamisch – die Jugendsportevents der Bundeswehr

Neue Wege beschritt das Jugendmarketing der Armee im Jahr 2002 mit dem ersten Bundeswehr-Jugendsportevent. In Sportwettkämpfen können sich seitdem jährlich – mit Ausnahme des Jahres 2003 – etwa 1.000 Jugendliche unter 18 Jahren messen. Die Jugendsportevents der Bundeswehr sind generell für die Teilnehmer kostenlos (selbst An- und Abreise per Bahn werden vom Militär bezahlt); ebenso gibt es bei den verschiedenen Sportevents ein Rahmenprogramm aus Musik- und Bühnenvorführungen. Jede Veranstaltung – auch die Ausscheidungswettkämpfe – dauern drei Tage.

Zunächst einmal ein kurzer chronologischer Überblick über die bisherigen Bundeswehr-Jugendsportevents, die alle unter dem Logo der Bundeswehr-Kampagne YES4YOU (YES – Young Event Special) stattfanden: Vom 8. bis 10. November 2002 konnten sich 1.200 Jugendliche erstmals bei den »Bw-Olympix« in den Sportarten Fußball, Leichtathletik, Schwimmen (Einzel- und Mannschaftswettbewerb) sowie im

---

185 Pauli, Jörg Uwe: Mit »Luna« und »Faust«, in: aktuell – Zeitung für die Bundeswehr Nr. 11/2004.

186 Ebenda.

Orientierungslauf messen.[187] Beworben wurde die Sportveranstaltung u. a. auf der eigens eingerichteten bunten Website www.bw-olympix.de und in der *infopost*, dem kostenlosen Jugendmagazin der Bundeswehr. Rund 1.000 Jugendliche zwischen 15 und 17 Jahren nahmen letztlich an den Wettkämpfen in der Sportschule der Bundeswehr im westfälischen Warendorf östlich von Münster teil.[188] Abends sorgten die BigBand der Bundeswehr sowie ein DJ des Bundeswehr-Senders Radio Andernach für Unterhaltung.[189] Außerdem gab es mit der *Olympix-Aktuell* eine eigene Zeitung zum Event, die auch von Jugendlichen, die selbst nicht an den Wettkämpfen teilnahmen, bestellt werden konnte. Zwar machte die Bundeswehr ihre Ankündigung, schon 2003 die nächsten »Bw-Olympix« im Münchener Olympiastadion auszutragen nicht wahr[190], dennoch brauchte es nur zwei Jahre bis zum nächsten großen Jugendsportevent. Die zweiten »Bw-Olympix« fanden vom 4. bis 6. Juni 2004 in Warendorf statt – diesmal im Sommer, um dem schlechten Wetter, das es bei den ersten »Bw-Olympix« gegeben hatte, zu entgehen. Seitdem finden die Sportveranstaltungen immer in den späten Frühjahrs- und in den Sommermonaten statt. Bei den »Bw-Olympix 2004« standen Leichtathletik, Fußball, Schwimmen, Orientierungslauf und erstmals auch Beach-Volleyball auf dem Programm.[191] Für die abendliche Stimmung sorgten Radio Andernach und die DJs »Sloggy & Johnson«.[192] Neben den »Olympix« etablierte das deutsche Militär das Jugendsportevent »Bw-Beachen«. Erstmals konnten im Jahr 2005 hunderte Jugendliche an dem Beachvolleyball-Turnier teilnehmen – seitdem gibt es einen jährlichen Wechsel zwischen »Bw-Olympix« und »Bw-Beachen«. 2.300 junge Leute bewarben sich für das erste Beachturnier der Armee, für 1.300 hatte die Bundeswehr Platz.[193] Nach vier Ausscheidungswettkämpfen in Wilhelmshaven, Warendorf, Dresden und München fand das Finale in Warnemünde an der Ostsee statt.[194] Auch hier sorgte am Abend Radio Andernach für Musik.

187   Henke, Astrid: »Meet and Compete«, in: aktuell – Zeitung für die Bundeswehr Nr. 40/2002.

188   Sport – Spiel – Spaß – 1. Bw-Olympix in Warendorf, in: infopost Nr. 4/2002.

189   Siekmann, René: Ganz im Geiste der Olympischen Spiele, in: aktuell – Zeitung für die Bundeswehr Nr. 45/2002.

190   Nach den »Bw-Olympix« 2002 sagte der Rainer Beckedorff, Initiator der Veranstaltung gegenüber der Bundeswehr-Zeitung aktuell: »Wir haben eine Einladung ins Münchner Olympiastadion und bei der hervorragenden Resonanz aller Beteiligten müssten wir die eigentlich annehmen«. Nachzulesen in: Siekmann, René: Ganz im Geiste der Olympischen Spiele, in: aktuell – Zeitung für die Bundeswehr Nr. 45/2002.

191   Nachwuchs-Olympiade, in: aktuell – Zeitung für die Bundeswehr Nr. 13/2004.

192   Bongaerts, Nicolaas: »Wir haben gezeigt, was wir können.«, in: aktuell – Zeitung für die Bundeswehr Nr. 24/2009.

193   Wilkens, Holger: Sonne, Sand und Sport, in: aktuell – Zeitung für die Bundeswehr Nr. 21/2005.

194   Poulheim, Nathalie; Wilkens, Holger: Die Jugend im Blick, in: aktuell – Zeitung für die Bundeswehr Nr. 2/2005.

In ähnlichem Rahmen fanden die »Bw-Olympix« 2006 statt – diesmal mit 1.200 jungen Teilnehmern. Statt traditioneller Sportarten wurden nun die modernen Funsportarten Beachvolleyball, Streetsoccer (Minisoccer) und Streetball angeboten. Die Musiker der Bundeswehr-BigBand und Radio Andernach sorgten zwischen den Wettkampftagen für Stimmung. Dies scheint schon zum festen Programm bei den Jugendsportevents der Armee zu gehören.[195] 1.800 Jugendliche bewarben sich für das »Bw-Beachen 2007«, nur 1.200 konnten an dem Jugendsportevent der Bundeswehr teilnehmen. Neben Beachvolleyball wurde diesmal auch Beachsoccer angeboten, womit sich auch das sportliche Programm kaum mehr von den »Bw-Olympix« unterscheidet. Noch immer gibt es im Vorfeld des »Bw-Beachen« aber mehrere Ausscheidungswettkämpfe, die 2007 in Wilhelmshaven und München stattfanden und im Finale in Warendorf mündeten.[196] 2008 fanden abermals die »Bw-Olympix« in der Warendorfer Bundeswehrsportschule – die auch Olympiastützpunkt ist – statt. Einzige Änderung zu der Vorgängerveranstaltung: auch Beachhandball konnte nun gespielt werden.[197] In Dresden und Warendorf fanden 2009 die Ausscheidungswettkämpfe für das »Bw-Beachen« statt – das Finale war in Wilhelmshaven. Extra per Hubschrauber wurde diesmal Verteidigungsminister Dr. Franz Josef Jung zu den Spielen nach Warendorf eingeflogen: »Ich bin begeistert, wie sich die Jugendlichen in den Wettkampf einbringen«, erklärte der Minister gegenüber der lokalen Tageszeitung.[198] Jung warb während seiner Eröffnungsrede auch für die Bundeswehr als Arbeitgeber: »Hier gibt es abwechslungsreiche und attraktive Berufsfelder.« Der jeweilige Bundesminister der Verteidigung ist seit Beginn der Bundeswehr-Jugendsportevents Schirmherr der Veranstaltung. Über 1.000 Jugendliche nahmen am »Bw-Beachen '09«, das wie immer von einem Musikprogramm begleitet wurde, teil.[199] 2010 waren es wieder die »Bw Olympix«, die über tausend Jugendliche nach Warendorf lockten.[200] Was für die jungen Teilnehmer ein großer Freizeitspaß ist, hat für die Bundeswehr den bekannten praktischen Hintergrund: Nachwuchsgewinnung.

Die Bundeswehr verfolgt mit den Sportevents ihr eigenes Interesse: »Wir wollen mit den Jugendlichen über den Sport ins Gespräch kommen«, erklärte Presse-

---

195 Schröder, Alexander: Spiele der Begegnung, in: aktuell – Zeitung für die Bundeswehr Nr. 21/2006.

196 Bw-Beachen '07, in: infopost 2/2007.

197 Bw-Olympix '08, in: infopost 2/2008.

198 Ein Minister zeigt sich von der sportlichen Seite, in: Tageszeitung »Die Glocke«, Lokalteil für Warendorf, 11.5.2009.

199 Bw-Beachen '09, in: infopost 2/2009.

200 Schulze von Glaßer, Michael: Baggern, Bolzen, Bundeswehr, in: Neues Detuschland 16. Juni 2010.

sprecher Oberstleutnant Jürgen Mertins bei den »Bw-Olympix '08«.[201] Neben dem
Sport wird daher für den Dienst an der Waffe geworben. Beispielsweise wurden
2006 neben Infoständen der Spähpanzer »Fennek« und der Waffenträger »Wiesel«
ausgestellt, zudem wurden in einem InfoTruck Wehrdienstberatungen durchgeführt.[202] 2008 konnten die Minderjährigen im Rahmen der »Bw-Olympix« an der
Warendorfer Militärsportschule in einen Kampfpanzer vom Typ »Leopard 2« ein-
steigen, dessen Granatenmunition vor dem Panzer aufgereiht stand. Auch ein Spähpanzer vom Typ »Fennek« wurde – wie schon 2006 – mit anderen Ausstellungsstücken und voller Ausrüstung samt geladenem Granatwerfer und funktionstüchtiger
Aufklärungsdrohne eigens für das Sportevent nach Warendorf verbracht.[203] Auch
ein Armee-Hubschrauber und Fahrzeuge der Militärpolizei standen auf dem Areal
zwischen den Wettkampfstätten. Die Marine präsentierte sich in einem eigenen In-
fobus und einem Hubschrauber-Flugsimulator. Die Eliteeinheit SEK-Marine bzw.
die dazugehörigen Kampfschwimmer stellten Gerätschaften aus und standen für Gespräche zur Verfügung. Auch eine Vorführung in dem auf dem Areal befindlichen
Schwimmbecken, bei der die Marinetaucher eine Seeminenatrappe entschärften,
gab es.[204] Zudem führte eine Hundestaffel der Feldjäger ihr Können auf dem weiträumigen Gelände vor.[205] Während des »Bw-Beachen 2009« hatten die jungen Teilnehmer die Möglichkeit, die Fregatte »Mecklenburg-Vorpommern« zu besichtigen.
Auch das Abendprogramm folgte dem Ziel der Nachwuchsgewinnung.[206] Bei den
»Olympix '08« und dem »Beachen '09« gab es jeweils eine Modenschau der Gruppe
»Dance Factory« – gezeigt wurde die neueste Tarnkleidung. Bei den »Bw-Olympix
2010«, die vom 11. bis zum 13. Juni in Warendorf stattfanden, wurde wieder Wettschwimmen angeboten. Während der Jugendsportevents stehen neben den Soldaten,
die bereitwillig über die militärischen Ausstellungsstücke informieren, auch Spitzen-
sportler, die zugleich Armeeangehörige sind (so genannte Sportsoldaten), bereit.
Bei den 2008er »Olympix« waren das die Handballer Marc Hafner und Thorsten
Salzer, der Bobfahrer René Spies, die Fußball-Nationalspielerin Kerstin Stegemann,
die Karate-Sportler Jacob Schultz und Matthias Tausch sowie die Beachvolleyballer
Niklas Rademacher und Malte Holschen – alle werden von der Bundeswehr ge-

201   Schulze von Glaßer, Michael: »Die Bundeswehr im Kampf an der Heimatfront«, IMI Studie
      1/2009.
202   Schröder, Alexander: Spiele der Begegnung, in: aktuell – Zeitung für die Bundeswehr
      Nr. 21/2006.
203   Schulze von Glaßer, Michael: »Die Bundeswehr im Kampf an der Heimatfront«, a. a. O.
204   Ebenda.
205   Bw-Olympix '08, in infopost 2/2008.
206   Bw-Beachen '09, in: infopost 2/2009.

fördert (siehe Kapitel zu Sportsoldaten).[207] Andere Dimensionen der Tätigkeit der Bundeswehr, insbesondere die Realität des Krieges, Zerstörung, Verwundung und Tod werden nicht thematisiert.[208]

Dass die Bundeswehr die Jugendsportevents veranstaltet, um neue Rekruten zu gewinnen, thematisiert die Armee meist nur in internen Publikationen, wie der Bundeswehr-Zeitung *aktuell*: »Ziel ist es, Jugendliche über ein großes Event mit der Bundeswehr in Kontakt zu bringen und ihnen dadurch eine eigene, vorurteilsfreie Meinung über die Streitkräfte zu ermöglichen«, erklärte der Initiator der »Bw-Olympix '02«, Rainer Beckedorff, in Ausgabe Nr. 45/2002. Auch zum »Bw-Beachen '09« heißt es in dem Blatt: »Wir versuchen über das Medium Sport an die Jugendlichen heranzutreten, damit sie Soldaten und die Bundeswehr kennenlernen«[209], so Oberst Michael Teckentrup. Der Kommandeur der Warendorfer Bundeswehr-Sportschule war Gastgeber des Events. »Ziel ist es, in ungezwungener Atmosphäre die Möglichkeit zu Kontakten und Fragen im Zusammenhang mit der Bundeswehr zu bieten. ›Wir hören von vielen Jugendlichen, dass sie überhaupt keine Ahnung haben, was Soldaten machen. Oft kennen sie auch keinen persönlich. Und diese Chance wollen wir hier geben‹«, so Astrid Henke, Referentin für Jugendmarketing im Verteidigungsministerium.[210] Ebenso wird in Ausgabe 24/2004 über Jugendsportevents der Bundeswehr – genauer: über die »Olympix '04« – berichtet. Der Autor schwärmt von dem Event: Die Jugendlichen seien, wie bei militärischen Großveranstaltungen üblich, in Bussen vom Warendorfer Bahnhof zur Sportschule der Bundeswehr angereist. »Hier wurden die Teilnehmer, ganz nach militärischem Vorbild, in Züge und Gruppen eingeteilt. Auf diesem Weg konnten die Jugendlichen die Streitkräfte kennen lernen, denn schließlich dienten die ›Bw Olympix‹ auch dazu, die Bundeswehr als attraktiven Arbeitgeber zu präsentieren.« Weiter heißt es in der Nachberichterstattung: »Mit den diesjährigen ›Bw Olympix‹ im westfälischen Warendorf präsentierte sich die Bundeswehr ihrem jungen Publikum einmal mehr auf eine durchaus zeitgemäße und ansprechende Weise.« Dass es nicht nur um die teilnehmenden Jugendlichen, sondern auch um deren Umfeld geht, macht die Bundeswehr in einer anderen Ausgabe deutlich: »Mit Vorführungen und Informationsständen stellen sich die Teilstreitkräfte den Jugendlichen als möglicher Arbeitgeber vor. Mit den ›Bw-Olympix‹ will das Jugendmarketing der Bundeswehr eventuelle Hemmschwellen der Jugendlichen abbauen und Laufbahnbewerber und Multiplikatoren unter den sportbegeisterten Schülerinnen und Schü-

---

207 Pressemappe der »Bw-Olympix« 2008.

208 Virchow, Fabian: Militär und Sport, in: Thomas, Tanja/Virchow, Fabian: Banal Militarism – Zur Veralltäglichung des Militärischen im Zivilen, S. 214.

209 Sportlich, in: aktuell – Zeitung für die Bundeswehr Nr. 19/2009.

210 Ebenda.

lern gewinnen.«[211] Im Bericht zu Veranstaltungen heißt es: »Um die Tätigkeiten der Feldjägertruppe zu demonstrieren, zeigten die Soldaten des Feldjägerbataillons 252 aus Münster eindrucksvoll das Überwältigen eines Fahrzeuginsassen [...] Schließlich sollten die Jugendlichen die deutschen Streitkräfte bei den ›Bw-Olympix‹ kennenlernen. ›Wir müssen die Bundeswehr ins Gespräch bringen‹, formulierte Gubernatis [Abteilungsleiter für Personal-, Sozial- und Zentralangelegenheiten im Verteidigungsministerium] den Konkurrenzkampf um den Personalnachwuchs mit der Wirtschaft.«[212] Gegenüber der breiten Öffentlichkeit spricht die Bundeswehr hingegen meist nur von Informations- und höchstens von Öffentlichkeitsarbeit, wie die Reportage »Baggern für den Bund« des ARD-Magazins *Echtzeit*[213] auf amüsante Weise zeigt: »Wir bieten das [Bw-Beachen] als Sportveranstaltung an und nicht als Nachwuchsveranstaltung, das ist für viele schon sehr wichtig – auch für viele Schulen. Die sind da sehr empfindlich und sagen ›um Gottes willen! So was machen wir schon mit, aber wenn ihr versucht, unsere Leute zu Schanghaien (sic!) – was wir sowieso nicht machen –, das wollen wir nicht‹«, so Offizier Torsten Kröger während des »Bw-Beachen«-Turniers 2009 in Wilhelmshaven. Weiter fragt die *Echtzeit*-Reporterin Eva Müller einige Jugendliche »Findet ihr, dass hier Werbung gemacht wird für die Bundeswehr?« – »Ja, ganz dicke, aber dafür ist es ja auch da.« Ein junger Mann berichtet, dass seine Freunde ihm schon von »der vielen Werbung« beim »Bw-Beachen« berichtet hätten, »das ist eigentlich pures Rekrutieren«, so der junge Teilnehmer. Ein anderer Jugendlicher wird gefragt, ob er sich auch über die Bundeswehr informieren würde, wenn es kein Sportevent geben würde: »Wahrscheinlich nicht.« Nicht alles offen auszusprechen – eben dass die jungen Menschen sehr wohl von der Armee rekrutiert werden sollen –, zieht sich beinahe durch die gesamte Jugendarbeit der Bundeswehr.

Ein weiterer Beweis dafür, dass es bei Bundeswehr-Jugendsportfesten um Nachwuchsgewinnung geht, ist der Ausschluss Jugendlicher anderer Nationalität: »Bewerben kannst du dich, wenn du [...] die deutsche Staatsangehörigkeit besitzt«, heißt es auf der Website zu den »Bw-Olympix '08«[214] und dem »Bw-Beachen '09«[215] – in die Bundeswehr können schließlich nur Menschen mit deutscher Staatsangehörigkeit eintreten.[216] Weitere Voraussetzung ist, dass die Jugendlichen 16 oder 17 Jahre alt sein müssen, womit sie für die Bundeswehr im besten Alter sind – entweder haben

211   Schröder, Alexander: Spiel, Spaß, Spannung, in: aktuell – Zeitung für die Bundeswehr Nr. 19/2006.
212   Ders.: Spiele der Begegnung, in: aktuell – Zeitung für die Bundeswehr Nr. 21/2006.
213   Müller, Eva; Zeidler, Markus: Baggern für den Bund, in: ARD-Echtzeit vom 21.6.2009.
214   www.bw-olympix.de/teilnahmebedingungen.php.
215   www.bw-beachen.de/teilnahmebedingungen.php.
216   Vgl. Schulze von Glaßer, Michael: »Die Bundeswehr im Kampf an der Heimatfront«, a. a. O..

sie schon die schulische Mittlere Reife erreicht und stehen kurz vor der Entscheidung für eine Ausbildung, oder sie stehen kurz vor dem Abitur. Laut Bundeswehr-Jugend-magazin *infopost* sollen bei den ersten »Bw-Olympix« sogar schon 15-Jährige mitge-macht haben[217] – diese Praxis scheint die Bundeswehr danach aber wohl aufgegeben und das Mindestalter auf 16 Jahre festgelegt zu haben.

Damit die Jugendlichen aber überhaupt erst einmal auf die Jugendsportevents der Bundeswehr aufmerksam werden, wirbt die Bundeswehr mittlerweile auf vielfäl-tige Weise: Zum Teil noch klassisch mit Werbeplakaten und Postkarten, andererseits werden aber auch seit einigen Jahren gezielt Schulen und sogar Lehrer direkt ange-schrieben, um sie auf das Militärevent aufmerksam zu machen. In der Pressemappe zu den »Bw-Olympix '08« erklärt die Bundeswehr, dass die Sportveranstaltungen außerdem durch Wehrdienstberater und Jugendoffiziere, Anzeigen und Medien-kooperationen sowie in Bundeswehr-Publikationen wie der *infopost* kommuniziert werde.[218] Auch Pressemitteilungen würden verbreitet – die Warendorfer Lokalzei-tungen widmen den Bundeswehr-Events in der ansässigen Sportschule dann auch meist gleich mehrere Berichte und Fotos. Für die Mobilisierung der Jugendlichen nicht zu unterschätzen ist auch das Medium Internet. Für das »Bw-Beachen '09« ver-öffentlichte die Online-Ausgabe des Jugendmagazins *Bravo Sport*[219] eine ungekürzte Pressemitteilung des Bundesministeriums der Verteidigung – dazu erschien ein Bild mit dem YES4YOU-Logo und der Artikel wurde mit einem weiteren Bild direkt auf der Startseite der *Bravo Sport*-Website verlinkt.[220] Der Bauer-Verlag, zu der die *Bravo Sport* gehört, wirbt unter anderem mit dem Satz »Hier erreichen Sie die 10-19-jähri-gen sportinteressierten Jugendlichen« um Inserenten. Besonders auf der Internetsei-te der Jugendzeitschrift könne »Werbung unmittelbar in das redaktionelle Umfeld« platziert werden, so der Verlag.[221] Dies passt ins Bild einer mittlerweile immer häu-figer anzutreffenden Praxis, die dazu führt, dass es dem Leser immer schwerer fällt, zwischen redaktioneller Berichterstattung und Werbung bzw. Auftrags- und Lobby-arbeit zu unterscheiden. »Werbung plus Content« lautet eines der Schlagwörter, das den heutigen Journalismus zunehmend unseriöser erscheinen lässt. Erinnert sei hier an die Schlagzeilen, die die Bundesagentur für Arbeit Ende 2009 machte, als sie auf eine »vorgegebene Berichterstattung« setzte, »die von den Medien benutzt werden

---

217 Sport – Spiel – Spaß – 1. Bw-Olympix in Warendorf, in: infopost Nr. 4/2002.

218 Pressemappe der »Bw-Olympix« 2008.

219 Bw-Beachen '09! Die Bundeswehr lädt 16- und 17-jährige Jugendliche zum dritten bundesweiten Team- und Funsport-Event ein, in: http://bravosport-spox.com.

220 BMVg – PSZ/PM (Jugendmarketing): Bw-Beachen '09: Die Bundeswehr lädt 16- und 17-jährige Jugendliche zum dritten bundesweiten Team- und Funsport-Event ein., in: www.bw-beachen.de.

221 Bauer-Media KG: Bravo-Sport, Bravo-Sport-Special Preisliste 2009.

kann. Bedingung: Unveränderte Übernahme der Texte und Fotos! Die BA preist ihre Neuerung als ›Professionelle PR-Arbeit‹.«[222] Der Hintergrund: Die Bundesagentur veröffentlichte Ende Oktober 2009 das »Presse Info 076«, in dem es heißt: »Die Artikel werden von erfahrenen Journalisten aufbereitet und liegen im Regelfall in zwei unterschiedlichen Längen vor. Die dazu gehörenden Fotos werden ebenfalls von professionellen Fotografen erstellt. Artikel und Fotos liegen auf der Internetseite in druckfähiger Qualität vor. Der Service ist kostenlos und kann von allen Medien uneingeschränkt – unter Beachtung der Nutzungsbedingungen und nach einer einfachen Registrierung – genutzt werden.«[223]

Die Bundeswehr hat für die beiden Sportevents schon früh eigene Websites – www.bw-olympix.de und www.bw-beachen.de – eingerichtet. Auf den technisch gleichen Seiten finden sich neben organisatorischen Hinweisen zu den Sportevents, zum Austragungsort, zu den Teilnahmebedingungen und zum Anmeldebogen, auch Informationen zur Bundeswehr als Arbeitgeber. Ausführlich berichtet die Bundeswehr auf den Websites über die Möglichkeit der Sportförderung und einer »Karriere« bei der Armee und verweist dabei auf die Bundeswehr-Rekrutierungsforen www.treff.bundeswehr.de und www.bundeswehr-karriere.de. Für die »Bw-Olympix '10« wurde die Website grundlegend überarbeitet und jugendgerechter gestaltet. Neben dem Informationsangebot findet sich auf den Websites der beiden Jugendsportevents auch ein Entertainment-Bereich. Hier können sich die jungen Menschen PC-Wallpaper, Handy-Logos und Bildschirmschoner der Bundeswehr herunterladen. »Hast du Freundinnen oder Freunde, für die die ›Bw-Beachen '09‹ interessant sind? Dann schick ihnen doch einfach eine dieser E-Cards, damit sie sich für eine Teilnahme bewerben können!«, wird auf der Websites den Beachturniers geworben.[224] Ähnliches auch auf der Seite der »Bw-Olympix«: »Hast du Freundinnen oder Freunde, die sich auch für die ›Bw-Olympix '08‹ interessieren könnten? Dann schick ihnen eine dieser E-Cards und sorg dafür, dass sie sich ebenfalls anmelden.«[225] Auch kleine Flash-Spiele sollen die junge Zielgruppe auf die Websites locken. Virtuell gespielt werden können jeweils die bei den Sportevents angebotenen Sportarten. Wer die Wettkämpfe bei den »Bw-Olympix« nicht abwarten konnte, hatte schon im Vorfeld der 2008er »Olympix« die Chance, an der virtuellen Torwand oder dem virtuellen Streetball-Korb zu üben – ähnliches galt auch für das »Bw-Beachen '09«. Zudem konnten sich Neugierige mit dem Computer ein virtuelles Beachvolleyball-Spiel liefern. 2010

222   Erwerbslosen Forum Deutschland: Bundesagentur für Arbeit setzt auf »Maulkorb«, statt freier Berichterstattung, 2.11.2009, www.erwerbslosenforum.de.

223   www.arbeitsagentur.de.

224   www.bw-beachen.de/ecards.php.

225   www.bw-olympix.de/Ecards.

wurde ein Schwimm-Spiel angeboten. Ob die Bundeswehr die Jugendlichen durch die qualitativ miserablen Browser-Spiele zu den Sportevents bewegen kann, ist allerdings zweifelhaft – zumindest der Schwimm-Wettbewerb bei den Olympix 2010 wurde nach Auskunft des Bundeswehr-Sprechers nur von rund einem Dutzend Jugendlichen durchgeführt. Zudem gab der Sprecher an, dass die Bundeswehr seit einigen Jahren eine Werbeagentur für die »Bw Olympix« beauftragt habe.

Die Bundeswehr nutzt das Internet aber nicht nur zur Vorbereitung auf ihre Jugendsportevents, sondern auch während und nach den Veranstaltungen. Erstmals nutzte die Armee beim »Bw-Beachen '09« den Online-Dienst Twitter, um aktuell über die Ereignisse zu berichten.[226] Auf einer eigens eingerichteten Website der Streitkräftebasis finden sich neben zahlreichen Artikeln zu den Jugendsportevents der Bundeswehr auch Videos und Fotostrecken.[227]

Der für die Events betriebene Werbeaufwand ist nicht gering, ebenso die Gesamtkosten der Veranstaltungen: Für jedes Jugendsportevent der Bundeswehr entstehen Kosten von rund 300.000 Euro. Bei einer Teilnehmerzahl von 1.200 Jugendlichen – so war es bei den »Bw-Olympix '08«, dem »Bw-Beachen '09« und auch bei den Olympix 2010[228] – gibt die Bundeswehr also pro Kopf 250 Euro aus. Dabei muss beachtet werden, dass die Armee auch auf viele schon vorhandene Ressourcen zurückgreift: die Ausstellungsstücke sind beispielsweise schon vorhanden und ob die 300 bis 1.000 Soldaten, die teilweise bei den Veranstaltungen helfen, nun als Schiedsrichter beim Beachvolleyball fungieren oder in der Kaserne ihre Zeit vertreiben – bezahlt würden sie in jedem Fall. Dieser Rückgriff auf eigene Ressourcen ist nicht in die 300.000 Euro eingerechnet.

Nicht eingerechnet sind wahrscheinlich auch die Preise, die von den jungen Turniersiegern gewonnen werden können. Diese wurden von den einzelnen Teilstreitkräften und anderen Armeeinstitutionen als Patenschaften für die Sportevents gestellt. Beispielhaft dafür sind die Gewinnreisen für rund 12 Personen pro Mädchen/Jungen-Team bei den »Bw-Olympix '08«: die Luftwaffe spendierte den siegreichen Volleyballern eine Reise nach Sardinien: »In einer Transall geht's auf die italienische Insel, wo ihr das taktische Ausbildungskommando der Luftwaffe kennenlernt. Highlight des Aufenthalts ist die Teilnahme an der Übung ›Überleben auf See‹, bei der ihr z. B. lernt, euch aus dem Wasser in eine Rettungsinsel zu bergen«, heißt es dazu auf der Veranstaltungs-Website.[229] Mit der Bundesmarine ging es für die Beachhandball-Sieger

---

226   Redaktion der Streitkräftebasis: http://twitter.com/bw_beachen.
227   Bw-Beachen '09, in: www.streitkraeftebasis.de.
228   Bundestags-Drucksachen 16/7925, 16/12038 und 17/715.
229   www.bw-olympix.de/preise.php.

fünf Tage mit dem Segelschiff nach Skandinavien: »Auf vier Segelschiffen ist für 18 Mann und Frau Platz.« Nach Großbritannien ging es für die siegreichen Streetsoccer: »Ihr besucht die Bundeswehrverwaltungsstelle in Harefield und erlebt dort, welche Aufgaben der zivile Teil der Bundeswehr erfüllt und erfahrt über die zivilberuflichen Möglichkeiten bei uns.« Aber auch eine Besichtigung des Wembley-Stadions in London soll beim Preis, den die Wehrverwaltung stiftete, möglich gewesen sein. In der Pressemappe der »Bw-Olympix '08« finden sich weitere Patenpreise: der Zentrale Sanitätsdienst der Bundeswehr (ZSanDstBw) machte mit den jungen Streetball-Gewinnern eine Reise nach Koblenz, bei der ein Outdoorpark besucht werden sollte. Auch die Zweitplatzierten wurden bedacht: das Heer schickte die Beachvolleyballer für fünf Tage mit den Gebirgsjägern auf Bergtour bzw. zum Skifahren. Die Vize-Beachhandballer fuhren mit der Streitkräftebasis in ein so genanntes TAF-Camp (TAF: Training, Adventure & Fun) und auch die austragende Sportschule der Bundeswehr in Warendorf war Preispate: die zweitplatzierten Streetball- und Streetsoccer-Teams konnten sich auf ein »Eventwochenende mit umfangreichen Funsport-Progamm freuen.«[230]

Qualitätsjournalismus? – Jugendmedien über das Bundeswehr-Abenteuerspiel

Die »Adventure Games« sind ein jährlich von der Bundeswehr ausgetragenes Abenteuerspiel für Jugendliche zwischen 16 und 19 Jahren. Seit 2005 gibt es die Veranstaltung, die nur einen kleinen Teilnehmerkreis von 20 bis 30 Leuten umfasst. Die Teilnahme ist wie bei den Jugendsportevents der Bundeswehr vollkommen kostenfrei – es wird allerdings eine gewisse Fitness vorausgesetzt. Bei der Anmeldung müssen die letzte Note im Schulsport sowie die gesammelten Schwimm- und Sportabzeichen angegeben werden. Neben der Veranstaltung ist besonders die Methode der öffentlichen Bekanntmachung der »Bundeswehr Adventure Games« (kurz: BAG) interessant: seit (mindestens) 2006 wird das Event gemeinsam von der Bundeswehr und dem größten deutschen Jugendmagazin, der BRAVO, präsentiert. Die wenigen Teilnehmerplätze werden zur einen Hälfte unter den Mitgliedern der Community der www.treff.bundeswehr.de-Website und zur anderen Hälfte unter den BRAVO-Lesern verlost.

Die ersten »Adventure Games« fanden auf dem Marinestützpunkt Eckernförde statt.[231] Informationen über das Event sind spärlich. Anders sieht es mit dem 2006er Abenteuerspiel aus, über das die Bundeswehr-Jugend-Site www.treff.bundes-

---

230   Pressemappe der »Bw-Olympix« 2008.
231   Effertz, Oliver: Bundeswehr Adventure Games 2007, in: www.marine.de.

wehr.de ausführlich berichtet: »Vom 29. bis 31. August fanden zum zweiten Mal die ›Bw Adventure Games‹ statt, diesmal an der Luftlande- und Lufttransportschule der Bundeswehr im oberbayerischen Altenstadt.«[232] Dort bekamen die Jugendlichen einen Einblick in die Fallschirmjäger-Ausbildung der Armee. Später ging es noch »in den berühmt-berüchtigten ›Sauwald‹, dem Ausbildungscamp der Einzelkämpfer.«[233] Die 28 jungen Teilnehmer (10 Mädchen, 18 Jungen) mussten sich in drei Teams aufteilen und hatten jeweils einen gewählten Anführer. »Der restliche Abend wurde genutzt, um beim gemeinsamen Grillen den interessierten Jugendlichen im Gespräch das Aufgabenspektrum der Bundeswehr näher zu bringen. Stilgerecht wurde die Nacht dann im Tipi verbracht«, heißt es in einem Bericht des Heeres.[234] Um 4.30 Uhr des Folgetages wurden die Jugendlichen von den Militärs »ziemlich lautstark geweckt« – ein Orientierungslauf stand an. Später wurde noch Schlauchboot gefahren und ein Hochseilgarten besucht: »[N]iemand ›verweigerte‹ und natürlich kamen auch alle ›heile‹ auf der anderen Seite an, denn die Ausbilder hatten jederzeit alles im Griff.«[235] Am Ende der »BAG '06« konnten Turmsprünge – simulierte Fallschirmsprünge von einem hohen Turm – absolviert werden.

Sportlich ging es auch 2007 im niedersächsischen Nordholz zu. 30 junge Leute konnten an dem Vergleichswettkampf beim Marinefliegergeschwader 3 »Graf Zeppelin« teilnehmen – 28 (14 Mädchen, 14 Jungen) folgten der Einladung. Nach der Ankunft auf dem Fliegerhorst konnten die Teilnehmer den Marine-Bordhubschrauber »Sea Lynx«, ein Dornier 228-Flugzeug und den Seeaufklärer »Orion« besichtigen und mit den Piloten sprechen. Anschließend ging es ins »Aeronauticum«, ein Museum über Fliegergeschichte. Am nächsten Morgen stand die Wasserübungshalle des Geschwaders auf dem Programm, »schließlich sind die ›Bw Adventure Games‹ keine einfache Informationsveranstaltung, sondern ein Wettbewerb«.[236] Im Schwimmbecken lernten die jungen »Abenteurer«, wie sie sich bei einem Absturz über Wasser zu verhalten haben, kletterten in Rettungsinseln und sprangen von Übungstürmen. Auch Notsignalmittel durften verfeuert werden. Ein weiterer Höhepunkt war der nachgeahmte Sprung mit dem Fallschirm im modernsten Fallschirmsimulator der Welt: »Wenn du im Gurtzeug hängst und die 3D-Brille aufhast, glaubst du wirklich, dass du aus einem Flugzeug springst.«[237] Am letzten Tag der »BAG '07« stachen

232 Bw Adventure Games 2006: Der »Härte-Test«, in: www.treff.bundeswehr.de.

233 Ebenda

234 Bundeswehr – Adventure Games 2006, in: www.deutschesheer.de.

235 Bw Adventure Games 2006: Der »Härte-Test«, in: www.treff.bundeswehr.de.

236 Bw Adventure Games 2007: Wettkampf der »Wasserratten«, in: www.treff.bundeswehr.de.

237 »treff.bundeswehr« und »BRAVO« präsentieren: Bw Advenutre Games 07 – Der große Vergleichswettkampf für Jugendliche, in: www.terrwv.bundeswehr.de.

die 28 Jugendlichen und ihre Bundeswehr-Begleitung mit einem Seeschlepper von Cuxhaven aus ins Meer. Im Kälteschutzanzug sprangen die Community-Mitglieder und BRAVO-Leser in die Nordsee und kletterten in eine Rettungsinsel, in der sie eine Stunde lang ausharren mussten. Erstmals berichtete die BRAVO auf ihrer Website nachweislich über das Event:»Dass die Bundeswehr so coole Aktionen macht, wusste ich nicht‹, berichtet die 18-jährige Claudia aus Nürnberg. ›Die Leute hier waren alle sehr nett, und wir hatten super Betreuer. Ich würde treff.bundeswehr.de in jedem Fall weiterempfehlen und mich auch sofort noch mal zu so einem coolen Event anmelden‹«, war auf der BRAVO-Website[238] und mit denselben Worten auch im Armee-Online-Rekrutierungsforum www.treff.bundeswehr.de[239] zu lesen. Der Artikel ist – im Gegensatz zu denen der folgenden »Adventure Games« nicht als Werbung gekennzeichnet.

»Bw Adventure Games 2008: Jetzt bewerben!«, fordert gleich die Überschrift des BRAVO-Online-Artikels zur Teilnahme an dem Militärevent auf.[240] »Action-Pics« sollen den jungen BRAVO-Lesern verdeutlichen, worum es bei den »BAG '08« geht, und sie dazu antreiben, beim Gewinnspiel um die Teilnahmeplätze mitzumachen. Vom 27. bis 31. Juli fand das Abenteuerspiel im Luftwaffenstützpunkt Decimommanu im Süden der Mittelmeerinsel Sardinien statt. 20 Jugendliche konnten teilnehmen und flogen mit dem Militärtransportflugzeug Transall vom Flughafen Köln/Bonn nach Italien.[241] Dort konnten die Teilnehmer – wie schon bei den »Adventure Games« des Vorjahres – in Kälteschutzanzügen im Meer schwimmen und ein Rettungsboot erklimmen. Zwischendurch stand die Besichtigung eines Militärhubschraubers auf dem Programm. Der Wettkampf der Jugendlichen wurde außerdem durch ein Beachvolleyballspiel, ein Tauziehen und ein Wettschwimmen im Mittelmeer ausgefochten. Übernachtet wurde in Zelten. Auch hier ist der journalistische Standard beachtlich. Die Nachberichterstattung auf www.bravo.de entsprach dem Wortlaut des Berichtes auf www.treff.bundeswehr.de – ein Link führte direkt von der BRAVO- auf die Rekrutierungswebsite der Armee.

Auch für die »Bw Adventure Games '09« warb die BRAVO: »Liebst du das Abenteuer? Bist du topfit?«, fragte das Jugendmagazin und warb für »tolle Tage im Ausbildungscamp der Einzelkämpfer« in der Luftlande- und Lufttransportschule der Bundeswehr im oberbayerischen Altenstadt.[242] Das Programm für die 15 Jungen und

238   Bundeswehr Adventure Games 07 – so war's!, in: www.bravo.de.

239   Bw Adventure Games 2007: Wettkampf der »Wasserratten«, in: www.treff.bundeswehr.de.

240   Bw Adventure Games 2008: Jetzt bewerben!, in: www.bravo.de.

241   Bw Adventure Games 2008: Cooler Event – diesmal ganz heiß! – Fotostrecke, in: www.treff.bundeswehr.de.

242   BAG 09: Der Härtetest!, in: www.bravo.de.

15 Mädchen entsprach in etwa dem der »Adventure Games« von 2006: Orientie-rungsläufe, Klettern, Abseilen, Hindernisläufe.[243] Der Austragungsort war derselbe wie 2006. Die Berichte auf der Website des Jugendmagazins[244] und der der Bundes-wehr[245] sind fast identisch. »Du kannst bei den Kampfschwimmern in Eckernförde deine Geschicklichkeit und Fitness unter Beweis stellen – jetzt anmelden!« Mit dieser Aufforderung versucht die Bundeswehr junge Leute für ihr »Bw Adventure Game 2010« zu gewinnen. Wie immer steht der Artikel auf der treff.bundeswehr-Website und auf bravo.de[246]

Militärischer Drill als Abenteuerspiel: die Realität des Krieges – Zerstörung, Ver-wundung und Tod – wird wie schon bei den »Bw Olympix« und dem »Bw Beachen« nicht thematisiert.[247] Der Bundeswehr geht es bei den »Adventure Games« aber nur zweitrangig um den Gewinn neuer Rekruten aus den Reihen der jungen Teilnehmer. Auf einer Website der Bundesmarine zu den »Adventure Games 2007« legt die Ar-mee ihre Intention offen dar: »Hintergrund dieses Projekts ist es, die Streitkräfte in für die Nachwuchswerbung der Bundeswehr interessanten Jugendmedien positiv zu plat-zieren. Darüber hinaus sollen Jugendliche angesprochen werden, die noch keinen Kontakt zur Bundeswehr hatten.«[248] Weiter heißt es: »Die ›Bw Adventure Games‹ thematisieren Bereiche aus Sport, Wettkampf und Abenteuer. Jugendliche im Alter zwischen 16 bis 19 Jahren lernen gemeinsam durch diverse Aktionen die Bundes-wehr und die Marine kennen.«[249] Auch in Ausgabe 34/2009 wird über die Koope-ration zwischen Jugendmagazin und Bundeswehr geschrieben: »Mit diesem Event sprechen wir nicht nur leistungsfähige und -willige Jugendliche an, sondern können auch verdeutlichen, welchen besonderen Belastungen Soldaten ausgesetzt sind. Und mit der BRAVO werden auch die jungen Menschen erreicht, die noch keinen direk-ten Kontakt zur Bundeswehr hatten«, betont Astrid Henke vom Jugendmarketing im Bundesministerium der Verteidigung.[250] Die Bundeswehr zahlt bei der Medienko-operation mit der BRAVO drauf, damit diese für die »Adventure Games« Werbung macht bzw. die Pressemitteilungen der Armee fast wortwörtlich in ihr Online-Maga-zin stellt. Laut BRAVO-Pressesprecherin handelt es sich bei dem Gewinnspiel auf der BRAVO-Website um einen von der deutschen Armee bezahlten Promotion-Artikel

243 Bw Adventure Games 2009: Teamplayer sind gefragt! – Fotostrecke, in: www.bravo.de.

244 Bw Adventure Games 2009: Teamplayer sind gefragt!, in: www.bravo.de.

245 Bw Adventure Games 2009: Teamplayer sind gefragt!, in: www.treff.bundeswehr.de.

246 BAG 2010: Fitness-Test für Wasser und Landratten, in: www.bravo.de.

247 Virchow, Fabian: Militär und Sport, in: Thomas/Virchow, a. a. O., S. 214.

248 Effertz, Oliver: Bundeswehr Adventure Games 2007, in: www.marine.de.

249 Ebenda,

250 Härtetest für Teamplayer, in: aktuell – Zeitung für die Bundeswehr Nr. 34/2009.

in redaktionellem Gewand.[251] Dass sich die BRAVO damit zur Steigbügelhalterin für die Armee-Rekrutierung macht, wird nicht kritisch gesehen – bei den »Bundeswehr Adventure Games« gehe es um »Spaß und sportlichen Wettkampf«, so die BRAVO-Sprecherin.[252] Die Bundesregierung plante für die Adventure-Games 2010 bei gleicher Teilnehmerzahl von rund 30 Jugendlichen 12.000 Euro ein.[253]

Vom Instrument zur Waffe – die »Bundeswehr-Musix«

»Musix and More« – mit diesem fetzigen Untertitel wirbt die Bundeswehr seit einigen Jahren für ihren bundesweiten Orchesterwettbewerb »Bw-Musix«. Für die »Musix« sollen dabei vor allem die jungen Teilnehmern sorgen. Für das »More« sorgt die Bundeswehr selbst – es besteht aus dem Versuch die Jugendlichen für den Militärdienst anzuwerben.[254]

Rund 850 Jugendliche zwischen 14 und 24 Jahren nahmen an den ersten »Bw-Musix« im Jahr 2003 in der Luitpold-Kaserne in Dillingen an der Donau teil[255] – mit knapp 1.000 Teilnehmern hatte die Bundeswehr gerechnet.[256] 34 Schülerbands, 9 Disc-Jockeys und 11 Jugendblasorchester waren an dem »grandiosen Musikwochenende« dabei, berichtet die Bundeswehr-Zeitung *aktuell.*[257] In der Jury saßen Moderatoren zweier großer Musikfernsehsender und neben dem Wettbewerb wurde ordentlich gefeiert: »Dank einer Schaltung von Radio Andernach [dem Radio-Sender der Bundeswehr] wurde die Party live sogar in die Einsatzgebiete nach Bosnien-Herzegowina, in das Kosovo und nach Afghanistan übertragen«, erfreuten sich die Militärs.[258] Die Gewinner erwarteten CD-Produktionen, Live-Auftritte sowie Ausstattungs- und Instrumentengutscheine. Im Rahmen des »Deutschen Musikfestes« fanden 2007 in Würzburg die zweiten »Bw-Musix« statt – diesmal jedoch ohne moderne Klänge von DJs und Schülerbands.[259] In Würzburg nahmen 12 Jugendblasorchester an dem Mi-

---

251   Schulze von Glaßer, Michael: Frisches Blut, in: www.telepolis.de.

252   Ebenda.

253   Bundestags-Drucksache 17/715.

254   Schulze von Glaßer, Michael: Die Rattenfänger von Balingen – Wie die Bundeswehr mit Musik neuen Nachwuchs sucht, in: Ausdruck – Magazin der Informationsstelle Militarisierung e.V., Oktober 2009, S. 6f.

255   Bw-Musix 2003, in: infopost Nr. 4/2003, S. 3.

256   Let's meet and compete – Bundeswehr-Musix, in: infopost Nr. 3/2003, S. 7.

257   Wilkens, Holger/Mettbach, Benjamin: Musikalisches Feuerwerk, in: aktuell – Zeitung für die Bundeswehr Nr. 38/2003, S. 11.

258   Ebenda.

259   Härtel, Klaus: Hohes Niveau in Würzburg, in: www.militaermusik.bundeswehr.de.

litärspektakel teil. Die Ankündigung, den Wettbewerb von nun an jährlich durchzu-führen, machten die Militärs wahr. Schon im November 2008 spielten 1.300 Jugend-liche und auch Kinder bei den »Bw-Musix« in Friedrichshafen auf. Die 22 Orchester spielten im Rahmen der internationalen Musik-Expo »MyMusic«[260] auf der Bundes-wehr-Veranstaltung.[261] Es winkten Preise im Gesamtwert von 12.000 Euro.[262] »Sol-che Probleme hatten wir noch nie«, sagte Bundeswehr-Organisator Oberleutnant Johannes M. Langendorf gegenüber der Lokalzeitung *Schwarzwälder Bote* im Vorfeld der »Bw-Musix 2009«.[263] Erstmals hatten sich bei der 2009 in der Kreisstadt Balin-gen, rund 70 Kilometer südlich von Stuttgart, stattfindenden Veranstaltung Proteste von Militärkritikern angekündigt – vom 27. bis 29. November bot die 34.000-Ein-wohner-Stadt dem Militär ein Forum.

Der Protest gegen die »Bw-Musix« startete allerdings schon im Frühjahr 2009: Zahlreiche Lehrer der städtischen Jugendmusikschule protestierten in einem ge-meinsamen Brief[264] an die Stadt, als das Logo der Bundeswehr-Veranstaltung samt Informationsblättern, Anmeldebogen und Wettbewerbsordnung auf der Website der Balinger Musikschule prangte. »Wir befürchten, dass Jugendliche für den Militär-dienst umworben werden«, erklärte dazu eine Balinger Musikschullehrerin, die den Protest mitorganisierte.[265] Schon beim Bundeswettbewerb »Jugend musiziert« habe die Bundeswehr mit Broschüren um Minderjährige geworben. Auch die Baden-Württembergische Fachgruppe Musik in der Vereinten Dienstleistungsgewerkschaft ver.di nahm im Juli in einem Brief an den Balinger Oberbürgermeister Helmut Reitemann (CDU) und den Gemeinderat Stellung: »Werbeaktionen der Bundeswehr dürfen an Jugendmusikschulen, an denen […] Kinder und Jugendliche unterrichtet werden, keinen Raum einnehmen«[266] – das »Bw-Musix«-Logo verschwand daraufhin

---

260 Bw-Musix '08 – Jugendblasorchesterwettbewerb, in: www.mymusic-expo.com.

261 Schmidt, Sebastian: Den Ton getroffen, in: aktuell – Zeitung für die Bundeswehr Nr. 47/2008, S. 12.

262 Wettstreit um die schönsten Töne, in: infopost Nr. 3/2008, S. 20.

263 Erb, Claudius J.: »Solche Probleme hatten wir noch nie«, in: www.schwarzwaelder-bote.de.

264 Brief von Hansjörg Striebel, Silke Gustedt und insgesamt 12 Lehrkräften der Jugendmusikschule Balingen an den Balinger Oberbürgermeister Reitemann, Josef Lohmöller und die Gemeinde-ratsmitglieder: »BW-Musix 2009, Kooperation der Stadt Balingen und der Jugendmusikschule mit der Bundeswehr«, Balingen, 19. Juni 2009.

265 Telefoninterview mit Silke Gustedt, Lehrerin an der Jugendmusikschule Balingen, Kassel/Bonn, August 2009.

266 Brief des Landesvorstands der Fachgruppe Musik in der Vereinten Dienstleistungsgewerkschaft ver.di Baden-Württemberg, Thomas G. Wagner (Vorsitzender) und Gerhard Manthey (Landes-fachbereichsleiter) an den Balinger Oberbürgermeister Reitemann, Josef Lohmöller und die Gemeinderatsmitglieder: BW-Musix 2009, Kooperation der Stadt Balingen und der Jugendmu-sikschule mit der Bundeswehr«, Stuttgart den 7. Juli 2009.

von der Website der Jugendmusikschule.[267] Dafür stand es seitdem bis zum Ende der
»Bw-Musix 2009« – ebenso wie die Informationsblätter[268] und die anderen Formu-
lare[269] – auf der wohl noch öfters besuchten Website der Stadt Balingen.[270] Die Stadt
machte aber nicht nur Werbung für die Armee, sondern stellte für die »Bw-Musix
2009« ein ganzes Messegelände sowie einen Proberaum zur Verfügung.[271] Im Vordergrund der Veranstaltung stehe »der Wettbewerb der Jugendblasorchester sowie eine
Musikinstrumentenmesse«, teilte der konservative Oberbürgermeister Balingens im
Vorfeld mit.[272] Der Musikgerätehersteller Yamaha ist überzeugter Kooperationspart-
ner der Bundeswehr bei dem Event. »[G]ezielte Nachwuchswerbung« werde es nicht
geben und »[e]s wird auch niemand gezielt angesprochen«, so Oberbürgermeister
Reitemann.[273] In einem Anfang Juni erschienenen Artikel im *Schwarzwälder Boten*
hörte sich dies von Seiten der Bundeswehr jedoch schon differenzierter an: »Bei
Workshops, Konzerten und Ausstellungen in den Gewerblichen Schulen könnten
die Besucher ausgiebig schnuppern, stöbern und Instrumente ausprobieren. Dass
die Bundeswehr dabei auch Nachwuchs gewinnen möchte, hält [Militärmusik-De-
zernent] Langendorf für selbstverständlich. ›Wir möchten uns als Arbeitgeber präsentieren‹, verteidigt er die Idee, auch allgemeine Info-Stände aufzustellen.«[274] Auch
Stabsfeldwebel Dirk Freutel vom veranstaltenden Bundeswehr-Zentrum für Nachwuchsgewinnung OST[275] gab zu den »Bw-Musix 2009« auf Nachfrage Auskunft. Ziel
sei es, dass »sich die Vereine im Wettbewerb messen können und natürlich auch, dass
wir [die Bundeswehr-Veranstalter] sehen, wo es geeignetes Potential für uns gibt«, das
müsse man ganz klar sagen, betonte der Stabsfeldwebel.[276] Schon im Bericht über
die »Bw-Musix 2008« spricht die Armee ungewöhnlich offen über die Intention des

---

267   Website der Jugendmusikschule Balingen: www2.balingen.de/jms.

268   Broschüre: Jugendblasorchesterwettbewerb – Bw-Musix 09, auch zu finden auf www.militaer-
       musik.bundeswehr.de.

269   Anmeldung zum 4. Jugendblasorchesterwettbewerb Bw-Musix '09; Wettbewerb Bw-Musix '09
       – Wettbewerbsordnung. Beides auch zu finden auf www.militaermusik.bundeswehr.de.

270   Website der Stadt Balingen: www.balingen.de.

271   Aus der Antwort vom 5. August 2009 auf eine E-Mail-Anfrage an Oberbürgermeister Reite-
       mann: »Fragen zu Bw-Musix« vom 30. Juli 2009, Kassel.

272   Ebenda.

273   Brief »BW Musix« von Oberbürgermeister Reitemann als Antwort an Silke Gustedt, Balingen,
       1. Juli 2009.

274   Blottner, Heike: Blasmusik und mehr, in: www.schwarzwaelder-bote.de, 4.7.2009.

275   Die »Bw-Musix 2009« fanden zwar im Gebiet des Zentrums für Nachwuchsgewinnung SÜD
       statt, das Zentrum für Nachwuchsgewinnung OST ist allerdings für den Militärmusikdienst zu-
       ständig und daher Veranstalter der »Bw-Musix«.

276   Telefoninterview mit Stabsfeldwebel Dirk Freutel vom Zentrum für Nachwuchsgewinnung
       OST, Organisator der Bw-Musix '09, Kassel/Berlin, den 17.8.2009.

Events: »Aus Sicht der Bundeswehr sind natürlich auch die Öffentlichkeits- und Nachwuchsarbeit Gründe für diesen Wettbewerb: ›Wir wollen unaufdringlich mitteilen, dass die Bundeswehr berufliche Möglichkeiten in vielen Bereichen bietet – vor allem auch im Militärmusikdienst der Bundeswehr‹«, zitierte die Bundeswehr-Presseabteilung damals den Leiter des Militärmusikdienstes, Oberst Dr. Michael Schramm.[277] Ähnlich liest es sich im Jugendmagazin der Bundeswehr, der *infopost*, über die ersten Bw-Musix: »[N]icht zuletzt sollen die Jugendlichen in diesem musikalischen Rahmen die Möglichkeit bekommen, die Bundeswehr mit ihren Berufschancen für junge Leute kennen zu lernen und in den Dialog mit Soldaten zu treten.«[278] So kann es denn auch für die Kinder und Jugendlichen, die während der »Bw-Musix 2009« in 22-Orchestern gegeneinander antraten riskant werden, sich auf die Bundeswehr einzulassen: Junge Musiker, die in die Armee eintreten, müssen die gleiche militärische Grundausbildung durchlaufen wie alle anderen Soldaten und neben dem Instrument die Waffe in die Hand nehmen: »Kampfeinsätze haben die aber nicht«, beschwichtigt Stabsfeldwebel Freutel.[279] Meist werden die Nachwuchsmusiker in einem der 18 deutschen Musikkorps[280] eingesetzt, die im Jahr 2009 über 1.300 Einsätze außerhalb militärischer Liegenschaften haben.[281] Als Militärmusiker tragen die jungen Menschen dann ihrerseits zur banalen Militarisierung der Gesellschaft bei, indem sie beispielsweise öffentliche Militärrituale unterstützen oder an Musikfesten teilnehmen. Auch in der BigBand der Bundeswehr könnte der musikalische Nachwuchs eingesetzt werden: »Mit ihren beliebten Bühnenshows und moderner Unterhaltungsmusik hat sie sich nicht nur in den Dienst der Öffentlichkeitsarbeit gestellt, sondern auch der Nachwuchsgewinnung gewidmet.«[282] Auch zur internen Truppenunterstützung würden die jungen Bundeswehrmusiker eingesetzt: Laut Stabsfeldwebel Freutel könne es dabei auch vorkommen, dass die Militärmusiker für Konzerte zur Truppenbetreuung ins Ausland geschickt würden – beispielsweise auch nach Afghanistan.[283]

Diese Tatsachen regten die Proteste in Balingen weiter an: In Sitzungen des Stadtrats verteidigten die regierenden Lokalpolitiker die »Bw-Musix« vehement und ließen keine Kritik an sich oder die Veranstaltung heran – dabei soll der Oberbür-

---

277 Schmidt, Sebastian: Erfolgreich: Der Jugendblasorchesterwettbewerb der Bundeswehr – Bw-Musix '08, in: www.streitkraeftebasis.de.

278 Bw-Musix 2003, in: infopost Nr. 4/2003, S. 3.

279 Anmeldung zum 4. Jugendblasorchesterwettbewerb Bw-Musix '09, a. a. O.

280 Hier machen wir Musik – Die Musikkorps der Bundeswehr [Standortverzeichnis der Bundeswehr-Musikkorps], in: www.militaermusik.bundeswehr.de.

281 Bundestags-Drucksache 16/12038.

282 Zech, Christine/Landendorf, Johannes M.: Klingend kurios und hoch zu Ross, in: aktuell – Zeitung für die Bundeswehr Nr. 32/2005.

283 Anmeldung zum 4. Jugendblasorchesterwettbewerb Bw-Musix '09, a. a. O.

germeisters teilweise für tumultartigen Szenen gesorgt haben. Bei einem Gesprächs-
termin mit Kritikern der Bundeswehr-Veranstaltung zeigte sich die Stadt am Montag
vor der Wochenendveranstaltung ebenfalls kompromisslos und ging mit keinem
Schritt auf die Friedensaktivisten zu. Diese kündigten daraufhin Protestaktionen an:
die Linkspartei demonstrierte mit rund zehn Leuten – bei rund 34.000 Einwoh-
nern beachtlich – zu Beginn der »Bw-Musix« vor dem Eingangstor und verteilte
Flugblätter.[284] Für mehr Wirbel sorgte eine nicht angemeldeten Demonstration von
Autonomen gegen die Bundeswehr, die zuvor im Internet für den 28. November
angekündigt worden war und Veranstalter Oberleutnant Johannes M. Langendorf
zur Aussage »Solche Probleme hatten wir noch nie« verleitete. »Stören! Sabotieren!
Verhindern!«, hieß es im Aufruf der Autonomen – daneben ein Peace-Zeichen. Ziel
sei die Verhinderung des Wettbewerbs. Die lokalen Medien witterten Gewalt und
machten vorab Stimmung: am Donnerstag vor den »Bw-Musix 2009« druckte der
Schwarzwälder Bote zu einem Artikel über die angekündigten Protestaktion ein Sym-
bolfoto zweier behelmter Polizisten ab, die einen Demonstranten abführen.[285] Auch
die andere Lokalzeitung, der *Zollern-Alb-Kurier* – offizieller Medienpartner des Bundeswehr-Events – sagte gewalttätige Auseinandersetzungen voraus. Die Bundeswehr
sprang ebenfalls auf den Zug mit auf: Die »Pöbler« könnten ihn nicht abschrecken,
heizte auch Oberleutnant Langendorf die Stimmung in einer Lokalzeitung im Vorfeld
auf. Was dann geschah, hatte wohl niemand erwartet: nichts.[286] Die Polizei sperrte
den Balinger Hauptbahnhof – angekündigter Startpunkt der Autonomen-Demons-
tration – mit hunderten Polizisten ab und kontrollierte ankomme Bahnfahrer
– rund 40 Polizeifahrzeuge waren vor Ort. Ordnungshüter der Polizeihundertschaft
und Zivilpolizisten durchkämmten den Weihnachtsmarkt, der ebenfalls am letzten
Novemberwochenende stattfand. Alles umsonst – die angekündigte Demonstration
war nur eine Finte, auf die sowohl die Bundeswehr wie auch die Polizei und ganz
besonders die Medien hereinfielen.[287]

Die »Bw-Musix 2009« konnten ungestört stattfinden, was aber nicht hieß, dass sie
nicht kritisch beäugt wurden. Kritische Musikschullehrer gingen zu der öffentlichen
Veranstaltung – die allerdings schlecht besucht gewesen sein soll. Die anwesenden
Kritiker bemängelten dabei vor allem die allgemeinen Rekrutierungsbroschüren,

---

284 Schulze von Glaßer, Michael: Misstöne bei Musikfest, in: Neues Deutschland, 30.11.2009.

285 Erb, Claudius J.: Balingen – Bundeswehr-Orchesterwettbewerb: Linke drohen mit Sabotage,
     in: www.schwarzwaelder-bote.de.

286 Marischka, Christoph: Balingen, Bundeswehr, Blasmusik, in: AUSDRUCK – Magazin der In-
     formationsstelle Militarisierung, Dezember 2009.

287 Erb, Claudius J.: Balingen – Beispielloses Großaufgebot der Polizei, in: www.schwarzwaelder-
     bote.de.

die am Bundeswehrstand auslagen. Es wurde nicht nur für den Militärmusikdienst geworben. In den Berichten der Lokalzeitungen wurde zudem deutlich, wie jung einige Teilnehmer waren: Der *Zollern-Alb-Kurier* führte auf den »Bw-Musix« Gespräche mit 11-, 14- und 15-jährigen Teilnehmern;[288] Fotos auf der Website der Zeitung zeigen ebenfalls Musix-Teilnehmer im Kindesalter. Und auch die Bundeswehr verrät auf ihrer Website das Alter einiger Teilnehmer: »[D]ie Firma De Haske spendete einen Notengutschein in Höhe von 500 EUR für das jüngste Teilnehmerorchester. Den Gutschein erhielt das Jugendblasorchester Bad Saulgau, dieses Orchester war mit einem Durchschnittsalter von 14,97 Jahren das jüngste.«[289]

Die Kosten für das Event sind immens: knapp 168.000 Euro kostete die Veranstaltung 2009. Davon entfielen laut Landesregierung rund 70 Prozent auf den Polizeieinsatz für die angekündigte Demonstration.[290] Damit liegen die Kosten auch ohne Polizeieinsatz bei etwa 50.000 Euro. Die Bundesregierung veranschlagte ihrerseits für die »Bw-Musix 2010« (22. bis 24. Oktober in Balingen) etwa 10.000 Euro für zu vergebende Preise.[291] Bereits im August 2010 waren 18 Jugendorchester mit über 1.000 jungen Musikern für das Event angemeldet. Gegen die »Bw-Musix 2010« formierte sich im Sommer ein »Bw is nix«-Bündnis aus lokalen Parteien und außerparlamentarischen Gruppen. Die regierenden Politiker und die Bundeswehr wollen aber weiter an der Veranstaltung festhalten und sie – komme was wolle – durchziehen.

»Pop statt Preußen« – Militärmusik

Das hatte sich Christoph Lieder, seit Januar 2008 Dirigent der Bundeswehr-Big-Band, sicherlich anders vorgestellt, als er am Abend des 7. August gleichen Jahres die Emsbühne im westfälischen Rheine betrat: Rund 500 Zuschauer saßen auf der Tribüne gegenüber der auf der Ems schwimmenden Bühne, doch den Raum dazwischen nahmen kurzzeitig Friedensaktivisten ein. Mit einem Schlauchboot und einem antimilitaristischen Transparent mit der Aufschrift »Spiel mir das Lied vom Tod – Bundeswehr wegrocken!« paddelten zwei als Piraten verkleidete Aktivisten vor die Bühne und verspotteten die Bundeswehr-Show.[292] Währenddessen verteilten andere

---

288 Engelhardt, Frank D.: »Gespräch mit der Jury war cool«, in: www.zollernalbkurier.de.

289 Langendorf, Johannes M./Bartles, Gudrun: Bw-Musix 09 ein voller Erfolg, in: www.militaer-musik.bundeswehr.de.

290 Antwort von Heribert Recht (MdL) auf eine Anfrage von Hans-Ulrich Sckerl (MdL), 2.5.2010.

291 Bundestags-Drucksache 17/715.

292 Schulze von Glaßer, Michael: Piraten im Gummiboot verspotten Bundeswehr-BigBand, in: junge Welt vom 9. August 2008.

Aktivisten Flugblätter, auf denen sie kritisierten, dass die Bundeswehr-BigBand dem Zweck diene, die Armee und ihre Einsätze populärer zu machen. Dass auch ein Info-mobil vor Ort war, in dem Wehrdienstberatungen stattfanden und das ganze Militär-spektakel zudem in ein Stadtfest eingebunden war, stand ebenfalls in der Kritik der Friedensaktivisten. Nach kurzer Irritation dirigierte Christoph Lieder sein seit 1971 bestehendes Orchester weiter.

Damals wurde das Schauorchester als »neue musikalische Geheimwaffe« im Ban-kettsaal des Bonner Hotels Tulpenfeld der Öffentlichkeit vorgestellt.[293] Bereits 1970 beauftragte der damalige Verteidigungsminister und spätere Bundeskanzler Helmut Schmidt die Bundeswehr mit der Gründung eines neuen Musikkorps, der keine klas-sische Marschmusik mehr spielen, sondern moderne Töne anschlagen sollte. Der damals 35-jährige Jazzpianist und Komponist Günter Noris konnte für das Projekt gewonnen werden und stellte sich ein Orchester aus 23 überdurchschnittlich be-gabten Musikern aus den schon bestehenden Militärmusikkorps der Bundeswehr zusammen. Seinen ersten großen Auftritt hatte das Schauorchester am 26. Mai 1972 aus Anlass der XX. Sommerspiele des IOC im neuen Münchener Olympiastadion. 80.000 Menschen im Stadion und Millionen vor den Fernsehgeräten konnten die Militärmusiker damals hören und sehen.[294] Im selben Jahr brachte die Einheit ihre erste Langspielplatte – »Stars in Uniform oder Pop statt Preußens Gloria« – heraus. Erst seit 1973 firmieren die Militärmusiker unter dem Namen »BigBand der Bun-deswehr«. Gespielt wurden – damals wie heute – Swing und Jazz, aber auch aktu-elle Stücke aus der Populär-Musik. 1983 verließ Günter Noris das Orchester – von nun an sollte auch der Dirigent aus den Reihen des Militärs kommen. Nachfolger von Noris wurde der damalige Chef des Heeresmusikkorps Kassel, Major Heinz Schiffer. Der nur aus Männern bestehenden BigBand wurden vom neuen Leiter die »Majories« – drei Sängerinnen – zur Seite gestellt. 1990 trat das Orchester erstmals in der Sowjetunion auf, genauer in Moskau und Kiew – bis dahin hatte die BigBand schon unzählige Fernsehauftritte gehabt und war durch das westliche Ausland ge-tourt. Ein Jahr darauf übernahm Musikoffizier Robert Kuckertz den Platz vor dem Orchester. Das weibliche Trio musste gehen, dafür übernahmen ein männlicher Sol-dat »und eine farbige Sängerin«[295] den Gesangspart: »Wie jede andere große Show-band auch, von denen es aber heutzutage in Deutschland neben der Bundeswehr-Band kaum noch eine international renommierte Big Band gibt, modernisierten die Musiker in Uniform auch ihre Arrangements. Das betraf vor allem die Bühnen- und

---

293   Historie – Die Big Band der Bundeswehr, in: www.bigband-bw.de.

294   Kohrs, Ekkehard: Licht aus, Bühne frei – 25 Jahre Big Band der Bundeswehr, in: infopost 4/96 S.5.

295   Historie – Die Big Band der Bundeswehr, in: www.bigband-bw.de.

Lichteffekte, die mit dem Fortschritt der modernen Unterhaltungstechnik Schritt halten mußten.«[296] Von Kuckertz stammt die Idee der BigBand-Freiluftkonzerte. Allein 2001 kamen 60.000 Besucher zu den zehn Open-Air-Konzerten.[297] Mit dem neuen Dirigenten stieg die Medienpräsenz des Bundeswehr-Orchesters nochmals deutlich: »In den neunziger Jahren war die Big Band der Bundeswehr durchschnittlich mehr als zehnmal im Jahr in anerkannten Unterhaltungssendungen zu sehen.«[298] Das ZDF strahlte im Frühjahr 1997 sogar eine eigene Sendung über das 25-jährige Bestehen der BigBand aus.[299] Im Oktober 2001 übergab Musikoffizier Kuckertz das Kommando an Oberstleutnant Michael Euler. Der neue Dirigent führte das Schauorchester bis Januar 2008 weiter. Fünfter BigBand-Chef wurde Oberstleutnant Christoph Lieder – er musste sich kurz nach seinem Einstand mit dem modernen Militärorchester massive Kritik, wie die in Rheine, von Friedensaktivisten gefallen lassen. Einer der bedeutendsten BigBand-Auftritte unter Lieder fand vom 8. bis 11. Dezember 2008 im Kölner Fernsehstudio der Late-Night-Show »TV Total« des Senders ProSieben statt. In der Sendung mit Entertainer Stefan Raab vertraten die Bundeswehr-Musiker die Hausband der Show. Vor hunderttausenden meist Jugendlichen Fernsehzuschauern traten die Musiker in Uniform auf und Oberstleutnant Christoph Lieder witzelte zwischen den Musikstücken mit Entertainer Raab und den anderen Studiogästen: »Dass der Auftritt ein voller Erfolg war, zeigte sich bereits kurz nach dem Ende der Show: In Internetforen kursieren bereits Autogrammwünsche.«[300] Auch die aktuelle CD des Schauorchesters wurde in der Sendung beworben. Für die Bundeswehr ein sehr wertvoller Auftritt, um sich nach außen gut darzustellen.

Die Bundeswehr-BigBand absolviert etwa 70 Auftritte im Jahr – 54 davon allein im Jahr 2008 außerhalb militärischer Liegenschaften. In den Monaten Mai bis August 2008 kamen allein zu den kostenlosen Open-Air-Konzerten in 25 Städten etwa 120.000 Zuschauer.[301] Die Band geht jährlich auf Tournee durch Deutschland und gibt auch oft Konzerte im Ausland.[302] Auch Truppenbetreuung – Auftritte vor Soldaten in Auslandseinsätzen – gehören zu den Aufgaben der Einheit, beispielsweise vor deutschen Soldaten im Kosovo.[303] Durch den Einsatz der BigBand entstanden

---

296 Kohrs, Ekkehard: Licht aus, Bühne frei – 25 Jahre Big Band der Bundeswehr, in: infopost 4/96 S.5.

297 Historie – Die Big Band der Bundeswehr, in: www.bigband-bw.de.

298 Ebenda

299 Ebenda

300 Gelungene Show im Spätprogramm, in: aktuell – Zeitung für die Bundeswehr Nr.50/2008

301 Sommerzeit heißt Big Band Zeit, in: www.bigband-bw.de.

302 Jaeck, Sylvia: Zurück zu den Wurzeln, in: aktuell – Zeitung für die Bundeswehr 49/2008, S.8/9.

303 Einsatzbefehl Nr.51, in: www.bigband-bw.de.

im Jahr 2008 Ausgaben in Höhe von 477.795 Euro.[304] Die in der rheinländischen Mercator-Kaserne in Euskirchen stationierte Einheit besteht aus insgesamt 40 Personen, zu denen neben der Band, Technikern und Büroangestellten auch Bwalya Chimfwembe, eine Gesangs-Solistin aus Sambia, gehört. Auf Tour gehen insgesamt 32 Personen: 22 Musiker und 10 Techniker. Unter den Bühnentechnikern befinden sich auch Grundwehrdienstleistende. Alle Mitglieder der Musikgruppe werden im Verteidigungsfall im Sanitätsdienst der Armee eingesetzt; um ihre Einsatzfähigkeit zu erhalten, müssen sie jährlich an einer Schwerpunktausbildung teilnehmen. Auch Märsche und Schießübungen werden durchgeführt. Das Musikkorps hat einen eigenen, auffällig bemalten Tourbus und für die etwa acht Tonnen Equipment auch einen eigenen großen Lastkraftwagen, auf dem ebenfalls der Schriftzug der Militärmusiker prangt. Drei Stunden benötigen die Techniker zum Aufbau der Bühne samt Lichtinstallation und Technik. Bei den Veranstaltungen sind auch Werbelastwagen des Militärs oft dabei – Infotrucks oder die kleineren Infomobile. In ihnen werden vor und während der Konzerte Wehrdienstberatungen durchgeführt und Informationen verteilt. Immer dabei ist ein Wagen des Dienstbekleidungsherstellers »LHD«. Das Unternehmen stellt u. a. Dienstbekleidung für das Militär her. Auf den BigBand-Konzerten hat das Unternehmen einen Verkaufsstand und bietet neben Musik-CDs der Militärmusiker auch T-Shirts, Feuerzeuge und anderes Werbematerial der Bundeswehr-BigBand an. Für besonderen Unmut bei Friedensaktivisten sorgen die auf dem Stand verkauften Bundeswehr-Teddybären in acht verschiedenen Tarnanzug-Variationen: »Eindeutig Verniedlichung des Kriegs«, äußerten Antimilitaristen 2008 bei einer Protestaktion im westfälischen Münster.[305]

Die Bundeswehr-Musiker spielen auf ihren Konzerten vordergründig fast immer für einen wohltätigen Zweck. Mal sammelt die Bundeswehr Spenden für ein gemeinnütziges Projekt im Ausland[306], mal für eine hilfsbedürftige Schule vor Ort[307]. Seit Gründung der BigBand sollen auf den Benefizkonzerten bis Ende des Jahres 2008 rund 12 Millionen Euro für wohltätige Zwecke gesammelt worden sein. Die hohen Fixkosten rufen jedoch auch kritische Stimmen auf den Plan: so berichteten die örtlichen Medien nach dem BigBand-Konzert am 8. August 2008 in Münster,

304 Bundestags-Drucksache 16/12038.

305 Halberscheidt, Wolfgang: Misstöne beim Bundeswehr-Konzert: Friedensaktivisten protestieren gegen »Propaganda Show«, in: www.echo-muenster.de.

306 Beim Konzert im westfälischen Rheine am 7. August 2008 sammelten die Armee-Musiker im Rahmen des »EmsFestival« für ein gemeinnütziges Projekt in der litauischen Partnerstadt Trakai.

307 Beim Konzert im westfälischen Münster am 8. August 2008 sammelten die Armee-Musiker Spenden für die Westfälische Schule für Musik – Spender bekamen einen »Bundeswehr-BigBand«-Aufkleber auf die Kleidung geklebt.

dass 2.800 Euro Spenden eingesammelt wurden[308] – die Kosten der Veranstaltung gehen aber wohl weit darüber hinaus.[309] Ein in die Konzertvorbereitungen involviertes Münsteraner Elektrotechnik-Unternehmen verzichtete sogar spontan auf seinen Gewinn und trug zu einem großen Teil zum Spendenerlös des Konzertes bei. Die Bundeswehr kann mancherorts auch mit weiteren Sponsoren aufwarten. In Münster waren es 2008 beispielsweise eine lokale Bank, eine Versicherungsgesellschaft, eine Brauerei und die lokalen Stadtwerke, die ihre Werbebanner neben denen der Bundeswehr hängen hatten und halfen, die Kosten zu tragen.

Die Armee scheint den Benefizcharakter der Konzerte nur für die eigene Image-Verbesserung zu nutzen. Die Bundeswehr erreicht dabei neben den Konzertbesuchern über die lokalen Medien eine Vielzahl von Menschen – gleich mehrere positive Artikel widmeten die Münsteraner Lokalmedien beispielsweise dem BigBand-Konzert auf dem zentralen Domplatz. Die lokale Presse ist zugleich der beste Werbeträger, um vorab auf die Konzerte aufmerksam zu machen. Für die Auftritte der modernen Militärmusiker wird außerdem in Bundeswehr-Publikationen wie der internen Zeitung *aktuell* und dem kostenlosen Jugendmagazin *infopost* geworben. Die BigBand hat zudem einen eigenen Internet-Auftritt, auf dem alle Termine verzeichnet und viele weitere Informationen über das Schauorchester zu finden sind – beispielsweise die aktuelle Besetzung und die Historie der Einheit. Auf der Website werden auch die über dreißig CDs und LPs der Truppe präsentiert. Daneben werden die Musikaufführungen mit Hilfe von Plakaten öffentlich gemacht. Interessant ist dabei besonders, dass die Militärmusiker für das Gruppenfoto der Deutschlandtour 2008 in der Kuppel des deutschen Bundestages posierten. Das Bild dient auch als Cover der in diesem Jahr erschienen »Get your kicks«-Musik-CD der Bundeswehr BigBand. Ein ähnliches Foto – diesmal vor dem Reichstagsgebäude – findet sich auf der 2009 erschienenen DVD »Die BigBand der Bundeswehr – live in concert«. Mit dem Foto folgt die BigBand dem langjährigen Bestreben des Verteidigungsministeriums, die Bundeswehr als vom Volk getragene Parlamentsarmee darzustellen. Dieses Anliegen tritt besonders bei dem seit 2008 vor dem Berliner Reichstag stattfindenden Gelöbnis zu Tage und in unauffälligerer Form seit kurzem eben auch bei der BigBand. Verdeckt trägt das Schauorchester der deutschen Armee zu einer banalen Militarisierung bei.

Offen militaristisch geben sich hingegen die 17 weiteren Musikkorps der Bundeswehr. Sie stehen in einer bis ins 16. Jahrhundert zurückreichenden deutschen Mili-

---

308 Halberscheidt, Wolfgang: Misstöne beim Bundeswehr-Konzert: Friedensaktivisten protestieren gegen »Propaganda Show«, in: www.echo-muenster.de.

309 Schulze von Glaßer, Michael: Die Bundeswehr im Kampf an der Heimatfront, in: IMI Studie 01/2009.

tärmusiktradition.[310] Die Korps bestehen aus bis zu 60 professionellen Musikerinnen und Musikern, die entweder Berufs- oder Zeitsoldaten im Dienste der Bundeswehr sind und bei der Armee im Ernstfall im Sanitätsbereich zum Einsatz kommen. Jährlich haben die Musikkorps über 3.000 Einsätze, davon im Jahr 2009 über 1.300 außerhalb militärischer Liegenschaften.[311] Die dabei gespielte Musik ist klassischer als bei der BigBand: Märsche und Sinfonien sind dabei, seit einigen Jahren werden aber auch vereinzelt Lieder aus der Volksmusik und BigBand-Stücke vorgetragen. Drei Aufgabenfelder soll die Militärmusik nach Eigenaussage der Bundeswehr abdecken[312]: Die Zusammengehörigkeit innerhalb der Armee soll gestärkt werden; dazu spielen die Korps bei Gelöbnissen, dem Großen Zapfenstreich und vor ihren Kameraden im Auslandseinsatz. Die Bindungen zwischen Militär und Bevölkerung sollen gefestigt werden; dazu treten die Musikkorps beispielsweise auf öffentlichen Veranstaltungen wie Militärmusikschauen auf. Drittes Aufgabenfeld ist, das Ansehen der deutschen Streitkräfte im In- und Ausland zu stärken. Der Versuch, dem deutschen Militär ein besseres Image zu verpassen, geht mit dem Versuch einher, neuen Nachwuchs zu gewinnen: mit eigenen »Mach' dein Hobby zum Beruf«-Flugblättern wirbt die Bundeswehr um die potentiellen Militärmusiker von morgen. Auch am jährlich stattfindenden Jugendmusikwettbewerb »Bw-Musix« mit hunderten jugendlichen Teilnehmern ist der Militärmusikdienst beteiligt (detaillierter siehe Kapitel Bw-Musix).

Neben den traditionellen Musikkorps verfügt die Bundeswehr über vier Einheiten für besondere Aufgaben[313]: Das Stabsmusikkorps der Bundeswehr sorgt bei Staatsempfängen und anderen hohen Anlässen in den neuen Bundesländern für militärische Klänge. Das Musikkorps der Bundeswehr nimmt den protokollarischen Dienst – also beispielsweise Staatsempfänge – in den alten Bundesländern und außerdem große Konzerte im In- und Ausland wahr. Die Bundeswehr-BigBand ist besonders für den Kontakt mit der Bevölkerung zuständig: »Mit ihren beliebten Bühnenshows und moderner Unterhaltungsmusik hat sie sich nicht nur in den Dienst der Öffentlichkeitsarbeit gestellt, sondern auch der Nachwuchsgewinnung gewidmet.«[314] Das Ausbildungsmusikkorps sorgt für die Integration der Nachwuchsmusiker in den Militärmusikdienst.

---

310 Zech, Christine/Landendorf, Johannes M.: Klingend kurios und hoch zu Ross, in: aktuell – Zeitung für die Bundeswehr Nr. 32/2005.

311 Bundestags-Drucksache 16/12038.

312 Dienst im Musikkorps, in: aktuell – Zeitung für die Bundeswehr Nr. 32/2005.

313 Zech, Christine/Landendorf, Johannes M.: Klingend kurios und hoch zu Ross, in: aktuell – Zeitung für die Bundeswehr Nr. 32/2005.

314 Ebenda

Wie gut sich Musik für die Öffentlichkeitsarbeit eignet, weiß auch der Vizepräsident für Information und Kommunikation des deutschen Reservistenverbands, Michael Sauer. Im »Veranstaltungs- und Organisationshandbuch für den Tag der Reservisten 2008« erklärt er: »Musik geht unter Umgehung des Verstandes direkt ins Gemüt und schafft ein positives Klima für [...] Gespräche mit den Bürgern«.[315]

Armee der Arbeitslosen – Wehrdienstberatungen in Arbeitsagenturen

Von 328 jungen Menschen aus Hamburg, die im Januar 2007 ihren Dienst bei der Bundeswehr antraten, waren 107 zuvor arbeitslos.[316] Dabei profitiert die Bundeswehr vom Verlust vieler Arbeitsplätze und der in den letzten Jahren verschärften Sozialgesetzgebung, die vor allem für Menschen unter 25 Jahren massive Kürzungen der Unterstützung vorsieht: »Und das nutzen wir auch aus«, gab Christian Louven vom Zentrum für Nachwuchsgewinnung NORD im Frühjahr 2007 gegenüber einer Hamburger Tageszeitung zu. Die Agentur für Arbeit hilft bei der Gewinnung neuer Rekruten für die deutsche Armee eifrig mit – das gibt es zwar schon lange, seit 2006 hat die Qualität und Quantität der Wehrdienstberatungen in Arbeitsämtern aber deutlich zugenommen. In mittlerweile elf Städten hat die Bundeswehr in den Agenturen feste Büros für Wehrdienstberatung eingerichtet.[317] In etwa 850 Arbeitsagenturen führt die Bundeswehr regelmäßig Veranstaltungen durch[318] – meist kommt einmal im Monat der Wehrdienstberater. In einigen Städten, wie beispielsweise in der ehemaligen Bergbaustadt Ahlen nördlich des Ruhrgebiets, finden sogar zweimal im Monat Arbeitslosenberatungen durch Bundeswehr-Angehörige statt.[319] Neben dem für den Landkreis zuständigen Wehrdienstberater[320] treten dabei auch Militärs anderer Truppengattungen – beispielsweise der Marine[321] – im örtlichen Berufsberatungszentrum auf. Über die Lokalpresse wird zu jeder Veranstaltung mit der immer gleichen Pressemitteilung eingeladen:

---

315 Sauer, Michael: Veranstaltungs- und Organisationshandbuch für den Tag der Reservisten 2008.

316 Gerlach, Tanja: Wir sind lieber Soldat als arbeitslos, in: Hamburger Abendblatt, 6.2.2007.

317 Bundestags-Drucksache 16/8842.

318 Ebenda.

319 Bspw. am 18.7.2009, 2.7.2009, 23.7.2009, 6.8.2009 jeweils von 9.00–15.45 Uhr nach vorheriger Anmeldung; nachzulesen auf www.arbeitsagentur.de.

320 Neuer Wehrdienstberater im Kreis, in: Westfälische Nachrichten (Kreis Warendorf), 6.5.2008.

321 Bundeswehr berät Jugendliche im BIZ, in: ebenda, 29.3.2008.

»Arbeiten bei der Bundeswehr – ›Welche beruflichen Möglichkeiten bietet die Bundeswehr? Worauf muss ich achten, wenn ich dort studieren oder eine berufliche Qualifikation erlangen möchte? Wie lange muss ich mich verpflichten?‹ Diese und andere Fragen zum Thema Bundeswehr beantwortet Wehrdienstberater Thomas Wischmeier. Die Gespräche finden statt am Donnerstag [...] von 9 bis 15.45 Uhr im Berufsinformationszentrum Ahlen (BIZ) in der Agentur für Arbeit Ahlen, Bismarckstraße 10. Da es sich um Einzelberatungen handelt, ist eine Anmeldung notwendig [...]. Kosten für die Teilnahme entstehen nicht. Bei Fragen zur Wehrpflicht wenden sich Interessierte direkt an das Kreiswehrersatzamt Münster [...].«[322]

Einfache Wehrdienstberatungen sind aber nicht alles, was die Bundeswehr in den Agenturen für Arbeit macht. In Dessau in Sachsen-Anhalt bekräftigte ein Stabsfeldwebel schon im Mai 2006 die gute Zusammenarbeit: »Die Arbeitsagentur ist für uns ein wichtiger Partner bei der Gewinnung von qualifizierten Soldatinnen und Soldaten. Wir sind sehr dankbar, dass die Agentur uns hier so stark unterstützt.«[323] In Dessau finden nicht nur regelmäßig Informationsveranstaltungen (»Talk im BIZ«) statt. Im Januar 2008 veranstaltete eine von der Arbeitsagentur initiierte Arbeitsgemeinschaft (ARGE) sogar eine ganze Bundeswehrwoche unter dem Motto »Entschieden gut – Gut entschieden« in ihren Räumlichkeiten. Eine ganze Woche lang hatten die Rekrutierer der Bundeswehr fast den ganzen Tag lang Zeit, arbeitslose Jugendliche abzufangen. Diese Bundeswehrwoche fand im Rahmen eines Kooperationsprogramms zwischen der Arbeitsagentur und der Bundeswehr innerhalb der Initiative »JUKAM – Junge Karriere Mitteldeutschland« statt. JUKAM ist eine privatwirtschaftliche Initiative zur »Behebung des Problems des Fachkräftemangels« und zur Senkung der Arbeitslosigkeit in Regionen Ostdeutschlands: »Im April [2006] startete der Modellversuch in Sachsen-Anhalt und Thüringen zur Gewinnung arbeitsloser Jugendlicher als Soldat auf Zeit bei der Bundeswehr. Träger des Projekts sind die Regionaldirektion Sachsen-Anhalt-Thüringen der Bundesagentur für Arbeit, das Zentrum für Nachwuchsgewinnung OST der Bundeswehr, die Wehrbereichsverwaltung Ost und die Initiative JuKaM des Bildungszentrums Energie GmbH Halle/Saale.« Das Engagement der ARGE wird in der Einladung zur Messe folgendermaßen erklärt: »Intention der Kooperation ist es, arbeitslose Jugendliche für ein Engagement als Zeitsoldat zu interessieren. Im Agenturbezirk sind derzeit rund 2.000 Jugendliche unter 25 Jahren arbeitslos. Die Bundeswehr hingegen bietet freie Stellen [...].«[324]

Auch in Leipzig arbeiten ARGE und Bundeswehr zur beiderseitigen Zufriedenheit eng zusammen. Beide Seiten freuen sich über die »hervorragende Zusammenarbeit«. Die hohen Anwerbezahlen von Zeitsoldaten über die Arbeitsagenturen seien

---

322 Arbeiten bei der Bundeswehr, in: ebenda, 30.5.2009.

323 Brendle, Frank: Hartz Y, in: junge Welt, 30.4.2007.

324 Schürkes, Jonna: Armee der Arbeitslosen? – Arbeitsagenturen als Rekrutierungsgehilfen der Bundeswehr, in: IMI-Studie 07/2008.

»ein gutes Zeichen für die Motivation von jungen Arbeitslosen in der Region, auch nichtalltägliche Chancen bei der Suche nach einer neuen Arbeit zu ergreifen und auch ein prima Beispiel für die erfolgreiche Zusammenarbeit zwischen Bundeswehr und Arbeitsagentur«, so der Leiter der Arbeitsagentur in Leipzig im Mai 2005. Diese »hervorragende Kooperation« wurde im November 2007 noch erweitert, indem ein Kooperationsvertrag geschlossen wurde. Ziel der Kooperation ist die »Unterstützung der Bundeswehr bei der passgenauen Besetzung offener Stellen für Zeitsoldaten.« Die Kooperation besteht darin, dass die Bundeswehr die Möglichkeit erhält, in den Räumen der ARGE und des Berufsinformationszentrums zu rekrutieren und dass die Jugendlichen über die ARGE auf die Veranstaltungen hingewiesen werden. Damit die Mitarbeiter der ARGE auch überzeugend für den Beruf des Soldaten werben können, werden sie direkt in Bundeswehreinrichtungen auf die Beratungsgespräche mit jugendlichen Arbeitslosen vorbereitet. In der Presseerklärung der ARGE Leipzig zu dieser Kooperation heißt es:

> »[D]ie Bundeswehr [hat] weiterhin einen hohen Bedarf zur Einstellung von Soldaten. Diesen Bedarf soll auch die Kooperation mit der ARGE Leipzig decken, denn viele junge Menschen werden erstmals im Zusammenhang mit ihrer Arbeitslosigkeit auf den Arbeitgeber Bundeswehr aufmerksam. [...] Die Bundeswehr hat jährlich einen strukturellen Ergänzungsbedarf von ca. 22.000 Soldatinnen und Soldaten. [...] In der Stadt Leipzig waren zum Oktober 2007 ca. 4.900 junge Menschen unter 25 Jahren arbeitslos gemeldet.«[325]

Diese Kooperation führte auch zum Besuch eines Bundeswehr-Infomobils am 8. Mai 2008 am Leipziger Berufsinformationszentrum: »Jugendliche und ihre Eltern können sich über Chancen und Möglichkeiten als Soldat auf Zeit in den verschiedenen Laufbahnen der Bundeswehr informieren und beraten lassen. Durch den Einsatz des Informationsmobils der Bundeswehr, ausgestattet mit Video- und Musikanlagen sowie zwei Bildschirmarbeitsplätzen, erhalten interessierte junge Männer und Frauen Informationen aus erster Hand über den ›Arbeitgeber Bundeswehr‹.«[326] Im Rahmen des Berufstages gab es auch einen Vortrag, der vor allem auf das Anwerben Jugendlicher mit höherem Bildungsgrad abzielte: »Abitur! Und was dann? Ihre Karriere als Offizier der Bundeswehr«.[327]

Aufgrund der hohen Arbeitslosigkeit sind die Rekrutierungsbemühungen im Osten Deutschlands besonders intensiv – und erfolgreich. Der ehemalige Wehrbeauftragte des Bundestages, Reinhold Robbe (SPD), hob im Juli 2009 gegenüber der in Halle erscheinenden *Mitteldeutschen Zeitung* hervor: »Wenn ich in die Einsatz-

---

325 Ebenda.
326 Informationsveranstaltung des »Arbeitgeber Bundeswehr« in der Agentur für Arbeit Leipzig, in: www.arbeitsagentur.de.
327 Ebenda.

gebiete fahre, herrscht dort oft der sächsische Dialekt vor.« Die Begründung: »Die Zahlen belegen das eindrucksvoll. Die Soldatinnen und Soldaten aus den neuen Bundesländern sind auch in den Einsätzen überproportional vertreten und somit überproportional belastet.« Robbe weiß auch warum, seien sie doch »oftmals etwas flexibler und weniger anspruchsvoll. Sie lassen sich eher ein auf Versetzungen und andere ›unbequeme‹ Dinge, weil sie in der Bundeswehr oft die einzige Möglichkeit sehen, eine sichere berufliche Zukunft zu haben. Zudem ist auch der Auslandsverwendungszuschlag für viele Soldatinnen und Soldaten attraktiv. Mit Blick auf die Kameradschaft macht es kaum einen Unterschied, woher ein Soldat kommt. Das wird oft erst dann deutlich, wenn ein Soldat fällt.«[328] Und die *Süddeutsche Zeitung* berichtete unter der Überschrift »Ostdeutsche in Auslandseinsätzen Aus Not zur Bundeswehr«:

> »Tatsache ist, dass Soldaten aus Ostdeutschland überproportional an Auslandseinsätzen der Bundeswehr beteiligt sind. Dies geht aus der Antwort des Parlamentarischen Staatssekretärs Thomas Kossendey (CDU) auf eine Frage des grünen Bundestagsabgeordneten Peter Hettlich aus Sachsen hervor. Von den 6391 Soldatinnen und Soldaten im Auslandseinsatz sind demnach 3143 ostdeutscher Herkunft. Das macht einen Anteil von 49,2 Prozent – obwohl der Anteil der Ostdeutschen an der Bevölkerung nur knapp 20 Prozent beträgt. Aus der Statistik geht auch hervor, dass besonders die unteren Dienstgrade aus Ostdeutschland kommen. Von den vier Generälen im Auslandseinsatz stammt keiner aus dem Osten. Bei den Stabsoffizieren sind es 16,6, bei den Mannschaften hingegen 62,5 Prozent. Hettlich sieht darin ein Zeichen für die geringen zivilen Perspektiven junger Ostdeutscher.«[329]

Auch in der Kampagne »abi – dein weg in studium und beruf« der Bundesagentur für Arbeit wird eifrig für den Militärdienst geworben. Neben gedruckten Magazinen mit Berufsvorschlägen erscheinen auf der Kampagnenwebsite www.abi.de zusätzliche Texte. Im März 2009 veröffentlichte die Arbeitsagentur eine Reportage über einen Wehrdienstleistenden, der seinen Dienst bei der Bundeswehr einige Monate freiwillig verlängert hat, da es ihm bei der Armee so gut gefiel.[330] Im Juli 2009 ist die Bundeswehr sogar Gegenstand von drei Artikeln: In einer euphemistischen Reportage im *Uni SPIEGEL* wird über einen jungen Studenten an der Hamburger Bundeswehr-Universität berichtet. Uniform trage dort fast niemand, die Seminare seien klein und mit viel Lehrpersonal besetzt, statt Studiengebühren zahlen zu müssen werde der junge Mann sogar von der Armee entlohnt und die besten Partys würden die Bundeswehr-Pädagogik-Studenten schmeißen. Nachteile werden nicht

---

328   Mitteldeutsche Zeitung: Bundeswehr Wehrbeauftragter Robbe lobt das Engagement Ostdeutscher in den Streitkräften, zit. nach: www.finanznachrichten.de, Bericht v. 19.07.2009.

329   Brössler, Daniel: Ostdeutsche in Auslandseinsätzen. Aus Not zur Bundeswehr, in: Süddeutsche Zeitung, 21.07.2009.

330   Gary Glitter und die dunklen Gänge, in: www.abi.de.

verschwiegen, aber verharmlost: »Dass er [der begleitete Bundeswehr-Student] vielleicht Auslandseinsätze mitmachen muss, damit hat er sich schon vor Beginn der Offizierslaufbahn auseinandergesetzt. ›Ich bin davon überzeugt, dass ich einen guten Dienst leisten werde. Klar habe ich ein paar Bedenken, wenn ich so die Nachrichten verfolge. Aber Angst habe ich keine.‹« Wie bedrückend die Stimmung an den Bundeswehr-Universitäten seit dem immer gefährlicheren Afghanistan-Einsatz der Armee ist, wird in der Reportage verschwiegen.[331] Ebenfalls im Juli 2009 erschien auf www.abi.de ein Interview mit Hauptmann Dirk Mertins vom Personalamt der Bundeswehr über die Voraussetzungen für ein Studium bei der Bundeswehr.[332] Noch genauer über die Studienmöglichkeit bei der deutschen Armee informierte der Artikel »Studium bei der Bundeswehr – auf einen Blick«. Vom Bewerbungsverfahren über den Verdienst bis hin zum Einsatzbereich wird in dem Artikel alles geklärt, was ein potentieller Rekrut wissen muss.[333]

Ein weiteres Kooperationsbeispiel ist der Mädchenzukunftstag Girls'Day, an dem bundesweit über 100.000 Mädchen Einblicke in von Männern dominierte Berufe bekommen können. Die Bundeswehr ist dabei eine der größten Veranstalterinnen (detaillierter siehe Kapitel Girls'Day) und greift dabei auch auf Hilfe der Arbeitsagentur zurück. So berichtet die Bundeswehr-Zeitung *aktuell* im Mai 2003, dass 250 junge Frauen das Feldjägerkommando in der Hildener Waldkaserne besichtigt hätten.[334] Unterstützt wurde der Besuch vom Arbeitsamt der Stadt Düsseldorf, heißt es in dem kurzen Bericht. Am Girls'Day führt die Bundeswehr außerdem dutzende Wehrdienstberatungen für junge Frauen in den Arbeitsagenturen und Berufsinformationszentren durch.

Der antimilitaristischen Initiative »Bundeswehr wegtreten« sind nach eigenen Angaben mehrere Fälle von Sanktionsandrohungen gegen junge Arbeitslose bekannt, die sich weigerten, an Bundeswehr-Werbeveranstaltungen teilzunehmen.[335] Dennoch wurde eine solche Praxis sowohl in einer kleinen Anfrage im sächsischen Landtag als auch in der bereits erwähnten Anfrage im Bundestag dementiert. Jugendliche, die den Wehrdienst verweigern, können jedoch keinesfalls zu der Teilnahme an derartigen Veranstaltungen gezwungen werden. Jonna Schürkes von der Tübinger Informationsstelle Militarisierung stellt in ihrer Studie »Armee der Arbeitslosen? – Arbeitsagenturen als Rekrutierungsgehilfen der Bundeswehr« jedoch fest,

---

331 Vgl. Stawski, Dominik: Vom Hörsaal in den Krieg, in: Uni SPIEGEL, Heft 6 / Dez. 2008.

332 Gut geprüft, in: www.abi.de.

333 Studium bei der Bundeswehr – auf einen Blick, in: www.abi.de.

334 Buse, Dietmar: »Girls Day« bei der Bundeswehr, in: aktuell – Zeitung für die Bundeswehr Nr. 20/2003.

335 Kein Frieden mit der Bundeswehr – Militarisierung ist angreifbar, in: IMI-Studie 07/2008.

dass unabhängig davon, ob Jugendliche tatsächlich formal zur Teilnahme an Bundes-wehr-Werbeveranstaltungen gezwungen werden, ein faktischer Zwang bestehe: »Er wird durch die Kürzung von Sozialleistungen vor allem im Rahmen der so genann-ten U25-Maßnahmen, den Druck durch die Gesellschaft und wahrscheinlich auch ihrer Familien (Stichwort: Stallpflicht[336]) sowie dem eigenen Gefühl der Perspektiv-losigkeit erzeugt.«[337] Die Arbeitsagenturen und Arbeitsgemeinschaften dienen der Bundeswehr nicht nur als Darstellungsplattform, sondern sind selbst aktive Nach-wuchswerberinnen für die Armee.

Ein weiterer Coup: am 9. Februar 2010, unterzeichneten der Vorstandsvor-sitzende der Bundesagentur für Arbeit, Frank-Jürgen Weise, und Generalmajor Wolf-gang Born, Stellvertreter des Personalzentrums im Bundesverteidigungsministerium und Beauftragter der Bundeswehr für die militärische Personalgewinnung, in Bonn eine Kooperationsvereinbarung.[338] Ziel sei es den vom Militär benötigten Personal-bedarf zu decken – etwa 20.000 neue Rekruten benötigt die Bundeswehr jedes Jahr. Die Armee sei auf »leistungsbereite Frauen und Männer angewiesen, die bereit sind, sich zeitlich befristetet den fachlichen wie persönlichen Anforderungen eines Ein-satzes bei den Streitkräften zu stellen«, heißt es zum Kooperationsabkommen in der Bundeswehr-Zeitung *aktuell*. Weise, selbst Oberst der Reserve, und Born betonten, auch für die Zeit nach der Soldatentätigkeit gute Weiterbildungsmöglichkeiten schaf-fen zu wollen.

Doch die Bundeswehr versucht auch unabhängig von der Arbeitsagentur neuen Nachwuchs zu werben: Im Januar 2010 eröffnete das »Zentrum für Nachwuchsge-winnung WEST« direkt am Hauptbahnhof von Saarbrücken ein Rekrutierungsbü-ro.[339] Nach dem Vorbild der US-Army (in den USA gibt es in jeder größeren Stadt ein Rekruteriungsbüro) werben in dem von Montag bis Samstag geöffneten Büro Wehrdienstberater neuen Nachwuchs. Im Schaufenster soll die Puppe eines Fall-schirmjägers junge Leute in das Büro locken. Neben dem Saarbrücker Büro gibt es in der Region zwei weitere in Saarlouis und St. Wendel. Wie viele Büros es bundes-weit gibt, ist nirgends nachzulesen – eigene Werbebüros zu eröffnen, ist eine neue Entwicklung in der Bundeswehr-Nachwuchswerbung.

---

336   Unter 25-Jährige bekommen einen geringeren Arbeitslosengeld II- bzw. Hartz IV-Satz und zu-dem kein Geld für eine eigene Wohnung. Die jungen Menschen werden gezwungen, bei ihren Eltern bzw. bei Verwandten zu wohnen.

337   Schürkes, Jonna: Armee der Arbeitslosen? – Arbeitsagenturen als Rekrutierungsgehilfen der Bundeswehr, in: IMI-Studie 07/2008.

338   Kooperation gefestigt, in: aktuell – Zeitung für die Bundeswehr Nr. 6/2010.

339   Roestel, Hans-Christian: Am Bahnhof geht's auch zur Bundeswehr, in: www.saarbruecker-zei-tung.de, 30.1.2010.

»Soldat (w) gesucht« – Girls' Day bei der Bundeswehr

»Der Mädchen-Zukunftstag ist inzwischen ein fester Termin und ein wesentliches Instrument der Nachwuchsgewinnung«, stellte eine Autorin der Militärzeitschrift *aktuell* bereits im Mai 2006 fest.[340] Am jährlich im gesamten Bundesgebiet stattfindenden Mädchen-Zukunftstag »Girls'Day« ist die Bundeswehr in großem Stil beteiligt. Insgesamt nahmen 126.000 Schülerinnen im Rahmen des Girls'Day 2009 an über 9.000 Veranstaltungen teil. Allein die Bundeswehr führte damals über 200 Veranstaltungen mit mehr als 7.800 Teilnehmerinnen durch.[341] 2010 waren es immerhin 160 Veranstaltungen für etwa 7.500 Teilnehmerinnen. Dabei kann die Bundeswehr auf jahrelange Erfahrung zurückgreifen.

Prämiere hatte der »Girls'Day« in Deutschland im Jahr 2001, initiiert wurde er nach US-amerikanischem Vorbild von der damaligen Bundesbildungsministerin Edelgard Bulmahn (SPD). Der Mädchen-Zukunftstag soll jungen Frauen einen Einblick in von Männern dominierte Berufe bieten und dem vorhersehbaren Fachkräftemangel in der deutschen Wirtschaft vorbeugen. Der Tag ist dabei vor allem auf naturwissenschaftliche und technische Berufsfelder ausgelegt. Organisiert wird der Aktionstag vom »Kompetenzzentrum Technik-Diversity-Chancengleichheit e. V.«, welches mit Mitteln des Bundesministeriums für Bildung und Forschung, des Bundesministeriums für Familie, Senioren, Frauen und Jugend sowie mit Mitteln des Europäischen Sozialfonds finanziert wird. Partner des »Girls'Day« sind der Deutsche Gewerkschaftsbund (DGB), die Bundesvereinigung der deutschen Arbeitgeberverbände (BDA), die Bundesagentur für Arbeit, die Wirtschaftsinitiative D21, der Bundesverband der Deutschen Industrie (BDI), der Zentralverband des Deutschen Handwerks und der Deutsche Industrie- und Handelskammertag (DIHK).[342] Die Schülerinnen können für die Teilnahme an Girls'Day-Veranstaltungen vom Unterricht freigestellt werden, womit der Mädchentag wohl für nicht wenige Schülerinnen ein willkommener Anlass für eine Abwechslung vom Schulalltag ist. Der Aktionstag findet – mit Ausnahme des Jahres 2003, an dem der Girls'Day am 8. Mai durchgeführt wurde – jährlich Ende April statt. Nachdem am ersten Girls'Day 2001 bei nur 39 Veranstaltungen 1.800 Jugendliche teilnahmen, stieg die Zahl in der Folge rasant an: 2002 waren es schon 42.500 Mädchen bei über 1.200 Veranstaltungen. Seinen vorzeitigen Besucherinnenhöhepunkt hatte der Mädchen-Zukunftstag 2007 mit knapp unter 138.000 jungen Teilnehmerinnen auf über 8.100 Veranstaltungen.

---

340 Lichte, Susanne: Soldat (w) gesucht, in: aktuell – Zeitung für die Bundeswehr Nr. 17/2006.

341 Überwältigende Eindrücke, in: aktuell – Zeitung für die Bundeswehr Nr. 16/2009.

342 Girls'Day Impressum, in: www.girls-day.de/Impressum.

Seit mindestens 2003 ist auch die Bundeswehr beim Girls'Day dabei. 34 Bundeswehrstandorte[343] öffneten damals ihre Kasernentore für junge Frauen der Klassen
5 bis 10.[344] Der damalige Verteidigungsminister Peter Struck (SPD) sagte zu, dass
Soldaten und zivile Mitarbeiter diesen Tag nutzen können, ihren Töchtern den eigenen Arbeitsplatz vorzustellen.[345] Mit 250 Teilnehmerinnen fand eine der größten
Bundeswehr-Aktionen während des »Girls'Day 2003« in der Waldkaserne in Hilden
beim Feldjägerbataillon 252 statt. Organisiert wurde die dortige Veranstaltung vom
Zentrum für Nachwuchsgewinnung WEST und dem nahe gelegenen Düsseldorfer
Arbeitsamt.[346] In der Technischen Schule des Heeres in Eschweiler bei Aachen nutz-
ten an diesem 8. Mai 2003 weitere 59 Mädchen die Möglichkeit sich militärisches
Großgerät wie Artilleriegeschütze, Raketenwerfer, Luftabwehr- und Kampfpanzer
anzuschauen.[347] Anschließend konnten die Teilnehmerinnen in der Donnerbergka-
serne bei einem gemeinsamen Mittagessen mit Soldatinnen und Soldaten über den
Dienst bei der Bundeswehr reden. Rund 1.200 Mädchen nahmen 2003 an den Mili-
tärveranstaltungen teil – laut Bundeswehr-Jugendzeitschrift *infopost* kamen diese nur
aus den Jahrgangsstufen 9 und 10.[348]

Abermals in der Hildener Waldkaserne fand auch 2004 die größte Bundeswehr-
Veranstaltung zum Girls'Day statt.[349] Mit Bussen reisten 300 Schülerinnen ab 15 Jahren in die Kaserne, um am umfangreichen Programm beim Feldjägerbataillon 252
teilzunehmen. Nach einer Diensthundevorführung am Morgen konnten sich die jungen Frauen in Gruppen auf dem Kasernengelände bewegen und an verschiedenen
Wehrdienstberatungen teilnehmen. Auch ein Infomobil stand bereit, um Informationen über die Arbeit beim Militär zu liefern. Daneben führten Personenschützer
der Bundeswehr eine Action-Show durch, bei der u. a. eine Handgranate gezündet
wurde, um die jungen Teilnehmerinnen zu beeindrucken. Auch Bundeswehr-Fahr-
zeuge standen zur Besichtigung auf dem Kasernengelände. Fazit einer Soldatin zur
Veranstaltung in der Kaserne: »Eine gelungene Veranstaltung. Die Mädchen sind
zum Teil zwar noch sehr jung, waren aber sehr interessiert. Viele werden sich sicher
auch weiterhin über die Bundeswehr informieren.«[350]

---

343   Remith, Tino: Girls'Day 2003, in: infopost Nr. 3/2003.
344   Pauli, Jörg Uwe: »Girls Day«, in: aktuell – Zeitung für die Bundeswehr Nr. 18/2003.
345   Ebenda.
346   Buse, Dietmar: »Girls Day« bei der Bundeswehr, a. a. O.
347   Remith, Tino: Girls'Day 2003, in: infopost Nr. 3/2003.
348   Girls'Day – Mädchen-Zukunftstag, in: infopost Nr. 1/2004.
349   Schuldt, Frank: Weiblicher Ansturm auf die Feldjäger, in: aktuell – Zeitung für die Bundeswehr
      Nr. 17/2004.
350   Ebenda.

Ganze 147 Dienststellen der Bundeswehr öffneten 2005 im Rahmen des Girls'Day ihre Pforten für junge Frauen. Dabei konnte die Bundeswehr auf einige Erfahrungen und ausgereifte Show-Programme zurückgreifen. In Hilden gab es wieder eine beeindruckende Show der Personenschützer samt Granatendetonation. Ein weiterer Höhepunkt der großen Veranstaltung war diesmal ein Konzert der Bundeswehr-BigBand.[351] Rund 6.000 Teilnehmerinnen hatten die Bundeswehr-Veranstaltungen 2005.[352]

Wie im Vorjahr beteiligte sich die deutsche Armee auch 2006 mit knapp 150 Veranstaltungen und 6.000 Teilnehmerinnen am Mädchenzukunftstag. Bei der Ausbildungskompanie des Bataillons für Elektronische Kampfführung (EloKa) konnten beispielsweise Mädchen ab 15 Jahren in Truppentransportpanzern Platz nehmen.[353] An den Veranstaltungen zum Girls'Day nehmen übrigens alle drei Truppengattungen teil – auch die Marine öffnet ihre Häfen und die Luftwaffen ihre Flugplätze.

Das Interesse an den 28 Veranstaltungen der Luftwaffe im Rahmen des Girls'Day war so groß, dass alle zur Verfügung stehenden 1.400 Teilnahmeplätze nicht ausreichten und die Bundesluftwaffe nicht wenige Mädchen zurückweisen musste.[354] Auch beim siebten »Girls'Day« (2007) nahm »die Bundeswehr als einer der größten Arbeitgeber mit rund 160 militärischen und zivilen Dienststellen an der bundesweiten Aktion«[355] teil. Für bis zu 7.000 Mädchen hatte die Bundeswehr auf ihren Veranstaltungen Platz. Unter anderem konnten die jungen Frauen diesmal bei der Luftwaffeninstandsetzungsgruppe 23 in Mechernich in der Eifel einen großen Kranwagen bedienen oder sich ihre Namen in weißer Schablonen-Schrift auf eine tarnfarbene Platte schreiben.[356]

Mit 220 Veranstaltungen erreichte die Bundeswehr im Jahr 2008 ihren bisherigen Aktionshöhepunkt zum Girls'Day.[357] Diesmal begleitete die *infopost*, das kostenlose Jugendmagazin des Militärs, eine Gruppe Mädchen nach Kastellaun im Hunsrück zum Führungsunterstützungsbataillon 282. Dort wurden »[m]it praxisnahen Informationen über den Beruf des Soldaten/der Soldatin und vor allem mit eigenen Erfahrungsberichten […] vor Ort Vorurteile beseitigt und Hemmschwellen abge-

351 Winfried, Heinz/Saal, Irina: Gelungene Sache, in: aktuell – Zeitung für die Bundeswehr Nr. 17/2005.

352 Girls'Day – Mädchen-Zukunftstag, in: infopost Nr. 1/2006.

353 Lichte, Susanne: Soldat (w) gesucht, in: aktuell – Zeitung für die Bundeswehr Nr. 17/2006.

354 Borutta, Nadine: Girls'Day 2007 – junge Frauen in Uniform, in: www.luftwaffe.de.

355 Mädchen-Zukunftstag 2007, in: Pressemitteilung des BMVg vom 26. April 2007.

356 Mitrovska, Monika: Mädchen wollten's wissen, in: infopost Nr. 2/2007.

357 Mitrovska, Monika: Girls'Day in der Kaserne, in: infopost Nr. 2/2008.

baut.«[358] Die jungen Frauen bekamen Einblicke in die Grundausbildung der Armee und per Videokonferenz konnten sie »ausprobieren, wie Soldaten im Auslandseinsatz miteinander kommunizieren.«[359]

Mit knapp über 200 Veranstaltungen und 7.800 Plätzen fand der Tag der Mädchen auch 2009 bei der Bundeswehr statt – zum Beispiel bei der deutsch-französischen Brigade in der französischen Grenzstadt Straßburg.[360] 30 Schülerinnen aus Offenburg konnten im Hauptquartier des Eurokorps an Militärfahrzeugen herumschrauben, probieren wie man Gasmasken anlegt und defekte Fahrzeuge abschleppt.[361] Auch die Bundeswehr-Universitäten öffneten ihre Hörsäle für die jungen Frauen. In Neuburg an der Donau präsentierte die Luftwaffe das Kampfflugzeug Eurofighter. Auch die Piloten der Flugzeuge standen auf dem Fliegerhorst nahe Ingolstadt für Gespräche zur Verfügung. An der Veranstaltung unter dem Motto »Vorstellung Jagdgeschwader 74« konnten 70 Mädchen teilnehmen – sie war auf der Girls'Day-Website schon weit vor dem eigentlichen Aktionstag am 23. April 2009 als »ausgebucht« deklariert.[362]

Auch am Girls'Day 2010 beteiligte sich die Bundeswehr wieder im großen Stil. Schon im September 2009 fanden sich auf der Aktionslandkarte des Mädchen-Zukunftstags im Internet 163 Bundeswehr-Veranstaltungen, von denen sogar einige ausgebucht waren.[363]

Medial begleitet wird der Bundeswehr-Girls'Day von dem Militärjugendmagazin *infopost*, das den Tag jährlich in der ersten Ausgabe des Jahres bewirbt. Die im zweiten Jahresquartal erscheinende zweite Ausgabe des kostenlosen Magazins beinhaltete in den letzten Jahren immer eine einseitige Reportage zum vergangenem Girls'Day bei der Armee. Auch die interne Bundeswehr-Publikation *aktuell* bewirbt den Tag ebenso wie die verschiedenen Teilstreitkräfte auf ihren Websites. Dort wird über die verschiedenen Veranstaltungen teilweise ausführlich berichtet. Die Termine finden sich im Rekrutierungsportal www.bundeswehr-karriere.de – anmelden können sich die jungen Frauen aber nur über die offizielle Girls'Day-Website. Dort sind alle Veranstaltungen des Tages, auch die der Bundeswehr, auf einer Aktionslandkarte zu finden. Daneben gibt es noch Beschreibungen der Aktionen, Kontaktadressen und weitere nützliche Informationen.

---

358   Ebenda.

359   Ebenda.

360   Mitrovska, Monika: Mädchentreff beim Eurokorps in Straßburg, in: infopost 2/2009.

361   Ebenda.

362   Schulze von Glaßer, Michael: Sport und Spaß bei der Bundeswehr, in: Neues Deutschland vom 23.4.2009.

363   Liste der Veranstaltungen 2010, in: www.girls-day.de. – Der Girls'Day fand am 24.4.2010 statt.

Das Ausmaß der Bundeswehr-Aktionen ist nur schwer zu fassen. Einfache Wehrdienstberatungen und Informationsveranstaltungen sind die Ausnahmen. Die Bundeswehr scheut bei der Rekrutierungsveranstaltung weder Kosten noch Mühen und setzt vor allem auf Praxisorientierung: mit der Marine geht es auf die offene See[364], Panzer werden im laufendem Betrieb vorgeführt und auch Schießsimulatoren stehen für die Mädchen offen. Auch Bundeswehr-Werbetrucks, Messestände und Musikkorps kommen am »Girls'Day« alljährlich zum Einsatz.

Die Absicht ist offenkundig: »Die Bemühungen der Bundeswehr im Rahmen des ›Girls'Day‹ oder auch von so genannten ›Schooldays‹, zu denen in der Vergangenheit prominente Personen wie Jeanette Biedermann einen Beitrag geleistet haben, zielen weniger auf Unterhaltung, sondern darauf, gut ausgebildete und motivierte Personen für die Bundeswehr zu gewinnen«, so Tanja Thomas, Professorin für Kommunikationswissenschaft und Medienkultur an der Universität Lüneburg, die sich im Rahmen des Themas »Gender und Krieg« mit dem Girls'Day befasst.[365] Die Art und Weise, wie geworben wird, ist jedoch höchst umstritten. Zwar schränkt die Bundeswehr das Alter der Teilnehmerinnen ein, lässt nach eigenen Angaben[366] nur Mädchen der 9. und 10. Jahrgangsstufe auf ihre Veranstaltungen, eigene Bundeswehr-Quellen belegen jedoch, dass viele Besucherinnen weit jünger sind. In der 9. Jahrgangsstufe müssten die Teilnehmerinnen mindestens 15 Jahre alt sein; im Mai 2006 heißt es in der wöchentlich erscheinenden Bundeswehr-Zeitung *aktuell* allerdings: »Etwa 30 Mädchen im Alter zwischen 13 und 16 Jahren sind zum Girls'Day, dem bundesweiten Mädchen-Zukunftstag, in die hessische Burgwald-Kaserne bei Frankenberg gekommen.«[367] Eine 13-Jährige kommt in dem Bericht selbst zu Wort, es geht aber noch jünger: »Action war beispielsweise bei den Spezialisierten Eingreifkräften der Marine in Eckernförde angesagt. Die elf Jahre alten Mädchen Katrin Janzen und Fenja Albrecht aus Hude setzten sich in die Pilotensitze eines Marinehubschraubers vom Typ ›Sea Lynx‹ und kamen aus dem Staunen nicht heraus: ›Das sieht alles sehr kompliziert aus mit den vielen Knöpfen im Cockpit‹, sagte Albrecht«[368], wie es in dem *aktuell*-Bericht mit der Überschrift »Überwältigende Eindrücke« vom Mai 2009 heißt. Der Untertitel – »Mädchen der Klassen 9 und 10 erhalten einen Einblick in mehrere Verbände und Dienststellen« – ist sehr verkürzt und damit irreleitend. Im Alter von elf Jahren sollten die beiden Mädchen in der 5. oder 6. Jahrgangsstufe sein. Im selben Bericht heißt es:

---

364 Girls'Day 2009 – Was erwartet die Teilnehmerinnen?, in: www.marine.de.

365 Schulze von Glaßer, Michael: »Männlich dominierter Raum«, in: junge Welt, 22.4.2010.

366 Siehe dazu u. a. Girls'Day. Mädchen-Zukunftstag 2009 bei der Bundeswehr, in: www.bundeswehr-karriere.de.

367 Lichte, Susanne: Soldat (w) gesucht, in: aktuell – Zeitung für die Bundeswehr Nr. 17/2006.

368 Überwältigende Eindrücke, in: aktuell – Zeitung für die Bundeswehr Nr. 16/2009.

»Beim Heer testeten 40 Mädchen das Leben der Fallschirmjäger der Luftlandebrigade 26 in Merzig. Nach einem kurzen Hallo um 8.00 Uhr morgens ging es direkt in die Packer-Halle. Dort zeigte ein Soldat, wie ein Fallschirm für den Sprung gepackt und vorbereitet wird. Kaum fertig, durfte die 13-jährige Lena Schmitt auf den 15 Meter langen Tisch steigen und losrennen. Den Schülerinnen wurde so gezeigt, wie sich der Schirm bei einem Sprung aus dem Rucksack fädelt. Gegen 10.00 Uhr ging es zur Ausbildung am Sprungturm.«[369]

Kritik erntet die Bundeswehr für das Verhalten beim Girls'Day nicht nur von Friedensaktivisten, sondern auch von Kinderrechtsexperten wie Ralf Willinger vom Kinderhilfswerk terre des hommes: »Aus unserer Sicht ist es fatal, wenn sich schon Kinder für das Militär begeistern«, so der Experte für Kindersoldaten.[370] Gerade die »kindliche Begeisterung für Waffen und Technik« sei eine einfache Möglichkeit, junge Menschen für das Militär zu gewinnen. Auch Girls'Day-Pressesprecherin Carmen Ruffer räumt, angesprochen auf das Alter der Mädchen auf den Bundeswehr-Veranstaltungen, ein, dass dies ein »sensibles Thema« sei.[371] »Wir unterstützen das nicht – so etwas ist nicht in unserem Sinne«, so die Pressesprecherin 2010.[372] Die Bundeswehr hätte sich gegenüber den Organisatoren des bundesweiten Aktionstags selbst verpflichtet nur ältere Mädchen bei ihren Veranstaltungen zuzulassen. Man kontrolliere zwar, was auf der Aktionslandkarte auf der Internetpräsenz des Girls'Day eingetragen werde, bei den Veranstaltungen selbst fänden aber keine Alterskontrollen statt. Wie es dennoch zur Teilnahme sehr junger Mädchen am Girls'Day habe kommen könne, vermochte sich Ruffer nicht erklären: »Vielleicht finden noch mehr Aktionen der Bundeswehr als die bei uns gemeldeten statt«, spekuliert die Sprecherin. Die innenpolitische Sprecherin der Linken-Bundestagsfraktion, Ulla Jelpke, stellte im April 2009 fest: »Die Rekrutierungsbemühungen der Bundeswehr werden offenbar immer verzweifelter.« Wer sich von der Bundeswehr am Girls'Day rekrutieren lasse, müsse »automatisch ›Ja‹ zum Töten in Afghanistan sagen. Minderjährige wissen das vielleicht noch nicht – deswegen geraten sie nun verstärkt ins Visier der Militärwerber«, so die Bundestagsabgeordnete.[373]

Die Bundeswehr hat mit dem Girls'Day schon mehrere zehntausend junge Frauen umworben und folgt damit ihrem erklärten Ziel einer Frauenquote von 15 Prozent im Truppen- und 50 Prozent im Sanitätsdienst.[374] Erst 2001 wurden alle Laufbahnen bei der Bundeswehr für Frauen geöffnet. Im März 2009 lag der Frauenanteil

369   Ebenda.
370   Schulze von Glaßer, Michael: Armee umwirbt Kinder, in: www.telepolis.de.
371   Schulze von Glaßer, Michael: Sport und Spaß bei der Bundeswehr, a.a.O..
372   Schulze von Glaßer, Michael: Mädels ins Militär, in: junge Welt, 22.4.2010.
373   Ebenda.
374   Lichte, Suanne/Müller, Andreas: Starke Truppe – Immer mehr Frauen entscheiden sich für die Bundeswehr, in: www.bundeswehr.de.

mit etwa 16.300 bei rund 8,6 Prozent. Trotz dieser Bemühungen nach Soldatinnen ist die Armee ein patriarchales System[375] – nur Ausdruck dessen ist, dass es im offiziellen Sprachgebrauch der Bundeswehr immer noch keine Soldatinnen gibt, sondern nur »Soldaten (w)«.

Öffentliche Selbstinszenierung – Militärrituale der Bundeswehr

Jedes Jahr geloben rund 70.600 junge Rekruten der Bundeswehr bei hunderten Gelöbnis-Zeremonien[376], »der Bundesrepublik Deutschland treu zu dienen und das Recht und die Freiheit des deutschen Volkes tapfer zu verteidigen«[377]. Jeder Wehrdienstleistende muss im Rahmen seiner Grundausbildung geloben, die Nation – und nicht etwa die Menschenrechte oder zumindest das deutsche Grundgesetz – kämpferisch zu verteidigen. Dies schließt auch den eigenen Tod mit ein und umfasst das Töten anderer Menschen zum Wohle der eigenen Nation. Der Ablauf der Gelöbnis-Veranstaltung ist streng formalisiert. Eine Aufzählung der Programmpunkte bietet nur eine erste Annäherung an die offenkundige Eindimensionalität der Durchführung[378]:

- Einmarsch der Ehrenformation mit den Truppenfahnen
- Meldung an den ranghöchsten anwesenden Offizier
- Abschreiten der Front durch den ranghöchsten Offizier und die jeweiligen Ehrengäste aus Politik und Gesellschaft
- Vortreten der Fahnenabordnungen
- Reden: Politiker, Gäste, oft auch hoher Militärvertreter des Standortes
- Vortreten der Rekrutenabordnung
- Feierliches Gelöbnis/gemeinsames Sprechen der Gelöbnisformel
- Nationalhymne
- Feststellung der erfolgten Durchführung
- Zurücktreten der Rekrutenabordnungen und der Truppenfahnen
- Meldung: Ende des Gelöbnisses
- Ausmarsch der Ehrenformation
- Abrücken der Rekruten

---

375 Thomas, Tanja: Dimensionen eines militärischen Gendermanagements in Medien und Alltag, in: Thomas/Virchow: Banal Militarism, a. a. O., S. 333.

376 Gelöbnisformel ohne Bedeutung?, in: Die Bundeswehr (Zeitung des deutschen Bundeswehr-Verbands), Nov. 2006.

377 § 9 Absatz 2 Soldatengesetz (SG).

378 Euskirchen, Markus: Militärrituale – Analyse und Kritik eines Herrschaftsinstruments, Köln 2005, S. 99.

Da meist gleich mehrere hundert Rekruten an einem Gelöbnis teilnehmen, wird – stellvertretend für alle – nur einigen wenigen direkt das Gelöbnis abgenommen. Militärrituale wie Gelöbnisse haben dabei einen hohen Öffentlichkeitswert, sind auf die Teilnahme der Zuschauer und auf die große, erhabene Geste angelegt, indem sie Auge und Gefühl ansprechen.[379] Einer Ausarbeitung des Wissenschaftlichen Dienstes des Deutschen Bundestages zufolge ist das Truppenzeremoniell der Gelöbnisse in der Öffentlichkeit »insbesondere von der Wehrmacht« übernommen worden.[380] Waren im Kaiserreich und in der Weimarer Republik diese Zeremonien in der Regel hinter Kasernenmauern verblieben, hätten die Nationalsozialisten diese »Zurückhaltung [...] aufgegeben« und das Zeremoniell gewissermaßen mit Pauken und Trompeten aufgewertet.[381] Allzu leicht lässt die Feierlichkeit der Zeremonie vergessen, dass anlässlich derartiger Militärrituale der Staat seinen Bürgerinnen und Bürgern als die bewaffnete Macht entgegentritt, aus der er sich ursprünglich begründet hatte.[382] Die Bevölkerung gewöhnt sich nicht nur daran, dass ihren politischen Führern das Mittel Militär zur Verfügung steht, sondern dass diese auch davon Gebrauch machen. Banalisierung mittels öffentlicher, militärischer Rituale war und ist eine dieser Legitimierungsstrategien.[383] Der Berliner Politologe Markus Euskirchen spricht in diesem Sinne von einer »Banalen Militarisierung«, die mit dem zeremoniellen Auftreten der Bundeswehr betrieben werde.[384] Zwar scheinen Militärzeremonien heute antiquiert, zutreffend ist indes:

> »Wer jedoch die Gelöbnisse als veraltet abtut, der verkennt die unterschwellig wirksamen Mechanismen der Identitätsbildung, der Stiftung eines kollektiven Unbewussten zur Verankerung einer grundsätzlichen Selbstverständlichkeit des Militärischen. Die Gelöbnisveranstaltungen offenbaren sehr deutlich ein Wechselspiel zwischen dem militärischen Symbolsystem und dem Erlebnis der Teilnehmer und Zuschauer. Die Selbstverständlichkeit der Inszenierung mit ihren Militärsymbolen produziert die Selbstverständlichkeit der gesamten Militärlogik.«[385]

Konkret leisten Gelöbnisse laut Euskirchen zwei Dinge: Erstens verankern sie mit Hilfe nationalstaatlicher Verdichtungssymbole (z. B. Fahne, Hymne, Eisernes Kreuz) das Militärische in der Gesellschaft. Zweitens führen sie die – überwiegend männn-

---

379   Euskirchen, Markus: Das Zeremoniell der Bundeswehr: Banalisierung von Staatsgewalt durch
        Militärrituale, in: Thomas/Virchow: Banal Militarism, a. a. O., S. 188.

380   Leichsenring, Dr. Jana: Militärzeremonien im öffentlichen Raum in der deutschen Geschichte.
        Deutscher Bundestag 2008. WD 1 – 3000 – 118/08.

381   Bundestags-Drucksache 16/13576.

382   Ebenda.

383   Euskirchen, Markus: Militärrituale, a. a. O., S. 189.

384   Ebenda.

385   Ebenda, S. 190.

lichen – Bürger ins Militär ein. Vor diesem Hintergrund lässt sich das Gelöbnis als militärisches Initiationsritual fassen, das zur Banalisierung des Militärischen beiträgt. Dazu dringt die Armee mit ihren Ritualen immer weiter in den öffentlichen Raum vor: 2009 fanden 148 Gelöbnisse außerhalb militärischer Liegenschaften statt.[386] Wo ein Gelöbnis stattfindet, entscheidet der Standortkommandeur: »Die Durchführung eines feierlichen Gelöbnisses außerhalb militärischer Anlagen genehmigt ein Brigade-/Regimentskommandeur in Zusammenarbeit mit den örtlichen Behörden. Dabei ist eine kommunale Gebietskörperschaft auf der Grundlage von Art. 35 Abs. 1 GG grundsätzlich zur Amtshilfe verpflichtet. Ein entsprechendes Gesuch der Bundeswehr darf nach dem Verwaltungsverfahrensgesetz des Bundes (VwVfG) nur dann abgelehnt werden, wenn die Hilfeleistung – z. B. Einsatz von starken Polizeikräften zur Gefahrenabwehr – die eigener kommunaler Aufgaben ernstlich gefährden würde.«[387] Allerdings kann auf dem informellen Dienstweg aus dem Bundesministerium der Verteidigung heraus dafür gesorgt werden, dass örtliche Standortkommandos die Möglichkeit einer Gelöbniszeremonie auf zentralen öffentlichen Plätzen ernsthaft in Betracht ziehen. Die Durchführung eines feierlichen Gelöbnisses außerhalb der Kaserne folgt dabei einer politischen Entscheidung und ist somit Ausdruck politischer Interessen. So sorgt der Bundesminister der Verteidigung seit einigen Jahren regelmäßig dafür, dass das öffentliche Gelöbnis am 20. Juli vor dem Reichstagsgebäude in Berlin stattfindet. Eine Regierungsantwort auf die Frage, wie der Prozess und das Genehmigungsverfahren für das Berliner Gelöbnis am 20. Juli 2009 abliefen, lautete wie folgt:

»Mit Schreiben vom 22. September 2008 hat der Bundesminister der Verteidigung u. a. den Regierenden Bürgermeister von Berlin um Unterstützung der Absicht der Bundesregierung gebeten, das Feierliche Gelöbnis im Jahr 2009 auf dem Platz der Republik durchzuführen. Der Regierende Bürgermeister von Berlin teilte mit Schreiben vom 21. Oktober 2008 mit, die Senatsverwaltung für Stadtentwicklung sowie den Bezirk Mitte informiert und um Unterstützung gebeten zu haben. Mit Schreiben vom 25. März 2009 an das Bezirksamt Mitte von Berlin hat der Leiter des Protokolls im Bundesministerium der Verteidigung die erforderliche Erlaubnis beantragt. Diese wurde am 6. Mai 2009 in Form einer Ausnahmegenehmigung zur Nutzung einer Grünanlage gemäß § 6 Absatz 5 des Grünanlagengesetzes von der nach diesem Gesetz zuständigen Behörde erteilt. Darüber hinaus fanden bislang am 19. März sowie am 27. April 2009 Koordinierungsbesprechungen unter Teilnahme der Senatsverwaltung für Inneres und Sport, der Berliner Polizei, der Berliner Feuerwehr sowie der Bundestagsverwaltung statt.«[388]

Dass Gelöbnisse zur Legitimierung deutscher Kriegspolitik durchgeführt werden, liest sich vor allem in den Reden, die bei jedem dieser Ereignisse von Vertretern aus

---

386 Bundestags-Drucksache 16/12038.
387 Flink, T.: Notwendiger Rückhalt. Eid und feierliches Gelöbnis, in: Information für die Truppe, Nr. 3/1998; zitiert nach: Euskirchen, Markus: Militärrituale, a. a. O.
388 Bundestags-Drucksache 16/13576.

Politik, Kirche, Vereinen oder Militär gehalten werden. Beate Binder, Ethnologin an der Humboldt-Universität zu Berlin, macht in diesem Zusammenhang darauf aufmerksam, dass immer festgelegt wird, wer reden darf und wie die Reden zu interpretieren sind.[389] Das Militärritual schaffe nur den Rahmen, »um bestimmte politische Statements loszulassen.«[390] Zum einen werden in den Reden aktuelle Geschehnisse aufgegriffen – Bundeskanzlerin Angela Merkel warb in ihrer Rede während des Berliner Gelöbnisses am 20. Juli 2009 vor dem Reichstag für eine Fortführung der Wehrpflicht[391] –, zum anderen wird besonders beim alljährlichen Gelöbnis in Berlin gezielt versucht, die Geschichte umzudeuten. Das Gelöbnis findet immer am 20. Juli statt, dem Tag des 1944 gescheiterten Hitler-Attentats des Kreises um Wehrmachtsoffizier Claus Schenk Graf von Stauffenberg. Damit will sich die Bundeswehr in die Traditionslinie des so genannten deutschen Widerstands stellen: »Wir bekennen uns öffentlich zu der Tradition des militärischen Widerstandes, einer Tradition, auf die wir zu Recht stolz sein können. [...] Damals wurde der Grundstein gelegt für eine Bundeswehr, die auch heute für Frieden, Recht und Freiheit steht: Sie ist eine Armee in der Demokratie in einem Bündnis von Demokratien. Sie begreift die tapferen Männer und Frauen des militärischen Widerstands als unsere Vorbilder.«[392], so der damalige Verteidigungsminister Franz Josef Jung in seiner Rede zum Berliner Gelöbnis 2009. Dabei verkannte er – wie auch alle anderen, die diese Traditionslinie für die Bundeswehr begründen wollen –, dass Stauffenberg keineswegs ein Demokrat war, im Verschwörerkreis auch Antisemiten und Kriegsverbrecher waren und die Tat dazu dienen sollte, den absehbar verloren gehenden Krieg doch noch zu gewinnen, zumindest aber die eroberten Gebiete zu sichern. An dieser Umdeutung der Geschichte – die Hitler-Attentäter als demokratische und freiheitliche Vorbilder darzustellen – versucht sich die Bundeswehr schon lange. Ebenso wie an der Relativierung der Wehrmacht – in dem Ort Augustdorf zwischen Bielefeld und Paderborn beispielsweise ist eine der größten Bundeswehr-Kasernen noch immer nach Erwin Rommel, einem Generalfeldmarschall der Wehrmacht und Verantwortlichen des so genannten Afrikafeldzuges, benannt.

Das Gelöbnis in der Hauptstadt ist heute das bedeutendste für die Bundeswehr, das zeigt neben den prominenten Gästen auch die mediale Präsenz: Neben Berichten in beinahe jeder Tageszeitung gibt es seit einigen Jahren eine Live-Übertragung des Gelöbnisses vor dem deutschen Bundestag durch den staatlichen Fernsehsen-

389 Euskirchen, Markus: Militärrituale, a. a. O., S. 101.

390 Ebenda.

391 Merkel, Angela: Rede zum feierlichen Gelöbnis der Bundeswehr, gehalten am 20. Juli 2009 auf dem Platz der Republik vor dem Reichstagsgebäude; vgl. www.bundesregierung.de.

392 Rede von Minister Franz Josef, vgl. www.bmvg.de.

der Phoenix. Dabei wird das Militärritual ähnlich einem Fußballspiel von einem Moderator oder einer Moderatorin und einem weiteren Experten – einem hochrangigen Bundeswehr-Soldaten – begleitet und für den Zuschauer medial aufbereitet und gedeutet. 2009 stand Oberstleutnant Peter Altmannsperger, Pressesprecher des Standortkommandos Berlin, einer Phoenix-Moderatorin über eine Stunde lang Rede und Antwort – ein Auszug aus dem Gespräch:

Moderatorin: Die Bundeskanzlerin und der Verteidigungsminister: ihnen gegenüber wird ja gleich das Gelöbnis abgelegt. Das zeigt ganz deutlich und klar, dass auch die obersten Repräsentanten des Staates also auch hier sind. Wie wichtig ist das, dass es eben so öffentlich ist und dass die Bundeskanzlerin da ist und der Verteidigungsminister?

Oberstleutnant Altmannsperger: Beim Gelöbnis bekennen sich die Soldaten öffentlich zu den Werten unseres Grundgesetzes und das ist das ganz Entscheidende: Es muss öffentlich sein und es gehört auch hier [vor den Reichstag] hin. Das ist eine Gelegenheit, die etwas Besonderes ist […,] es ist bewegend und es ist für die jungen Rekruten – die erst drei Wochen Soldat sind – etwas ganz besonderes, wenn die Bundeskanzlerin zu ihnen spricht, das hat man nicht jeden Tag.

Moderatorin: Gleich wird die Bundeskanzlerin hier eine Rede halten und auch der Bundesminister der Verteidigung. Nun sagt man ja, in jeder Uniform steckt ein Mensch – wie ist das denn für sie persönlich, sie sagen es ist ein besonderer Tag, was macht das aus?

Oberstleutnant Altmannsperger: Ich bin seit 31 Jahren Soldat. Ich habe keinen Tag davon bereut – jeder Beruf hat Höhen und Tiefen, wo man sagt ›Oh Gott, jetzt wird es ein bisschen viel‹ – aber im Grunde war es die richtige Entscheidung – weil es eine besondere Aufgabe ist zu dienen. Das ist ein Begriff, der ein bisschen aus der Mode gekommen ist. Das ist schade, denn wir erleben ja heute hier genau das Gegenteil. Die Aufstellung derer, die sagen ›Jawohl, ja klar, ich möchte dienen für diese Gesellschaft, auch wenn das schwierig ist manchmal, auch wenn das anstrengend ist‹. Und das ist gut, dass wir heute hier eine Aufstellung von denen erleben, die nicht sagen ›ich bin gegen das Gelöbnis‹, sondern sagen wofür. Und das finde ich die gute Botschaft des Tages.

Moderatorin [nach Ablegen des Gelöbnisses durch Soldaten vor dem Reichstags-Gebäude]: Damit sind wir auch fast am Ende dieses feierlichen Gelöbnisses. Es hat keine Störungen gegeben, es gab wenige Demonstranten am frühen Nachmittag am Potsdamer Platz. Trotzdem müssen wir vielleicht noch mal kurz darauf zu sprechen kommen, Herr Altmannsperger: Es gibt zum Beispiel am Afghanistan-Einsatz Kritik und viele Bürger wünschen sich, dass die Bundeswehr vielleicht diesen Einsatz auch beendet. Ist das ein Punkt, mit dem man sich auch an einem Tag wie heute auseinandersetzen sollte? Oder muss man dann sagen, dass es heute nicht dazu gehört?

Oberstleutnant Altmannsperger: Ich denke, es sind natürlich Bilder, die man im Hinterkopf hat. Wenn man die Soldaten sieht, dann wissen wir natürlich: wir stehen da in schwieriger Verantwortung am Hindukusch. […] Leicht ist das nicht, aber die Verhältnisse dort zu stabilisieren erfordert eben – die Bundeskanzlerin hat es eben in ihrer Ansprache auch erwähnt – einen vernetzten Ansatz. Da ist die Bundeswehr ein Teil der ganzen Bemühungen, die Verhältnisse stabil hinzukommen und da wird man ohne die Bundeswehr nicht auskommen.

Moderatorin: Trotzdem, was macht das aus, dass die Bürger nicht alle dahinter stehen – das Parlament was anderes entscheidet als über 50 Prozent der Bürger…

Oberstleutnant Altmannsperger: Auch das hat die Bundeskanzlerin erwähnt. Das ist auch der Eigenverantwortung des Bürgers geschuldet, in der Öffentlichkeit, die sich idealerweise um diese Frage auch kümmern sollte. Also uns Soldaten kann eigentlich nichts Schlimmeres passieren, als wenn das Thema Sicherheitspolitik, die Verteidigung, weit von zu Hause weg ist, völlig ignoriert wird. Wenn die Leute sagen ›damit wollen wir nichts zu tun haben und das sollen die mal irgendwie machen‹.

Moderatorin: Wenn sie nun gerade hier vor dem Parlament stehen: Was wünschen sie sich und auch ihren Soldaten vom Parlament?

Oberstleutnant Altmannsperger: Ja, also den Auftrag erhalten wir ja vom Parlament – von den Abgeordneten des Bundestages – und da ist das ja auch in aller Klarheit dargelegt. Aber wovon wir zehren, was uns sozusagen Rückhalt und auch Kraft gibt, das ist die innere Überzeugung, die wir brauchen, um zu erkennen welche Werte wir verteidigen, weswegen wir treu dienen und was wir tapfer verteidigen. Darüber muss man sich Gedanken machen und wir wünschen den Dialog darüber.[393]

Die Live-Übertragung der Militärzeremonie im Fernsehen dauerte insgesamt über eine Stunde. Neben den Themen im Gesprächsauszug ging es noch um Militärmusik – der Oberstleutnant erklärte den Zuschauern daheim die verschiedenen Märsche und ihre Entstehung – und um die Öffentlichkeit des Ereignisses. Auch 2010 gab es auf Phoenix eine Live-Übertragung des Spektakels. Vorab zeigte der öffentlich-rechtliche Sender unter der Überschrift »Die Idee vom ›Staatsbürger in Uniform‹ – Lehren aus dem 20. Juli 1944« eine Rede des Verteidigungsministers zu Guttenberg auf einer Veranstaltung der Konrad-Adenauer-Stiftung. Wie im Vorjahr stand dem – diesmal männlichen – Phoenix-Moderator ein Militär gegenüber.[394] Oberstleutnant Ziesak erklärte den Zuschauern während des Spektakels beispielsweise, was eine Ehrenformation ist, und gab Hintergründe zu den von einem Militärmusikkorps gespielten Musikstücken. Die Zeremonie wurde wie im Vorjahr in voller Länge gezeigt. Dabei durften Panorama-Filmaufnahmen der Soldaten vor dem Reichstag nicht fehlen – es soll ja die Bundeswehr als Armee des Volkes präsentiert werden. Gerade dieser Anspruch auf Öffentlichkeit, der seitens der Bundeswehr formuliert wird, ist in diesem Zusammenhang mehr als fragwürdig: Dass bei Gelöbnissen innerhalb von Kasernen nur eine äußerst geringe Form von Öffentlichkeit hergestellt wird, ist offensichtlich.[395]

---

393 Das Gespräch zwischen der Phoenix-Moderatorin und Oberstleutnant Peter Altmannsperger, Pressesprecher Standortkommando Berlin, fand am 20. Juli 2009 von etwa 19.15 Uhr bis 21 Uhr auf dem Platz der Republik vor dem Reichstagsgebäude in Berlin statt und wurde live beim staatlichen Fernsehsender Phoenix übertragen.

394 Schulze von Glaßer, Michael: Öffentliche Selbstinszenierung, in: www.imi-online.de, 22.7.2010.

395 Euskirchen, Markus: Militärrituale, a. a. O., S. 104.

Doch auch im Hinblick auf die Gelöbnisse im öffentlichen Raum – wie das in Berlin – ist die Verwendung des Begriffs »Öffentlichkeit« zu kritisieren. So waren etwa bei den dreizehn so genannten öffentlichen Gelöbnissen der Bundeswehr in Berlin seit 1996 zentrale Grundvoraussetzungen von Öffentlichkeit nicht erfüllt – sie sind vielmehr bewusst verhindert worden. Mit großem Polizeiaufwand wurde jeweils die gesamte Umgebung weiträumig abgesperrt. Nach spektakulären Protesten gegen das Gelöbnis 1999 wurden die Besucher und Teilnehmer 2000 per Bustransfer aus der Kaserne in einen anderen Stadtteil zum Veranstaltungsort gebracht, der von Polizei bzw. Bundespolizei und Feldjägern hermetisch abgeriegelt war.

Laut Bundesverwaltungsgericht muss die Bundeswehr, »wenn sie sich bewusst nicht auf ein Kasernengelände beschränkt, sondern in die Öffentlichkeit und den dort geführten Meinungskampf begibt, kritische Äußerungen der Zuschauer so lange ertragen, wie hierdurch nicht der Ablauf der Veranstaltung konkret beeinträchtigt wird. Dies gilt selbst dann, wenn die Würde der Veranstaltung Schaden nimmt.«[396] Dessen ungeachtet wurde nicht nur die militärkritische Öffentlichkeit ihres Demonstrationsrechtes, sondern wurden auch interessierte Bürger, Anwohner, Geschäftsleute sowie zufällige Passanten und der Durchgangsverkehr ihrer Bewegungsfreiheit beraubt.[397] Öffentlichkeit bestand unter diesen Umständen zu keinem Zeitpunkt. Eine vermeintlich breite Öffentlichkeit wurde allenfalls über den medialen Filter der Fernsehübertragung hergestellt: über einen dirigiertern und kommentierten Aus- und Zusammenschnitt des Militärzeremoniells. Eben jene Kontrolle einer persönlich teilnehmenden, erfahrenden, begreifenden, ihre Perspektive frei wählenden und ihre Erfahrungen kommunizierenden, »freien« und damit demokratischen Öffentlichkeit fehlte.[398] Damit konnte auch keine Kontrolle im Sinne der von der Bundeswehr behaupteten öffentlichen Kontrollfunktion stattfinden. Euskirchen kritisiert, dass »[s]tatt dessen […] die Persönlichkeiten der ›gefälligen‹, gewissermaßen politisch-korrekten Öffentlichkeit gezielt namentlich eingeladen« wurden.[399]

Nicht nur beim großen Gelöbnis in Berlin verbarrikadiert sich die Armee. Am 29. Mai 2009 legten in der westfälischen Stadt Rheine etwa 350 Rekruten auf einem zentralen Platz in der Innenstadt ihr Gelöbnis ab.[400] Anlass gab das 50-jährige Standortjubiläum der in Rheine stationierten – und in Afghanistan stark zum Einsatz kommenden – Heeresflieger. Eine angekündigte Demonstration von Friedensaktivisten unter dem Motto »Gelöbnix – Gegen Militärspektakel und Auslandseinsätze« sorgte

---

396 BVerwGE 84, 247-257 zitiert nach: Euskirchen, Markus: Militärrituale, a.a.O.

397 Euskirchen, Markus: Militärrituale, a.a.O., S. 105.

398 Ebenda.

399 Ebenda.

400 Ophaus, Benedikt: Bundeswehr will Bürgernähe demonstrieren, www.muensterschezeitung.de.

schon im Vorfeld für viel Aufregung in der Stadt. Am Tag des Gelöbnisses riegelte die Bundeswehr gemeinsam mit der Polizei die halbe Innenstadt ab – hinter den Absperrgittern standen Feldjäger der Armee, davor die Polizei. Zum Eklat kam es, als Journalisten, die den friedlichen Demonstrationszug von rund 150 Leuten begleiteten, trotz Presseausweises nicht in den abgesperrten Bereich gelassen wurden. Auch ein Gespräch mit dem zuständigen Pressesprecher der Bundeswehr wurde den kritischen Journalisten versagt. Ein Fotograf wurde mit der Begründung, im Kontakt zu Antimilitaristen zu stehen, abgewiesen. Ein anderer wurde von Feldjägern zu Boden gerissen nachdem er sich einige Schritte weit in das abgesperrte Areal bewegt hatte. Mit diesem Verhalten betreibt die Bundeswehr Zensur von der Wurzel an – wie soll es zu einer öffentlichen Diskussion bzw. einer Kontrollfunktion kommen, wenn mutmaßlich kritische Berichterstatter von Militärzeremonien ausgeschlossen werden?

Der Große Zapfenstreich ist ein weiteres Militärritual der Bundeswehr, das 2009 zwölf Mal zelebriert wurde.[401] Wie in kaum einem anderen Zeremoniell der Bundeswehr werden hier die unterschiedlichen Elemente des Militärzeremoniells zusammengeführt und mit einer geradezu sakralen Ästhetik öffentlichkeitswirksam inszeniert.[402] Im Gegensatz zum Gelöbnis junger Rekruten gibt es beim Großen Zapfenstreich keinen festen Anlass: Mal marschiert das Militär zur Verabschiedung eines Bundespräsidenten, mal zum Jahrestag eines Bataillons[403] oder zur Außerdienststellung einer Einheit[404]. Auch zur 800-Jahr-Feier der Stadt Dresden marschierte die Bundeswehr auf. Einer der Aufsehen erregendsten Zapfenstreiche fand Ende Oktober 2005 zum 50-jährigen Bestehen der Bundeswehr statt. 300 Soldaten des Wachbataillons marschierten unter Begleitung zweier Militärmusikkorps nachts mit Fackeln vor dem Berliner Reichstag auf. 4.000 Gäste, darunter der Verteidigungsminister, der Generalinspekteur, der Bundespräsident, der Bundestagspräsident, der Bundesratspräsident sowie der damalige NATO-Generalsekretär Jaap de Hoop Scheffer, wohnten der Inszenierung bei.

Die Tradition des Großen Zapfenstreichs reicht bis ins 19. Jahrhundert zurück. Am 12. Mai 1838 erklang unter Mitwirkung von 1.200 Soldaten als Abschluss eines Großkonzertes zu Ehren des russischen Zaren in Berlin zum ersten Mal der Große Zapfenstreich[405] – die Ursprünge des Ereignisses reichen sogar bis ins Jahr 1726[406]. Der militärtraditionell überlieferten Legende gemäß verbrachten die frühneuzeit-

---

401   Bundestags-Drucksache 16/12038.
402   Euskirchen, Markus: Militärrituale, a. a. O., S. 135.
403   Beeindruckende Kulisse, in: aktuell – Zeitung für die Bundeswehr Nr. 38/2003.
404   Vor Schloss Wilhelmsthal, in: aktuell – Zeitung für die Bundeswehr Nr. 26/2002.
405   Locken – Zapfenstreich – Gebet, in: Der Große Zapfenstreich, Broschüre des BMVg, 2004.
406   Euskirchen, Markus: Militärrituale, a. a. O., S. 135.

lichen Landsknechte ihre Abende in Schänken oder in Marketenderzelten. Dann wurde zu einer bestimmten Zeit die Nachtordnung des Lagers hergestellt. Hierfür zogen die »Tambours« zusammen mit dem »Spil«, bestehend aus Pfeifern und Trommlern, an den Ausschankstellen vorbei und markierten mit einem Stockschlag auf den Zapfen des Fasses das verbindliche Ende des Abends. Versuche, den »Zapfenstreich« genannten musikalischen Befehl zu unterlaufen, wurden – wie jede Befehlsverweigerung – streng bestraft. Seine Grundstruktur bekam der Zapfenstreich 1838 von Friedrich Wilhelm II. und die Struktur von »Locken – Zapfenstreich – Gebet« wurde von Wilhelm Wieprecht, dem Direktor sämtlicher Musikkorps des Preußischen Gardekorps, zusammengestellt und gilt bis heute. Wie das Zeremoniell genau abläuft, beschreibt das deutsche Verteidigungsministerium in einer Broschüre von 2004: »Der Große Zapfenstreich wird von einem Spielmannszug und einem Musikkorps gemeinsam ausgeführt, die von zwei Zügen unter Gewehr und von Fackelträgern begleitet werden. Führer des Großen Zapfenstreiches ist ein Truppenoffizier, der mindestens im Range eines Stabsoffiziers steht und die für den Großen Zapfenstreich angeordneten Kommandos gibt. Die musikalische Leitung obliegt dem Chef des Musikkorps. Der Große Zapfenstreich marschiert unter den Klängen des ›Yorckschen Marsches‹ auf. Nach dem Einnehmen und Ausrichten der Formation folgt die Meldung an die zu ehrende Persönlichkeit [oder Gruppe, etc.]. Daran schließt sich eine Serenade an, die üblicherweise aus drei Musikstücken besteht. Anschließend lässt der Führer des Großen Zapfenstreiches die Formation stillstehen. Es folgt der Große Zapfenstreich in der oben dargestellten Spielfolge. Beim anschließenden Gebet wird der Helm auf Kommando abgenommen. Nach der Nationalhymne erfolgt dann die Abmeldung des Großen Zapfenstreiches, der dann unter den Klängen des ›Zapfenstreichmarsches‹ ausmarschiert.«[407] Wie schon das Gelöbnis erfüllt auch der Zapfenstreich für die Bundeswehr eine wichtige Funktion nach innen, aber auch nach außen. Öffentlichkeit entsteht aber auch bei dieser Art von Zeremonie nicht immer.

Beim Großen Zapfenstreich zum 50-jährigen Bestehen der Bundeswehr auf dem Platz der Republik demonstrierten 1.500 Friedensbewegte gegen das Ereignis.[408] Während eines Zapfenstreiches in Dresden kam es aus den Reihen der Besucher immer wieder zu Störungen des Militärrituals – dabei sollen nicht nur Antimilitaristen, sondern spontan auch viele Bürger Dresdens gegen die Bundeswehr protestiert haben.[409] Angekündigte Proteste führen dabei – wie beim Gelöbnis – zu einer

---

407 Das Zeremoniell des Großen Zapfenstreiches, in: Der Große Zapfenstreich, a. a. O..

408 Buse Dietmar: Dank der Parlamentsarmee, in: aktuell – Zeitung für die Bundeswehr Nr. 43/2005.

409 Bernhardt, Markus: Lautstark gegen Zapfenstreich, in: junge Welt vom 14.10.2006

Verbarrikadierung der Veranstaltung durch Armee und Polizei. Für einen Großen Zapfenstreich, der am 9. Oktober 2009 in Haltern, im nördlichen Ruhrgebiet, auf dem zentralen Marktplatz stattfand, kündigte die Bundeswehr schon weit im Voraus an, den Staatsschutz und den Militärischen Abschirmdienst, den Geheimdienst des deutschen Militärs, in die Planungen einzubeziehen.[410] Die Bundeswehr-Veranstalter räumten aber selbst ein, dass im Vorfeld keine Proteste angemeldet worden waren und eigentlich keine Opposition zur Veranstaltung bekannt gewesen sei. Erst nach dieser Mitteilung der Bundeswehr organisierte sich Protest, der zu einer kleinen Demonstration mit rund 60 Leuten führte – die Armee verbarrikadierte sich abermals mit Hilfe der Polizei.

Zu den Gelöbnissen und Großen Zapfenstreichen kommen noch 46 andere Militärzeremonien wie beispielsweise Kranzniederlegungen.[411] Nicht mitgezählt sind Auftritte des Wachbataillons der Bundeswehr zum Beispiel bei Staatsempfängen. Diese finden meist hinter verschlossenen Toren – vor allem denen des Kanzleramts – statt und erwirken in der Öffentlichkeit nur wenig Aufsehen. Dennoch tragen auch die militärischen Empfänge von Gästen zu einer banalen Militarisierung bei. »Die Bundeswehr mit demokratischem Anspruch steht im Vordergrund der bundesrepublikanischen Selbstwahrnehmung. Die militarisierende Wirkung in der umgekehrten Richtung wird fast durchweg übersehen oder unterschlagen«, hält Markus Euskirchen fest[412]. Indem die militarisierende Wirkung jedes in einer zivilen Gesellschaft öffentlich oder verdeckt operierenden Militärapparats verschleiert, gar geleugnet wird, indem ausdrücklich nur die vermeintlich zivilisierende Wirkung der »Integration der Bundeswehr in die Gesellschaft« hervorgehoben wird, wird die Existenz von Militär insgesamt legitimiert – bei den Gelöbnissen mit symbolischen Mitteln: denen der kulturellen Gewalt[413].

---

410   Wiethoff, Silvia: Großer Zapfenstreich mit Heeresfliegern in Haltern geplant, in: Halterner Zeitung (www.halternerzeitung.de), 23.9.2009.

411   Bundestags-Drucksache 16/12038.

412   Euskirchen, Markus: Militärrituale, a. a. O., S. 110. – Zum demokratischen Anspruch der Bundeswehr führt Euskirchen in einer Fußnote zu dieser Passage aus: »Das formale Recht, einen Befehl verweigern zu können und zu müssen, sobald dieser gesetzes- oder völkerrechtswidrig ist, stellt tatsächlich einen formal-demokratischen Fortschritt im historischen Vergleich [...] dar. In der Praxis kommt dieses Recht allerdings kaum zum Tragen, da der Untergebene schon von seiner Informationssituation her nicht in die Lage versetzt wird, seine Rechte wahrzunehmen und dem militärischen Führer daher ›vertraut‹.« (Ebenda, Fn. 143, S. 223.)

413   Ebenda. – Zur kritischen Auseinandersetzung mit den Militärritualen der Bundeswehr vgl. neben dem angeführten Werk Euskirchen außerdem: Lebuhn, Henrik/Euskirchen, Markus: »Tapfer zu verteidigen« – Das öffentliche Rekrutengelöbnis der neuen Bundeswehr. Eine Militärkritik, Saarbrücken 2008. Weitere wertvolle Informationen finden sich auf der Website Markus Euskirchens: www.euse.de/milrit.

Bratwurst und Bundeswehr – Tag der offenen (Kasernen-)Tür

Wenn die Bundeswehr ruft, bleibt ein Besucheransturm nicht aus: Beim 50. Geburtstag der Luftwaffe im Fliegerhorst Rostock-Laage des Jagdgeschwaders 73 waren 2006 etwa 130.000 Besucher zugegen;[414] rund 30.000 Menschen kamen im August 2008 zum »Tag der offenen Tür« in die Georg-Friedrich-Kaserne zum Kampfhubschrauberregiment 36 ins hessische Fritzlar; in die Generalfeldmarschall-Rommel-Kaserne im ostwestfälischen Augustdorf setzten im Mai 2009 über 30.000 Zivilisten ihren Fuß, um die Panzerbrigade 21 zu sehen[415]; der Berliner Bendlerblock – der zweite Sitz des deutschen Verteidigungsministeriums – lädt, wie alle Bundesministerien, jährlich zu einem Tag der offenen Tür ein und konnte in den vergangenen Jahren immer zwischen 8.000 und 18.000 Besucher verzeichnen. Auch kleinere Einheiten organisieren nicht selten einen »Tag der offenen Tür« in der lokalen Kaserne, um sich der Öffentlichkeit zu präsentieren.

Welchen Stellenwert diese Form der Selbstdarstellung hat, zeigt der betriebene Aufwand. Es wird nicht einfach nur das Kasernen-Tor geöffnet, sondern auch ein umfangreiches Programm geboten. Beispielhaft soll hier der »Augustdorfer Soldatentag« vom 16. Mai 2009 erläutert werden, den ich für meine Recherche besuchte: die Generalfeldmarschall-Rommel-Kaserne – benannt nach einem hochrangigen Wehrmachtssoldaten – ist die nach Anzahl der stationierten Soldaten größte Kaserne Deutschlands und an den sehr großen und international genutzten Truppenübungsplatz Senne angeschlossen. »Seit vielen Jahrzehnten ist es Tradition«, heißt es auf einer Website der Bundeswehr, »dass sich in der Garnisonsgemeinde Augustdorf die Tore der Generalfeldmarschall-Rommel-Kaserne für die Bevölkerung öffnen.«[416] Beworben wurde der zuletzt jährlich stattfindende »Augustdorfer Soldatentag« über das Internet auf den Bundeswehr-Websites, aber auch über die regionalen Medien, die vorab darüber berichteten und der Armee so eine sehr gute Werbeplattform boten. Nicht zu unterschätzen ist auch die Werbewirkung durch Bundeswehrangehörige, die beispielsweise ihren Familien- und Freundeskreis über die Veranstaltung informieren. Die Kaserne selbst befindet sich am Rand der 9.500-Einwohner-Gemeinde Augustdorf. Die meisten Besucher der Veranstaltung reisten mit dem Auto an, geparkt wurde am Rande der Panzerstraßen, auf umliegenden Wiesen und in stillgelegten Munitionsdepots. Mit Bundeswehr-Bussen gelangten die Besucher zum südlichen Eingang der Kaserne. Um in die Kaserne zu kommen, mussten die Gäs-

---

414   Briedigkeit, Jörg: 130.000 Geburtstagsgäste, in: aktuell – Zeitung für die Bundeswehr – Nr. 4/2006.

415   Hagedorn, Udo: Augustdorfer Soldatentag zog über 30.000 Besucher an: www.deutschesheer.de.

416   www.deutschesheer.de.

te ein Spalier von Panzern – zwei Schützenpanzer »Marder«, zwei Kampfpanzer »Leopard 2«, zwei »Panzerhaubitze 2000« – durchschreiten. Die Kanonenrohre der Haubitzen ragten in die Höhe, dazwischen prangte ein Transparent: »Herzlich Willkommen zum Augustdorfer Soldatentag«. Einige Schritte weiter warteten in einem zu durchschreitenden Zelt junge Soldaten und vergaben Programm- und Orientierungspläne sowie Ohrstöpsel – warum, würde sich noch zeigen. Andere Soldaten verkauften Broschüren und standen für Fragen bereit. Auf dem Militärareal warteten dann zahlreiche begehbare Waffensysteme. Informationstafeln gaben die technischen Daten der Panzer und Lastkraftwagen preis und Soldaten halfen den Besuchern beim Einstieg. Auch die britischen Streitkräfte stellten ihren Schützenpanzer »Warrior« und eine Panzerhaubitze aus. Gleich neben den Panzern fanden sich Getränkestände sowie Pommes- und Bratwurstbuden. Das Volksfest-Ambiente wurde durch eine Kinderhüpfburg komplettiert. Auch die klassisch militärische Gulaschkanone fehlte nicht. Auf dem ganzen weiträumigen Gelände war überall dasselbe Bild zu sehen: militärisches Großgerät und Jahrmarktstände. Zu den Ausstellungsstücken kam noch ein umfangreiches Programm[417]:

Das Heeresmusikkorps 1 gab ein einstündiges Platzkonzert, das Panzergrenadierbataillon 212 zeigte an einem Informationsstand die Handfeuerwaffen der Einheit und (in einer »Crowd Riot Control«-Vorführung) das Beherrschen von Menschenmassen, die Reservistenkameradschaft Nienburg stellte ferngesteuerte Panzermodelle aus, die Heeresinstandsetzungslogistik präsentierte einen Triebwerkwechsel bei einem Panzer, die Panzeraufklärungskompanie 210 führte in einer Modenschau Militärbekleidung vom Kaiserreich bis zum Soldaten der Zukunft vor und das Feldjägerbataillon 252 zeigte eine Diensthunde-Vorführung. Ein weiterer Programmhöhepunkt war die »Dynamische Waffenschau«, in der die Panzerbrigade 21 ihr militärisches Großgerät vorstellte. Nun kamen auch die vorher verteilten Ohrstöpsel zum Einsatz: ein Truppentransportpanzer »Fuchs« feuerte hunderte Schuss Übungsmunition ab, ein Kampfpanzer »Leopard 2« gar eine Übungsgranate, die den Boden beben und die Zuschauer zusammenzucken ließ. Bei der Waffenschau wurden zunächst alle Fahrzeuge auf einem großen Platz vorgeführt, die Zuschauer standen hinter Absperrgittern oder saßen auf einer überdachten Tribüne. Ein Sprecher erläuterte die technischen Details der Vehikel und erklärte die durchgespielten Szenarien. So hatte ein Kampfpanzer ein defektes Triebwerk, das noch während der Waffenschau von einem Bergepanzer gewechselt wurde, ein Brückenbaupanzer legte seine Brücke aus und Soldaten zeigten, wie Munition in eine Panzerhaubitze verladen wird. Makaberen Humor bewies die Bundeswehr während der Vorführung mit der »Panzerhaubitze

---

417   Broschüre zum Augustdorfer Soldatentag 2009.

Leopard 2-Panzer während der »Dynamischen Waffenschau« beim Augustdorfer-Soldatentag, 16. Mai 2009.

2000«. Das Kanonenrohr Richtung Himmel ausgerichtet, stimmte der Moderator einen Countdown an und bat zuvor die Zuschauer, sich die Ohren zuzuhalten. Voller Erwartungen auf den lauten Knall der Übungsmunition ragte nach dem Herunterzählen jedoch nur ein Stofffetzen mit der Aufschrift »PENG« aus dem Kanonenrohr – in Afghanistan wird die Panzerhaubitze aus deutscher Produktion von der niederländischen Armee eingesetzt und kam dort auch schon bei Kampfhandlungen zum Einsatz. Bei den Zuschauern des Spektakels sorgte die Einlage für lächelnde Gesichter. Das mag vor allem an der pro-militaristischen Grundstimmung unter den Besuchern des Soldatentags gelegen haben, von denen augenscheinlich viele Angehörige von in der Generalfeldmarschall-Rommel-Kaserne stationierten Soldaten waren. Das Ziel der Öffentlichkeitsarbeit der Bundeswehr – wie sie auch durch solche Tage der offenen Tür betrieben wird –, positive Identifikationsanlässe zu schaffen, lassen den Zweck des Militärs weitgehend unberücksichtigt und schaffen so eine Parallele zu den Zielen der militärischen Sozialisation, die den Ernstfall vergessen lassen. Der eigentliche militärische Zweck wird nicht transparent, sodass es nicht verwundert, dass von Krieg nie die Rede ist – auch nicht bei der Waffenschau.[418]

Nicht nur bei der Waffenvorführung war der Umgang mit todbringendem Militärgerät während des Augustdorfer Soldatentages 2009 skandalös. Auch der

---

418 Schäfer, Jürgen: Öffentlichkeitsarbeit der Bundeswehr – Zur Selbstdarstellung einer totalen Institution, Norderstedt 2001, S. 34.

Umgang mit jungen Besuchern – mit Jugendlichen und Kindern – muss kritisiert werden. So hatten die Veranstalter selbst Zettel an einige ausgestellte Panzer geklebt: »Panzerbrigade 21 ›LIPPERLAND‹ – Sicherheitshinweis – Der Zugang zu diesen Waffen/Waffensystemen ist für Kinder und Jugendliche bis zum vollendeten 18. Lebensjahr gesetzlich verboten. Diese Waffen/Waffensysteme dienen der äußeren Sicherheit und der Sicherung des Friedens, sie sind kein Spielzeug! Liebe Eltern, erklären Sie dieses bitte auch Ihren Kindern. Vielen Dank für Ihr Verständnis.« Die eigens angebrachten Schilder hinderten die Soldaten von der austragenden Brigade jedoch nicht, weiterhin Kindern beim Einstieg in eben diese Panzer zu helfen. Ein paradoxes Verhalten, gegen das bisher nichts unternommen wurde. Auch nicht von den beim Soldatentag wie bei allen Tagen der offenen Tür des Militärs allgegenwärtigen Ordnungshütern des Militärs: den Feldjägern.

Der Soldatentag hat aber nicht nur die Funktion, die Bundeswehr in der Öffentlichkeit positiv zu präsentieren. Auch Nachwuchsarbeit wurde betrieben – nicht nur durch die für viele junge Menschen faszinierende Militärtechnik. Auf einem zentralen Platz in der Kaserne wartete der »KarriereTreff« der Bundeswehr auf die Jugendlichen; dort wurden auch Wehrdienstberatungen durchgeführt. Auch die Kletterwand »TopFit« und der Bundeswehr-Flugsimulator waren im Einsatz. Über einen weiteren Aspekt des Tages heißt es auf der Website deutscheshesheer.de: »Auch die zivil-militärische Zusammenarbeit mit der Feuerwehr, dem Technischen Hilfswerk und dem Rettungswesen stand auf dem Tagesprogramm.«[419] Ebenfalls wurde die Zusammenarbeit zwischen den einzelnen Bundeswehr-Einheiten erprobt. So flogen die Hubschrauberregimenter aus Fritzlar und dem westfälischen Rheine ihre militärischen Fluggeräte in die Kaserne, um sie dort auszustellen. Besucher konnten auch hier Platz nehmen und sich die Technik von den Piloten erklären lassen.

Etwas kleiner, aber nicht weniger spektakulär geht es alljährlich beim Tag der offenen Tür im Berliner Bendlerblock zu. Rund 2.500 Besucher nahmen 2004 im Cockpit eines Eurofighter-Kampfflugzeuges Platz, der für den Tag auf das relativ kleine Militärareal mitten in Berlin gebracht wurde – 13.500 Besucher zählte die Veranstaltung insgesamt.[420] Bei den Veranstaltungen sorgt sich die Bundeswehr auch um das leibliche Wohl der Besucher und bringt nebenbei Werbung unter die Zuschauer: »Mit beispielsweise rund 2.000 verkauften Portionen Erbseneintopf, 4.000 ausgegebenen Standortpostern von Heer, Luftwaffe, Marine, Streitkräftebasis und Sanitätsdienst sowie 7.000 verteilten Flecktarntragetaschen wurden die ursprünglich in die Veranstaltung gesetzten Erwartungen mehr als erreicht. Allein 2.700 Menschen

---

419 Hagedorn, Udo: Augustdorfer Soldatentag zog über 30.000 Besucher an, a. a. O.
420 Natürlich auch Erbseneintopf, in: aktuell – Zeitung für die Bundeswehr Nr. 35/2004.

Kinderbelustigung beim Tag der offenen Tür in der Lützow-Kaserne in Münster, 29. August 2009.

konnten durch den Bendlerblock geführt und über die Arbeit des BMVg [Bundes-ministerium der Verteidigung] unterrichtet werden. Und die Schauspieler der ZDF-Vorabendserie ›Die Rettungsflieger‹ [, an der die Bundeswehr aktiv beteiligt ist, d. A.] verteilten rund 3.000 Autogrammkarten«[421], erklärte die Bundeswehr ein Jahr zuvor über den Tag der offenen Tür 2003. Im Jahr 2006 war eine Live-Schaltung zu Oberst Thomas Reiter, der sich zu der Zeit auf der Internationalen Raumstation ISS im Weltall befand, ein Höhepunkt des Tages der offenen Tür im Verteidigungsministe-rium.[422] Unter dem Motto »Arbeitgeber Bundeswehr – modern und leistungsstark« wurde den Besuchern 2009 ein zweitägiges Programm geboten, das die Vielseitigkeit der Bundeswehr in allen Facetten zeigen sollte. Die Bundeswehr berichtete vorab über ihre Strategie, um Besucher in den Bendlerblock zu locken: »Zuschauermagne-te werden hierbei – wie wohl jedes Jahr – sicherlich die Großgeräte und Waffensys-teme der Bundeswehr sein. Neben einem Hubschrauber vom Typ ›Bell‹ UH-1D und den geschützten Fahrzeugen ›Dingo‹, ›Fennek‹ und ›Wiesel‹ sind diesmal aber auch ein ›Leopard 2‹-Kampfpanzer und eine ›Panzerhaubitze 2000‹ zu sehen.«[423] Das Großgerät von Heer, Luftwaffe, Marine und Sanitätern ist ein Publikumsmagnet[424]:

---

421 Pauli, Jörg Uwe: Buntes Programm, in: aktuell – Zeitung für die Bundeswehr Nr. 33/2003.

422 Buse. Dietmar: Herzlich Willkommen, in: aktuell – Zeitung für die Bundeswehr Nr. 33/2006.

423 Bundeswehr live, in: aktuell – Zeitung für die Bundeswehr Nr. 32/2009.

424 Honerlage, Simone: Eröffnung bei strahlendem Sonnenschein – Tag eins beim Staatsbesuch im Bendlerblock, in: www.bmvg.de.

»Das kommt immer sehr gut an«, berichtet Friedrich Tatgenhorst, Techniker bei der Luftwaffe gegenüber der Bundeswehr-Zeitung *aktuell*. Das militärische Großgerät befindet sich dabei in dem imaginären, an die ausländischen Bundeswehr-Stützpunkte und insbesondere an das »Camp Warehouse«, dem Bundeswehr-Stützpunkt im afghanischen Kabul, angelehnten »Camp Bendler«, mit dem die Bundeswehr die Auslandseinsätze der Armee darstellen und legitimieren will. Hohe Militärs und Politiker sind an den beiden offenen Tagen im Bendlerblock zugegen. Trotz des guten Wetters kamen 2009 – anders als in den Vorjahren – aber nur rund 8.400 Gäste in den Bendlerblock, davon 1.300 zum Open-Air-Konzert der Bundeswehr-BigBand.[425] Diesem Negativ-Trend versucht die Bundeswehr scheinbar mit einer breiten Medienarbeit entgegenzuwirken: 2009 führte eine Soldatin der Wehrverwaltung erstmals einen Internet-Blog[426] und berichtete zeitnah über die Veranstaltung.

Nirgendwo sonst außer bei den Tagen der offenen Tür präsentiert sich die Bundeswehr so aufwendig und umfangreich. Alle zur Verfügung stehenden Mittel (Militärgerät, Musikkorps, Wehrdienstberater, Kinderbelustigung[427], externe Dienstleister etc.) werden mobilisiert, um die Veranstaltungen erfolgreich durchzuführen. 21 Armeefahrzeuge aus in der ganzen Bundesrepublik verstreuten Bundeswehr-Einheiten wurden beispielsweise im August 2008 für den Tag der offenen Tür beim Kampfhubschrauberregiment 36 ins hessische Fritzlar gebracht. Darunter nicht nur schwerste Kampfpanzer und Haubitzen, sondern auch Prototypen der deutschen Rüstungsschmiede Rheinmetall Defence. Die Tage der offenen Tür sind für die Bundeswehr ein ideales Mittel, sich nach Belieben in der Öffentlichkeit darzustellen – dabei wird Nachwuchs angeworben, überwiegend geht es aber generell um die Öffentlichkeit, die positiv beeinflusst werden soll. Dabei taten sich in den vergangenen Jahren jedoch zwei Probleme auf: Zum einen werden immer mehr Bundeswehr-Standorte aufgegeben und zum anderen werden die Tage mittlerweile auch von Friedensaktivisten besucht, um offen Kritik zu äußern. Am 26. September 2009 fand auf dem Truppenübungsplatz Colbitz-Letzlinger Heide ein Tag der offenen Tür statt. Als bei einer »dynamischen Waffenschau« Übungsmunition verschossen wurde, brachen einige – friedensbewegte – Menschen schreiend und mit künstlichem Blut überströmt zusammen.[428] Bei der Bundeswehr sorgte die Aktion für Verwirrung und auch die

---

425   Auf »Staatsbesuch« im Bendlerblock, in: aktuell – Zeitung für die Bundeswehr Nr. 34/2009.

426   Holzbrecher, Mandy: Die Wehrverwaltung bloggt im Block, in: www.terrwv.bundeswehr.de.

427   Beim Tag der offenen Tür in der relativ kleinen Lützow-Kaserne in Münster-Handorf gab es am 29. August 2009 neben einer Hüpfburg auch Dosenwerfen, Nägel-gerade-in-Holzstämme-schlagen, Ringwerfen und eine Torwand für die jungen Besucher, beim Augustdorfer-Soldatentag gab es sogar eine feste Kinderbetreuung.

428   Theaterblut irritiert Bundeswehr-Fans, in: http://de.indymedia.org, 27.9.2009.

Zuschauer sollen schockiert gewesen sein. Beim Augustdorfer-Soldatentag erstürmten am 16. Mai 2009 zwei Friedensaktivisten einen Panzer mit einem antimilitaristischen Transparent. Obwohl zahlreiche Soldaten um das Gefährt herumstanden, dauerte es Minuten, bis die Aktivisten rüde vom Militärfahrzeug geholt und der Polizei übergeben wurden. Bis auf einen Platzverweis hatte die Aktion für die zwei jungen Leute keine rechtlichen Konsequenzen.

Auf Kirchentagen und anderswo – die Bundeswehr auf Großveranstaltungen

Die Bundeswehr geht dahin, wo die Öffentlichkeit ist. Großveranstaltungen sind daher Pflichttermine für die Medien- und Nachwuchsarbeiter der Armee. Egal ob auf Stadtfesten, Hafengeburtstagen, Landestagen oder dem Kirchentag – die Bundeswehr ist dabei. Mit aufwendigen Shows sollen das Image gesteigert, die umstrittenen Einsätze legitimiert und nebenbei neuer Nachwuchs rekrutiert werden. Dafür ist die Bundeswehr mit all ihren Teilstreitkräften in den verschiedenen Elementen zugegen. Zunächst ein Überblick über vier der größten Veranstaltungen bzw. Veranstaltungsarten, auf denen die Bundeswehr zugegen ist: (1) Hafenfest, (2) Luftfahrtausstellungen, (3) Kirchentage und (4) Landestage/Stadtfeste:

(1) Beim Hamburger Hafengeburtstag ist die deutsche – wie auch die ausländische – Marine traditionell mit mehreren unter den jährlich insgesamt rund 300 Schiffen vertreten. Neben dem einfachen Abfahren der Zuschauermeile gehören auch immer wieder Show-Einlagen zum Auftritt der Bundesmarine in Hamburg. Wie man von einem Helikopter aus auf ein U-Boot kommt, präsentierte die Marine 2006 beim Hamburger Hafengeburtstag. Dazu lief ein Unterseeboot der Bundeswehr in den Hafen ein und über der Kulisse schwebte ein »Sea King«-Hubschrauber, aus dem sich Menschen abseilten.[429] Ein ähnliches Manöver führte die Marine auch 2008 bei bestem Wetter vor 1,5 Millionen Besuchern vor.[430] 2009 feuerte eine Bundeswehr-Fregatte beim Einlaufen in den Hamburger-Hafen zum 820. Hafengeburtstag vier Salutschüsse ab.[431] Fünf weitere Schiffe der Bundesmarine nahmen an der Veranstaltung teil. Vor den rund 300.000 Zuschauern demonstrierten Taucher der Spezialisierten Einsatzkräfte Martine (SEKM) mithilfe eines Hubschraubers vom Typ »Sea King« des Marinefliegergeschwaders 5 ihre militärischen Fähigkeiten.

---

429   Bild der Woche, in: aktuell – Zeitung für die Bundeswehr Nr. 19/2006.

430   Bild der Woche, in: aktuell – Zeitung für die Bundeswehr Nr. 20/2008.

431   Flagge gezeigt, in: aktuell – Zeitung für die Bundeswehr Nr. 19/2009.

Nach der Schaufahrt vor den Landungsbrücken konnten die Marine-Einheiten teilweise besichtigt werden.

Die jährlich im Rostocker Hafen und in Warnemünde stattfindende »Hanse Sail« ist eigentlich eine Segelveranstaltung. Dennoch darf die Bundeswehr auch hier mit ihren motorbetriebenen Kriegsschiffen auflaufen. Im strukturschwachen Mecklenburg-Vorpommern ist die Armee beliebt: sie hat Geld und schafft Arbeitsplätze. Daher darf sie als auch als Themenfremdling an der Segelveranstaltung teilnehmen: »Sie will eben ihr gutes Image öffentlich machen«, so Hanse-Pressesprecher Klaus Dieter Block.[432] Zudem trage die Bundeswehr mit ihren Schiffen und sonstigem Engagement auf der Hanse zum Erfolg der Veranstaltung bei – die Bundeswehr ist eine der größten Organisationen auf der jährlich stattfindenden Hanse Sail. 2006 verzeichnete die Bundeswehr 30.000 Besucher bei ihren Veranstaltungen im Rahmen der »Hanse Sail« in Rostock.[433] Allein 5.000 betraten das Segelschulschiff der Marine, die »Gorch Fock«. Am Passagierkai war die Fregatte »Mecklenburg-Vorpommern« als »Open Ship« ein Publikumsmagnet.[434] Im Rostocker Stadthafen, dem Zentrum des maritimen Spektakels, organisierte die Marine Kutterrennen und die Bundeswehr-BigBand und das Marinemusikkorps Ostsee sorgten für Stimmung. »Die Hanse Sail ist für uns immer ein großes Ereignis und wir sind seit 19 Jahren jedes Jahr gern dabei«, erklärte Konteradmiral Axel Schimpf, Amtschef vom Marineamt in Rostock, im August 2009 in der Bundeswehr-Zeitung *aktuell*.[435] Die Publikation berichtet ausführlich über das Engagement der Armee beim Hafentag 2009:

> »Die Marineangehörigen waren während des maritimen Großereignisses in den vergangenen Tagen gleich an drei Orten präsent: am Passagierkai in Warnemünde, im Marinestützpunkt Hohe Düne und im Rostocker Stadthafen. ›Mit den Veranstaltungen können wir das maritime Bewusstsein der Bevölkerung fördern und ihr zeigen, was die Deutsche Marine zu bieten hat‹, betonte Schimpf. Schon einen Tag vor Beginn der Hanse Sail lockte das Einlaufen der Fregatte ›Mecklenburg-Vorpommern‹ und des Segelschulschiffs ›Gorch Fock‹ zahlreiche Zuschauer nach Warnemünde. Das Schnellboot S 78 ›Ozelot‹ zeigte im Rostocker Stadthafen Flagge. Die schwimmenden Einheiten der Marine konnten während der Hanse Sail besichtigt werden – und dieses Angebot wurde gern angenommen, wie lange Schlangen vor den Schiffen und Booten zeigten. ›Die Infostände der Marine waren ständig umlagert‹, zeigte sich Schimpf beeindruckt, ›die ‚Mecklenburg-Vorpommern‘ wurde regelrecht gestürmt.‹«

Im Marinestützpunkt Warnemünde präsentierten die Armee-Piloten im »Sea King« ihre Zusammenarbeit mit der »Deutschen Gesellschaft zur Rettung Schiffbrüchiger«

---

432   Euskirchen, Markus: Kriegsgrau zwischen Riesenrad und Segelmast, in: Neues Deutschland, 10.8.2004.

433   Mehr als 30.000 Besucher und Mitfahrer, in: aktuell – Zeitung für die Bundeswehr Nr. 33/2006.

434   Publikumsmagnet, in: aktuell – Zeitung für die Bundeswehr Nr. 32/2006.

435   Birta, Katalin: Marine zum Anfassen, in: aktuell – Zeitung für die Bundeswehr Nr. 31/2009.

Beim »Hessentag 2010« in Stadtallendorf durften schon Kinder auf Panzer klettern, 29. Mai 2010.

bei einem nachgestellten Rettungseinsatz. Daneben zeigte die Stützpunktfeuerwehr ihre Einsatzmöglichkeiten bei der Bekämpfung von Bränden und Ölunfällen. Der Sanitätsdienst der Bundeswehr führte seine technischen Geräte vor. »Wir stellen immer wieder fest, dass das Verhältnis der Besucher zur Deutschen Marine völlig unverkrampft ist«, freute sich Konteradmiral Schimpf. Weiter heißt es in der *aktuell*: »Natürlich zeigten auch die Taucher der Marine ihr Können, wie die Luftwaffe, die sich mit der in Sanitz stationierten Flugabwehrraketengruppe 21 und ihrem Waffensystem »Patriot« präsentierte. Von früh bis spät erklärten die Soldaten den vielen Interessierten die Funktionsweise des Flugabwehrraketensystems und waren erstaunt über so viel ›Wissensdurst‹. Die Militärseelsorge, die Wehrbereichsverwaltung und die Wehrdienstberatung rundeten den Auftritt der Bundeswehr auf der diesjährigen Hanse Sail ab. Hier erhielten junge Frauen und Männer Informationen über die zivilen und militärischen Laufbahnmöglichkeiten bei der Bundeswehr.« In ähnlichem Umfang fanden die Veranstaltung der Bundeswehr schon auf der Hanse Sail 2005 statt.[436] Über die Hanse Sail 2004 verfasste der Berliner-Militarismusforscher Markus Euskirchen eine Reportage:

»Die Hanse Sail hat ihren zweiten Fest- und Anlegeplatz im Stadtteil Warnemünde, an der Ausfahrt in die Ostsee, wo auch der Rostocker Marinestützpunkt ›Hohe Düne‹ liegt. Hier im Hochseehafen ist die Bundeswehr ebenso ins zivile Fest integriert wie im Stadthafen. Gleich neben einem riesigen Passagierliner, der an eine schwimmende Luxusplatte erinnert, liegt die Fregatte ›Mecklenburg-Vorpommern‹. Direkt davor wirbt die Wander- und Rekrutierungsausstellung ›Unsere Marine‹ erfolgreich um Nachwuchs. Darüber donnern im Paar-Formationsflug zwei Tornado-Kampfflugzeuge vom Fliegerhorst Laage südlich von Rostock. Marketing. Wie eine Firma. Gewinnspiele. Spazierflug im Simulator. Mit dem Barkassen-Zubringerdienst geht's von hier zum Stützpunkt mit ›Open Ship‹ auf mehreren Kriegsschiffen: Auf dem U-Boot-Tender ›Donau‹ und einem weiteren Schnellboot, sowie auf einem Polizei- und einem Zollschiff hat das Publikum freien Zutritt. Der Stützpunkt hat sein eigenes Angebot an Attraktionen. Hubschrauber-Showflug, Vorführungen von Marinetauchern, Shanty-Absingen und die obligatorische Erbsensuppe. Dazu gibt es Bundeswehrmerchandising: Kappen, Abzeichen, Flaggen, Knotenbretter, Modellschiffe – früher hieß das Militaria, hatte aber irgendwann einen zu negativen Beiklang. Auch an die Kleinen ist gedacht, für sie gibt es eine Kinderverkehrsschule, sogar für eine Hüpfburg hat das Militär gesorgt und direkt daneben verpflastern nette junge Soldatinnen des Sanitäts-Korps aufgeschürfte Kinderknie. Die Marine gibt sich volksnah.«[437]

Für den militärischen Nachwuchs sorge auf der Hanse Sail ein Bundeswehr-Infotruck mit Multimediaangebot zum »Arbeitgeber Bundeswehr«. Auf der Rostocker Hanse Sail ist die Bundeswehr nicht nur einfacher Teilnehmer sondern veranstaltet zugleich einen »Tag der offenen Tür« in ihrer Warnemünder Kaserne. Dies macht die Hanse Sail zu einem riesigen Militärspektakel.

Die Kieler Woche ist, wie auch die Hanse Sail, eigentlich eine Segelregatta – eine der weltweit größten Segelsportereignisse. Zugleich ist die Veranstaltung das größte Sommerfest im Norden Europas. Etwa 3 Millionen Menschen konnten sich 2002 im Rahmen der Kieler Woche zehn Tage lang Marineschiffe angucken. 25 Kriegsschiffe der Bundesmarine und ausländischer Armeen dem Publikum präsentiert.[438] Darunter auch die schwedische Korvette »Visby« – ein Kriegsschiff mit Stealth-Technologie, das für Radargeräte fast unsichtbar ist. Gebaut wurde das Schiff von einem Tochterunternehmen der Howaldtswerke-Deutsche Werft (HDW) in Kiel. Auf der Kieler Woche wolle man das Tarnschiff präsentieren und weitere Käufer finden, so HDW-Vorstand Klaus Lederer.[439] Allein 2.700 Marinesoldaten tummelten sich auf dem Sommerfest und an Bord der Schiffe. Ein Jahr später verzeichnete die Bundesmarine allein am ersten Wochenende mehr als 8.500 Be-

---

436 Auf zur Küste, in: aktuell – Zeitung für die Bundeswehr Nr. 31/2005.

437 Ebenda.

438 Pauli, Jörg Uwe: Einfach nur Superlative, in: aktuell – Zeitung für die Bundeswehr Nr. 25/2002.

439 Behling, Frank: Schnell und unsichtbar, in: aktuell – Zeitung für die Bundeswehr Nr. 26/2002.

sucher im Kieler Militärhafen: »Viele der männlichen Besucher sind vor allem
von der Technik fasziniert, haben zum Teil früher selbst bei der Marine gedient.
Für die Familien stehen der Erlebnischarakter und die Lebensverhältnisse an Bord
im Vordergrund, und jüngere Besucher möchten sich nicht selten mit einem Ma-
trosen fotografieren lassen«, erklärte der Leiter des Pressezentrums der Marine,
Fregattenkapitän Peter Krüger, während der »Kieler Woche«.[440] 28 Marineschiffe
aus 13 Nationen nahmen 2003 teil. Flaggschiff der Bundeswehr war die Fregatte
»Lübeck« und auch die Fregatte »Köln« lag als »Open Ship« im Hafen. 2004 konnten die Militärs die Anzahl ihrer Schiffe nochmals – auf insgesamt 32 – steigern.
Angeführt wurde die Bundesmarine diesmal vom Einsatzgruppenversorger »Berlin«. Die Parade der Großsegler wurde von der »Gorch Fock« angeführt. Zum 125.
Jubiläum strömten im Juni 2007 rund 3,5 Millionen Besucher in die schleswig-
holsteinische Landeshauptstadt: »Fest verwurzelt mit der Landeshauptstadt Kiel
und der Kieler Woche ist die Marine, weshalb auch dieses Jahr wieder – neben
den rund 1700 Yachten und Jollen – Zerstörer, Fregatten, Korvetten, Schnellboote
und Minensuchboote bestaunt werden können«[441], so eine Armee-Zeitung. Nach
der Schaufahrt machten die deutschen und auch ausländischen Kriegsschiffe im
militärischen – nach dem Wehrmachts-Kriegsschiff benannten – Tirpitzhafen in
der Kieler Förde fest. Dort konnte das Kriegsgerät als »Open Ship« von den Besuchern besichtigt werden.

Bereits seit 1848, als die Marine des Deutschen Bundes unter Admiral Rudolf
Brommy in Bremerhaven aufgestellt wurde, gehört die Marine zum Selbstver-
ständnis der Stadt.[442] Von Schnellbooten, einem Minensucher sowie einem Hoch-
seeschlepper über das Bundeswehr-Segelschulschiff »Gorch Fock« und die Fregatte »Hamburg«, eine der modernsten der Bundesmarine, zeigte die Armee 2005 ein
breites Spektrum ihrer Militärvehikel beim Hafentag in Bremerhaven. Alle Schiffe
konnten beim Hafentag besichtigt werden und das war noch längst nicht alles, wie
die Bundeswehr vorab berichtet: »Unter dem Motto ›Das Leben der Soldaten im
Einsatz‹ ist in der Fußgängerzone ein Containerdorf aufgebaut. Hier können sich
die Gäste ein Bild von der Unterbringung, der sanitätsdienstlichen Versorgung,
dem Verpflegung und dem Feldpostwesen machen. Zudem werden die Feldjäger,
das Landeskommando Bremen und die Wehrbereichsverwaltung über ihre tägliche Arbeit und ihr Berufsangebot informieren. Feierliche Höhepunkte anlässlich
des 50-jährigen Jubiläums der Bundeswehr auf der Sail Bremerhaven 2005 sind

440   Ein Erlebnis, in: aktuell – Zeitung für die Bundeswehr Nr. 26/2003.

441   Jugel, Steffen: Maritimes zum Anfassen, in: aktuell – Zeitung für die Bundeswehr Nr. 24/2007.

442   Auf zur Küste, in: aktuell – Zeitung für die Bundeswehr Nr. 31/2005.

die öffentliche Vereidigung am Donnerstag vor dem Deutschen Schifffahrtsmuseum und der Große Zapfenstreich am Freitag auf dem Willy-Brandt-Platz.«[443]

Die Hafenfeste in Hamburg, Rostock, Kiel und Bremerhaven gehören zu den größten in Deutschland. Die Bundeswehr ist dabei jedes Jahr vertreten. Das heißt aber nicht, dass sie nicht auch bei kleineren maritimen Festen, wie den Flensburg-Nautics mitwirkt. Die Bundesmarine versucht meist, die Hafentage mit einem Tag der offenen Tür in einer lokalen Liegenschaft zu verbinden. Dadurch wird sie – wie beispielsweise in Rostock/Warnemünde – zu einem der größten Teilnehmer der Veranstaltung. Das Ausmaß der Armee-Aktivitäten bei den Hafentagen ist teilweise so groß, dass die Organisatoren gar nicht mehr auf die (finanzstarke) Armee verzichten wollen. Zu öffentlichkeitswirksamen Protesten gegen die militärischen Hafentage kam es bisher selten. Im Mai 2010 kam es zu mehreren Protestaktionen gegen Marineschiffe beim Hafenfest in Hamburg: Mit Transparenten und Sprechchören wurde gegen die Anwesenheit des Militärs demonstriert.[444] Außerdem waren die Antimilitaristen mit einem eigenen – mit Transparenten geschmückten – Boot unterwegs.

(2) Offensive Öffentlichkeitsarbeit betreibt die Bundeswehr auch auf der alle zwei Jahre stattfindenden Internationalen Luft- und Raumfahrtausstellung (ILA), die mittlerweile auf dem Flughafen Berlin-Schönefeld stattfindet: »CH-53, UH Tiger und NH90 werden auf der ILA 2008 täglich im Zeitraum vom 28. Mai bis zum 1. Juni erstmals gemeinsam in einem Gefechtsbild ›Luftgestützter Einsatz‹ zu sehen sein«, berichtete das deutsche Rüstungsmagazin *Strategie & Technik* im Vorfeld der Ausstellung.[445] Weiter schreibt Brigadegeneral Richard Bolz, General der Heeresflieger und Kommandeur der Heeresfliegerwaffenschule in Bückeburg, in dem Artikel: »Neben der Darstellung des Heeresfliegereinsatzes wird im Rahmen von Einzelvorführungen der Hubschraubermuster Tiger, NH90, BO105 und CH-53 die Leistungsfähigkeit der Waffensysteme eindrucksvoll demonstriert. Alle Hubschrauber des Heeres werden dem Fachpublikum und der Öffentlichkeit im Rahmen eines ›Static Displays‹[446] präsentiert. Die Fluglehrer und Flugschüler der Heeresfliegerwaffenschule stehen für Fragen zur Bewerbung, den Auswahlverfahren und zur Ausbildung zum Hubschrauberführer Rede und Antwort.« Dabei wurde in einem eigens vom Militär errichtetem Stand – dem »Heli-Center« – ein neues Ausbildungskonzept vorgestellt. Mit seinen umfassenden Ankündigungen lag der Brigadegeneral nicht daneben:

---

443   Ebenda.

444   Schwart, Reinhard: Protest gegen Kriegsschiffe, in: Neues Deutschland, 10.5.2010.

445   Bolz, Richard (Brigadegeneral): Die Zukunft hat begonnen – Die Heeresflieger auf der ILA 2008, in: Strategie & Technik, Mai 2008, S. 49.

446   »Static Display« ist der in der Luftwaffe genutzte Begriff für die Ausstellung eines oder mehrerer Waffensysteme am Boden.

»Ein Stück des Himmels gehört dem Heer«, erfreute sich der Inspekteur des Heeres, Generalleutnant Hans-Otto Budde auf der ILA 2008.[447] Die Heeresflieger führten das Einsatzszenario »Gewinnen eines Flugplatzes« durch und boten so zehntausenden Zuschauern eine 25 Minuten dauernde spektakuläre Vorführung. Zwei Tage vor der eigentlichen Mission seien Landezonen ausgekundschaftet worden, erklärte ein Moderator das fiktionale Szenario. Danach ging die Show los[448]: zwei Kampfhubschrauber vom Typ »Tiger« umkreisten den Flugplatz Schönefeld auf der Suche nach fiktionalen Feinden. Nach dieser Sicherung flogen fünf Mittlere Transporthubschrauber vom Typ »CH-53« insgesamt 50 Infanteristen, drei kleine Panzer vom Typ »Wiesel«, einen Sanitäts-»Wiesel 2«, einen Flugabwehrraketenwaffenträger »Ozelot« sowie vier leicht gepanzerte Fahrzeuge vom Typ »Mungo« in zwei Wellen ein. Kommandiert wurde die Aktion aus dem neuen Bundeswehr-Transporthubschrauber »NH90«, der über der Szenerie schwebte. Die von den Hubschraubern abgesetzten Soldaten schmissen sich sogleich auf den Boden und nahmen die Umgebung ins Visier ihrer Maschinengewehre. 16 Transport- und Kampfhubschrauber waren an der Vorführung beteiligt. Im Ernstfall kann diese »Division Luftbeweglicher Operationen« 48 Stunden autark agieren und hat somit ein enormes Drohpotential. In weiteren Szenarien zeigte die Bundeswehr das Abfangen gegnerischer Flugzeuge mit ihrem Eurofigther-Kampfjet, die Bekämpfung von Radarstationen durch Tornado-Flugzeuge, die Evakuierung eines Areals mit Transall-Transportflugzeugen und die Luftbetankung zweier Tornados untereinander.[449]

Nicht weniger aufwendig war die Ausstellung der Bundeswehr – der so genannte »Static Display« – auf der ILA 2008: »Dort präsentierte die Artillerie- und die Heeresaufklärungstruppe modernste Aufklärungstechnologie mit dem Kleinfluggerät Zielortung (KZO), welches über 3,5 Stunden hochauflösende Infrarotbilder aus einem Radius von 100 km liefert, sowie den Aufklärungsdrohnen LUNA, ALADIN und MIKADO.«[450] Die Bundeswehr war wie schon bei den vorherigen Luftfahrtausstellungen einer der flächenmäßig größten Aussteller. In einem Beitrag der Bundeswehr-Zeitung *aktuell* wird detailliert berichtet:

> »So können beim ›Treffpunkt Bundeswehr‹ die Messebesucher im ›static display‹ mehr als 20 militärische bemannte und unbemannte Luftfahrzeuge sowie deren diversen Ausrüstungsgegenstände sehen und mit Bundeswehrangehörigen über deren Aufgaben an diesen Waffensystemen sprechen. Die Luftwaffe ist mit den Kampfflugzeugen ›Eurofighter‹, F-4F ›Phantom‹ und ›Tornado‹ in den drei Varianten IDS, ECR und RECCE sowie dem

---

447   Zitiert nach: Schubert, Volker: Luftbeweglichkeit des Heeres, in: Strategie & Technik, August 2008, S. 22.

448   Schubert, Volker: Luftbeweglichkeit des Heeres, in: Strategie & Technik, August 2008, S. 22-24.

449   Rapreger, Ulrich: ILA 2008, in: Strategie & Technik, Juli 2008, S. 42/43.

450   Ebenda, S. 24.

Transportflugzeug C-160 ›Transall‹ vor Ort. Ebenfalls zu sehen und wie in der Vorjahren
zu besichtigen ist die ›fliegende Intensivstation‹, der Airbus A-310 ›MedEvac‹. Ergänzt wird
die Leistungsschau der Luftwaffe mit dem Kurz- und Mittelstreckenjet CL 601 ›Challenger‹
sowie den beiden Hubschraubern Bell UH-1D und AS-532 ›Cougar‹. [...] Die Marine wird
mit dem Seefernaufklärer P-3C ›Orion‹ und den beiden Bordhubschrauber Mk 88 A ›Sea
Lynx‹ und Mk 41 ›Sea King‹ vor Ort auf der ILA vertreten sein.«[451]

Für die Nachwuchswerbung durfte auch der »InfoTruck« nicht fehlen. Bereits 2006
war die Bundeswehr mit einer 27.000 Quadratmeter großen Freigeländefläche und
einer 600 Quadratmeter großen Fläche in der Ausstellungshalle auf der ILA vertreten.[452] Ein ähnliches Bild bot sich in den Jahren zuvor. Dabei konnten die Besucher
sogar in den Kampfflugzeugen Platz nehmen.

Welche Bedeutung die Ausstellung für die Armee hat, sagte der Projektleiter der
Bundeswehr für die ILA 2008 und Leiter der Abteilung Flugbetrieb im Luftwaffen-
amt, Oberst Hans-Ludwig Rau, ganz offen: »Die Öffentlichkeitsarbeit und die Nachwuchsgewinnung stehen klar im Vordergrund. Neben dem ›static display‹ können
den Besuchern mit den dynamischen Darstellungen der Luftwaffe und des Heeres
die Fähigkeiten der Teilstreitkräfte einrucksvoll vorgestellt werden.«[453] Auch die *Strategie & Technik* erklärt, worum es der Bundeswehr auf der ILA ging:

> »Nicht allein wegen des Ministerbesuchs [des Verteidigungsministers Franz Josef Jung],
> sondern aus Gründen der Nachwuchswerbung war die Riege der weiblichen Flugzeugführer
> von Kampf-/Transportflugzeugen und Hubschraubern komplett angetreten. Wie bereits
> bei der Industrie ist man bei der Bundeswehr darum bemüht, die Berührungsängste
> junger Damen gegenüber Berufen mit hohem technischen Anteil abzubauen. Nur
> wenn das Interesse bei dem anderen Geschlecht ausreichend geweckt wird, kann unter
> den Bewerbern für den Beruf des Soldaten weiterhin eine Bestenauslese sichergestellt
> werden. Als besonderes ›Verkaufsargument‹ für diesen Beruf kann angesichts der
> besonderen Gefährdung durch weltweite Einsätze die Demonstration der medizinischen
> Versorgungskette auf dem Bundeswehrstand angesehen werden. So bildeten sich nicht
> nur vor den Cockpits der Kampfflugzeuge lange Schlangen von Besuchern, sondern
> besonders auch vor dem Airbus A310MRT mit so genannter Medical-Evacuation-
> Ausstattung.«[454]

2010 war die Bundeswehr der größte Einzelaussteller und nutzte laut *Strategie & Technik* die Chance, »um Verständnis bei der Bevölkerung für ihre Einsätze zu gewinnen«
und Personal zu werben: »An verschiedenen Ständen konnten sich Interessierte ausgiebig über den Arbeitgeber Bundeswehr informieren.«[455]

---

451   Pflüger, Frank: Arbeitsplatz Cockpit, in: aktuell – Zeitung für die Bundeswehr, Nr. 20/2008.

452   Schröder, Alexander: Faszination Fliegen, in: aktuell – Zeitung für die Bundeswehr, Nr. 19/2006.

453   Pflüger, Frank: Im Gespräch mit Oberst Hans-Ludwig Rau, in: aktuell – Zeitung für die Bundes-
       wehr, Nr. 20/2008.

454   Rapreger, Ulrich: ILA 2008, in: Strategie & Technik, Juli 2008, S. 42.

455   Rapreger, Ulrich: ILA 2010, in: Strategie & Technik, Juli 2010, S. 46.

(3) Hoch schlugen die Wellen bei einem thematisch ganz anderen Großereignis: Beim 32. Deutschen Evangelischen Kirchentag warb die Bundeswehr im Mai 2009 unverhohlen für eine Karriere bei der Armee. Am »Abend der Begegnung«, der stets den Beginn eines Kirchentages markiert, stellten sich auch 2009 in Bremen die örtlichen Gemeinden der gastgebenden Stadt sowie kirchliche Initiativen vor. Seit einigen Jahren ist auch die Militärseelsorge dabei – die Pfarrer dieser Institution werden übrigens vom Verteidigungsministerium bezahlt.[456] Zur Eröffnung der Veranstaltung spielte außerdem die Bundeswehr-BigBand auf einer großen Bühne. Links und rechts von der überdachten Plattform hingen Werbetransparente, die mit dem Slogan »Karriere-Chance Bundeswehr« warben. Die Militärseelsorge Hannover nutzte den Bremer Kirchentag zur Aufführung eines »Musical-Gottesdienstes zum Auslandseinsatz der Bundeswehr«. Die vom Evangelischen Militärdekanat Kiel organisierte Kirchentagsveranstaltung »Kaukasus und Hindukusch – wer traut dem gerechten Frieden?« bot Kriegsbefürwortern ein Forum, um für ihre Sache zu werben. Uwe Reinecke, Beirat der Tübinger Informationsstelle Militarisierung, merkt an, dass kritische Stimmen gezielt unterdrückt wurden. Eine Veranstaltung des Internationalen Versöhnungsbundes zum Thema »Kein Friede mit der NATO« wurde von den Organisatoren ohne jede Begründung aus dem Kirchentagsprogramm gestrichen. Die Kritik Reineckes trifft vor allem die Organisatoren des Spektakels und weniger die Bundeswehr selbst. Dass dies gerechtfertigt ist, zeigt sich auch an einem vom »Evangelischen Kirchenamt Bundeswehr« gestellten Amtshilfeantrag. Schon am 29. Oktober 2007 forderte das Kirchenamt beim zuständigen Wehrbereichskommando 400 Betten und Möblierung für eine Schule samt Transport an.[457] Die Zustimmung durch die Bundeswehr erfolgte am 20. November 2007. Spätestens damit verließ die Bundeswehr den Kreis der Teilnehmer am Kirchentag und wurde selbst zur Mitveranstalterin.

Den Auftritt der Armee beim Kirchentag nahmen nicht alle Beteiligten hin. Besonders ein Protestschreiben von 34 Geistlichen sorgte nach dem Evangelischen Kirchentag 2009 mit ihrer »Erklärung Bremer Pastorinnen und Pastoren – Protest gegen Auftritt der Bundeswehr am Abend der Begegnung« für Aufsehen:

> »Mit Erschrecken haben wir den Werbeauftritt der Bundeswehr auf dem 32. Deutschen Evangelischen Kirchentag in Bremen wahrgenommen. Am Abend der Begegnung präsentierte sich die Bundeswehr auf dem zentralen Platz vor dem Dom mit einer großflächigen Veranstaltung, auf der auch Werbung für das Militär gemacht wurde. Bewaffnete Feldjäger waren ebenfalls anwesend. Wir sehen in dieser unverhältnismäßigen Inanspruchnahme des Kirchentages eine Grenzüberschreitung. Zum ersten Mal wurde auf dem Evangelischen Kirchentag für eine Bundeswehr-Karriere geworben, deren integraler Bestandteil die Ausbildung zum Töten ist. So etwas hat auf dem Evangelischen Kirchentag

---

456 Reinecke, Uwe: Der militarisierte Kirchentag, IMI-Analyse 2009/028.
457 Bundestags-Drucksache 16/12975.

nichts zu suchen. Offenbar sind neben Berufsmessen und Schulen nun auch christliche Kirchen direkt als Werbeträger ins Blickfeld der Bundeswehr geraten, um personelle Regeneration und Zukunftsfähigkeit sicherzustellen. Wir sehen darin einen Missbrauch des Evangelischen Kirchentages und fordern die zuständigen Gremien des Kirchentages auf, sich von diesem Verhalten der Bundeswehr zu distanzieren, und dafür Sorge zu tragen, dass es sich nicht wiederholt. Ein Evangelischer Kirchentag, der eine derartige Werbung unter seiner Verantwortung zulässt, stellt sich in Widerspruch zur biblischen Botschaft.«[458]

Es kam aber auch direkt auf dem Kirchentag zu Protest. Etwa 800 Menschen nahmen an einer Friedensdemonstration teil – der Kirchentag hatte knapp 100.000 Dauerteilnehmer und an besagtem Abend der Begegnung waren rund 300.000 Leute auf dem Kirchentag. Der Evangelische Pressedienst (epd) konnte Kirchentagssprecher Rüdiger Runge nach dem Spektakel in Bremen zu einer Stellungnahme gewinnen: »Es geht um die Frage, wie ein Auftritt angemessen gestaltet werden kann.« Runge sagte außerdem, dass für die Aktion die Militärseelsorge verantwortlich gewesen sei. Der Auftritt habe auch Mitarbeiter des Kirchentages irritiert – »nach guten Erfahrungen mit der Bundeswehr vor zwei Jahren beim Kirchentag in Köln [2007]«. Auch in Bremen habe es mit den Soldaten eine gute Zusammenarbeit gegeben, etwa bei logistischen Aufgaben wie einem Fahrdienst für behinderte Menschen, so Runge. Das werde vom Kirchentag auch nicht infrage gestellt. Über die Form des Auftritts beim Abend der Begegnung solle aber geredet werden, heißt es in dem epd-Bericht. Die Kirchentags-Organisatoren – wie auch die generelle Führung von Evangelischer wie auch Katholischer Kirche – lehnt das Militär nicht generell ab. Wie so oft hängt die Kirche – zumindest die Kirchen-Führung – ihr Fähnlein in den Wind und übergeht dabei ihre eigenen »christlich-moralischen« Werte.

(4) In allen Flächenländern Deutschlands (mit Ausnahme Bayerns) werden mittlerweile jährlich Landesfeste gefeiert. Dabei präsentiert sich meist eine Region des Bundeslandes bei einem großen Volksfest mit einer Vielzahl kultureller Veranstaltungen. Auch die Bundeswehr ist bei den meisten dieser Spektakel dabei. Beispielhaft sei hier über den »Hessentag 2009«, der vom 5. bis 14. Juni in der 13.500-Einwohner-Stadt Langensebold nahe Hanau stattfand, berichtet. Auf der Website zur Veranstaltung präsentierte die Bundeswehr ihr Vorhaben während der Festtage ausführlich:

»Liebe Hessentagsbesucher, die Bundeswehr ist mit rund 60 Veranstaltungen und 30 Live-Bands traditionell einer der größten und beliebtesten Veranstalter auf dem Hessentag. Unter dem Motto ›Arbeitgeber Bundeswehr‹ haben wir auch in diesem Jahr wieder eine bunte Mischung aus Informationen, Unterhaltung, Musik, Show und leiblichem Wohl für Sie vorbereitet. Drei Schwerpunkte haben wir unserem Motto zugeordnet:

---

458   www.kirche-bremen.de.

- Die Darstellung Ihrer Karrierechancen bei der Bundeswehr,
- die Vorstellung von in Hessen beheimateten Bundeswehreinheiten und
- die Präsentation der Ausstellung ›Bundeswehr und Umwelt‹.

Direkt angrenzend an die Landesausstellung begrüßt Sie die Bundeswehr auf dem ›Platz der Bundeswehr‹ auf einer Fläche von rund 9000 qm. Auf der Showbühne in unserem großen 500-Personen-Festzelt bieten wir Ihnen ein nahezu durchgehendes attraktives und unterhaltsames ›Live‹-Programm. Solo-Künstler, Gruppen aus Rock, Pop und Soul bis hin zu Kapellen mit Marschmusik werden für Hörgenuss und Stimmung garantiert. Auf dem Freigelände stellen sich in Hessen beheimatete Truppenteile der Bundeswehr und der US-Streitkräfte dar und demonstrieren ihre Aufgaben und Fähigkeiten im Auslandseinsatz. Zusammen mit den Feuerwehren des Main-Kinzig-Kreises führen wir Ihnen jeden Tag Demonstrationen zur zivil-militärischen Zusammenarbeit vor, wie sie im Falle schwerer Unglücke oder Naturkatastrophen zum Tragen kämen. Des Weiteren können Sie einen Tornado-Düsenjet sowie zahlreiche weitere Bundeswehrfahrzeuge hautnah erleben. Verschieden ausgebildete Dienst- und Sprengstoffspürhunde, allesamt ›Spezialisten mit Spürnasen‹, zeigen Ihnen ihre Arbeit. Unsere großen Feldküchen bieten Ihnen zudem leckere und täglich wechselnde Menüs für wenig Geld.«[459]

Über eine Million Besucher verzeichnete der Hessentag 2009. Die Bundeswehr zählte 400.000 Menschen auf ihrem »Platz der Bundeswehr«.[460] 16 Truppenteile und Dienststellen mit rund 350 Soldaten präsentierten sich bei 120 Veranstaltungen des Militärs. Auch Verteidigungsminister Franz Josef Jung besuchte das Armee-Spektakel einige Stunden lang.[461] Neben militärischem Großgerät hatte die Bundeswehr vor Ort auch den »KarriereTreff« samt Flugsimulator und einen »Karrierepavillon« – einen großen Anhänger, der aufgebaut ein überdachter, moderner Glaspavillon wurde. Auf einer eigenen Bühne spielten sowohl kleinere zivile Musikgruppen als auch Musikgruppen der US-Armee. Die Bundeswehr-BigBand gab ihr Konzert beim Hessentag auf einer größeren Bühne. Als Antwort auf eine Anfrage des hessischen Bundestagsabgeordneten Wolfgang Gehrke beziffert das Verteidigungsministerium die Kosten auf ungefähr 90.000 Euro, von denen allein 52.740 Euro für Nachwuchswerbung aufgewendet werden.[462] Der Volksvertreter der Linkspartei kritisiert den militarisierten Landestag: »Der Hessentag darf nicht benutzt werden, um Nachwuchswerbung für die Bundeswehr zu betreiben. [...] Die Bundeswehr hat auf dem Hessentag nichts zu suchen. Ich fordere die hessische Landesregierung auf, nicht mehr zuzulassen, dass die Bundeswehr mit Panzern und Kampfflugzeugen Nachwuchswerbung auf dem Hessentag betreibt.« Dieser For-

---

459 Bauer, Bernd: Das Landeskommando Hessen begrüßt Sie auf dem »Platz der Bundeswehr«, in: www.hessentag2009.de.

460 Ein Besuchermagnet, in: aktuell – Zeitung für die Bundeswehr Nr. 24/2009.

461 Landeskommando Hessen: Pressemitteilung »Bundesminister der Verteidigung Dr. Franz Josef Jung beim Hessentag 2009«, Berlin 10.6.2009.

462 Kessler, Dr. Achim: Pressemitteilung »DIE LINKE.Hessen: Keine Nachwuchswerbung der Bundeswehr beim Hessentag«, Frankfurt am Main, 31.7.2009.

derung wird die Landesregierung wohl ohne weiteren Druck nicht nachkommen. Auch auf dem Niedersachsen-Tag[463], dem NRW-Tag[464], dem Rheinland-Pfalz-Tag[465], dem Schleswig-Holstein-Tag[466], dem Tag der Sachsen[467] und dem Thüringentag[468] zeigte die Bundeswehr schon massiv Präsenz.

Auch andere staatliche Feiern nimmt die deutsche Armee zum Anlass für sich zu werben. Hierzu gehört beispielsweise die jährliche Feier zum »Tag der deutschen Einheit«. 2009 präsentierte sich das französische, luxemburgische und deutsche Militär der Großregion rund um den Austragungsort Saarbrücken. Die Luftlandebrigade »26. Saarlandbrigade«, präsentierte die Bundeswehr mit aktuellem Gerät, welches in den derzeitigen Einsatzgebieten Verwendung findet.[469] Das Landeskommando Saarland informierte über die zivil-militärische Zusammenarbeit, die Familienbetreuung der Bundeswehr und die Reservistenarbeit. Junge Leute, die sich für den Beruf Soldat interessierten, fanden Wehrdienstberater vor.

Die Bundeswehr nimmt aber nicht nur riesige Feste zum Anlass, sich öffentlich darzustellen. Auch kleinere lokale Ereignisse wie beispielsweise Stadtfeste sind für das Militär ein willkommener Anlass: dort kommen meistens Infomobile oder Messestände des Zentrums für Nachwuchsgewinnung zum Einsatz. Sogar beim lokalen »Tag der Verkehrssicherheit 2008«, bei dem in der Münsteraner Innenstadt unter anderem Automobilclubs und Fahrradvereinigungen Informationsstände hatten, war auch die Armee mit einem olivgrünen Fahrschul-Lastwagen anwesend. Nach dem Motto: Präsenz zeigen und sich ins öffentliche Bewusstsein drängen ist alles.

Die Militarisierung des Unterrichts – die Bundeswehr an Schulen

»Ich freue mich sehr, dass wir die gute Zusammenarbeit unserer Schulen mit den Jugendoffizieren durch diese Kooperationsvereinbarungen stärken.«[470] Mit diesen Worten feierte die konservative nordrhein-westfälische Schulministerin Barbara Sommer (CDU) im Oktober 2008 einen Höhepunkt in der Militarisierung der Schulen in dem Bundesland – ein Präzedenzfall und gleichzeitiger Dammbruch. Generalmajor

---

463   Großer Andrang, in: aktuell – Zeitung für die Bundeswehr Nr. 28/2003.

464   Programmheft NRW-Tag 2009, Hamm.

465   Besuchermagnet, in: aktuell – Zeitung für die Bundeswehr Nr. 24/2005.

466   Nachwuchs, in: aktuell – Zeitung für die Bundeswehr Nr. 17/2006.

467   Zum Anfassen, in: aktuell – Zeitung für die Bundeswehr Nr. 37/2003.

468   Rieck, Peter: »Greiz hat Reiz«, in: www.streitkraefteunterstuetzungskommando.bundeswehr.de.

469   Beilage der Saarbrücker Zeitung zum »Tag der deutschen Einheit 2009«.

470   Kooperation zwischen Schule und Bundeswehr, in: www.schulministerium.nrw.de.

Bernd Diepenhorst, Befehlshaber im Wehrbereich II, dankte der Ministerin für die Kooperation. Er bekräftigte das Interesse der Bundeswehr an einer engeren Zusammenarbeit in NRW. Nachdem sich dutzende Schüler drei Tage in dem Bundeswehr-Simulationsspiel POL&IS gemessen hatten, wurde an diesem 29. Oktober 2008 im Düsseldorfer Landtag feierlich die erste bundesweite Kooperationsvereinbarung zwischen einem Landesschulministerium und der Bundeswehr unterzeichnet, jeweils vertreten von Ministerin Sommer und General Diepenhorst.

In der Vereinbarung wird grundlegend erklärt: »In einer durch wachsende internationale Verflechtungen gekennzeichneten Welt bedarf es [...] in zunehmendem Maße einer Auseinandersetzung mit Fragen internationaler Politik, auch der Sicherheitspolitik.«[471] Daraus ließe sich die die Konsequenz zu ziehen, die Unterrichtsfächer Politik und Sozialwissenschaften zu fördern, die inhaltlichen Schwerpunkte anders zu setzen und den Unterricht finanziell besser auszustatten. Da jedoch die Sicherheitspolitik vor allem beim Verteidigungsministerium angesiedelt ist – schließlich beruht der Begriff weitgehend auf militärischen Kategorien –, will man offenbar nichts dem Zufall überlassen und lässt die Bundeswehr kurzerhand als Ersatz-Lehrer auftreten. Die Armee und das Schulministerium »wollen gemeinsam einen Beitrag leisten, um Schülerinnen und Schülern Aufklärung und Informationen über sicherheitspolitische Fragestellungen zu ermöglichen.«[472] Jugendoffiziere sollen im »schulischen Kontext Schülerinnen und Schüler über die zur Friedenssicherung möglichen und/oder notwendigen Instrumente der Politik« informieren. Es ist bekannt, dass Regierung und Bundeswehr auch militärische Interventionen – wie im Falle des Jugoslawien-Krieges sogar nicht vom Völkerrecht gedeckte – als ein notwendiges Instrument der Politik erachten. »Dabei werden«, so heißt es in der Kooperationsvereinbarung, »Informationen zur globalen Konfliktverhütung und Krisenbewältigung genauso wie Informationen zu nationalen Interessen einzubeziehen sein.« Das nationale Interesse Deutschlands umfasst laut dem Bundeswehr-Weißbuch 2006 – dem aktuellen strategischen Konzept der deutschen Armee – auch die Sicherung von Rohstoffen für die deutsche Wirtschaft mit militärischen Zwecken. Der Marine-Einsatz vor der Küste Somalias, die Mission »Atalanta« bedeutet beispielsweise die praktische Umsetzung dieser deutschen Interessen.[473] Den Schülern der nordrhein-westfälischen Sekundarstufen I und II soll eine

---

471 Kooperationsvereinbarung zwischen dem Ministerium für Schule und Weiterbildung des Landes NRW und dem Wehrbereichskommando II der Bundeswehr, unterzeichnet von Schulministerin Barbara Sommer und Generalmajor Bernd Diepenhorst, am 28.10.2008 in Düsseldorf (zitiert als Kooperationsabkommen NRW 2008)

472 Ebenda.

473 Siehe dazu beispielsweise: Haydt, Claudia: Kanonenboote und Piraten: NATO, EU und die Kontrolle der Meere, in: IMI-Analyse 2008/008 – www.imi-online.de.

Politik nähergebracht werden, die den Einsatz des Militärs zur Sicherung von Rohstoffen als vollkommen legitim erachtet. Für die Kooperation zwischen Bundeswehr und Schulen wurden in der Vereinbarung einige Grundlagen festgehalten:

- Eine Intensivierung der Zusammenarbeit im Rahmen der politischen Bildung im Bereich der Sicherheitspolitik entsprechend den Vorgaben der Verfassung, des Schulgesetzes des Landes Nordrhein-Westfalen und der Rahmenvorgabe für politische Bildung.
- Die Möglichkeit der Einbindung der Jugendoffiziere in die Aus- und Fortbildung von Referendarinnen und Referendaren sowie von Lehrkräften.
- Die Möglichkeit der Teilnahme von Lehrkräften und Bediensteten des Ministeriums für Schule und Weiterbildung des Landes Nordrhein-Westfalen und der Bezirksregierungen bei Aus-, Fort- und Weiterbildungen im Rahmen von Seminaren zur Sicherheitspolitik der Bundeswehr und von Besuchen ihrer Einrichtungen.
- Die Veröffentlichung von Bildungsangeboten, insbesondere im Amtsblatt und in den Onlinemedien des Ministeriums für Schule und Weiterbildung des Landes Nordrhein-Westfalen und des Wehrbereichskommandos II.
- Die Umsetzung der Kooperationsvereinbarung durch regelmäßige Gespräche der Jugendoffiziere mit den jeweiligen Leiterinnen und Leitern der Schulabteilungen bei den Bezirksregierungen oder eines von Ihnen jeweils beauftragten Dezernenten.
- Jeweils zum Schuljahresende erfolgt ein schriftlicher Bericht der Jugendoffiziere an das Ministerium für Schule und Weiterbildung des Landes Nordrhein-Westfalen über die Umsetzung der Kooperationsvereinbarung.[474]

Mit der Aus- und Fortbildung von Referendaren versucht die Armee ihren Einfluss auf den Schulunterricht zu verschleiern: Nicht Angehörige der Bundeswehr bringen den Schülern bei, dass Militär ein Mittel der Politik ist, sondern junge – scheinbar neutrale und daher unverdächtige – Lehrer, die wiederum zuvor von den Jugendoffizieren in politischer Bildung unter Verstoß der Grundsätze des Beutelsbacher-Konsens einseitig ausgebildet wurden (zum Beutelsbacher-Konsens weiter unten mehr).

Auch den Eltern wird so ein Einspruchsrecht genommen. Konnten sie früher – sofern ihre Kinder ihnen dies mitteilten – Einspruch gegen die Präsenz des Militärs in der Schule einlegen und bei der Schule protestieren, wird den Eltern diese Möglichkeit nun genommen: Ob ein Lehrer von der Bundeswehr mit ausgebildet wurde, entzieht sich ihrer Kenntnis. Zudem ist der Einfluss der zum der pädagogische Ein-

---

474 Kooperationsabkommen NRW 2008. – Bisher gibt es noch keinen Jahresbericht, der jährliche bundesweite Bericht der Jugendoffiziere soll aber mit einigen Anmerkungen an das Schulministerium NRW geschickt worden sein, erklärte Jugendoffizier Hauptmann Holger Gottesmann auf Nachfrage. Ein eigener Bericht werde aber gerade erstellt (Stand: 27.12.2009).

fluss des Militärs »nur« mittelbar und damit schwerer anzufechten. Dass die Umsetzung der Kooperationsvereinbarung mit verschiedenen Mitteln evaluiert wird, sollte bei den Lehrkräften auf Widerspruch stoßen. Immerhin könnte dies bedeuten, dass auf Lehrer, die sich weigern mit der Bundeswehr zu kooperieren und beispielsweise keine Jugendoffiziere in ihren Unterricht einladen wollen, Druck seitens des übergeordneten Bezirksministeriums aufgebaut und ausgeübt wird – auch wenn es in der Vereinbarung offiziell heißt, dass »die Schulen in eigener Zuständigkeit über die Ausgestaltung der Umsetzung der Vereinbarung entscheiden«. Denn immerhin ist das Dokument von der Schulministerin unterzeichnet.

Ein ähnliches Abkommen wie in NRW war – in weniger weitreichendem Ausmaß – bis dato nur aus Hessen bekannt geworden: Bereits Ende 2003 hatte die seinerzeitige Kultusministerin Karin Wolff (CDU) im Rahmen einer Dienstversammlung der Leiter der staatlichen Schulämter mit den Jugendoffizieren im Wehrbereich II verabredet, die Militärs künftig verstärkt als externe Referenten im Unterricht an Hessens Schulen einzusetzen.[475] Wolffs Ansicht nach sollte die Kooperation mit dem Militär auch für andere Bundesländer beispielhaft sein, schließlich werde das »Angebot zur politischen Bildung« in den Fächern Politik, Wirtschaft und Geschichte »durch die Experten der Bundeswehr bereichert«, wie es damals hieß. Die Armee bedankte sich: Am 2. April 2007 wurde Wolff die »Ehrenmedaille der Jugendoffiziere« verliehen. Wie einer Pressemitteilung des hessischen Bildungsministeriums zu entnehmen war, erhielt sie die Auszeichnung unter anderem für die Realisation des Internetauftritts der Jugendoffiziere auf dem Bildungsserver des Bundeslandes Hessen und die Einbindung der Bundeswehr »in die Aus- und Weiterbildung der hessischen Lehrkräfte«.

Auch andere Länder zogen nach: Im Saarland (März 2009) gibt es eine Kooperation zwischen Armee und Schulministerium.[476] In einem Brief von Juni 2009 an die Ministerpräsidenten und Kultusminister der Länder forderte der damaligen Verteidigungsministers Franz Josef Jung, nach den Vorbildern von NRW und dem Saarland auch eine Kooperationsvereinbarung mit der Bundeswehr im eigenen Bundesland abzuschließen. Es bedürfe einer aktiven Unterrichtung der Bürger, »um den Sinn bewaffneter Auslandseinsätze zu vermitteln«, heißt es in dem Schreiben. »Vor dem Hintergrund der gemeinsamen Verantwortung für Frieden und Freiheit unseres Vaterlandes« bat Franz Josef Jung für den Einzug der Bundeswehr in die Schulen der Länder. In Baden-Württemberg hat eine Kontaktausschusssitzung »Schule und Bundeswehr« zu einer am 4. Dezember 2009 unterzeichneten Kooperationsver-

---

475 Heinelt, Peer: »Bundeswehr macht Schule«, in: junge Welt, 4. Juli 2009.

476 Schnittker: Jahresbericht der Jugendoffiziere der Bundeswehr 2008, in: www.bmvg.de, S. 6.

einbarung geführt.[477] Mit Rheinland-Pfalz schloss im Februar 2010 das erste SPD-geführte Bundesland eine Vereinbarung mit dem Militär. In Bayern wurde im Juni 2010 eine Kooperation vereinbart.[478] Die Vertragstexte entsprechen alle im weitesten Sinne dem aus NRW.[479]

Für Unruhe sorgte hingegen eine geplante Kooperation in Mecklenburg-Vorpommern. Im Festsaal des Schweriner Schlosses sollte am 3. Juni 2010 nach Reden des Ministers für Bildung, Wissenschaft und Kultur, Henry Tesch (CDU), und des Konteradmirals Jens-Volker Kronisch, Befehlshaber des Wehrbereichskommandos I Küste der Bundeswehr, ein Kooperationsvertrag für Mecklenburg-Vorpommern unterzeichnet werden. Doch es kam anders. Dort tobte ein handfester Streit über die geplante Kooperationsvereinbarung in der rot-schwarzen Landesregierung: Ministerpräsident Erwin Sellering (SPD) soll erst aus den Medien über die geplante Vertragsunterzeichnung mit der Armee gehört haben und warf Bildungsminister Tesch einen Alleingang vor. In einer kurzfristig anberaumten Kabinettssitzung wies der Landeschef seinen Bildungsminister zurecht: »Es kann nicht sein, dass Soldaten in die Schulen geschickt werden, um einseitig für den Kriegseinsatz zu werben«, so Sellering.[480] Zwar habe die SPD keine grundsätzlichen Einwände gegen ein Kooperationsabkommen mit der Bundeswehr, dies müsse aber garantieren, dass weiterhin ein kontroverser Unterricht stattfindet, wurde damals erklärt. Die SPD forderte eine Überarbeitung des Vertragstexts. Die Bundeswehr kündigte schon mal vorsorglich an, nicht jeden Text zu akzeptieren: »Eine Kooperationsvereinbarung um jeden Preis strebt das Bundesverteidigungsministerium nicht an«, so ein Pressesprecher des Verteidigungsministeriums.[481] Letztlich wurde am 13. Juli 2010 eine Vereinbarung von Bundeswehr und Schulministerium unterzeichnet.[482] Der Vertragstext kommt den bisherigen sehr nah: Die einzigen Unterschiede: Die Inhalte des Jugendoffizier-Unterrichts in Schulklassen müssen der UN-Charta entsprechen und die Lehrkraft muss auf die Einhaltung des Beutelsbacher Konsens achten. Dies sind zwar gute Vorsätze, jedoch auch nicht viel mehr als Lippenbekenntnisse. Die Jugendoffiziere betonen beispielsweise seit jeher, sich an den Beutelsbacher Konsens zu halten. Da

---

477 Schürkes, Jonna: Jugendoffiziere raus aus Schulen!, in: IMI-Standpunkt 2009/067 – www.imi-online.de.

478 Bartels, Gudrun: Signalwirkung: Kooperationsvereinbarung zwischen dem bayerischen Kultusministerium und dem Wehrbereichskommando IV-Süddeutschland- unterzeichnet, in: www.streitkraefteunterstuetzungskommando.bundeswehr.de, 9.6.2010.

479 Bundestags-Drucksache 17/1511.

480 Bundeswehr-Vertrag gestoppt, in: Schweriner Volkszeitung, 2.7.2010.

481 Schulze von Glaßer, Michael: Erfolg für Kriegsgegner, in: junge Welt, 8.7.2010.

482 Land und Bundeswehr unterzeichnen Kooperationsvereinbarung, in: www.kultus-mv.de, 13.7.2010.

sie dennoch einseitige Werbung betreiben, verstoßen sie gegen das dort verankerte Kontroversitätsgebot. In der Debatte um die Kooperationsvereinbarung in Norddeutschland wurde seitens des Bildungsministers zudem immer wieder betont Jugendoffiziere würden nicht für einen Dienst an der Waffe werben. Nach Vertragsabschluss räumt die aus dem Bundesland stammende CDU-Bundestagsabgeordneten Karin Strenz jedoch ein: »Wenn man die Bundeswehr in ihrer Struktur vorstellt, ist das ein Part der politischen Bildung. Wenn darüber hinaus Jugendliche von der Bundeswehr überzeugt und an ihr interessiert sind, wäre es fatal zu sagen, das wäre nicht irgendeine Form von indirekter Werbung gewesen.«[483] Diese Werbung lehnt Strenz aber gar nicht ab: Wenn es nach ihr ginge, sollten die Jugendoffiziere schon Kinder in der 5. Klasse unterrichten.[484] Dass die Kooperationsabkommen für die Armee auch praktischen Nutzen hat, zeigt der erste Jahresbericht über die Kooperationsvereinbarung in NRW. Dort heißt es u. a.:

> »Die Unterzeichnung der Kooperationsvereinbarung zwischen dem Ministerium für Schule und Weiterbildung und der Bundeswehr hat sich bei der Arbeit der Jugendoffiziere als positiv erwiesen. Im Bereich der Akquise in den Schulen war es hilfreich, auf diese Vereinbarung hinzuweisen. Vor allem den Schulleitern nahm diese offizielle Billigung der Zusammenarbeit mit der Bundeswehr einige anfängliche Bedenken. Als sehr gut erwies sich bisher auch die vereinbarte Zusammenarbeit auf der Ebene der Referenten. Probleme und Hindernisse bei der Zusammenarbeit konnten so immer rechtzeitig aus dem Weg geräumt werden.«[485]

Auch auf den Internet-Bildungsservern der Schulministerien der verschiedenen Bundesländer hat sich die Armee festgesetzt. Auf dem nordrhein-westfälischen Bildungsserver können die Jugendoffiziere die Lehrer seit der Kooperationsvereinbarung 2008 dazu anregen, das POL&IS-Simulationsspiel in ihre Klassen zu holen, in Baden-Württemberg empfahl das Kultusministerium bereits 1999 die »Mitwirkung von Fachleuten aus der Praxis im Unterricht«, worunter ausdrücklich Jugendoffiziere fallen.[486] Im Internetangebot des Landes Sachsen-Anhalt heißt es:

> »Die Jugendoffiziere in Sachsen-Anhalt stehen Ihnen und Ihren Schülern als Referenten Diskussions- und Ansprechpartner in allen Fragen, die das Themenfeld Sicherheitspolitik der Bundesrepublik Deutschland, Europas und der Welt betreffen, zur Verfügung. Wir möchten mit unserer Arbeit einen Beitrag zur Erhaltung und Festigung des Grundkonsens über die Sicherheits- und Verteidigungspolitik unseres Landes leisten.«[487]

---

483   CDU: Auch für Soldatenberuf an Schulen werben, in: www.ostsee-zeitung.de, 25.7.2010.

484   Vorschlag: Offiziere in Klasse 5, in: Nordkurier, 26.7.2010.

485   Ebenda.

486   Bekanntmachung des Kultusministeriums Baden-Württemberg, 29.10.1999 (K.u.U.S. 252/1999).

487   Die Jugendoffiziere in Sachsen-Anhalt, in: www.bildung-lsa.de, zit. nach: Humburg, Heiko: In Zeiten von Jugendarbeitslosigkeit und »Hartz IV«: PR-Strategien der Bundeswehr, in: IMI-Studie 07/2008.

Ob dieser Grundkonsens besteht, ist höchst zweifelhaft. Auch in Hessen (seit 2001), Mecklenburg-Vorpommern (2007), Niedersachen (2007), Rheinland-Pfalz (2008) und Thüringen (2009) wird auf den Bildungsservern das Angebot der Jugendoffiziere beworben.[488]

Dass die Bundeswehr in den letzten Jahren ihre Bemühungen ausweitet, in den Schulen Fuß zu fassen, zeigt sich nicht nur an den Kooperationsabkommen, sondern auch an der direkten Suche nach Kontakt mit den einzelnen Schulen: Schrieb die Bundeswehr schon im Jahr 2008 bundesweit über 6.000 Schulen an, um sie zu Militär-Werbeveranstaltungen zu bewegen, waren es 2009 sogar weit über 6.500.[489] Dabei werden entweder Schulleitungen oder sogar direkt einzelne – der Bundeswehr meist positiv gesonnene – Lehrer angeschrieben. Wie so ein Schreiben aussieht, zeigt ein Brief Freiburger Jugendoffiziere an die Fachschaften Geschichte, Gemeinschaftskunde, Religion und Ethik von Freiburger Schulen vom 23. November 2009:

»Sehr geehrte Damen und Herren,
Die Jugendoffiziere Freiburg starten in das neue Schuljahr und möchten Ihnen wieder unser lehrplanabgestimmtes Programm anbieten. Mit unserem Angebot leisten wir eine fachspezifische Ergänzung zu Themen der Außen- und Sicherheitspolitik sowie der internationalen Friedenssicherung. Im Rahmen des Schwerpunktthemas ›Struktur der Staatenwelt und Konfliktbewältigung (LPE 13.4)‹ bieten wir zudem wieder eine intensive Abiturvorbereitung in Seminarform an. Das Seminar findet in der Regel an der Schule statt und wird entweder halb- oder ganztägig durchgeführt. Innerhalb des Seminars werden die einzelnen Aspekte der jeweiligen Thematik umfassend dargestellt und diskutiert. Nach einem Grundlagenvortrag zu den aktuellen sicherheitspolitischen Herausforderungen sowie Deutschlands Rolle in der internationalen Staatengemeinschaft können alle weiteren relevanten und auch tagespolitisch aktuellen Themen besprochen und erarbeitet werden. Auf dem beiliegenden Antwortfax finden Sie die von uns angebotenen Unterrichtsthemen. Selbstverständlich stimmen wir unser Angebot gerne auf Ihre individuellen inhaltlichen sowie methodischen und didaktischen Bedürfnisse ab.
Wir, das Team der Jugendoffiziere Freiburg, haben beide teilgenommen am Auslandseinsatz der Bundeswehr in Afghanistan und können somit aus ›erster Hand‹ über friedensichernde Maßnahmen und Konfliktbewältigung im Ausland berichten.
Wir freuen uns auf Ihre Einladung,
Ihre Jugendoffiziere in Freiburg«

Bei von Jugendoffizieren angeschriebenen männlichen Lehrkräften ist anzumerken, dass diese teilweise selbst Wehrpflicht abgeleistet haben und der Armee daher nicht selten positiv gegenüberstehen. Wie hoch der Anteil der Lehrer unter den mehr als 125.000 Mitgliedern des Verbandes der »Reservisten der Deutschen Bundeswehr e. V.«[490] ist, muss mangels Zahlenmaterials vorerst unbekannt bleiben.

---

488   Bundestags-Drucksache 17/1511.
489   Bundestags-Drucksachen 16/8355 und 16/12038.
490   Stand 2008 – www.reservistenverband.de.

Immer wieder entbrennt ein Streit darüber, ob Jugendoffiziere denn nun Nachwuchs werben oder nur informieren. Zwar ist die eigentliche Aufgabe der Jugendoffiziere nicht neuen Nachwuchs zu rekrutieren, sondern eine bestimmte, für das Militär günstige Stimmung in der Bevölkerung zu erzeugen, dennoch haben die Schulveranstaltungen der Soldaten natürlich einen Werbeeffekt. In den verteilten Bundeswehr-Broschüren und Flugblättern steht der Weg zum nächsten Wehrdienstberater – die Jugendoffiziere weisen den Weg. Die Bundeswehr ist aber auch direkt mit Wehrdienstberatern an Schulen aktiv: bei rund 12.600 Veranstaltungen wurden 2009 mehr als 280.000 junge Menschen erreicht.[491]

Schon seit einigen Jahren experimentiert die Bundeswehr damit, wie sie am besten an Schüler und auch direkt in die Bildungsstätten kommt. In den Jahren 2003 und 2004 führte die Armee in jeweils 32 Städten bundesweit ihre Ausstellungen »Unser Heer«, »Unsere Luftwaffe« und »Unsere Marine« durch[492] – bei jährlich zehn dieser Veranstaltung gab es auch einen »Scoolday«, einen Tag eigens für Schüler der Region. Die Konzeption dieser Reihe von Infotainment-Veranstaltungen für Schüler in zehn deutschen Großstädten führte die Marketingfirma Allendorf Media GmbH im Auftrag der Bundeswehr durch, veranstaltete Moderatoren-Coachings und machte begleitende Presse- und Medienarbeit: »Anlässlich des Besuchs der Ausstellung ›Unser Heer‹ werden jungen Frauen und Männern die Inhalte und Chancen des Offizierberufes vorgestellt und als Alternative zu einer zivilberuflichen Ausbildung und Qualifikation präsentiert. Durch das Bühnenprogramm mit Musik, Interviews und Quiz führen TV-Moderatorin Carolin Beckers und Radio Andernach Sprecher Jörg Winkelmann. Das musikalische Highlight ist der einstündige, eintrittsfreie Live-Auftritt des Pop-Idols Jeanette Biedermann«, hieß es zum Start der »Scoolday«-Tournee am 7. Juli 2003 in Karlsruhe.[493] Auch 2004 versuchte die Bundeswehr die jungen Leute mit bekannten Persönlichkeiten anzulocken und hoffte wohl, dass ein wenig Glamour der Stars auf sie abfiel: »Die mehr als 2000 Schüler konnten sich kaum beruhigen – die Stimme der Sängerin Yvonne Catterfeld wurde von Jubelrufen fast übertönt«, schrieb die Bundeswehr-Zeitung *aktuell*.[494] Auch der Astronaut und Bundeswehr-Oberst Thomas Reiter stand für Gespräche beim »Scoolady« Mitte 2004 in Leipzig bereit. Daneben konnten sich die Kinder und Jugendli-

---

491 Bundestags-Drucksache 17/1511.

492 Die Ausstellungen wurden mittlerweile vom »KarriereTreff« der Bundeswehr sowie von Infomobilen und Infotrucks abgelöst. Siehe dazu: Schulze von Glaßer, Michael: Die Bundeswehr im Kampf an der Heimatfront, in: IMI Studie 01/2009.

493 Kampagnenbeispiele, in: www.allendorf-media.de. – Radio Andernach ist der bundeswehreigene Radiosender.

494 Huber, Thomas: Startschuss, in: aktuell – Zeitung für die Bundeswehr, Nr. 22/2004.

chen mit Informationsmaterialien ausstatten, militärische Geräte bestaunen und das
Quiz »Wer wird General?« – wohl der Vorgänger des beim heutigen »KarriereTreff«
der Bundeswehr gespielten Quiz »Auf Zack!«[495] – mit Fragen rund um die Bundeswehr spielen: »Zu gewinnen gab es in Leipzig Fahrten mit dem Waffenträger ›Wiesel‹, eine Digitalkamera und ein Handy.«[496] Besonders um die Rekrutierung neuer
Offiziere ging es der Bundeswehr in den beiden Versuchsjahren des »Scoolday«. Die
Allendorf Media GmbH stellt darüber hinaus Werbebücher für die Armee her, ohne
diese als durch die Bundeswehr finanziert kenntlich zu machen.

Für Event-Veranstaltungen stellte die Bundeswehr im Sommer 2003 eine neue
Strategie vor: die Bundeswehr-»Toolbox«. Diese wurde damals von 250 Schülern
aus Köln getestet. Das »Street-Festival« im Bonner Verteidigungsministerium war ein
Test für das Bundeswehr-Veranstaltungskonzept »YES4YOU«. Die 14- bis 17-Jahre
alten Schüler konnten an verschiedenen Stationen Event-Module testen: »Mit der
Yes4You Toolbox können jetzt auch Truppenteile und Dienststellen auf jugendge-
rechte Veranstaltungselemente zurückgreifen und kleinere regionale Events veran-
stalten. Das Prinzip dieses Baukastens ist ganz einfach: Plant ein Truppenteil beispielsweise einen Tag der offenen Tür oder ein Biwak, kann er mit Hilfe der Toolbox
die passenden Module für Jugendliche, etwa Beach-Volleyball, Crossbiking, Street-
Basketball oder Kartfahren – oft mit DJs – auswählen«, hieß es im Bundeswehr-Jugendmagazin *infopost*.[497] Auch Bungee-Trampolin, Bungee-Soccer, eine Kletterwand,
ein Basketball-Bungee-Run oder eine Graffiti-Fläche – insgesamt 15 verschiedene
Veranstaltungsmodule[498] – konnten von den Schülern des Lessing-Gymnasiums aus
Köln-Porz getestet werden und wurden laut Bundeswehr-Bericht positiv bewertet.

Spielerisch in den Krieg – das Simulationsspiel »POL&IS«

»Seit 1995 halten wir Kontakt zu den Jugendoffizieren an unserer Schule. Als Politik-
lehrer kann ich sagen, dass POL&IS den Fachunterricht hervorragend ergänzt, ja
dass ich teilweise den Lehrstoff in anderer Form so gar nicht vermitteln könnte«,
berichtet Gabriele Böhme, Studienrätin des Friedrich-Stoy-Gymnasiums aus Falken-
berg/Elster in Brandenburg, begeistert.[499] Der Auftritt von Jugendoffizieren ist für

---

495   Schulze von Glaßer, Michael: Die Bundeswehr im Kampf an der Heimatfront, in: IMI Studie
      01/2009.

496   Huber, Thomas: Startschuss, in: aktuell – Zeitung für die Bundeswehr, Nr. 22/2004.

497   Fun mit der Toolbox, in: infopost Nr. 3/2003.

498   Pauli, Jörg Uwe: Zielgruppe erreicht, in: aktuell – Zeitung für die Bundeswehr, Nr. 20/2003.

499   Einmal Minister sein, in: aktuell – Zeitung für die Bundeswehr, Nr. 7/2009.

die Lehrerin fester Bestandteil des jährlichen Unterrichts in der Oberstufe. Dabei spielt sie mit ihrer Klasse meist das von den Bundeswehr-Jugendoffizieren angeleitet Simulations-Brettspiel POL&IS – Politik und Internationale Sicherheit. Das Spiel gilt bei Lehrkräften als hochattraktiv und begeisterte allein 2008 in mehr als 360 Simulationen rund 17.500 Schüler mit ihren Lehrern sowie Studenten und Referendare an mehr als 2.000 Seminartagen.[500] Die 94 hauptamtlichen Jugendoffiziere, die das Spiel in Schulen, Universitäten, Jugendherbergen oder auch Kasernen mit den jungen Menschen und ihren Pädagogen durchspielen, berichten in ihrem Jahresbericht 2008 von langen Wartelisten und ausschließlich positiven Rückmeldungen: »So stellt POL&IS zu Recht ein Kernstück in der Arbeit der Jugendoffiziere dar.«[501]

Das interaktive Planspiel »Politik und Internationale Sicherheit« wurde in den 1980er-Jahren von Prof. Dr. Wolfgang Leidhold, Mitglied am Seminar für Politikwissenschaft der Universität Köln, und einer interdisziplinären Arbeitsgruppe an der Universität Erlangen entwickelt. Ziel war es, jungen Menschen weltpolitische Zusammenhänge vor allem im Bereich der Ökonomie zu veranschaulichen. 1989 übergab Prof. Dr. Leidhold die Rechte für das Spiel mit der prägnanten Abkürzung POL&IS an die Bundeswehr. Seitdem wird es von den Jugendoffizieren der Armee laufend verbessert und den aktuellen politischen Rahmenbedingungen angepasst: »Als wir mit dem Spiel in den 80er-Jahren anfingen, war China noch ein Dritte-Welt-Land. Heute ist es eine aufstrebende Wirtschaftsmacht«, so Hauptmann Sebastian Spörer, Jugendoffizier aus Augsburg.[502] Auch den Kalten Krieg hat die Simulation hinter sich gebracht. Nun geht es um Globalisierung und Ressourcen-Verteilung. Grundlage des Spiels bildet ein großes Spielbrett, auf der eine Weltkarte zu sehen ist. Die Kontinente und Länder sind dabei zu elf verschiedenen Regionen zusammengefasst: West- und Osteuropa, Nord- und Südamerika, Ozeanien, Asien, Japan, China, Afrika, Arabien und die GUS-Staaten.[503] Den verschiedenen Regionen sind dabei spezifische Merkmale zugeteilt, die die reale Welt widerspiegeln sollen: Energie- und Rohstoffvorkommen, militärische Fähigkeiten, Industrie- und Agrarsektor sowie Bevölkerungszahl. Die Teilnehmer – zwischen 37 und 55 Menschen werden benötigt – schlüpfen bei dem Spiel in verschiedene Rollen: Regierungschef, Staatsminister (für das Militär zuständig), Wirtschaftsminister, Oppositionsführer (nicht in allen Staaten vorhanden und kann bei geringer Teilnehmerzahl auch als

500 Schnittker: Jahresbericht der Jugendoffiziere der Bundeswehr 2008, S. 4.

501 Ebenda.

502 Vogel, Axel/Petersen, Lars/Brackmann, Thomas: Am Puls der Jugend, in: Y – Das Bundeswehr Magazin, 17. September 2008, www.y-punkt.de.

503 Broschüre des BMVg »POL&IS – Eine Simulation zu Politik und internationaler Sicherheit«, Berlin 2003.

globale Opposition gespielt werden), UN-Generalsekretär, Weltbank, Weltpresse und Nicht-Regierungsorganisationen (beispielsweise Greenpeace oder Amnesty International). Der Spielleiter, sprich Jugendoffizier, kann das Geschehen durch so genannte Spielbausteine steuern und lenken. Zu den Grundbausteinen gehören der Politik-, der Wirtschafts- und der Militärbaustein. Mit dem Politikbaustein können die jungen Spieler unter anderem Verträge schließen, Demonstrationen durchführen, Wahlen ansetzen und sogar Putschversuche durchführen. Der Wirtschaftsbaustein thematisiert die Versorgung mit Rohstoffen und Nahrung. Dabei können Streiks und Hungersnöten ausbrechen. Wer schlecht wirtschaftet und wessen Volk unzufrieden ist, muss sogar mit der Bildung von Guerilla-Armeen im eigenen Land rechnen. Der Militärbaustein stellt vor allem die militärischen Fähigkeiten eines Landes dar. Diese sind – wie nicht anders bei einem Spiel der Bundeswehr zu erwarten – reichhaltig und reichen von Infanterie- und Panzerarmeen über Luftflotten, Marinestreitkräfte, strategische Raketenverbände und Bombergeschwader, Atom-U-Bootflottillen bis hin zu atomaren und chemischen Waffen. Zusätzliche Inhalte des Militärbausteins sind Kosten für den Militärhaushalt, Auf- und Abrüstung, militärische Konflikte, Guerilla-Armeen und Friedenstruppen. Außerdem können noch kleinere Bausteine wie beispielsweise Naturereignisse und Katastrophen sowie Wirtschaftskrisen im Spiel auftauchen – diese Zufallsereignisse orientieren sich oft an realen Gegebenheiten. Das Planspiel verläuft in Spielrunden. Die komplexen Abläufe werden durch Konferenzen beispielsweise in der imaginären UN-Versammlung erörtert.

Mit einer Werbebroschüre preist die Armee das Spiel an:

»Auch wenn Schüler, Studierende und Auszubildende sich politisch engagieren, erleben sie nicht hautnah mit, wie auf internationaler Ebene Politik gemacht wird. Schule, Universität und Betrieb haben kaum Möglichkeiten, die komplexen Strukturen und Abläufe internationaler Politik realitätsnah zu veranschaulichen. Diese Chance bietet POL&IS: Die Simulation vermittelt nicht nur politisches und sicherheitspolitisches Basiswissen, sondern lässt darüber hinaus Raum, um das neugewonnene Wissen selbst aktiv anzuwenden. So erhalten die Teilnehmer die Möglichkeit, ihre Kenntnisse und Erfahrungen zu vertiefen. POL&IS kann themengenau in den regulären Lehrplan eingebaut werden. Der Lehrende kann die POL&IS-Module Politik, Wirtschaft und Umwelt so wählen, dass die Simulation die Lernziele seines Unterrichts sinnvoll unterstützt. Auch die Themen für die Kurzvorträge der Jugendoffiziere können so abgestimmt werden, dass sie den Lehrstoff ergänzen oder für darüber hinausgehende Aspekte sensibilisieren. In der Vor und Nachbereitung kann der Lehrende den eigenen Unterricht und die Simulation thematisch miteinander verknüpfen.«

Das Spiel sei nicht nur für den Politik-, sondern auch für den Wirtschafts- oder Ethik-Unterricht geeignet. Besonders Projektwochen böten sich für das Spiel an, »in der andere Projektgruppen einbezogen werden können, z. B. die Schulzeitung, die

Umwelt AG oder das Videoteam.« Die einzelnen Rollen der Simulation könnten dann differenzierter ausgefüllt werden. Zwei Tage – die Mindestdauer des Spiels – scheinen den Militärs zu kurz, um die von ihnen gewünschten Inhalte zu vermitteln. Fünf Tage beträgt die maximale Spieldauer. Die Bundeswehr wirbt weiter damit, dass die jungen Spieler meist sehr motiviert seien, da sie bei POL&IS immer aktiv sind und das Geschehen genau beobachten müssen. Die Simulation vermittle außerdem »Wissen über die tatsächlichen politischen und wirtschaftlichen Verhältnisse der einzelnen Weltregionen, da die POL&IS-Welt realitätsnah ist.« Auch kognitive Fähigkeiten würden gefördert. Da es bei dem Spiel immer zu Konflikten kommt, werde auch das Lösen von Problemen trainiert. Nebenbei würden die jugendlichen Teilnehmer, die alle älter als 15 Jahre sein und zudem eine Gymnasialbildung besitzen müssen, das Sprechen vor der Gruppe üben. Laut den Jugendoffizieren sei ein erkennbarer Wissensanstieg der Jugendlichen über internationale Zusammenhänge nach einer erfolgreichen POL&IS Simulation signifikant.[504] Ein 17-jähriger Schüler aus Hamburg, der im Februar 2008 in der Bremer Scharnhorst-Kaserne unter Anleitung von Jugendoffizieren POL&IS spielte, beschrieb seine Rolle wie folgt: »Ich bin Regierungschef von Asien. Asien hat eine große Bevölkerung. Wir haben zur Zeit Guerilla im Land und probieren, sie zu bekämpfen.«[505]

Um das Ereignis für die jungen Leute noch eindrucksvoller zu gestalten, organisieren die Bundeswehr-Offiziere nicht selten Reisen für Schulklassen und andere POL&IS-Spielgruppen. Zwar führt die Bundeswehr das Spiel kostenlos durch, die Kosten für den Aufenthalt übernimmt sie aber nicht immer. Dafür sucht sie nach Wegen der Finanzierung: Nahezu alle Jugendoffiziere bestätigten laut dem Bericht der Jugendoffiziere 2008 übereinstimmend die hervorragende Unterstützung durch die Landeszentralen für politische Bildung und die »Arbeitsgemeinschaft Staat und Gesellschaft«, die durch finanzielle Unterstützung und enge Kooperationen viele der sicherheitspolitischen Seminare und POL&IS-Simulationen erst möglich machten.[506]

Nicht nur Schulen nehmen das kostenlose Rollenspiel wahr – auch Universitäten gehören zur Zielgruppe der Bundeswehr. Seit dem Wintersemester 2007/2008 fanden 24 POL&IS-Simulationen mit insgesamt weit über 900 Teilnehmern an deutschen Hochschulen statt.[507] Dabei trug die Bundeswehr pro Spiel Kosten in Höhe von 2.100 Euro. Mit 18 Universitäten hätten die Jugendoffiziere darüber hi-

---

504 Schnittker: Jahresbericht der Jugendoffiziere der Bundeswehr 2008, S. 12.
505 Heinelt, Peer: Bundeswehr macht Schule, in: junge Welt, 4. Juli 2009.
506 Ebenda, S. 6.
507 Bundestags-Drucksache 16/11015.

naus »erfreulich intensive Kooperationen«[508], wie sie es in ihrem Jahresbericht 2007 nennen. Diese reichen »von POL&IS-Simulationen über einzelne Vorträge bis hin zu Vortragsreihen [...], Anfragen der Hochschulen/Universitäten sowie persönliche Kontakte zum Lehrkörper.«[509] Ein Beispiel für eine solch gelungene Kooperation zeigt ein Auszug aus dem Bericht des Bezirksjugendoffiziers Baden zu einer Veranstaltung mit der Internationalen Fachhochschule Karlsruhe: »Die Studenten konnten durch ihre Teilnahme in Form einer offenen Prüfungsleistung ECTS-Punkte (European Credit Transfer System-Punkte) erwerben [ECTS ist das Europäische System zur Anrechnung, Übertragung und Akkumulierung von Studienleistungen]. Dieses POL&IS-Seminar ist nun fest in das Studienkonzept integriert und findet jedes Jahr im Mai statt.« Auch Vereine und Verbände nutzen den Service der Bundeswehr. Initiativen würden aber unter geringen Teilnehmerzahlen leiden. Zwar seien die regionalen Vorsitzenden meist sehr engagiert, aber trotzdem müssten vor allem POL&IS-Simulationen immer wieder aufgrund mangelnder Teilnehmermeldungen abgesagt werden.[510] Anders sei dies bei den jungen Menschen, die Zwangsdienste ableisten müssen: So bestehen bei vielen Jugendoffizieren enge Verbindungen zu den örtlichen Zivildienstschulen, mit denen POL&IS-Simulationen oder Tagungen durchgeführt werden. Dabei organisiert der Jugendoffizier gemeinsame Veranstaltungen mit Grundwehrdienstleistenden.[511] Gerade dies zeigt, dass es bei dem Spiel weniger um Nachwuchsgewinnung als viel mehr um Werbung für das Militär als Mittel der Politik geht – die Zivildienstleistenden sind für die Armee als Nachwuchs verloren, aber nicht als Bürger, die bei Parlamentswahlen für oder gegen eine bundeswehrfreundliche Politik stimmen können.

Wie ein solches Strategiespiel abläuft, beschreibt anschaulich ein Artikel aus der *ZEIT* vom April 2003.[512] Es wird beschrieben, wie Schüler, die sich vor Beginn des Spiels gegen jede Form von Krieg aussprachen, Krieg führen. Dass »gerade friedensbewegte Schüler aufgerüstet hätten, sei ein ›Element der Orientierung‹ an der Realität«, so Wolfgang Sting, Professor für Theaterpädagogik an der Universität Hamburg. Und auch der Jugendoffizier Christian Rump »ist von der Kriegsstimmung der Schüler nicht überrascht. ›Es gibt immer welche, die vorletzte Woche noch bei der Hand-in-Hand-Lichterkette mitgemacht haben und jetzt Krieg führen wollen‹, sagt der 28-Jährige, ›viele denken plötzlich, Stärke und Gewalt sind die besten Mittel.‹ Rump

---

508   Schnittker: Jahresbericht der Jugendoffiziere der Bundeswehr 2007, S. 8.

509   Bundestags-Drucksache 16/11015.

510   Schnittker: Jahresbericht der Jugendoffiziere der Bundeswehr 2008, S. 8.

511   Ebenda, S. 9.

512   Hartung, Manuel: Krieg oder Frieden, in: DIE ZEIT, 30.4.2003, zitiert nach: Humburg, Heiko: In Zeiten von Jugendarbeitslosigkeit und »Hartz IV«, a.a.O.

spricht davon, wie sehr die Medien gegen den [Irak-]Krieg Stimmung machten und die Schüler beeinflussten. Wenn die Schüler im Spiel aber Verantwortung trügen, setzten sie oft selbst das Militär ein.« Zusammengefasst: das Strategiespiel POL&IS treibt den Schülern die Flausen von Lichterketten und Friedensbewegung aus und soll sie mit der vermeintlichen Alternativlosigkeit von Krieg vertraut machen. Die Simulation legt den Teilnehmern schon von Beginn an drastische militärische Mittel wie Atomwaffen zur Seite. Es stellt sich nicht die Frage, ob es bei dem Spiel zu einer militärischen Eskalation kommt, sondern nur wann. Der Jugendoffizier als Spielleiter sorgt dafür, dass den Jugendlichen nahegbracht wird, was der Bundeswehr militärisch notwendig erscheint. Die Folgen der Spieler-Handlungen – beispielsweise kann es vorkommen, dass für eine florierende Wirtschaft Menschen verhungern müssen, da nicht ausreichend Nahrung vorhanden ist – werden bei POL&IS nicht thematisiert. Das Spiel wird zwar als realitätsnah angepriesen und das ist es vor allem in militärischen Belangen auch (die Fülle von verschiedenen Militäreinheiten; die Existenz von Militärpakten), einige wichtige Punkte, wie etwa das menschliche Leid während eines Krieges, werden aber verschwiegen. Der Handlungsspielraum der Teilnehmer ist zudem grundsätzlich eingeschränkt: zu radikalen politischen Umwälzungen kann es im Spiel nicht kommen. Es müssen beispielsweise NATO-Verträge, die auch in der Realität existieren, beachtet werden.

Gerade für Schüler ist die Teilnahme an dem Spiel zudem alternativlos, da diese im Rahmen des obligatorischen Schulunterrichts unter die Schulpflicht fällt. Auch der Vorwurf, die Jugendoffiziere würden als Spielleiter zwischendurch für die Bundeswehr werben, kann nicht ausgeräumt werden – Teilnehmer berichten oft davon. Ohne reichhaltigen Nutzen würde die Bundeswehr auch kaum die Kosten für das Spiel übernehmen. Werbung bedeutet das Spiel auch auf großen Messen wie der größten europäischen Bildungsmesse »didacta«[513] oder der Leipziger-Buchmesse (bis 2004). Dort wird POL&IS nicht selten von einer festen Gruppe am Stand der Bundeswehr gespielt, um neugierige Besucher anzulocken. Eine Kritik aus politikwissenschaftlicher Perspektive richtet sich gegen das Handlungsfeld des Spiels. Dieses lege ein Außenpolitikverständnis an den Tag, welches als weitestgehend losgelöst von der Innenpolitik ist.

Auch im »Handbuch der Jugendoffiziere« wird über POL&IS berichtet: In der Vor- und Nachbereitung des Spiels soll der Jugendoffizier die Simulation thematisch beispielweise mit den »Einsatzgebieten der Bundeswehr« verknüpfen.[514] Die Simulation soll »aufzeigen« warum falsches Handeln interne und externe Krisen auslösen

---

513 Einmal Minister sein, in: aktuell – Zeitung für die Bundeswehr, Nr. 7/2009.
514 Handbuch der Jugendoffiziere, Sankt Augustin 2009, S. 42.

kann« und warum »Sicherheitspolitik unabdingbar« ist.[515] Das Handbuch enthält explizite Aufforderungen, das Spiel zur militärpolitischen Indoktrination zu nutzen: Zwischen den einzelnen Spielschritten sollen thematisch zugeschnittene Impulsvorträge erfolgen.[516] Zu offensichtlich darf die Indoktrination natürlich nicht vonstatten gehen. Um das »›Kippen‹ der Simulation bei zu vielen ›kriegsgeilen‹ Teilnehmern« zu vermeiden, könne der Zusatzbaustein »Oberkommando« ins Spiel eingearbeitet werden, heißt es im »Handbuch der Jugendoffiziere«.[517] Um das Spiel aktuell zu halten, haben einige Jugendoffiziere eine POL&IS-Arbeitsgruppe gegründet, in der sie sich austauschen und neue Spielregeln entwickeln. Zudem steht in dem Jugendoffizier-Handbuch, dass die Jugendoffiziere selbst für den Wikipedia-Eintrag über das Spiel verantwortlich sind.[518]

Das Verteidigungsministerium weist zwar jeden Vorwurf zurück – POL&IS sei »weder Kriegsspiel noch Kriegssimulation«[519] – und das Spiel ist auch kein direktes Kriegsspiel (wie beispielsweise das ähnliche Brettspiel RISIKO). Jedoch zielt die Simulation darauf ab, den jungen Teilnehmern beizubringen, dass der Einsatz des Militärs ein legitimes Mittel der Politik ist, zu dem es keine Alternative gibt. POL&IS ist also ein Spiel mit sehr großen kriegerischen Aspekten.

Akademiker in die Armee – die Bundeswehr an Hochschulen

Zwei eigene Hochschulen besitzt die Bundeswehr: die 1972 gegründete »Hochschule der Bundeswehr Hamburg«, die im Dezember 2003 in »Helmut-Schmidt-Universität – Universität der Bundeswehr Hamburg« umbenannt wurde, und die 1973 gegründete »Universität der Bundeswehr München«. Die beiden Universitäten bieten eine Vielzahl von Studiengängen – Ziel ist es, für die Bundeswehr geeigneten Akademiker-Nachwuchs sicherzustellen. Die durchschnittliche Zahl der Studierenden liegt bei rund 2.500 bzw. 4.000 Studenten und reicht längst nicht aus, um den Fachkräfte-Bedarf der deutschen Armee zu decken. Immer komplizierter werdende Waffensysteme müssen gewartet und bedient werden, der Bundeswehr mangelte es 2009 an etwa 429 Sanitätsoffizieren.[520] Neben dem direkten Bedarf ist die Bundeswehr vor allem daran interessiert, Lehramts-Studierende von sich zu überzeugen, damit diese

---

515   Ebenda, S. 36.
516   Vgl. Brendle, Frank: Propagandaexperte, in: junge Welt, 20. Juli 2010.
517   Handbuch der Jugendoffiziere, Sankt Augustin 2009, S. 44.
518   Ebenda, S. 48.
519   Lichte, Susanne: POL&IS – Politik interaktiv lernen, in: www.bmvg.de.
520   Bundestags-Drucksache 16/12012.

ihren späteren Schülern ein positives Bild vom Militär vermitteln. Dieser Vorstoß geht einher mit der Ausbildung von Referendaren durch Soldaten in immer mehr Bundesländern. Das Werben um Akademiker ist für die Bundeswehr also Pflicht, wenngleich dies – im Vergleich zur Werbung um Schüler – nur sehr marginal betrieben wird.

Eigentlich sind Studierende an zivilen Hochschulen schon außerhalb der Zielgruppe der Armee – dass die jungen Akademiker ihren Weg doch noch in Richtung Militär einschlagen, ist unwahrscheinlich. Nicht umsonst wirbt die Bundeswehr massiv unter Schülern und weniger unter Studierenden. Dabei geht es einerseits um Nachwuchsgewinnung, andererseits aber ebenfalls darum, von Sinn und Auftrag der Armee zu überzeugen. Auch an Hochschulen sind es vor allem Jugendoffiziere, die intervenieren: »Neben Vorträgen, Podiumsdiskussionen und Exkursionen wird das interaktive Simulationsspiel POL&IS angeboten«.[521] Allerdings: »Die Zusammenarbeit mit Universitäten und anderen Hochschulen gestaltete sich deutlich schwieriger als mit den Schulen. Viele Hochschulen haben trotz vielfältiger Bemühungen der Jugendoffiziere weiterhin nur vereinzelt Interesse an einer Zusammenarbeit. Vor allem der universitäre Lehrkörper wehrt sich gegen einen Referenten in Uniform,«[522] heißt es im »Jahresbericht der Jugendoffiziere der Bundeswehr 2007«. Positiver bewerteten die jungen Militärs das Verhältnis in ihrem »Jahresbericht 2008«:

> »Immer mehr Universitäten und Fachhochschulen sind für eine Zusammenarbeit mit dem Jugendoffizier offen. Dabei reichen diese Kontakte von einmaligen Vorträgen über Vortragsreihen und Seminare sowie POL&IS-Simulationen bis hin zu einer Einbindung des Jugendoffiziers in die Lehre. Der Teilnehmerkreis an diesen Veranstaltungen besteht vor allem aus Lehramtsstudenten. Zudem sind auch die Lehrstühle für politische Wissenschaften an den Angeboten interessiert und binden den Jugendoffizier als Lehrkraft in einzelne Vortragsveranstaltungen, Gesprächsrunden und Diskussionen mit ein. Vielfach sind diese Kooperationen über persönliche Kontakte entstanden, die zu gemeinsamen Veranstaltungen geführt haben. Die persönliche Akquise der Bezirksjugendoffiziere hatte daran einen erheblichen Anteil. Als ausgewählte Beispiele dienen die Universitäten in Bremen, Hannover, Augsburg, Duisburg-Essen, Köln, Potsdam, Erlangen-Nürnberg, Erfurt oder die Pädagogischen Hochschulen in Baden-Württemberg. Dennoch gibt es weiterhin viele Universitäten, die sich eine Zusammenarbeit mit den Jugendoffizieren aus unterschiedlichen Gründen nicht vorstellen können.«[523]

Zu einigen akademischen Einrichtungen hat die Bundeswehr mittlerweile intensive Kontakte, wie aus einer kleinen Bundestagsanfrage[524] hervorgeht. Diese »erfreulich

---

521 Bundestags-Drucksache 16/11015.
522 Schnittker: Jahresbericht der Jugendoffiziere der Bundeswehr 2007, in: www.bmvg.de, S. 8.
523 Schnittker: Jahresbericht der Jugendoffiziere der Bundeswehr 2008, in: www.bmvg.de, S. 8.
524 Bundestags-Drucksache 16/11015.

intensiven Kooperationen«[525] bestehen mit folgenden Universitäten und Hochschu-
len: Universität Tübingen, Universität Kiel, Universität Bremen, Universität Göttingen, Universität Erfurt, Universität Köln, Deutsche Hochschule für Verwaltungs-
wissenschaften Speyer, Katholische Fachhochschule Münster, Universität Kassel,
Technische Universität Kaiserslautern, Universität Bonn, Universität Duisburg-
Essen, Technische Universität Cottbus, Europäische Wirtschaftshochschule Berlin,
Universität der Künste Berlin, Universität Nürnberg-Erlangen und Internationale
Fachhochschule Karlsruhe. Anknüpfungspunkte für eine konkrete Zusammen-
arbeit mit den betreffenden Hochschulen »ergeben sich durch die Angebote der
Jugendoffiziere, die von POL&IS-Simulationen über einzelne Vorträge bis hin zu
Vortragsreihen reichen, Anfragen der Hochschulen/Universitäten sowie persönli-
che Kontakte zum Lehrkörper.«[526] Teilweise gibt es für die Teilnahme an POL&IS-
Spielen an den Universitäten sogar ECTS-Punkte (European Credit Transfer Sys-
tem-Punkte). Die militärische Bildung wird somit honoriert.

Einer Studie der Tübinger Informationsstelle Militarisierung zufolge wird mittlerweile an über 60 deutschen Hochschulen »wehrtechnische« oder »wehrmedizini-
sche« Forschung betrieben.[527] Neben Einzelveranstaltungen bietet die Bundeswehr
auch einen ganzen Studiengang an einer zivilen Hochschule an: seit 2007 führt
die Universität Potsdam gemeinsam mit dem Sozialwissenschaftlichen Institut der
Bundeswehr den Master-Studiengang »Military Studies« durch. In vier Semestern
könne man die Themenfelder »Militär, Krieg und organisierte Gewalt studieren«,
wirbt die Hochschule auf ihrer Website. Die Armee verspricht sich von der Kooperation neue Militärsoziologen und Historiker. Die Grundlage für den Studiengang ist eine »Vereinbarung über Zusammenarbeit und Kooperation«, die bereits
im Oktober 2004 zwischen der Armee und der Universität Potsdam geschlossen
wurde.[528]

Eigens auf Studierende gerichtete Werbung z. B. in Zeitschriften oder direkt auf
dem Campus findet nur selten statt, da die Werbemaßnahmen der Bundeswehr
auf eine jüngere Zielgruppe gerichtet sind. Nur um Fachkräfte – z. B. Ingenieu-
re bemüht sich die Armee auch an zivilen Hochschulen. Für ein »Studium ohne
[Studien]Gebühren – Studium mit Gehalt« wirbt die Armee unter Schülern für die
beiden Bundeswehr-Universitäten in Hamburg und München.

525 Schnittker: Jahresbericht der Jugendoffiziere der Bundeswehr 2007, in: www.bmvg.de, S. 8.
526 Bundestags-Drucksache 16/11015.
527 Nach: Heinelt, Peer: Unis auf Kriegskurs. »Zivil militärische Zusammenarbeit« an bundesdeut-
      schen Hochschulen, in: junge Welt, 16.02.2010, S. 10 f.
528 Schulze von Glaßer, Michael: Militärforschung im Hörsaal, in: Neues Deutschland, 18.1.2010.

Militärverbundenheit in der Fläche – Bundeswehr-Patenschaften mit Städten

»Patenschaften von Einheiten und Verbänden der Bundeswehr mit Städten und Gemeinden sollen das Verständnis der Bürgerinnen und Bürger für die Bundeswehr als Instrument einer wehrhaften Demokratie zur Friedenssicherung fördern«, so die Bundesregierung einleitend in einer Antwort auf eine kleine Bundestags-Anfrage der Linkspartei im Ende Juli 2010.[529] Die Maßnahmen seitens der Bundeswehr zur Ausgestaltung solcher Patenschaften »sollen die Kommunikation über relevante Bundeswehrthemen mit den Bürgerinnen und Bürgern anstoßen« und die »Truppe in ihren Funktionen und Aufgaben darstellen«, heißt es weiter. Pflichten, die aus einer solchen Patenschaft erwachsen, gebe es für beide Seiten nicht. Die Bundesregierung wiegelt ab:

> »Unterstützungsleistungen durch die Bundeswehr sind nicht Gegenstand der Patenschaftspflege und unabhängig davon in Einzelfällen nur dann gegen Kostenerstattung möglich, wenn die Bevölkerung dadurch einen Einblick in den Ausbildungsstand und den Dienstbetrieb der Truppe erhält, ein wesentliches Ausbildungsinteresse der durchführenden Einheit vorliegt, keine anderen dienstlichen Belange dieser Maßnahme entgegenstehen und eine Unbedenklichkeitsbescheinigung der örtlich zuständigen Industrie- und Handelskammer vorliegt.«[530]

Patenschaften bestehen dabei nicht immer nur zwischen Städten und Armee-Einheiten, sondern auch zwischen Städten oder ganzen Bundesländern und beispielsweise Marineschiffen. So wurde am 1. Februar 1959 die erste Patenschaft der Bundeswehr überhaupt abgeschlossen, und zwar zwischen dem Minenjagdboot Weilheim und der Gemeinde Weilheim/Oberbayern. Heute gibt es mehr als 700 solcher Patenschaften, 193 sind seit Aufstellung der Bundeswehr »aufgrund struktureller Veränderungen« erloschen.[531] Städte können die Patenschaft einseitig und ohne großen Aufwand kündigen.

Wie eine solche Patenschaft aussehen kann, zeigt ein Beispiel aus der Baden-Württembergischen Kleinstadt Gammertingen im Landkreis Sigmaringen. Die 6.600-Seelen-Gemeinde Stadt unterhält eine Patenschaft mit der 4. Kompanie des Führungsunterstützungsbataillons 291. Die Bundeswehr hilft bei den Vor- und Nachbereitungen sowie bei der Durchführung des örtlichen City-Festes. Auch am Volkstrauertag und beim Stadtlauf gab es schon gemeinsame Aktivitäten. Am Weihnachtsmarkt beteiligten sich die Soldaten ebenso wie an einer Landschaftspflege-

---

529 Bundestags-Drucksache 17/2688.
530 Ebenda.
531 Ebenda.

aktion des Schwäbischen Albvereins. Die Patenschaft wird auch genutzt, um Kinder bereits früh an die Bundeswehr heranzuführen. So hat sich die Bundeswehr zum Beispiel 2010 mit einem Informationsstand am örtlichen Schulfest der Grund-, Haupt- und Werkrealschule beteiligt. Und am Ende ihrer Kindergartenzeit besuchten 49 Kinder eine Kaserne, bestaunten dort u. a. »ein Düsenflugzeug vom Typ Tornado, in dem man sich als Pilot oder Copilot fühlen durfte.«[532] Zwischen 2005 und 2010 gab die Bundeswehr jedes Jahr 80.000 bis 100.000 Euro für die Pflege der Patenschaften aus.[533]

Die Kritik an Patenschaften zwischen Bundeswehr-Einheiten und Städten wird seit einigen Jahren lauter. Besonders dort, wo Patenschaften in Aktivitäten der Bundeswehr vor Ort münden, gibt es Proteste. So in Gammertingen, aber auch in Hannover, wo die Bundeswehr jedes Jahr ein Sommerfest für tausende von lokalen Prominenten veranstaltet.

Tag der Reservisten –
Das Rückgrat der Bundeswehr auf Stimmenfang

Der »Verband der Reservisten der Deutschen Bundeswehr e. V.« (VdRBw) wurde 1960 gegründet und hat etwa 125.000 Mitglieder, die zuvor in der Armee gedient haben, aktive Soldaten sind oder eine andere Tätigkeit beim deutschen Militär ausüben. Der Verband ist eigenständig und keine Institution der Bundeswehr. Dennoch sind die Übergänge fließend. Die Reservisten sehen sich als Brücke zwischen Streitkräften und Gesellschaft. Der Verband und seine Mitglieder verstehen sich als Bindeglied zwischen der aktiven Truppe und der Zivilbevölkerung.[534] Das zeigt sich beispielsweise jedes Jahr am »Tag der Reservisten«: »Das Herausstellen der Bedeutung der Reserve für die Bundeswehr wie auch der Sinnhaftigkeit eines Engagements in den Streitkräften und in der beorderungsunabhängigen, freiwilligen Reservistenarbeit bildet den Kern der Informationsarbeit«[535], so der Stellvertreter des Generalinspekteurs der Bundeswehr und Beauftragter für Reservistenangelegenheiten der Bundeswehr, Generalleutnant Johann-Georg Dora, in seiner Jahresanweisung für

---

532   Amtsblatt der Stadt Gammertingen vom 19.08.2010.

533   Bundestags-Drucksache 17/2688.

534   Veranstaltungs- und Organisationshandbuch für den Tag der Reservisten 2009, S. 13.

535   Dora, Johann-Georg (Stellvertreter des Generalinspekteurs der Bundeswehr und Beauftragter für Reservistenangelegenheiten der Bundeswehr; Generalleutnant), Jahresanweisung für die beorderungsunabhängige, freiwillige Reservistenarbeit 2008-2009; zitiert nach: Veranstaltungs- und Organisationshandbuch für den Tag der Reservisten 2009, S. 2.

die beorderungsunabhängige, freiwillige Reservistenarbeit 2008/2009. Diese Informationsarbeit wird seit dem Jahr 2001 vor allem beim »Tag der Reservisten« betrieben und geht weit über ein reines Informationsangebot zum eigenen Verband hinaus. An dem Tag finden jährlich dutzende von den Reservistenkameradschaften organisierte Veranstaltungen auf öffentlichen Plätzen statt. Dabei wird nicht nur um neue Verbandsmitglieder geworben, sondern auch um jungen Nachwuchs für die Bundeswehr – beispielsweise durch Einbindung von Bundeswehr-Werbemobilen. Zudem wird beim »Tag der Reservisten« versucht, die Bundeswehr positiv darzustellen. Bei einem umfassenden Überblick über die Werbemaßnahmen des Militärs darf daher die Funktion des Reservistenverbandes und ihr »Tag der Reservisten« nicht außer Acht gelassen werden.

Im Rahmen des von den Vereinten Nationen ausgerufenen und von vielen Bundesministerien unterstützten »Internationalen Jahres der Freiwilligen« präsentierte sich der deutsche Reservistenverband 2001 erstmals, um nach eigenen Angaben »den Aspekt der Freiwilligkeit in der Reservistenarbeit öffentlich zu machen«.[536] Als besondere und bundesweite Aktion des Verbandes wurde unter dem Motto »Reservisten sind Freiwillige« am 13. Oktober 2001 der Aktionstag durchgeführt. Damit sollte die Tätigkeit des Verbandes öffentlichkeitswirksam und bundesweit einheitlich dargestellt werden. Aufgrund vieler positiver Rückmeldungen von den 38 gemeldeten Veranstaltungen wurde noch im selben Jahr entschieden, den »Tag der Reservisten« jährlich durchzuführen. Die Zahl der Veranstaltungen erhöhte sich 2002 auf bundesweit 71. Wirklich öffentlichkeitswirksame Veranstaltungen sollen aber eher die Ausnahme als die Regel gewesen sein.[537] 2003 stieg die Zahl der öffentlichen Reservistenveranstaltungen auf 91. Über 65.000 Besucher kamen zu den Veranstaltungen unter dem zentralen Motto »Lernen sie Ihre Reserven kennen«.[538] Etwa 80 Presseberichte wurden in meist lokalen Medien veröffentlicht, was der Verband als Erfolg wertete. Ein Jahr später fiel die Zahl der Veranstaltungen auf 80. Im Jahr 2005 demonstrierte der Verband unter dem Motto »50 Jahre Bundeswehr – 50 Jahre Reservisten« den Schulterschluss zum aktiven Militär.[539] Die Zahl der Veranstaltungen ging zwar weiter auf nunmehr 74 zurück, dafür nahmen mit 112.000 Besuchern deutlich mehr Menschen teil. 2006 und 2007 pendelte sich die Zahl der Aktionen am Tag der Reservisten auf 80 ein. Einen großen Erfolg feierte der Verband 2008: »Erstmals konnten wir die magische Zahl von 100 Veranstaltungen erreichen – die

---

536   Veranstaltungs- und Organisationshandbuch für den Tag der Reservisten 2009, S. 6.
537   Ebenda.
538   Ebenda.
539   Ebenda.

Besucherzahl kletterte über 1 Million«, heißt es rückblickend im Veranstaltungs- und Organisationshandbuch zum Tag der Reservisten 2009.

Der Reservistentag fand 2009 – wie fast jedes Jahr – am letzten Samstag im September statt. Der 26. September 2009 bot zudem die Möglichkeit, einen Tag vor den Bundestagswahlen für die Fortführung der umstrittenen Bundeswehr-Auslandseinsätze einzutreten und die Wähler vom Auftrag der Armee zu überzeugen: »[D]as ist für uns Reservisten eine große Chance in der Öffentlichkeit noch intensiver wahrgenommen zu werden«, freute sich Michael Sauer, Vizepräsident für Information und Kommunikation des deutschen Reservistenverbandes.[540] Die Verbandsspitze hatte für den Reservistentag 2009 die Losung ausgegeben, »alle Rekorde zu brechen und mindestens 100 Veranstaltungen« mit einer »bundesweite Flächendeckung« und »mit einer Veranstaltung in jedem Kreis« zu organisieren.[541] Auf der Website des Verbandes waren letztlich jedoch nur 87 Veranstaltungen aufgelistet[542] – die weitaus meisten davon in Bayern. Im oberfränkischen Warmensteinach, eine 2.200-Seelen-Gemeinde, präsentierten die Reservisten gemeinsam mit der Bundeswehr bei einer Geräteschau einen Kampfhubschrauber vom Typ »Bo105«, eine »Patriot«-Luftabwehrraketenstellung und einen Bundeswehr-Schwerlasttransporter. Außerdem gab es eine Modellbauausstellung, einen Infostand der Reservisten und Wehrdienstberatungen. Das Programm wurde mit Demonstrationen vom Bau einer Brücke, dem Abseilen von Verwundeten, der Errichtung eines Check-Points und einer Hundestaffel der Feldjäger gestaltet. Zudem gab es Kinderspiele und natürlich auch eine Gulaschkanone. Zum Ärgernis der Bundesorganisatoren fand der Warmensteinacher Reservistentag bereits am 12. September und nicht am bundesweit geplanten 26. September statt. Darüber beschwerte sich Michael Sauer, Vizepräsident für Information und Kommunikation des Verbands, schon im Veranstaltungs- und Organisationshandbuch für den Tag der Reservisten 2008: »Schon seit Jahren können wir uns über eine hohe Anzahl der Veranstaltungen (auch 2007 waren es wieder über 80) freuen. Die Bilanz weist aber auch aus, dass mindestens die Hälfte nicht am bundesweit vorgegebenen Termin, dem letzten Samstag im September, stattfinden. Es mag wichtige Gründe für ein Abweichen von diesem Datum geben. Unser Ziel muss aber bleiben, flächendeckend im ganzen Land nicht irgendwann, sondern am Tag der Reservisten wahrgenommen zu werden.«[543] Auch vor dem Düsseldorfer Rathaus fand eine zentrale Veranstaltung des Reservistenverbandes nicht am geplanten Aktionstag statt. Hier hatten am 18. Sep-

---

540   Veranstaltungs- und Organisationshandbuch für den Tag der Reservisten 2009, S. 3.

541   Tag der Reservisten 2009: Die schönsten Veranstaltungen werden prämiert!, in: www.reservistenverbande.de.

542   Alle Veranstaltungen am Tag der Reservisten 2009, in: www.reservistenverbande.de.

543   Veranstaltungs- und Organisationshandbuch für den Tag der Reservisten 2008, S. 3.

tember auch der »Volksbund Deutsche Kriegsgräberfürsorge e. V.« und der Verein »Lachen helfen e. V.«, eine »Initiative deutscher Soldaten und Polizisten für Kinder in Kriegs- und Krisengebieten«, einen Informationsstand.[544] Der Friedens- und Militainment-Forscher Peter Bürger merkt an, dass »Lachen helfen e. V.« unter anderem von Rüstungsfirmen wie der Daimler AG, Diehl BGT Defence GmbH & Co. KG, EADS Defence & Security (DS), Krauss-Maffei-Wegmann GmbH & Co. KG, Rheinmetall Defence und THALES Defence finanziert wird. Das Zentrum für Nachwuchsgewinnung WEST hatte in Düsseldorf ein eigenes Zelt, in dem Werbematerialien verteilt wurden, und das Blasorchester der Stadtwerke Krefeld spielte ein Benefizkonzert. Der Reservistenverband verteilte auf dem Platz kleine tarnfarbene Tütchen mit Gummibärchen und der Aufschrift: »Verband der Reservisten der Deutschen Bundeswehr e. V. – Mitglied sein ist bärenstark!« Armee-Angehörige und Reservisten sollen außerdem für zahlreiche Gespräche bereit gestanden haben. »Eine stattliche Reihe von Polizei-Einsatzwagen hielt sich am Rande dieser Düsseldorfer Militärveranstaltung im Hintergrund«, berichtet Bürger.[545] In Cottbus kam am Reservistentag ein Infomobil der Marine zum Einsatz, in Marl und Fürth wurde mit Infotrucks neuer Bundeswehr-Nachwuchs gesucht. Auch Jugendoffiziere kamen am Tag der Reservisten zum Einsatz. Dutzende Bundeswehr-Einheiten stellten, ähnlich wie beim »KarriereTreff«, Militärgerät zur Verfügung, um Besucher anzulocken.

Dem Reservistenverband sind ein einheitliches Auftreten und ein Widererkennungseffekt sehr wichtig: »Deshalb werden Motto, Logo, Werbemittel sowie Organisationshilfen und Checklisten verwendet, die dem übergeordneten Ziel entsprechen und es fördern. Die Einhaltung der gestalterischen Grundsätze hat oberste Priorität«, heißt es im Organisationshandbuch 2009.[546] Der Verband stellt seinen Kameradschaftsgruppen daher sogar Vorlagen für Briefbögen und Zeitungsanzeigen zur Verfügung. Seit einigen Jahren gibt der Reservistenverband jedes Jahr ein Veranstaltungs- und Organisationshandbuch zum Tag der Reservisten heraus, in dem ganz offen über die Möglichkeit berichtet wird, Aufmerksamkeit zu gewinnen: »Nicht oft genug können wir das Thema Reservistenmusikzüge ansprechen: Leider traten im vergangenen Jahr nicht alle Musikzüge am Tag der Reservisten auf! Das ist sehr schade – sind sie doch ein besonders attraktives Mittel der Öffentlichkeitsarbeit: Musik geht unter Umgehung des Verstandes direkt ins Gemüt und schafft ein positives Klima für unsere Gespräche mit den Bürgern.«[547] Spenden werden

---

544 Bürger, Peter: Gummibärchen und Afghanistan, in: www.telepolis.de, 27.9.2009.
545 Ebenda.
546 Veranstaltungs- und Organisationshandbuch für den Tag der Reservisten 2009, S. 9.
547 Veranstaltungs- und Organisationshandbuch für den Tag der Reservisten 2008, S. 3.

beim Tag der Reservisten auch nicht selbstlos gesammelt: »Steigerungspotenzial [2009 im Gegensatz zu den Vorjahren] gibt es sicher weiter bei den ›Spenden‹: Bei nur 15 Veranstaltungen wurden [2008] Sammlungen zugunsten sozialer Organisationen durchgeführt. Dies ist schade, da soziales Engagement imagesteigernd wirkt und Scheckübergaben in der Presse öffentlichkeitswirksam dargestellt werden können.«[548] Offen spricht der Verband auch über die Nutzung kostenloser Werbung durch Zeitungsberichte: »In allen Städten gibt es kostenfrei verteilte Anzeigenblätter, die mit einer Minimalredaktion auskommen müssen und deshalb froh sind, wenn sie fertige Texte und Bilder zugeliefert bekommen. Dies muss für die vorbereitende Werbung ebenso bedacht werden wie für die Nachberichterstattung.«[549] Diese »Form der Werbung [ist] – im Gegensatz zum teuren Schalten einer Anzeige – völlig kostenfrei [...] und [sollte] daher viel offensiver genutzt« werden, heißt es in dem Handbuch.[550] Die Spitze des Reservistenverbands empfiehlt außerdem, alte Kriegerdenkmäler öffentlichkeitswirksam zu säubern. Der Politologe Peer Heinelt merkt an, dass sich der Reservistenverband dabei in eine unglückliche Traditionslinie stellt: »Gemeinsam mit dem ›Volksbund Deutsche Kriegsgräberfürsorge‹ (VDK), der an zahlreichen Veranstaltungen zum ›Tag der Reservisten‹ beteiligt ist, knüpft der Reservistenverband auf diese Weise direkt an überkommene militaristische Traditionen an: Der insbesondere im Kaiserreich und in der Nazizeit staatlicherseits mit Inbrunst gepflegte Helden- und Totenkult sollte die deutsche Bevölkerung kriegsbereit stimmen.«[551] Der Bundesverband unterstützt die Kameradschaften, wo es nur geht: im jährlichen Handbuch stehen daher sogar Musterbriefe an die Bundeswehr und an die Presse. Der Verband der Reservisten der Deutschen Bundeswehr verfügt auch über eigene Infostände und Infomobile, die beim Reservistentag – und beispielsweise auch bei Tagen der offenen Tür in Bundeswehr-Kasernen – zum Einsatz kommen. Der Verband finanziert sich unter anderem aus Mitteln des Verteidigungshaushalts, aus dem jährlich etwa 14 Millionen Euro in den Reservistenverband fließen.

Trotz der hohen Finanzmittel und der enormen Mitgliederstärke scheint es vielen der 2.600 Kameradschaften an Motivation zu fehlen. Die Zahl der Gruppen, die am Tag der Reservisten teilnehmen, ist vergleichsweise gering. Peer Heinelt vermutet, dass dies für den Reservistentag 2009 an anderweitiger Beanspruchung der Kameradschaften lag:

---

548   Veranstaltungs- und Organisationshandbuch für den Tag der Reservisten 2009, S. 7.

549   Ebenda.

550   Ebenda.

551   Heinelt, Peer: Generalmobilmachung, in: junge Welt, 23. September 2009.

»Das könnte damit zusammenhängen, dass sie bereits in eine andere Propagandaaktion eingebunden sind: Mitte letzten Jahres [2008] veröffentlichte der Reservistenverband ein ›Praxis-Handbuch Energiesicherheit‹, das nach Mitteilung der Herausgeber dazu beitragen soll, die deutsche Bevölkerung auf einen ›künftig mit Härte und Gewalt geführten Wettbewerb um Ressourcen, Verteilung und Transport‹ vorzubereiten. Ähnlich wie im ›Handbuch‹ für den ›Tag der Reservisten‹ finden sich auch hier neben den entsprechenden argumentativen Leitlinien ›Checklisten, Hilfestellungen und Muster zur Vorbereitung, Durchführung und Nachbereitung von Veranstaltungen vor Ort‹. Explizites Ziel ist die Lancierung einer politischen ›Kampagne‹, die die militärische Absicherung der deutschen Energieversorgung begleitet und von Reservisten organisiert wird.«[552]

Öffentlichkeitswirksam tritt der Verband der Reservisten der Deutschen Bundeswehr jährlich am Tag der Reservisten für seine und die Ziele der Bundeswehr ein. Den Erfolg oder Misserfolg, den die Reservisten dabei haben, ist nicht messbar, allein das Zur-Schau-Stellen vor hunderttausenden Menschen dürfte aber einen positiven Effekt für die Militärs haben. In den letzten Jahren, besonders 2009, regte sich aber auch Widerstand gegen den Reservistenverband. Die antimilitaristische Initiative »kehrt marsch – Den Bundeswehr-Werbefeldzug stoppen!« rief zu Protestaktionen am Tag der Reservisten auf: »Der ›Tag der Reservisten‹ wird zum Tag der Werbung für Krieg und Militarismus, wenn wir den KriegstreiberInnen von Reservistenverband und Bundeswehr nicht die Suppe versalzen!«[553] Auf der Website der Initiative fanden sich fertige Flugblätter zum Herunterladen. So blieben die Werbeveranstaltungen der Reservisten – wenn auch nur vereinzelt – nicht ohne Kritik.

---

552 Heinelt, Peer: Generalmobilmachung, in: junge Welt, 23. September 2009.

553 Der Bundeswehr das Rückgrat brechen!, in: www.kehrt-marsch.de.

III. Bundeswehreigene Medien

Neben eigenen Veranstaltungen hat die Bundeswehr gleich mehrere eigens für die Rekrutierung junger Menschen entwickelte Medien. Diese Medien bilden das Rückgrat der Bundeswehr-Rekrutierungsmissionen, auf Internet-Websites werden weitreichende, aber unkritische Informationen geboten – selbst Online-Bewerbungen auf einen Job bei der Armee sind möglich. Moderne Medien stehen zum Download auf den Rekrutierungsportalen bereit. Für jüngere Menschen gibt die Armee eigens die Zeitung *infopost* heraus, in der sie für den Dienst an der Waffe wirbt. Die Bundeswehr ist im Zeitalter der Informationsgesellschaft auch im medialen Kampf um neue Rekruten präsent – eine nähere Betrachtung beleuchtet die diesbezügliche Propaganda, mithin: die Kriegspropaganda.

»Wir sind Nachwuchswerber« – Zur einfältigen Propaganda in der *infopost*

1977 erschien die erste »infopost«. Bis dahin gab es zwar unzählige Broschüren, Merkblätter, Poster und andere Werbematerialien der Bundeswehr, die »infopost« sollte diese aber vereinen, für Jugendliche aufarbeiten und zielgruppengerecht darstellen. Ursprünglich als reine Sammlung der bestehenden Materialien geplant, wurde aus der »infopost« schnell ein eigenständiges Jugendmagazin mit fester Redaktion. Die *infopost* ist kostenlos und erscheint vierteljährlich, hat vor allem das Ziel der Nachwuchsgewinnung und richtet sich daher an junge Menschen zwischen 14 und 20 Jahren: »Alles, was wir tun, gilt dem Ziel die Anzahl von jungen Leuten, die wir pro Jahr brauchen, an die Bundeswehr mit werblichen Mitteln heranzuführen«, drückt es der leitende Redakteur Franz-Theo Reiß aus.[554] Dabei setzt die Bundeswehr auf Vollfarbdruck, ein Jugendliche ansprechendes Layout, ein Poster in der Mitte des Heftes und natürlich für junge Menschen aufbereitete Themen. Diese sind nach Auskunft des leitenden Redakteurs zum einen nach den Wünschen der jungen Leser, zum

---

554 Schulze von Glaßer, Michael: Die Bundeswehr im Kampf an der Heimatfront, in: IMI Studie 01/2009.

andern nach dem Bedarf der verschiedenen Armee-Gattungen an neuen Rekruten ausgerichtet. Verteilt wird die *infopost* auf Bundeswehr-Veranstaltungen aller Art – Messeständen, Wehrdienstberatungen, BigBand-Konzerten usw. – wobei ein großer Teil der Auflage auch als Abonnement verschickt wird. Um die *infopost* kostenlos abonnieren zu können, darf man nicht älter als 20 Jahre alt sein und muss eine Bestellkarte ausfüllen. Neben Adresse und Unterschrift müssen die jungen Menschen auch »Angestrebter oder erreichter Schulabschluss«, das voraussichtliche Ende der Ausbildungszeit, »Staatsangehörigkeit« und andere rekrutierungsrelevante Angaben machen. Zudem erklären sich die Jugendlichen durch das Ausfüllen der Bestellkarte bereit, dass ihre Angaben gespeichert werden, damit ihnen »gelegentlich neue Informationen zur Nachwuchswerbung« zugeschickt werden können. Probeexemplare können auf der treff.bundeswehr-Website geordert werden – hier müssen weniger Daten preisgegeben werden. Um neue *infopost*-Abonnenten zu gewinnen, setzt das Bundeswehr-Jugendmarketing auf *infopost*-Werbung in zivilen Jugendmedien: »Um über die Möglichkeiten der Binnenwerbung hinaus zu gehen, gehen wir auch [...] manchmal in BRAVO oder [...] in den SPIESSER um die Leute auf die infopost aufmerksam zu machen«, so Franz-Theo Reiß.[555] Zu deren Radius: Die BRAVO ist mit einer Auflage von wöchentlich rund 450.000 Exemplaren die größte Jugendzeitschrift im deutschsprachigen Raum; der SPIESSER ist ein kostenloses Jugend- und vor allem Schülermagazin, das seit September 2007 bundesweit mit einer Auflage von über einer Million Exemplaren erscheint. In der *infopost* dienen Gewinnspiele als weiterer Abonnement-Anreiz.

Bis 1997 haben rund 12 Millionen Jugendliche die *infopost* abonniert.[556] Bis 1982 erschien diese noch im Zeitungsformat, zum bunten Magazin wurde sie erst danach. Das Layout passt sich ebenfalls dem zeitlichen Trend an. Schon mehrmals wechselte die *infopost* ihren Logo-Schriftzug, zuletzt zur Ausgabe 4/97. Die Auflagenhöhe der Jugendzeitschrift liegt vierteljährlich bei rund 190.000 Stück.[557] Laut dem Chefredakteur soll die Auflage in den Sommermonaten sogar bei 250.000 Exemplaren liegen, da dann auch die »KarriereTreffs«, Tage der offenen Tür und Jugendsportevents ausreichend mit den Zeitungen versorgt werden.[558] Die jährlichen Ausgaben betragen etwa 160.000 Euro.[559] Der reale finanzielle Aufwand für die Produktion der Zeitung liegt aber weit höher, da die Bundeswehr fast immer auf eigene Ressourcen zurück-

---

555 Ebenda.

556 20 Jahre infopost, in: infopost 3/97, S. 3.

557 Bundestags-Drucksache 16/14094.

558 Schulze von Glaßer, Michael: Die Bundeswehr im Kampf an der Heimatfront, in: IMI Studie 01/2009.

559 Bundestags-Drucksache 16/14094.

greifen kann – die Artikel werden von Soldaten geschrieben, die Redaktion besteht ebenfalls aus Militärangehörigen. Die oben genannten Ausgaben belaufen sich also vor allem auf die Druckkosten – wahrscheinlich ist noch nicht einmal der Vertrieb der Zeitung eingerechnet, da die *infopost* die bestehenden Vertriebsstrukturen der Armee nutzt.

Der Aufbau der Zeitung hat in Teilen eine feste Struktur: auf Seite zwei finden sich immer das Inhaltsverzeichnis, das Editorial, Leserbriefe sowie das Impressum. Auf der letzten Seite – Seite 20 – finden sich aufgelistet die Termine von Konzerten der Bundeswehr-BigBand, des »KarriereTreffs« sowie Informationen zum aktuellen Gewinnspiel des Bundeswehr-Jugendmarketings und manchmal auch Kreuzwort-rätsel mit Fragen zum Militär. Den Großteil des Heftes machen Artikel, Berichte und Reportagen aus. Die Bundesregierung schreibt zum Inhalt der Bundeswehrzeitung im Herbst 2009 in einer Antwort auf eine kleine Bundestagsanfrage: »Die ›infopost‹ informiert mit jugendgerechten Reportagen und Porträts über den Berufsalltag und über Berufsfelder in der Bundeswehr. Sie stellt somit ein Informationsangebot für junge Leute dar und ermöglicht interessierten Jugendlichen den unverbindlichen Dialog.«[560] Was die Regierung übergeht: Beim Inhalt der Zeitung handelt es sich oft um einfältige Propaganda und einseitige pro-militaristische Darstellungen im Ge-wand einer scheinbar normalen Jugendzeitung. 44 *infopost*-Hefte ab dem Jahr 1994 lagen mir zur Untersuchung bereit, einige Artikel und Themen aus den Heften möchte ich hier vorstellen:

Anfang und Mitte der 1990er Jahre – zu einer Zeit, da die Bundeswehr vom Auf-trag der Landesverteidigung verabschiedete und sich in den Verteidigungspolitische Richtlinien von 1992 die »Aufrechterhaltung des freien Welthandels und des unge-hinderten Zugangs zu Märkten und Rohstoffen in aller Welt« zur Aufgabe machte[561] – galt es für die *infopost*, gegen pazifistische Standpunkte mobil zu machen. Im Heft 1/94 beschreibt Martin Klingst, damals Redakteur der Wochenzeitung *DIE ZEIT*, in einem Artikel mit der Überschrift »Kein Pazifist für alle Zeiten – Vom Verweigerer zum Befürworter«, seinen Weg vom Kriegsdienst ablehnenden Jugendlichen zum Kriegsbefürworter.[562] Die Militärintervention in Prag 1968 durch die Rote Armee und der Vietnam-Krieg hätten ihn zu einer pazifistischen Grundhaltung erzogen, dennoch sei er damals ein Verehrer Che Guevaras gewesen, schreibt Klingst. Im Gegensatz zu anderen Armeen habe die Bundeswehr die Freiheit aber »immer nur verteidigt« und sei daher unterstützenswert. Ein besonderer Schwerpunkt des Arti-

---

560   Bundestags-Drucksache 16/14094.

561   www.uni-kassel.de/fb5/frieden/themen/Bundeswehr.

562   Klingst, Martin: Kein Pazifist für alle Zeiten – Vom Verweigerer zum Befürworter, in: infopost 1/94, S. 4/5.

kels liegt auf Jugoslawien: der Autor befürwortet eine militärische Intervention – »die Palette nichtkriegerischer Drohungen ist aufgebraucht« – und bereitet die jungen Leser vorsorglich auf den völkerrechtswidrigen Kriegseinsatz der deutschen Armee fünf Jahr später vor. Neben diesem theoretischen Artikel gibt die Bundeswehr den jungen Lesern aber auch etwas Praktisches mit auf den Weg: sie sollen ein Praktikum bei der Armee machen. Dazu regt ein Artikel von einem 15-Jährigen Schüler an, der über sein dreiwöchiges Praktikum schreibt: »Obwohl einige Bekannte, darunter auch Wehrpflichtige, mir früher abgeraten haben, hat sich mein Entschluß, mich bei der Bundeswehr zu verpflichten, eher gefestigt.«[563] Man solle nicht auf andere hören, sondern »selber hin« zur Bundeswehr und sich ein Urteil bilden, empfiehlt der Schüler-Praktikant. An Selbst-Beweihräucherung mangelt es in dem Bundeswehr-Magazin nicht: »Was geblieben ist?«, fragt die Redaktion nach 20 Jahren *infopost* und gibt sogleich die Antwort: »Die Bundeswehr ist unersetzlich für die Stabilität und Sicherheit in Europa, unsere jungen Wehrpflichtigen sind bei allem ein entscheidender Faktor.«[564]

In der zweiten *infopost* von 1999 präsentierte die Bundeswehr das westliche Bündnis als Sieger der Geschichte und begründete zugleich den Weg von der vermeintlichen Verteidigungspolitik zu Zeiten des Kalten Krieges hin zur ersten großen militärischen Intervention nach 1945: »50 Jahre NATO – ein Jubiläum, das wir uns alle noch vor kurzem anders vorgestellt haben?! Ohne dass ein einziger Schuß fiel, ›besiegte‹ die NATO den Kommunismus. Nun mussten sie geschlossen einsehen, dass ein militärischer Eingriff außerhalb des eigenen Gebietes unumgänglich sein kann um die Menschenrechte in Europa zu retten.«[565] Außen vor bleibt hier, dass es sich bei dem vermeintlich »unumgänglichen Eingriff« um einen Angriffkrieg handelte, der zudem völkerrechtlich nicht gedeckt war.[566] Stattdessen wird der Einsatz den jungen Lesern als humanitäre Hilfsaktion angepriesen: das Cover-Bild von Heft 3/99 zeigt Bundeswehr-Panzer der KFOR-Truppe durch jubelnde Menschenmassen fahren. Der inhaltliche Schwerpunkt dieser *infopost*-Ausgabe liegt auf dem Auslandseinsatz im Kosovo: darin zieht die Bundeswehr eine positive Bilanz, zeigt lächelnde Kinder und Frauen. Kein Wort verliert sie über die Streitbarkeit des Militäreinsatzes in Deutschland.

Ihren zwanzigsten Geburtstag feierte die *infopost* 1997 mit einem bunten, gemal-

---

563 Manthey, Florian: Mein Berufspraktikum beim Panzerbataillon 154 Westerburg, in: infopost 1/94, S. 13.

564 Editorial, in: infopost Nr. 3/97, S. 2.

565 Editorial, in: infopost Nr. 2/99, S. 2.

566 Siehe dazu: Albrecht, Ulrich/Schäfer, Paul (Hg.): Der Kosovo-Krieg – Fakten, Hintergründe, Alternativen, Köln, 1999.

ten Poster. Darauf sind lachende Kinder und Soldaten zu sehen, Panzer, Flugzeuge, Schiffe und U-Boote sind bunt und haben jeweils ein Gesicht, aus dem Kanonenrohr eines bunt gepunkteten Kettenfahrzeugs kommen Luftschlangen und Konfetti – das Poster könnte beinahe aus einer pazifistischen Zeitschrift stammen. Neben dem Poster rief die Bundeswehr dazu auf ein Maskottchen für die Zeitschrift zu zeichnen, zu gewinnen gab es dabei 200 »coole Preise«.[567] Rund 1.000 Entwürfe gingen bei der Redaktion ein, zehn wurden in der Ausgabe 4/97 abgedruckt, darunter auch das Gewinner-Maskottchen eines 15-Jährigen Lesers: ein grüner Soldatenhelm mit gro-ßen Augen, zwei Armen und Füßen, die unter dem Helm hervorgucken – Körper, Hals und Beine fehlen. Seitdem es auf den Namen »Helmi« getauft wurde, fehlt es in keiner Ausgabe. Ein Nachspiel hatte der Abdruck von »Bundi«, ein Maskott-chen-Entwurf eines 17-Jährigen aus Eisenach. Der Entwurf zeigt einen Igel, der ein Schild »Der Frieden muss bewaffnet sein« in Händen hält. In der darauf folgenden Ausgabe fand sich neben den in jeder Ausgabe befindlichen Leserbriefen auf Seite 2 auch ein Leserbrief von Benjamin Reincke zu der Zeichnung: »Ich finde es nicht gut, dass ihr den Spruch ›Der Frieden muß bewaffnet sein‹ in eurer Ausgabe 4/97 gedruckt habt. Ich meine, dass der Alexander Moog, der das Maskottchen gezeich-net hat, so denkt, ist schon schlimm genug. Dieser Satz hat keine Logik. Er stimmt einfach nicht. Was hat die Bewaffnung mit Frieden zu tun? Frieden kann man nicht mit Waffen erzwingen oder erhalten. Der Frieden muß freiwillig von den Menschen kommen. Wer sich diesen Satz ausgedacht hat, und so denkt auch die Bundeswehr, der muß eine falsche Weltanschauung haben.«[568] Die *infopost*-Redaktion ließ es sich nicht nehmen, eine – unübliche – Anmerkung unter den Leserbrief zu schreiben: »In der Tat, so denkt auch die Bundeswehr. Und was den Frieden in unserem Lande seit rund 50 Jahren betrifft, wohl auch nicht zu unrecht. Aber liebe *infopost*-Leser, schreibt Ihr uns doch, was Ihr vom ›bewaffneten Frieden‹ haltet.« Der Aufruf fruch-tete und in der *infopost* 2/98 wurden auf zwei Seiten 13 Leserbriefe als Reaktion auf den Leserbrief Benjamin Reinckes abgedruckt. Davon war einer neutral, einer pflichtete Reincke bei und die restlichen elf griffen Reincke für dessen Kritik an der Behauptung »Der Frieden muß bewaffnet sein« an. Dies sei »reine pazifistische Schwärmerei und völlig unrealistisch«, schreibt Christian Zielonka aus Dorsten. In den Leserbriefen spiegelt sich das vorherrschende Geschichtsbild wider: »Allein die historische Tatsache, dass die BRD und Zentraleuropa seit 1949 in Frieden exis-tieren und durch die Schaffung der NATO ein Gegenpol zu den Sowjettruppen in Europa aufgebaut wurde, konnte eben in Europa ein ›Frieden mit Waffen‹ ermög-

---

567   Jubiläums-Maskottchen, in: infopost 3/97, S. 20.
568   Benjamin, Reincke: Leserbrief, in: infopost 1/98, S. 2.

licht werden.« Dass die NATO von Anfang an konfrontativ ausgerichtet war – der »Warschauer Pakt« wurde zudem erst sechs Jahre später (1955) gegründet – und spätestens seit den 1990er Jahren als Kriegsbündnis in Erscheinung tritt, wird hier unterschlagen.[569]

Inwieweit sich die politischen und militärischen Koordinaten verschoben haben, zeigt sich auch an der scheinbar etwas verqueren Logik eines Jugendoffiziers, der in einem Interview in der Ausgabe 4/98 auf die Frage, warum er zur Bundeswehr gegangen ist, antwortet: »Ich habe mich damals für die Bundeswehr entschieden, weil ich – im Unterschied zum Kriegsdienstverweigerer – Kriegsverweigerer bin. Ich möchte mich aktiv für die Sicherheit der Bundesrepublik und den Frieden einsetzen.«[570] Bezeichnend ist: In aktuelleren Heften sind solche Sätze nicht mehr zu finden –offensichtlich passen sie nicht mehr in eine Zeit, in der die Bundeswehr Kriege nicht mehr »verweigert«, sondern führt.

Auch der Grundwehrdienst wird in dem Bundeswehr-Jugendmagazin behandelt. Aufgrund der Möglichkeit, den Dienst zu verweigern und einen alternativen zivilen Zwangsdienst zu verrichten, müssen die jungen Leser nämlich auch vom Wehrdienst überzeugt werden. Für einen Artikel in der *infopost* wurden drei Wehrdienstleistende eine Woche lang begleitet – der Zwangsdienst an der Waffe wird dabei verniedlichend »Grundi« genannt.[571] »Was mich bei der Bundeswehr sehr beeindruckt, ist die Kameradschaft. Menschen, die man kaum kennt, helfen einem dabei, die Anforderungen des täglichen Dienstes zu bewältigen. Spätestens beim Bier abends im Mannschaftsheim vergisst man so, dass man für fünf Tage von Zuhause weg ist«, preist ein Wehrdienstleistender den Militärdienst gegenüber der *infopost* an. Auch der beispielhafte Tagesablauf eines Grundwehrdienstleistenden wird für die jugendlichen Leser aufbereitet: mittags gibt es Pommes und abends Pizza, am Nachmittag wird Fußball gespielt – ein verlockender Wehrdienst.

Interessant auch der »Streifzug durch die Geschichte der Bundeswehr«, den die *infopost* in zwei Teilen in den Ausgaben 3/2002 und 4/2002[572] unternimmt: Darin wird zwar eingeräumt, dass einige Soldaten aus der Wehrmacht auch in der Bundeswehr tätig waren; dass aber an der Schwelle zu den 1960er Jahren 12.360 Offiziere aus der Wehrmacht und 300 Offiziere aus der SS in der neuen Armee dienten – die anfänglich bezeichnenderweise noch »Neue Wehrmacht« genannt wurde – wird ver-

569 Cremer, Uli: Neue NATO: Die ersten Kriege, Hamburg 2009, S. 15.

570 Leittersdorf, Susanne: Fragen an Henning Böhne, in: infopost 4/98, S. 3.

571 Gruber, Alexander: Eine Woche »Grundi« – Erste Eindrücke, in: infopost 4/2000.

572 Lindner, Thomas: Ein Streifzug durch die Geschichte der Bundeswehr (I.), in: infopost 3/2002, S. 8/9; ders.: Ein Streifzug durch die Geschichte der Bundeswehr (II.), in: infopost 4/2002, S. 6/7.

schwiegen.[573] Die Wehrmacht wird in dem langen, zweiteiligen Artikel noch nicht einmal beim Namen genannt.

Die Bundeswehr verschweigt ihre militärischen Tätigkeiten nicht: »Im Rahmen der authentischen Darstellung von Berufsmöglichkeiten und Berufsalltag der Bundeswehrangehörigen wird u. a. auch der Einsatz in Afghanistan altersgerecht thematisiert«, wie es in einer Bundestags-Drucksache heißt.[574] In der *infopost* gibt sich die Armee aber lieber friedlich-zivil. Im Artikel »LUZ, Eloka und Patrouille – Ein Tag in der afghanischen Provinz Kunduz« aus dem Jahr 2008 wird kein Wort über die getötete bzw. verwundete deutsche Soldaten verloren – geschweige denn über afghanische Opfer.[575] Ebenso wenig thematisiert wird der psychische Druck – einschließlich des Befehls, einen anderen Menschen töten zu müssen. Stattdessen präsentiert der Autor – ein Stabsfeldwebel – den scheinbaren Alltag eines Logistik-Soldaten, der Militärflugzeuge entlädt, einer jungen Militärpolizistin, die gleich sieben Sprachen sprechen kann und täglich um das Feldlager joggt, und eines Bundeswehr-Hundeführers samt Schäferhund ›Nelson‹. Nachteile der Soldaten im Auslandseinsatz (körperliches Risiko, PTBS, Freundin/Freund weit weg, u. a.) werden in den Heften verschwiegen und nur einige Probleme oberflächlich behandelt. . Weniger bei der Themenwahl als vielmehr in den Texten tritt die Einseitigkeit deutlich zutage. Auf den Vorwurf jedoch, in der *infopost* werde die Bundeswehr beschönigend und einseitig dargestellt, reagierte Chefredakteur Franz-Theo Reiß gelassen: »Logisch, das ist doch selbstverständlich, die ›infopost‹ ist eine ›Kundenzeitschrift‹. In einer Broschüre von Audi steht auch nicht, dass das Auto in zwei Jahren durchrostet. […] Wir betrachten die Bundeswehr nicht kritisch, sondern sind Nachwuchswerber«.[576] Genau an diesem Punkt setzt die Kritik an der Zeitschrift ein: Inwieweit können Kinder und Jugendliche, die Leser des Blattes, die *infopost* von anderen, kommerziell verbreiteten Jugendzeitungen unterscheiden? Sind sie sich bewusst, dass die Texte reine Werbung und daher einseitig sind? Wissenschaftliche Untersuchungen dazu gibt es noch nicht. Vorgehalten werden muss der Bundeswehr jedoch, dass sie zumindest versucht, die Aufmachung anderer Jugendzeitungen nachzuahmen und sich deren Popularität ebenso wie deren vermeintliche politische Seriosität zu Nutze zu machen. Jürgen Schäfer beschreibt die *infopost* in seinem Buch »Öffentlichkeitsarbeit der Bundeswehr – Zur Selbstdarstellung einer totalen Institution« als

---

573   Bald, Detlef: Die Bundeswehr – eine kritische Geschichte 1955-2005, München 2005, S. 51.

574   Bundestags-Drucksache 16/14094.

575   Groeneveld, Gerhard: LUZ, Eloka und Patrouille – Ein Tag in der nordafghanischen Provinz Kunduz, in: infopost 3/2008, S. 4/5.

576   Schulze von Glaßer, Michael: Die Bundeswehr im Kampf an der Heimatfront, in: IMI Studie 01/2009.

»eine Mischung aus Bild-Zeitung und Bravo gemacht als Boulevardblatt«.[577] Hierzu muss ergänzt werden, dass der Inhalt im Vergleich zur *Bild*-Zeitung und zur BRAVO plumpe Werbung ist. Daran hat auch die Wandlung der *infopost* in den 1990er Jahren, in denen die vormals häufig militaristische Rhetorik etwas gediegener wurde, nichts verändert: »Presse- und Öffentlichkeitsarbeit ist die gezielte Vermittlung von Informationen unter Ausnutzung aller zur Verfügung stehenden Medien. Sie muss überzeugen.«[578]

Bei diesem Anspruch aus aus den Richtlinien für die Presse- und Öffentlichkeitsarbeit der Bundeswehr aus dem Jahre 1993 könnte zu der Vermutung verführen, dass eher an die Vermittlung gezielter Informationen gedacht wurde anstatt gezielt zu informieren.[579] Hierzu passen die Texte aus der *infopost* Mitte der 1990er Jahre. Die Bundeswehr hat ihre Wortwahl – vielleicht auch aufgrund des sowieso günstigeren Meinungsklimas – mittlerweile entschärft: »Die Informationsarbeit von BMVg und Bundeswehr [...] fördert das Vertrauen der Bevölkerung in die Sicherheits- und Verteidigungspolitik der Bundesrepublik Deutschland und in die Bundeswehr.«[580] Daran scheint es keinen Zweifel zu geben, wie im »Plan für die Informationsarbeit des Bundesministeriums der Verteidigung und der Bundeswehr 2000« des Leiters des Presse- und Informationsstabes des BMVg vom 21. Dezember 1999 deutlich wird. Dort heißt es unter anderem, dass in Medien und Bevölkerung zum Thema Bundeswehr und Sicherheitspolitik ein sehr günstiges Meinungsklima herrsche.[581] Die *infopost* konnte ihren Ton daher dämpfen, zumal das Ziel Deutschlands, außenpolitische Interessen notfalls auch wieder militärisch durchzusetzen, 1999 erreicht wurde. Damit war der Damm gebrochen und seitdem ufern solche Einsätze immer mehr aus. Da weite Teile der Bevölkerung – im Falle des Afghanistan-Einsatzes sogar eine Mehrheit – die Auslandseinsätze aber noch immer ablehnen, hat die *infopost* nicht zuletzt die Funktion, die Wähler von morgen möglichst auf Kurs zu bringen. Mit der *infopost* kann die Armee Massen junger Leute erreichen, überzeugen und rekrutieren. Das Blatt ist daher extrem wichtig für die Öffentlichkeitsarbeit der Bundeswehr.

---

577 Schäfer, Jürgen: Öffentlichkeitsarbeit der Bundeswehr – Zur Selbstdarstellung einer totalen Institution, 2001, S. 19.

578 Politische und NATO-Angelegenheiten, Gesamtplanung. Richtlinien für die Presse- und Öffentlichkeitsarbeit der Bundeswehr, Erstfassung, VMBI 1993, S. 54, zitiert nach: Schäfer, Jürgen: Öffentlichkeitsarbeit der Bundeswehr – Zur Selbstdarstellung einer totalen Institution, 2001.

579 Schäfer, Jürgen: Öffentlichkeitsarbeit der Bundeswehr – Zur Selbstdarstellung einer totalen Institution, 2001, S. 15.

580 Bundesministerium der Verteidigung: Rahmenrichtlinie für die Informationsarbeit der Bundeswehr, Bonn, 10.9.1997, S. 3, zitiert nach: Schäfer, Jürgen: Öffentlichkeitsarbeit der Bundeswehr – Zur Selbstdarstellung einer totalen Institution, 2001.

581 Schäfer, Jürgen, a. a. O.

Multimedial auf Nachwuchssuche –
Bundeswehr-Rekrutierungsportale im Internet

Besonders junge Menschen – die schon mit dem Internet groß werden – nutzen das
Netz. Das weiß auch die Bundeswehr und hat gleich zwei Websites für junge Menschen entwickelt: unter www.treff.bundeswehr.de (1) sollen sich Kinder und Jugendliche im Alter von 14 bis 17 Jahren über die Armee informieren. Für junge Erwachsene bis zum Alter von 25 Jahren hat das Personalamt der Bundeswehr die Website
www.bundeswehr-karriere.de (2) ins Leben gerufen. Beide bieten ein reichhaltiges,
aber teilweise sehr unterschiedliches Angebot rund um die Armee und sollen daher
nacheinander näher betrachtet werden.

(1) Ihr Erscheinungsbild wechselt die Website www.treff.bundeswehr.de nicht
selten: Wer bis Januar 2010 darauf ging, landete auf einem bunten Infotainment-
Portal mit vielen Bildern. »Eure Jugend-Site treff.bundeswehr.de ... mehr erleben!«
stand im Header, daneben vier junge zivil gekleidete, lachende Personen. Monatlich
verzeichnete die Rekrutierungs-Website gut 107.000 Besucher – 2005 waren es noch
etwa 60.000 Zugriffe im Monat.[582] Diese Steigerung der Besucherzahlen erreichte
die Bundeswehr durch ein immer reichhaltigeres multimediales Infotainment-An-
gebot. Die Website wird den aktuellen Jugendtrends immerzu angepasst – 2002
gab es eine Grunderneuerung, bei der 360-Grad-Bilder und 3D-Animationen in-
stalliert wurden.[583] Zudem wurden Chats und Foren hinzugefügt, damit die User
untereinander, aber auch mit Bundeswehr-Angehörigen in Kontakt treten können.
Mit der neuen Rubrik »Referate« wurde nach Armee-Angaben auf die Nachfrage
nach fertigen Schulreferaten reagiert – ein einfacher Weg für die Bundeswehr, ihre
Inhalte unauffällig in die Schulen zu tragen. Was weiter ausgebaut wurde und zu
einem Skandal führte, waren die Online-Spiele. Einige Pädagogen und Publizisten
beantragten beim Familienministerium die Indizierung des Bundeswehrportals, da
diese das Kriegshandwerk verharmlose.[584] Judith Gerlach vom Bundesministerium
für Familie, Senioren, Frauen und Jugend in Bonn, tätig im Referat Kinder- und
Jugendschutz, Schutz vor Gewalt, blockte den Antrag allerdings ab:

> »Das Verteidigungsministerium verfolgt den konzeptionellen Ansatz, dass Computerspiele
> hier [auf der treff.bundeswehr-Website] ein gutes Mittel sind, um Erstinformationen zur
> Bundeswehr mit eher spielerischen Aspekten und Unterhaltung zu verbinden. Unter

---

582   Bundestags-Drucksache 16/14094.

583   Schmidt, Joachim: »Interaktion und Kommunikation«, in: aktuell – Zeitung für die Bundes-
       wehr, Nr. 9/2002.

584   Jänicke, Ekkehard/Pauli, Jörg Uwe: »Ernsthafte Erstinformationen«, in: aktuell – Zeitung für die
       Bundeswehr, Nr. 35/2002.

den vier eingestellten Spielen ist kein Spiel, das aktiv militärisches Handwerk oder Ausrüstungsgegenstände der Bundeswehr aufgreift. Dies ist bewusst so geschehen. Es kommt bei diesen Spielen auf Merkfähigkeit, Schnelligkeit, Geschick und auch Allgemeinwissen an. Dies entspricht auch den Internet-Nutzungsgewohnheiten dieser jüngeren Jugendlichen. Die Spiele werden von der Zielgruppe besonders gut angenommen.«[585]

Was Gerlach dabei überging – ob aus Absicht oder wegen schlechter Information – ist das auf der Website befindliche Spiel »LUNA-Mission«. Dabei steuert der User eine Aufklärungsdrohne des Typs LUNA, wie sie auch in Afghanistan zum Einsatz kommt. Feindliche Panzer, Kämpfer, Stellungen und Hubschrauber müssen dabei ausfindig gemacht werden, für aufgeklärtes Militärgerät gibt es Punkte. Das Spiel verschwand erst 2009 von der Website – damals fanden sich mehr als zehn Online-Spiele auf der Website, darunter Geschicklichkeitsspiele wie Turmbauen, Erkennung von Morse-Codes und ein Bundeswehr-Quiz. Andere Spiele thematisierten Sport, etwa ein Torwand-Fußballspiel oder ein Beachvolleyball-Spiel, auch ein Fußball-Bundesliga-Tippspiel ist vorhanden. Bei der Neugestaltung der treff.bundeswehr-Website 2002 wurden aber nicht nur umstrittene Spiele hinzugefügt, sondern auch eine »Community« ins Leben gerufen.

Die Gemeinschaft zählt mittlerweile über 30.000 Mitglieder.[586] Um in ihr aufgenommen werden zu können, müssen bei der Bundeswehr einige Daten hinterlegt werden, die bis zur Vollendung des 21. Lebensjahrs gespeichert werden. Zur Registrierung sind neben Name, Geburtsdatum und Adresse auch der angestrebte oder erreichte Schulabschluss und das voraussichtliche Ende der Ausbildung anzugeben. Zudem wird gefragt, ob man die deutsche Staatsbürgerschaft besitzt – die anzugebenden Daten sind also ähnlich jener beim *infopost*-Abonnement und von Relevanz für die Rekrutierung. Als Anreiz, Community-Mitglied zu werden, stehen dann Mitgliedern weitere Funktionen auf der Website zur Verfügung: Sie können Poster bestellen, sich Videos ansehen, an Gewinnspielen – wie beispielsweise dem für die Teilnahme an den Bundeswehr-Adventure Games – teilnehmen oder die exklusiven Community-Treffen besuchen. Das bisher siebte Treffen der Gemeinschaft fand vom 12. bis 14. Oktober 2009 auf dem Stützpunkt des Jagdbombergeschwaders 31 in Nörvenich nahe Köln statt. Anders als die Bezeichnung den Eindruck vermitteln mag, dreht es sich bei den Community-Treffen aber nicht hauptsächlich um ein Kennenlernen der verstreuten Jugendgemeinschaft, sondern schlicht um ein Erlebniswochenende für eine kleine Zahl von Mitgliedern – beim siebten Treffen waren es 20 ab einem Alter von 16 Jahren – in einer Bundeswehr-Liegenschaft. In Nörvenich wurde den Jugendlichen der Bundeswehr-Kampfjet Tornado und der »Infanterist

---

585 Ebenda.
586 Bundestags-Drucksache 16/14094.

der Zukunft« vorgeführt.[587] Kosten entstanden für die Jugendlichen nicht, diese wurden vollkommen von der Armee übernommen – selbst die Anreise per Bahn. Neben diesen offiziellen Community-Treffen führen die Bundeswehr-Werber auch noch andere Wochenend-Veranstaltungen für die Mitglieder der treff.bundeswehr-Website durch. Eine fand beispielsweise am 13. und 14. Oktober 2009 die »Discovery Days« in der Generalfeldmarschall-Rommel-Kaserne in Augustdorf bei Bielefeld statt. Auf dem Programm stand unter anderem eine Kasernenrundfahrt, die Besichtigung militärischen Großgeräts, der Besuch eines Artillerie-Simulators und einer Hundestaffel: »Ein Kennenlern-Abend mit Experten aus der Community, einem Jugendoffizier und einem Wehrdienstberater steht auch wieder auf dem Programm«, pries die Armee das Event in dem Rekrutierungsportal an.[588] Teilnahmevoraussetzung bei den »Discovery Days« ist das Anstreben der Offizierslaufbahn in der Armee.

2004 bot die treff.bundeswehr-Website ausführliche Informationen zur Fußball-Europameisterschaft in Portugal: »Neben dem aktuellen Spielplan mit tagesaktuellen Ergebnislisten findet der Besucher interessante Berichte über die Spiele und Spieler, Bilder, News und vieles mehr.«[589] Die Jugendlichen konnten Fußball-E-Cards an Freunde versenden und in der Community über die Fußball-Herren-EM diskutieren – vom Thema »Militär« war keine Spur.

Ein weiterer Zeitvertreib in der treff.bundeswehr-Community sind Online-Foren. Zu 14 verschiedenen Themen[590] gibt es Foren mit wiederum hunderten Unterforen. Wie ausgiebig diese genutzt werden, zeigt die Zahl der Nachrichten in den Foren: Das Forum »Fragen an Fachleute« – also die Soldaten und Wehrdienstberater der Bundeswehr – kommt auf eine Nachrichten-Zahl von 31.645 (alle Zahlen mit Stand 10.12.2009), das Forum »Heer« auf 13.484 und das Forum »Kontrovers« immerhin noch auf 12.622 – die Anzahl der Nachrichten im gesamten treff.bundeswehr-Community-Forum betrug am 10. Dezember 2009 insgesamt 121.811. In der Community schreiben aber nicht nur Jugendliche. Es gibt drei verschiedene Symbole, die neben dem Beitrag eines Users eingeblendet werden: Ein kleiner Soldat neben einem Eintrag zeigt an, dass der Schreiber Bundeswehr-Angehöriger ist; ein kleiner Soldat mit einem »J« daneben weist »Juniorexperten« aus. »Sie stehen noch am Anfang Ihrer Karriere bei der Bundeswehr und können aus erster Hand über die ersten Dienstmo-

---

587   7. Community-Treffen »CT07«: Luftwaffe am Boden und in der Luft, www.treff.bundeswehr.de.

588   Zu Gast bei der Panzerbrigade 21, in: www.treff.bundeswehr.de.

589   Fit mit treff.bundeswehr, in: aktuell – Zeitung für die Bundeswehr Nr. 25/2004.

590   Aufgaben der Bundeswehr/Sicherheitspolitik; Community aktuell: Community-Treffen; Community – Anregungen/Fragen; Community – Infos von der Redaktion; Der TV-Tipp; Fragen an die Fachleute; Heer; Kontrovers; Luftwaffe; Marine; Rund um die Bundeswehr; Sanitätsdienst; Streitkräftebasis; Wehrpflicht.

nate berichten«, heißt es dazu auf der Website. Forenbeiträge von Administratoren werden mit einem kleinen Marineoffizier symbolisiert; gewöhnliche jugendliche User haben kein Symbol. Für Foreneinträge ihrer Soldaten zieht sich die Bundeswehr allerdings aus der Verantwortung und schreibt über alle Foren, »Meinungsäußerungen geben nicht die Meinung des BMVg bzw. der Redaktion treff.bundeswehr wieder, sondern sind allein persönliche Meinungen der Community-Mitglieder.« Interessant ist besonders das Forum mit dem Titel »Kontrovers«, in dem es Unterforen wie »Krieg und Frieden« oder »Rechtsextremismus in der Bundeswehr gibt«. Was hier auffällt: Wenn ein Thema aus Sicht der Bundeswehr scheinbar aus den Fugen gerät, greifen deren Angehörige im Forum ein. So fragt ein User beispielsweise nach dem Umgang mit Neonazis bzw. mit Soldaten, die einschlägig bekannte Neonazi-Modemarken tragen: Von den 27 Nachrichten (Stand 10.12.2009) im Forum sind allein 11 von Armee-Angehörigen, die das Ganze herunterspielen. In einem anderen Forum wird die Frage nach der Wehrmachtsvergangenheit der Bundeswehr aufgeworfen. Da hier schon andere zivile User entlastend für die Bundeswehr argumentieren, wurde bei sechs Einträgen nur einmal ein Soldat tätig. Dass Armee-Angehörige speziell beim Thema Vergangenheit und Tradition den Bogen nicht weiter spannen, Kritisches herunterspielen und keinen neuen Input liefern, hat systematischen Charakter.

Eine umfassende Änderung – zumindest beim äußeren Erscheinungsbild – wurde im Januar 2010 durchgeführt. Ein weiteres Mal wurde das Layout den Trends der Jugendlichen angepasst: statt einer bunten Website bestimmen nun die Farben Orange und Blau auf weißem Grund das Layout der geräumigen und modernen Website. Unter dem treff.bundeswehr-Header macht eine Slide-Show durch verschiedene Fotos auf aktuelle neue Artikel und Veranstaltungen aufmerksam.

In der Kategorie »Deine Bundeswehr« können sich die Jugendlichen über die Bundeswehr und eine mögliche Anstellung bei der Armee informieren. Kurze, für Jugendliche verständliche Texte sollen für die Bundeswehr begeistern: »Viele setzen den Soldaten gleich mit einem reinen Befehlsempfänger, der ohne eigene Rechte und willenlos herumkommandiert wird. Häufig wird auch eine entsprechende Darstellung in TV- und Kinofilmen fälschlicherweise als Realität des Dienstes in unseren Streitkräften angesehen. Verkannt wird hierbei jedoch, welchen Wandel der Soldatenberuf in der Vergangenheit durchlebt hat. So ist vielfach nicht bekannt, welche umfangreichen Beteiligungsrechte schon der junge Soldat vom ersten Tag seines Dienstes an hat«[591], heißt es im Unterpunkt »Befehl und Gehorsam« beispielsweise. Der Grundgesetz-Artikel 17a, der die Einschränkung der Meinungsäußerung für Soldaten vorschreibt, wird in dem Bundeswehr-Text nicht erwähnt.

---

591   Befehl und Gehorsam, in: www.treff.bundeswehr.de.

Unter »Aktuelles und Berichte« finden die Leser Reportagen von Soldaten aus den Einsatzländern der Bundeswehr sowie Erlebnisberichte von Community-Mitgliedern, die beispielsweise von ihren Ausflügen mit der Armee berichten. Ein positives Image verschafft sich die Bundeswehr hier auch mit dem Verweis auf Sportsoldaten – Sportler, die bei der Bundeswehr angestellt sind. Kritisches findet sich auch in dieser Kategorie nicht. Schon die Überschrift eines Erlebnisberichtes aus Afghanistan – »Wie aus 1001 Nacht« – lässt auf den späteren Inhalt schließen: »Kurve um Kurve geht es mit den geländegängigen Fahrzeugen vom Typ Wolf immer weiter die Berge hinauf. Mit Moos überzogene, rotbraune Sandhügel werden von grau verschneiten Felswänden abgelöst. Eine steinige und steile Piste führt nach Marmol, einem Ort in den Bergen, das Ziel der heutigen Patrouille. Vorbei an einer afghanischen Polizeistation schlängelt sich der Weg durch die Felsen. Immer wieder stehen sowjetische Panzerwracks am Wegesrand und zeugen von den schweren Auseinandersetzungen vergangener Jahre.«[592] Von aktueller Gefährdung keine Spur, stattdessen wird ein romantisches Naturbild gezeichnet.

Unter »Veranstaltungen« werden die neuesten Bundeswehr-Termine publiziert: Community-Treffen, Tage der offenen Tür in Bundeswehr-Kasernen und Messestände. Auch die »Adventure Games« werden hier beworben.

Eine größere Kategorie bildet die »Mediathek«: hier können unzählige Videos aller Teilstreitkräfte und auch Interviews oder Berichte von Bundeswehr-Events angesehen werden. Besonders die Militärtechnik steht im Fokus der Videos, denn für Panzer und anderes technisches Großgerät lassen sich junge Leute leicht begeistern. Sechs Online-Spiele stehen (nur noch) zur Verfügung. Jeden Monat gibt es in der »Mediathek« ein neues Kalenderblatt zum Download – immer ist Militärtechnik darauf abgelichtet. In einer Bildergallerie finden sich unter anderem Bundeswehr-Werbeplakate ab dem Jahr 1962. 22 aktuelle Poster können auf der Website kostenlos bestellt werden, darunter die Poster »Waffen und Fahrzeuge des Heeres«, »Luftfahrzeuge und Waffensysteme der Luftwaffe«, »Schiffe, Boote und Flugzeuge der Marine« sowie »Dienstgradabzeichen der Bundeswehr«, das einzige auf dem kein militärisches Großgerät abgebildet ist. Auch Infozeitschriften zum »Arbeitgeber-Bundeswehr« sowie die *infopost* können in der Mediathek geordert werden. Zu aktuellen Anlässen, zum Beispiel den olympischen Winterspielen 2010 in Vancouver gibt es jeweils ein Gewinnspiel auf der Seite.

Weitere Kategorien auf der Website sind die schon erwähnte »Community« und eine »Service«-Rubrik, in der die jungen Leute unter anderem live mit Bundeswehr-Angehörigen chatten können. Zudem können sich letztere hier für eine Mitarbeit an

---

592   Wie aus 1001 Nacht, in: www.treff.bundeswehr.de.

der treff.bundeswehr-Website bewerben. Ein Beispiel: »Ich [Bewerber] verfüge über mehrjährige Erfahrungen aus der Truppe und möchte diese im Dialog an interessierte Jugendliche weitergeben! Als Soldat und Fachmann in meiner Verwendung kann ich das Experten-Team von *treff.bundeswehr* verstärken! Mir ist bekannt, dass die Tätigkeit in der Community der Internetseite *treff.bundeswehr.de* freiwillig ist und weder finanziell noch zeitlich vergütet wird.«[593]

(2) An ältere Jugendliche bis 25 Jahre wendet sich die bundeswehr-karriere-Website. Gleich auf der ersten Seite muss sich der User zwischen militärischer und »ziviler« »Karriere« entscheiden. Die nachfolgenden Seiten sind auf die Zielgruppe ausgerichtet und weniger bunt und reißerisch als die treff.bundeswehr-Website. Die Seiten wirken – zielgruppengerecht – seriös und bieten fast kein Infotainment. Das Ziel ist jedoch dasselbe wie das der treff.bundeswehr-Website: die Nachwuchsgewinnung. 2009 verzeichnete die Website monatlich 155.000 Zugriffe.[594]

Der Klick auf »Militärische Karriere« führt auf das Rekrutierungs-Portal für die bewaffneten Einheiten der Bundeswehr. Auf der Startseite stehen Neuigkeiten wie Bewerbungstermine und Arbeitsangebote in bestimmten Truppenteilen. Es ist in Blau und Weiß gehalten, das blaue Layout entspricht dem Corporate-Design der Armee und findet sich beispielsweise auch bei Bundeswehr-»KarriereTreffs« wieder. Auf der Website-Kategorie »Arbeitgeber Bundeswehr« kann sich die Zielgruppe über den potentiellen Arbeitgeber informieren. Zwar sind die Informationen sachlicher als auf im *treff.bundeswehr*-Portal, beschönigt wird jedoch auch hier: »Jede Soldatin und jeder Soldat muss damit rechnen, während der Dienstzeit im Rahmen von friedensschaffenden und friedenserhaltenden Maßnahmen, zeitlich befristet auch im Ausland eingesetzt zu werden«, heißt es beispielweise im Unterpunkt »Bundewehr im Ausland«.[595] Über Afghanistan liest man nichts.

Die Kategorie »Ihre Karriere« zeigt die verschiedenen Ausbildungsmöglichkeiten an, aufgeteilt nach bisherigem Bildungsabschluss. Unter »Ihre Bewerbung« finden die potentiellen Rekruten Online-Eignungstests und die Telefonnummer einer kostenlose »Karriere-Hotline«. Ein Terminkalender macht im Bereich »Veranstaltungen« auf Wehrdienstberatungen, Messestände und andere Armee-Veranstaltungen aufmerksam. Auch für »Schülerbetriebspraktika« bei der Bundeswehr wird geworben. In der Kategorie »Service« finden sich Broschüren und Videos zur Bundeswehrausbildung. Zudem wird ein »Chat am Mittwoch« angeboten, bei dem jede Woche ein anderer »Experte« – ein Soldat der Bundeswehr – zum Live-Chat zur Verfügung steht.

---

593   Ich will Experte werden…, in: www.treff.bundeswehr.de.
594   Bundestags-Drucksache 16/14094.
595   Bundeswehr im Ausland – Einsätze der Bundeswehr im Ausland, www.bundeswehr-karriere.de.

Der Klick auf »Zivile Karriere« auf der bundeswehr-karriere-Startseite führt auf eine orangefarbene Website. Soldaten sind nicht abgebildet, stattdessen Herren im Anzug. Dabei gilt jedoch: auch für eine scheinbar »zivile Karriere« muss die Soldatenlaufbahn beschritten werden. Die richtige Unterscheidung zwischen »zivil« und »militärisch« wird verschleiert. Es darf nicht vergessen werden, dass die Bundeswehr ohne die scheinbar »zivilen« Berufe nicht funktionieren kann – die »zivilen« Bundeswehrkräfte sorgen dafür, dass der Apparat läuft. Auch auf der Website der »Zivilen Karriere« finden sich Informationen zum »Arbeitgeber Bundeswehr«, zu den »Tätigkeitsfeldern« sowie zum »Standort« der Ausbildungseinrichtungen. Für Ungeduldige ist hier sogar eine Online-Bewerbung möglich. Die Armee-Website bietet außerdem eine ständig aktualisierte »Stellenbörse«.

Sowohl die treff.bundeswehr- als auch die bundeswehr-karriere-Website unterliegen einer laufenden Aktualisierung und ändern daher oft ihr Erscheinungsbild. Die Werbeportale sind eine wichtige Säule in der Werbestrategie der Armee. Auf allen Werbeveranstaltungen wird auf die viele Informationen umfassenden Websites verwiesen. Für die Bewerbung der beiden Websites wurden ab 2005 etwa 1.123.000 Euro vom Verteidigungsministerium ausgegeben.[596] Der Anteil stieg vor allem in den letzten Jahren, 2009 waren allein ca. 460.000 Euro für die Bewerbung der Websites eingeplant: »Zudem erfolgt in den personalwerblichen Anzeigen und den personalwerblichen Spots [der Bundeswehr] aller Medientypen der Hinweis auf die Website ›www.bundeswehr-karriere.de‹ oder ›www.treff.bundeswehr.de‹«, so die Bundesregierung dazu als Antwort auf eine kleine Bundestagsanfrage.[597]

Auch in Zukunft möchte die Bundeswehr mehr über das Internet werben. Im Sommer 2010 führte die Akademie der Bundeswehr für Information und Kommunikation (AIK) in Strausberg bei Berlin unter der Überschrift »Journalismus und bürgernahe Kommunikation im digitalen Zeitalter« ein Symposium durch.[598] Drei Tage diskutierten die Militärs, wie die Streitkräfte ihr Image aufpolieren könnten und welche Rolle Onlinemedien wie Social-Networks und (Mikro-)Blogs dabei spielen.[599] Dafür hat die Bundeswehr Experten nach Strausberg geladen. Wissenschaftler von der »Forschungsgruppe Krisenkommunikation« der TU Ilmenau beispielsweise, die Chefs von *Spiegel online* und *Focus online*, die Leiterin der ZDF-Onlineforschung, Beate Frees, und diverse IT-Firmen. So wird die Bundeswehr in Zukunft wohl auch bei Facebook, auf Twitter oder im SchülerVZ auf Nachwuchssuche gehen.

---

596   Bundestags-Drucksache 16/14094.
597   Ebenda.
598   www.governmedia.de.
599   Brunner, Frank: Embedded in Strausberg, in: junge Welt, 3. Juli 2010.

Besser spät als nie – Die Bundeswehr im Web 2.0

Web 2.0-Internetdienste wie Facebook, Twitter, Flickr, YouTube und Co. werden immer populärer. Gerade junge Leute tummeln sich in den Social-Media-Netzwerken. Umso mehr verwundert es, dass diese Dienste lange Zeit nicht von der Bundeswehr – anders als beispielweise von den Armeen der USA, der Niederlanden und Großbritanniens – genutzt wurden. Nachdem das Defizit erkannt war, wurde es jedoch sehr schnell behoben.

Im Sommer 2010 waren Web 2.0-Internetdienste Thema des mehrtägigen Symposiums »Govermedia«, das die »Akademie für Information und Kommunikation« (AIK) der Bundeswehr in Strausberg bei Berlin veranstaltete.[600] Zahlreiche zivile Experten auf dem Gebiet der »Neuen Medien« leisteten dem Ruf der AIK bereitwillig Folge. Vertreten waren hochrangige Manager der IT-Branche, Wissenschaftler der Technischen Universität Ilmenau und des Berliner Fraunhofer-Instituts für Offene Kommunikationssysteme (FOKUS) ebenso wie Chefredakteure privater und öffentlich-rechtlicher Medien.[601] Bereitwillig diskutierten sie mit den anwesenden Repräsentanten der Bundeswehr und des Verteidigungsministeriums die Entwicklung der deutschen »Medienlandschaft« und die Frage, welche Bedeutung dem Internet als »Leitmedium der modernen Informations- und Wissensgesellschaft« zukomme. Thomas Mickeleit, »Director of Communications« der Microsoft Deutschland GmbH, informierte über Möglichkeiten zur Integration von Social-Media-Diensten in jedwede Form der »Unternehmenskommunikation«, während seine Kollegin Anke Domscheit, zuständig für die Beziehungen des Konzerns zur Bundesregierung (»Government Relations«), in die »Zukunft der Behördenkommunikation« blickte. Andere Diskussionsteilnehmer lieferten dem Militär direkt Verwertbares: Carsten Grueber und Katrin Roeske von Google Deutschland offerierten auf den Videokanal YouTube zugeschnittene »Bewegtbildstrategien« und stellten bereits von ihrem Suchmaschinen-Unternehmen lancierte »politische Kampagnen« vor. Die Leiterin der »Online-Forschung« des ZDF, Beate Frees, stellte ihre Ergebnisse bei der Analyse des Verhaltens von Internetnutzern vor. Zwar ist der Beitrag der ZDF-Frau auf der eigens zum AIK-Symposium eingerichteten Webseite govermedia.de nicht frei verfügbar, jedoch dürfte er sich inhaltlich nicht sonderlich von den Ergebnissen der alljährlich von den öffentlich-rechtlichen Rundfunkanstalten publizierten »Onlinestudie« unterscheiden.[602] Darin wird unter anderem der Frage nachgegangen, ob das Internet geeignet sei, das

---

600 www.govermedia.de.

601 Heinelt, Peer: Social Military Media, in: junge Welt, 3. August 2010.

602 Ebenda.

Fernsehen als »zentrales meinungsbildendes Medium« abzulösen, wobei »internet-affine Gruppen« – gemeint sind »jüngere, gut Ausgebildete, Berufstätige, Schüler und Studenten« – im Fokus der Untersuchung stehen. Insbesondere die 14- bis 29-jährigen betrachteten das Internet zunehmend als »Primär-Medium« und verbrächten einen großen Teil ihrer Zeit mit der Kommunikation in so genannten Online-Communities wie Schüler- oder StudiVZ und Facebook. Auch Videoportale, namentlich YouTube, würden vorrangig von dieser Altersgruppe in Anspruch genommen und mit eigenen Beiträgen beliefert, heißt es weiter. Grund genug für die Bundeswehr, die genannten Social-Media-Dienste nicht nur zu Imagezwecken, sondern auch für die Nachwuchs-rekrutierung zu nutzen. Wie der Frankfurter Politologe und Journalist Peer Heinelt festhält, liefert die IT-Industrie das für die Web 2.0-Dienste notwendige Know-how:

> »Im Rahmen eines ›Markts der Möglichkeiten‹ präsentierte etwa der Branchenprimus Vodafone ›mobile Datenlösungen im Bereich der Netbooks und Handys‹, während das Berliner Fraunhofer-Institut eine eigens für die Bundeswehr entwickelte iPhone-Applikation vorstellte. Über besonders gute Beziehungen zu den deutschen Streitkräften verfügt auch das Berliner Unternehmen Aperto, das ebenfalls zu den Ausstellern auf dem ›Markt der Möglichkeiten‹ zählte. Aperto erhielt nach eigenen Angaben bereits anno 2003 vom Bundesverteidigungsministerium den Auftrag, für ein ›einheitliches Erscheinungsbild‹ der von den verschiedenen Institutionen des deutschen Militärs unterhaltenen Webseiten zu sorgen. Zu diesem Zweck befragte das Unternehmen zunächst die Nutzer der zahlreichen Bundeswehrportale nach ihren Gestaltungswünschen und Serviceanforderungen; auf der Basis dieser ›Usability-Tests‹ sei dann ein ›einheitlicher Styleguide für alle Bundeswehrauftritte im Netz‹ entwickelt worden, heißt es. Wie Aperto weiter mitteilt, habe man außerdem gemeinsam mit dem IBM-Konzern zahlreiche Studien für die deutschen Streitkräfte durchgeführt – etwa über den ›Einsatz von Videos im Internet‹ und die ›Weiterentwicklung des Intranets‹. Die seit 2006 von dem Unternehmen angebotenen ›Redaktionsschulungen‹ für die Mitarbeiter der militärischen Online-Dienste seien mittlerweile ›fester Bestand des Fortbildungskataloges‹ der AIK und sorgten für eine ›nachhaltige Weiterentwicklung der Online-Redaktion der Bundeswehr‹, erklärt Aperto stolz. Die Streitkräfte selbst nutzten den ›Markt der Möglichkeiten‹ für die Uraufführung ihres Videopodcasts zum Thema ›Social Media‹ und ermöglichten Interessierten das Surfen in dem an die Internetenzyklopädie Wikipedia angelehnten ›Wiki-Service‹ der Bundeswehr.«[603]

Nur zwei Monate nach dem Govermedia-Symposium setzte die Bundeswehr die neuen Erfahrungen in die Tat um. Am 2. August startete die Armee ihren eigenen YouTube-Premium-Kanal: »Mit den auf www.youtube.com/bundeswehr eingestellten Videos wird den Bürgerinnen und Bürgern ›aus erster Hand‹ ein umfassendes, realistisches und vor allem transparentes Bild über den Alltag der Bundeswehr ermöglicht. Die Einsatzwirklichkeit unserer Soldatinnen und Soldaten bildet dabei einen besonderen Schwerpunkt«, verspricht die Bundeswehr in einer Pressemitteilung.[604] In sechs Ru-

---

603 Ebenda.
604 Bundeswehr startet eigenen YouTube-Auftritt, in: Pressemitteilung des BMVg, 2.8.2010 (Nr. 42/2010).

briken (Einsätze – Bundeswehr – Aktuelles – Ausbildung – Familie & Dienst – Classix) präsentiert sich die Bundeswehr auf dem Videoportal. Unter »Classix« finden sich Videos aus den 1960er Jahren, die restlichen Videos sind zumeist von BundeswehrTV (BwTV) oder Einsatz-Kamera-Teams der Bundeswehr vor Ort hergestellt worden. Da BwTV als Regierungsfernsehsender nicht mit normalen TV-Geräten empfangen werden kann und darf, ist die juristische Situation der bei YouTube hochgeladenen BwTV-Videos kritisch: In Deutschland ist Regierungsfernsehen verboten. »Wir wollen den Bürgern einen Einblick in die tägliche Arbeitswelt der Soldaten und zivilen Angestellten der Bundeswehr ermöglichen und zeigen, dass die Bundeswehr eine moderne, leistungsstarke und zukunftsorientierte Organisation ist, die als Arbeitgeber attraktive berufliche Chancen und Möglichkeiten bietet«, beschreibt Claudia Nussbauer, Leiterin des Bereichs Medien im Presse- und Informationsstab des BMVg, die Ziele des Internet-Kanals.[605] Neben einer Handvoll kritischerer Filme – beispielsweise über PTBS oder ein Feuergefecht in Afghanistan – finden sich auf der Plattform vor allem einseitige Werbefilme über Militärgerät und den Dienst an der Waffe. Zwar gibt sich die Bundeswehr auf ihrem YouTube-Kanal transparent, mit der Realität hat das aber nichts zutun, denn dort wird – wie zum Kundus-Massaker 2009 – erst einmal geschwiegen, wenn es unangenehm werden könnte.

Ebenfalls am 2. August 2010 startete die Bundeswehr ihren Auftritt auf dem Bildportal flickr. Damit soll Bürgern – wie schon mit dem YouTube-Bundeswehr-Kanal – die Gelegenheit gegeben werden sich »aus erster Hand« in sechs Rubriken über die Armee zu informieren. »Darüber hinaus bietet das Portal aber auch Presse- und Medienvertretern Gelegenheit, auf aktuelles und autorisiertes Bildmaterial der Bundeswehr zuzugreifen«, so das Verteidigungsministerium.[606] Die Fotos stehen daher unter einer Creative-Commons-Lizenz und dürfen mit Quellennachweis ohne eigene Überarbeitung allerdings nur für nicht-kommerzielle Zwecke verwendet werden. Dies macht die PR-Fotos für Journalisten allerdings weniger interessant.

Auch beim Mikroblog-Dienst Twitter ist die Bundeswehr schon und postet die Überschriften der Artikel von ihrer offiziellen bundeswehr.de-Website. In Zukunft wird die Bundeswehr wohl auch in Web 2.0-Dienste wie Schüler- und StudiVZ sowie Facebook drängen. Schon heute haben einige Gliederungen wie beispielsweise das »Regionalkommando Nord« der deutschen ISAF-Truppe in Afghanistan einen eigenen Auftritt in dem Portal.

---

605 Jaeck, Sylvia: Modern und transparent, in: aktuell – Zeitung für die Bundeswehr 30/2010.

606 Fotos der Bundeswehr auf dem Online-Bildportal flickr verfügbar, in: Pressemitteilung des BMVg, 2.8.2010 (Nr. 42/2010).

Militärische Deutungshoheit –
die »Frieden & Sicherheit«-Unterrichtsmaterialien

»Frieden & Sicherheit« sind Unterrichtsmaterialien der von einer Stiftung getragenen »Arbeitsgemeinschaft Jugend und Bildung e. V.«. Sie thematisieren die aktuelle Sicherheitspolitik und sollen unter anderem von Jugendoffizieren im Schulunterricht verwendet werden.[607] Es handelt sich um ein »Informationsangebot für junge Leute von 15 bis 20 Jahren sowie für den Unterricht in der Sekundarstufe II und den oberen Klassen der Sekundarstufe I (Klassen 9/10).«[608] Das erste Lernheft – ein Schülermagazin mit dazugehörigem Lehrerheft – erschien 2003. 2005, 2006 und 2009 folgten weitere Ausgaben. Daneben werden Arbeitsblätter und eine Website zur Verfügung gestellt. Das Ganze wird von der laut Website[609] unabhängigen und gemeinnützigen »Arbeitsgemeinschaft Jugend und Bildung e. V.« erarbeitet und erweckt einen neutralen und seriösen Eindruck. Dass die herausgebende Arbeitsgemeinschaft laut Impressum der »Frieden & Sicherheit«-Materialien fachlich vom Bundesministerium der Verteidigung beraten wird, macht jedoch hellhörig. Wer steckt also hinter dem »Frieden & Sicherheit«-Heft? Die herausgebende, wohlklingende »Arbeitsgemeinschaft Jugend und Bildung« ist auch im Werbe-Bereich aktiv: »Mit Medien der Arbeitsgemeinschaft können Sie alle Schülerinnen und Schüler in Deutschland erreichen – das sind 9,7 Millionen Kinder und Jugendliche von sechs bis 18 Jahren. Wir verfügen über die Adressen aller 32.000 deutschen Schulen und von mehr als 100.000 Lehrkräften, die bei uns schon bestellt haben.«[610] Weiter heißt es auf der Website: »Idee, Konzept, pädagogische Prüfung, Redaktion, Herstellung, Vertrieb, PR – gemeinsam mit ihrem Partnerverlag, dem Universum Verlag GmbH in Wiesbaden und Berlin, bietet die Arbeitsgemeinschaft alle Dienstleistungen rund um die Entwicklung einer Schulaktion.«[611] Auch der Bereich der ›Public Relations‹ gehört zum Geschäft. Die genannte Universum Verlags GmbH, in dem auch die »Frieden & Sicherheit«-Materialien erscheinen, ist ebenfalls kein unbeschriebenes Blatt: 50 Prozent der Anteile an der Universum Verlags GmbH hält die Universum GmbH, die sich ihrerseits zu 100 Prozent im Eigentum der FDP befindet.[612] Der Verlag gestaltet auch Websites für die FDP und die FDP-nahe Friedrich-Nau-

---

607   Wer im Internet www.jugendoffiziere.de eintippt, wird auf die Website www.frieden-und-sicher-
        heit.de geleitet.

608   Impressum/Datenschutz, in: www.frieden-und-sicherheit.de.

609   www.jugend-und-bildung.de.

610   Wie wir arbeiten, in: www.jugend-und-bildung.de.

611   Ebenda.

612   Hessicher-Landtags-Drucksache 16/6803.

mann-Stiftung. Eine ebenfalls interessante Verbindung: Egal ob man bei der jeweils im Impressum angegebenen Telefonnummern der Arbeitsgemeinschaft, der »Frieden & Sicherheit«-Website, der Redaktion der FDP-Bundespartei-Website oder beim Berliner Standort des Universum Verlags anruft, man landet immer bei derselben Person – es ist immer dieselbe Nummer. Die Bundesgeschäftsstelle der FDP, das Thomas-Dehler-Haus im Berliner Regierungsviertel, ist ebenfalls Sitz der »Arbeitsgemeinschaft Jugend und Bildung e. V.« und Berliner Standort des Universum-Verlags.[613] Scheinbar handelt es sich bei der ›unabhängigen‹ Arbeitsgemeinschaft also tatsächlich um einen neoliberalen Think-Tank, der es sich zum Ziel gesetzt hat, junge Menschen politisch zu beeinflussen und nebenbei auch wirtschaftlichen Gewinn für den Universum Verlag in FDP-Eigentum einzufahren. Der Geschäftsführer des Universum Verlags, Siegfried Pabst[614], hat ebenfalls den Posten des Schatzmeisters der »Jugend und Bildung«-Arbeitsgemeinschaft inne[615], ebenso wie den des Vizepräsidenten der an die Arbeitsgemeinschaft angelehnten Stiftung. Zudem ist er ehemaliger Leiter der politischen Abteilung der FDP.[616] Der Kurs von »Jugend und Bildung« zeigt sich auch in Person der Vorsitzenden der Arbeitsgemeinschaft und gleichzeitigen Stiftungs-Präsidentin Dr. Eva-Maria Kabisch. Die parteilose Bildungsexpertin war langjährige Abteilungsleiterin in der Berliner Schulverwaltung und Vertreterin Berlins in der bundesweiten Kultusministerkonferenz. Zudem war sie für das Kabinett des CDU-Kandidaten Friedbert Pflüger zur Berliner Landtagswahl 2006 bestimmt – daraus wurde aufgrund der Rot-Roten Mehrheit jedoch nichts.[617] Die »Arbeitsgemeinschaft Jugend und Bildung e. V.« war schon 2007 Gegenstand einer kleinen Bundestagsanfrage – dabei ging es um unkritische Schulmaterialien zur Rente mit 67, die das Bundesministeriums für Arbeit und Soziales in Auftrag gegeben hatte.[618] In ihrer Antwort gibt sich die Bundesregierung wortkarg und spielt die Verstrickung zwischen der Arbeitsgemeinschaft, dem Universum-Verlag und den verwickelten Interessengruppen wie der FDP herunter.[619] Geändert hat sich an diesen Verbindungen seither scheinbar nichts.

Dass es sich beim Schülermagazin »Frieden & Sicherheit« doch nur um eine bessere Werbebroschüre der Armee handelt, liegt nahe. Auf der Website von »Jugend und Bildung« ist unter der Rubrik »Unsere Partner«, in der sich neben

613　Schulze von Glaßer, Michael: Westerwelles Werbetruppe, in: Neues Deutschland, 12.3.2010.
614　Impressum, in: www.universum.de.
615　Impressum, in: www.jugend-und-bildung.de.
616　Birger, Menke: Liberale Bildung, in: www.spiegel.de, 3.5.2010.
617　Zawatka-Gerlach, Ulrich: »Kompetenz vor Prominenz«, in: www.tagesspiegel.de vom 9.8.2006.
618　Bundestags-Drucksache 16/5209.
619　Bundestags-Drucksache 16/5460.

dem Bundesministerium der Verteidigung auch das Innenministerium und die Bertelsmann-Stiftung, aber auch die *Frankfurter Rundschau* und die Hans-Böckler-Stiftung befinden, von einer rein fachlichen Beratung durch das BMVg – etwa analog zu den »Frieden & Sicherheit«-Heften – keine Rede mehr: »Gemeinsam mit dem Ministerium geben wir die Schulmaterialien ›Frieden & Sicherheit‹ heraus […]«.[620] Finanziert wird das Ganze von der Bundesregierung: 330.000 Euro gab die Regierung 2008/2009 zur Erstellung eines neuen »Frieden & Sicherheit«-Heftes für Schüler und Lehrer aus.[621] Die Hefte kommen an. 2007 sind von den Schulen mehr als 325.000 Schüler- und über 16.000 Lehrerhefte für den Unterricht bestellt worden.[622] Die Bundesregierung bewertet die Nutzung aller bereitgestellten »Frieden & Sicherheit«-Materialien für den Unterricht als gewinnbringend.[623] Dazu gehören neben dem beinahe jährlich erscheinenden (1) Schülermagazin samt Lehrerheft ein (2) monatliches Arbeitsblatt und die Website (3) www.frieden-und-sicherheit.de – alles ist kostenfrei zugänglich, Materialien werden sogar kostenlos zugeschickt.

(1) Einleitend heißt es im Lehrerheft 2009/2010, dem Begleitmaterial zum Schülermagazin »Frieden & Sicherheit«:

> »Im Schülermagazin ›Frieden und Sicherheit‹ geht es vor allem um die weltweite Dimension von Frieden als Ziel von Außen- und Sicherheitspolitik. Dabei gilt: Militärisches Handeln ist nicht die erste Option. Bevor Soldaten zum Einsatz kommen, sind Diplomaten, Entwicklungshelfer von Regierungsorganisationen und Nichtregierungsorganisationen, Menschenrechtler, die Weltbank und andere internationale Institutionen gefordert, um gegen die Ursachen von Gewalt, Krieg und Terrorismus vorzugehen. Fest steht aber auch: So richtig es bei vielen Konfliktherden der Welt ist, dass man mit militärischen Mitteln allein keinen Frieden erreichen kann, genauso richtig ist es, dass andernorts zivile Friedensarbeit ohne militärischen Schutz überhaupt nicht möglich ist.«[624]

Damit wird das Militär zum legitimen Mittel der Politik erklärt. Dies ist das Ziel des »Frieden & Sicherheit«-Schülermagazins, welches zwar nicht offen ausgesprochen, dafür aber in seriöse Worte gekleidet vermittelt wird: »Alle Nationen sind dazu aufgerufen, die Ursachen von Krieg, Terror und Gewalt in der Welt zu bekämpfen. Gerechtigkeit und Toleranz zu üben, die Menschenrechte zu achten oder Armut, Hunger und Krankheit einzudämmen – das alles sind heute Aufgaben, die wichtiger sind denn je. Als Mitglied der Vereinten Nationen stellt sich Deutschland dieser Herausforderung. Es unterstützt die große Völkerfamilie bei der Friedenssicherung- oder

---

620   Unsere Partner, in: www.jugend-und-bildung.de.

621   Bundestags-Drucksache 16/8852.

622   Ebenda.

623   Ebenda.

624   Lehrerhandreichung 2009/2010, »Frieden & Sicherheit«, S. 3.

Wiederherstellung, indem es sich an UN-Missionen beteiligt, und leistet in vielen Ländern der Welt wirksam Katastrophenhilfe.«[625] Mit großen Worten beginnt der Text der Ausgabe 2006/2007 des Schülermagazins:»In Afghanistan sind UN- (jetzt NATO-geführte) Truppen – auch viele deutsche Soldaten – stationiert, um den friedlichen Aufbauprozess des Landes abzuschirmen. Auf dem Balkan wird unter Beteiligung deutscher Soldaten ein Frieden gesichert, den die zerstrittenen Volks- und Glaubensgruppen des ehemaligen Jugoslawien zu brechen drohen. Der Irak hat die Chance, sich nach fast 30 Jahren dauernder Diktatur eine demokratische Regierung zu geben, und Deutschland hilft dabei, irakische Sicherheitskräfte auszubilden.«[626] Dass sich der Auslandseinsatz in Afghanistan schon bei Erscheinen des Heftes 2006 zu einem Krieg ausgeweitet hatte, der Balkan-Krieg wie auch der Irak-Krieg schlicht völkerrechtswidrig war, wird den jungen Lesern des Editorials verschwiegen. Dafür folgt im Text ein Zitat des damaligen Verteidigungsministers Franz Josef Jung (CDU): »Krieg und Gewalt führen uns stets aufs Neue vor Augen, dass der Frieden uns nicht in den Schoß fällt. Vielmehr müssen wir immer neue Antworten darauf finden, wie wir in unserer Welt Frieden schaffen und damit das Leben der Menschen sicherer machen können«[627]. Das Schülermagazin geht in der Debatte um die Deutungshoheit des Begriffs »Frieden« in die Offensive, was sich schon im Titel des Magazins wieder findet. Den jungen Leuten soll vermittelt werden, dass nur das Militär einen stabilen Frieden schaffen könne. Zwar wird der diplomatische Weg – siehe oben – nicht vollkommen übergangen, die Vereinten Nationen aber beispielsweise als zahnloser Tiger dargestellt.[628]

Auf das Editorial folgt unter der Überschrift »Bedrohungen im 21. Jahrhundert – Nachdenken über Frieden« eine Doppelseite über die vier größten aktuellen Bedrohungsszenarien: Terrorismus, Proliferation, Staatszerfall und regionale Konflikte. Die Antwort, wie auf die Gefahren zu reagieren sei, liefert der Text in den letzten zwei Sätzen gleich mit: »Die Vereinten Nationen, die NATO, die Europäische Union und weitere internationale Partner haben gemeinsam Instrumente zur Eindämmung von Konflikten geschaffen. Diese gilt es weiterzuentwickeln.«[629] Veranschaulicht wird das Geschriebene jugendgerecht durch viele Fotos und Grafiken: ein Foto zeigt beispielsweise den iranischen Präsidenten Mahmud Ahmadinedschad, eine Grafik unter der Überschrift »Bedrohungen 2006« ein vollbesetztes Flüchtlingsboot vor der spanischen Küste. Nach der Bedrohungsanalyse wird im »Frieden & Sicherheit«-

---

625   Globalen Frieden sichern – Editorial, in: Schülermagazin »Frieden & Sicherheit« 2006/07, S. 3.
626   Ebenda.
627   Ebenda.
628   Ebenda, S. 12f.
629   Ebenda, S. 5.

Heft 2006/2007 die Frage aufgeworfen: »Gibt es ›gerechte‹ Kriege?«[630] Konflikte
in Afghanistan, im Sudan, im Irak und im Kongo werden in einigen Sätzen veranschaulicht und der Irak-Krieg in einer Pro-Kontra-Gegenüberstellung thematisiert.
Die UN-Charta wird als Grundlage für militärisches Eingreifen vorgestellt; die Vereinten Nationen werden allerdings auch offen brüskiert, indem ihnen vorgehalten
wird, das Militär zu zögerlich eingesetzt zu haben. Im Folgenden wird auch die
Bundeswehr Thema im Heft. »Warum wir Soldaten brauchen«[631], lautet die Überschrift, unter der sich einige Zitate von Bundeswehr-Angehörigen finden. Das Aufgabenspektrum und die rechtlichen Grundlagen werden textförmig dargestellt, eine
Liste zeigt die Auslandseinsätze der Bundeswehr auf. Fotos von helfenden Soldaten,
eines der Flutkatastrophe 2002 in Dresden und eines von lachenden und win-
kenden afghanischen Kindern vor einem bewaffneten ISAF-Bundeswehr-Soldaten,
rufen ein positives Bild von der Armee hervor. »In Afghanistan steht der Einsatz für
Frieden und Stabilität nach dem Krieg im Mittelpunkt«, lautet die Bildunterschrift
zu einem weiteren Afghanistan-Foto. Auf jeder thematischen Doppelseite stehen
mehrere Fragen, die die jungen Leser im Schulunterricht beantworten sollen: »Welche Begründungen nennen die Soldatinnen und Soldaten für ihren Dienst bei der
Bundeswehr?« Nicht zur Debatte stehen Aussage wie die des ehemaligen Generalinspekteurs der Bundeswehr, Klaus Naumann, der bereits 1993 verkündete: »Es gibt
zwei Währungen in der Welt: Wirtschaftliche Macht und die militärischen Mittel, sie
durchzusetzen.«[632]

Weitere Themen im Heft 2006/2007 sind die (Militär-)Bündnispolitik, deutsche
Auslandseinsätze (unter der Überschrift »Verantwortung ist global«), die Zivil-Militärische Zusammenarbeit (»Wege zum Frieden«), Entwicklungshilfe, die Transformation der Bundeswehr, das Konzept vom Soldaten als »Weltbürger in Uniform«
sowie der Wehrdienst, aber auch Wehrersatzdienst. Auf der Rückseite des 32-seiti-
gen Heftes im DIN-A4-Format wird für das POL&IS-Rollenspiel der Bundeswehr-
»Experten« geworben – der Jugendoffiziere.

Auch im »Frieden & Sicherheit«-Schülermagazin 2009/2010 – diesmal mit dem
Zusatz auf der Titelseite »für die Sekundarstufe II« – kommen die Themen des vorherigen Heftes in aktualisierter Form wieder vor. Daneben werden aber auch neue
Themen wie der Klimawandel angesprochen. Das Layout ist leicht überarbeitet, viele Fotos und Grafiken beinhaltet das 32-seitige Heft aber ebenso wie Internet-Link-

---

630 Ebenda, S. 8f.
631 Ebenda, S. 10f.
632 Klaus Naumann, lt. Spiegel Nr. 3/93; zit. nach: Tal, Mario: »… nicht nur in Afghanistan«. Einlei-
     tende Anmerkungen zu einem Testfall für Politik, Militär, Wirtschaft und Medien, in: ders. (Hg.):
     Umgangssprachlich: Krieg. Testfall Afghanistan und deutsche Politik, Köln 2010, S. 7-32, hier 26.

Tipps immer noch. Im DIN-A5 großen, grau-blau gehaltenen Lehrerheft 2009/2010 werden Antworten auf die im Schülerheft gestellten Fragen gegeben. Die zeitaufwendige Unterrichtsvorbereitung für den Lehrer fällt weg, was das Material sicherlich für einige Pädagogen attraktiv macht – ein kritischer und sachlicher Unterricht fällt mit Verwendung des »Frieden & Sicherheit«-Heftes aber wohl weg.

(2) Jeden Monat stellt die Arbeitsgemeinschaft Jugend und Bildung e. V. überdies ein neues »Frieden & Sicherheit«-Arbeitsblatt auf die Website des Schülermagazins, eingeteilt in die drei Rubriken »Krisen und Konflikte«, »Internationale Zusammenarbeit« und »Bundeswehr«. Über 70 dieser einseitigen DIN-A4 großen Arbeitsblätter können kostenlos von der Website www.frieden-und-sicherheit.de heruntergeladen, vervielfältigt und im Schulunterricht genutzt werden. Die Texte ähneln denen der Schülerhefte, wirken auf den ersten Blick unverfänglich, geben aber dennoch den Anstoß, in eine bestimmte – der Bundeswehr zuträglichen – Richtung zu denken. Auch hier werden Fragen und Aufgaben gestellt, die von den Schülern beantwortet werden müssen.

(3) Auch die Website – www.frieden-und-sicherheit.de – ist sehr durchdacht. Hier können unter anderem die Schüler- und Lehrerhefte im Klassensatz bestellt werden. Die auf der Website wöchentlich aktualisierten Meldungen werden in Kooperation mit dem Report-Verlag veröffentlicht.[633] Dieser gibt Fachliteratur im Bereich Wehrtechnik[634] heraus, darunter *Strategie & Technik*, das führende deutsche Magazin für Rüstungstechnologie. Des Weiteren finden sich auf der Website Umfragen, ein Forum und interaktive Lernspiele. In einer umfassenden Linksammlung wird die Website der Bundesregierung und die des Bundesministeriums der Verteidigung unter die Überschrift »Deutsche Friedens- und Sicherheitspolitik« gestellt.[635] Unter den angegebenen Friedensforschungsinstituten befinden sich nur solche, die den »Friedens«-Begriff der Herausgeber teilen – nicht zum Beispiel die antimilitaristische AG Friedensforschung der Universität Kassel.

Zusammenfassend lässt sich sagen, dass »Frieden & Sicherheit« ein umfassender, geschickter Versuch des Verteidigungsministeriums und des mutmaßlich neoliberalen Think-Tanks »Jugend und Bildung« ist, auf junge Menschen politisch Einfluss zu nehmen. Den Materialien ist überdies nicht abzusprechen, von geschulten Pädagogen erstellt worden zu sein: die Inhalte werden unauffällig und geschickt vermittelt. Ansatzpunkte für Kritik an den Texten finden sich oftmals erst auf den zweiten Blick.

---

633 Meldungen, in: www.frieden-und-sicherheit.de.

634 www.report-verlag.de.

635 Linksammlung, in: www.frieden-und-sicherheit.de.

Was zum Mitnehmen – Bundeswehr Flyer, Plakate und Give Aways

Ähnlich zivilen Unternehmen besitzt die Bundeswehr ein umfangreiches Repertoire kleinerer Werbemittel, die bei eigenen Veranstaltungen verschenkt werden. Neben Kugelschreibern, Stiften, Radiergummis, Lesezeichen, Schlüsselanhängern, Geldbörsen und Umhänge-Bändern werden aufwendige DVDs verteilt, unter anderem »50 Jahre Luftwaffe – ›Immer im Einsatz‹« und »Bundeswehr im High-Tech-Zeitalter«. Weitere Materialien zum Mitnehmen sind die *infopost*-Hefte und auch Kinder ansprechende Poster. Mit den Materialien gehen die Jugendoffiziere und Wehrdienstberater bei Veranstaltungen auf öffentlichen Plätzen auf junge Leute zu und drücken es ihnen in die Hand. Eine gute Möglichkeit, einen ersten Kontakt zu knüpfen – wer bekommt schon nicht gerne etwas geschenkt?

Auch großflächige Außenwerbung gehört seit Jahren zur Imagekampagne der Bundeswehr. Auftritte der Musikkorps, insbesondere die der Bundeswehr-BigBand, werden oft lokal mit Hilfe von Plakaten beworben. Das Werbeunternehmen Ströer wurde 2008 vom Bundesministerium der Verteidigung beauftragt, den Bundeswehr-»KarriereTreff« in Bergisch-Gladbach mit bei Dunkelheit beleuchteten Plakaten zu

Großplakat der Bundeswehr gegenüber der Luisen-Realschule in Kassel, 26. September 2009.

bewerben.[636] Ob der »KarriereTreff« auch an anderen Orten durch aufwendige Außenwerbung beworben wurde, ist unbekannt. Bekannt ist hingegen eine Werbekampagne der Bundeswehr von September 2009. Die Unternehmen awk Außenwerbung GmbH und Ströer plakatierten bundesweit Großwerbung der Armee, so auch in Bielefeld, Göttingen und Kassel. In Göttingen fielen die Plakate allerdings Antimilitaristen zum Opfer, die sie in eine »Ad-Busting-Aktion« umdeuteten. In Kassel warb die Bundeswehr direkt gegenüber einer Realschule für den Dienst an der Waffe.

Das in Blau gehaltene Plakat, ähnlich der der »KarriereTreffs«, zeigte eine junge Bundeswehr-Pilotin. Daneben das Bundeswehr-Logo mit dem Untertitel »Karriere mit Zukunft« und der Slogan »Entschieden gut – Gut entschieden«. Für weitere Informationen wurde auf die bundeswehr-karriere-Website und die Karriere-Hotline verwiesen. Die Plakate kamen sowohl im Querformat an Häuserwänden als auch im Hochformat an Litfasssäulen vor.

Schützenhilfe des Auswärtigen-Amtes – www.kinder.diplo.de

Am 20. September 2008 startete das Internetportal www.kinder.diplo.de des Auswärtigen Amtes. 10- bis 14-Jährige sollen »mit einer kindergerechten Sprache« über »politische Aufgaben und Entscheidungsprozesse der deutschen Außenpolitik« aufgeklärt werden. Auch wenn die Website nicht direkt vom Verteidigungsministerium betrieben wird, kann sie als Vorstufe zu den Bundeswehr-Websites www.treff.bundeswehr.de (für 14- bis 17-Jährige) und www.bundeswehr-karriere.de (für bis zu 25- Jährige) angesehen werden – als »Schützenhilfe des Auswärtigen Amtes« bezeichnet der Politologe und Journalist Peer Heinelt die Indienstnahme der Website umreißt die dort gebrachten Argumente: »Warum deutsche Besatzungssoldaten in der serbischen Provinz Kosovo stehen, wird hier folgendermaßen erläutert: Nach dem Fall der ›Mauer in Deutschland‹ 1989 seien sich die ›Völker in Mittel- und Osteuropa‹ bewusst geworden, ›dass sie mit dem Ende des Ost-West-Konflikts große Freiheit gewonnen hatten‹ – ›sogar die Freiheit, sich zu entscheiden, ob sie noch Teil des Staates sein wollten, in dem sie damals lebten‹. Auch im Kosovo, so heißt es, ›waren Ende der 90er Jahre immer mehr Menschen für eine Unabhängigkeit ihres Landes von Serbien‹. Aus ›Sorge, dass sich aus den Kämpfen um eine Unabhängigkeit des Kosovo eine humanitäre Katastrophe für die Bevölkerung entwickeln könnte‹, habe dann die NATO mit deutscher Beteiligung zwischen März und Juni 1999 ›Krieg gegen Serbien‹ geführt. Die Besatzungstruppe KFOR ›helfe‹ seither dabei, ›dass die verschiedenen Volksgruppen, die im

---

636 Bundesministerium der Verteidigung, Mega-Light Großfläche 2008, in: www.stroer.de.

Kosovo leben, friedlich miteinander umgehen‹.«[637] Heinelt geht mit der kinder.diplo-Website und ihren Machern scharf ins Gericht: Mit den Aussagen auf der Website schließe »das Auswärtige Amt direkt an tradierte Argumentationsmuster deutscher Kriegspropaganda an, die sowohl im Kaiserreich als auch in der Nazizeit bemüht wurde: Das einstige Jugoslawien erscheint als ›Völkergefängnis‹, das um der Freiheit und Selbstbestimmung willen habe militärisch zerschlagen werden müssen.«[638]

Das Thema »Frieden« bildet auf der Website eine eigene Kategorie: »Frieden ist gar nicht so selbstverständlich. Auch wenn er uns hier in Europa manchmal schon normal vorkommt. Das soll auch so sein. Kriege haben furchtbare Folgen für die betroffenen Menschen, häufig besonders für die Kinder. Deshalb ist es die wichtigste Aufgabe von Außenpolitik, Kriege zu verhindern und Frieden zu sichern.«[639] Dass das Auswärtige Amt den Friedensbegriff der Bundeswehr teilt, zeigt sich im weiteren Verlauf des Textes mit der Überschrift »Soldaten für den Frieden«: »Deutschland [schickt] hin und wieder Friedenstruppen in andere Länder. Das tun wir zusammen mit vielen befreundeten Staaten wie zum Beispiel Frankreich, Italien, den USA oder Russland. Und auch die deutschen Soldaten in Afghanistan helfen das Land zu sichern, damit andere Helfer Schulen und Straßen bauen, Brunnen bohren oder auch Lehrer und Polizisten ausbilden können. Für Deutschland ist der Frieden ein besonderes Anliegen, denn zweimal hat Deutschland durch Weltkriege großes Leid über ganz Europa gebracht.« Weiter heißt es: »Auch im sogenannten Kalten Krieg zwischen den West- und dem Ostblockstaaten lief die Teilung der Welt mitten durch Deutschland. Heute müssen wir nicht zuletzt wegen der Europäischen Union keine Angst vor unseren Nachbarn haben – und sie auch nicht vor uns. Und heute wollen wir dabei helfen, dass auch andere Staaten auf anderen Kontinenten in Frieden leben können.«[640] Angesichts der voranschreitenden Militarisierung der EU und der Aufstellung der EU-Battlegroups, die ein erhebliches Drohpotenzial haben, klingen die Sätze auf der Website wie eine Farce – die Realität geben sie nicht wieder.[641]

Auch in einem weiteren Punkt liegen der Inhalt der Website und die Realität weit auseinander. Es wirkt schon fast satirisch, dass auf der Website ein Artikel mit der Überschrift »Keine Kindersoldaten – nirgendwo!« zu finden ist, der über den unter anderem von der Kinderrechtsorganisation terre des hommes organisierten »Red-Hand-Day« berichtet. Laut Vereinten Nationen sind alle Menschen unter 18 Jahren

---

637   Heinelt, Peer: Bundeswehr macht Schule, in: junge Welt, 4.7.2009.

638   Ebenda.

639   Friede – Freude, Eierkuchen?, in: www.kinder.diplo.de.

640   Ebenda.

641   Siehe dazu beispielsweise: Pflüger, Tobias/Wagner, Jürgen (Hrsg): Welt-Macht EUropa – auf dem Weg in weltweite Kriege, Hamburg 2006.

Kinder. Da in Deutschland auch schon 17-Jährige – mit der Einverständniserklärung ihrer Eltern – zur Bundeswehr dürfen, gelten diese offiziell als Kindersoldaten. Dafür wurde die Bundesrepublik auch schon öfters von den Vereinten Nationen und von Kinderrechtsorganisationen scharf kritisiert. Ralf Willinger, Experte für Kindersoldaten bei terre des hommes, macht darauf aufmerksam, dass Deutschland schon lange das Zusatzprotokoll der UN-Kinderrechtskonvention aushöhlt. Die UN-Konvention sieht vor, dass Kinder unter 15 Jahren nicht vom Militär geworben werden dürfen. 2002 trat ein Zusatzprotokoll in Kraft, in der die Altersgrenze auf 18 Jahre hinaufgesetzt wurde. »Leider wurde auf Druck einiger westlicher Länder – darunter auch Deutschland – eine Ausnahmeregelung in das Protokoll gebracht«, so Willinger.[642] Staatliche Armeen dürfen daher noch immer Nachwuchs ab dem 15. Lebensjahr rekrutieren und Minderjährige zum Militärdienst einstellen. Einziger Trost ist, dass sich Deutschland verpflichtet hat, Minderjährige nicht in Auslandseinsätze zu schicken.

Unterdessen wird auf kinder.diplo.de mit erhobenem Zeigefinger berichtet: »Sie [die Kinder] werden von Rebellen entführt, von ihren Eltern verkauft oder an Schulen als Soldaten angeworben.«[643] Doch vor der eigenen Haustür wird nicht gekehrt: »an Schulen als Soldaten angeworben« – davon können die Jugendoffiziere ein Lied singen. Mindestens lässt sich sagen: Die vermeintlich kindergerechte Website, deren Name nicht nur an »Diplomatie«, sondern auch an einen bekannten Schokoriegel erinnert, hält wichtige Hintergrundinformationen zurück.

In ähnlicher Weise versucht die Website regierenkapieren.de des Presse- und Informationsamts der Bundesregierung Kinder zu beeinflussen. Die aufwendig gestaltete Website für Kinder von 10 bis 14 Jahren wird von einem Team aus neun Redakteuren, drei Fotoredakteuren und zwei Technikern betreut und bietet – kindgerecht aufbereitet – sowohl Hintergrundinformationen wie auch aktuelle Nachrichten zu politischen Themen.[644] Dabei werden natürlich keine kritischen Artikel geliefert, und beim Thema »Afghanistan« herrscht ein schlichtes schwarz-weiß-Denken vor. Demnach tut die Bundeswehr grundsätzlich nur Gutes. Noch im Fall des Kundus-Massakers von September 2009 werden dem Verantwortlichen hehre Absichten unterstellt. So wurde am 9. September 2009 – also fünf Tage nach dem Kundus-Bombardement – unter der Überschrift »Jedes Opfer ist eines zu viel« ein Artikel veröffentlicht, in dem es heißt: »Der Offizier, der den Luftangriff befahl, wollte eine Katastrophe verhindern. […] Niemand wusste, dass dort auch unschuldige Menschen waren.«[645]

---

642 Schulze von Glaßer, Michael: Armee umwirbt Kinder, in: www.telepolis.de, 10.5.2009.

643 Keine Kindersoldaten – nirgendwo!, in: www.kinder.diplo.de.

644 Rötzer, Florian: Märchenstunde, Verdummung oder Propaganda?, in: www.telepolis.de, 25.8.2010.

645 Jedes Opfer ist eines zu viel, in: www.regierenkapieren.de, 9.9.2009.

Mediale Parallelwelt – »Bundeswehr-TV«

»Es ist nicht beabsichtigt, bwtv [...] für herkömmliche Fernsehnutzerinnen und -nutzer empfangbar zu machen.«[646] Auch wenn die Bundesregierung bisher von einer allgemeinen Empfangbarkeit des armeeeigenen Fernsehkanals »Bundeswehr-TV« – kurz »bwtv« – absieht, lohnt sich die Beschäftigung mit dem Sender; zumal sich bestehende Gesetze ändern lassen, damit bwtv breiter empfangbar wird. So haben die US-Streitkräfte mit dem American Forces Network (AFN) bereits neun thematisch verschiedene Armee-Fernsehsender für ihre Truppe. Der Militärnachrichtenkanal Pentagon-Channel ist davon für die Allgemeinheit zu empfangen, auch über das Internet. Der Sender ist aber – nicht nur wegen seiner Inhalte – höchst umstritten, da mit ihm staatlich finanzierte Regierungspropaganda direkt weiterverbreitet wird. Ein Argument, das bisher die allgemeine Empfangbarkeit von bwtv verhindert.

Am 3. April 2002 ging Bundeswehr-TV erstmals »On Air«. 23 Wochen sollte der Probebetrieb zunächst laufen, empfangbar war der Sender an 30 ausgewählten Armee-Standorten im Wehrbereichskommando I »Küste« – Schleswig-Holstein, Hamburg und Mecklenburg-Vorpommern. »Inhaltlich und formal ist das Programm von Bw-TV auf 20- bis 30-Jährige ausgerichtet, die rund 80 Prozent der Zielgruppe ausmachen«, berichtete die Bundeswehr-Zeitung *aktuell* damals.[647] Die Armee sieht das Fernsehen als dritte Säule der internen Kommunikation an – neben Print-Medien, wozu offenbar auch das Internet gehört, und dem Bundeswehr-Radiosender »Radio Andernach«. Nach dem sechsmonatigen Probebetrieb gab der damalige Bundeswehr-Generalinspekteur Wolfgang Schneiderhan im September 2002 grünes Licht für die Ausweitung des Sendebetriebs – an 63 Bundeswehr-Dienststellen im Wehrbereich I soll der Sender heute empfangbar sein.[648] Zudem wurde der Betrieb von 6 auf 24 Stunden täglich ausgeweitet. Der Bundeswehr-Fernsehkanal sendet aus dem nordrhein-westfälischen Sankt Augustin bei Bonn und betreibt seit 2007 auch ein kleines Studio in Berlin. Über spezielle Decoder kann das Fernsehsignal des Kanals entschlüsselt werden, außerdem sind die Beiträge von bwtv im Intranet der Armee abrufbar. Der Sender kauft Nachrichten bei der Agentur Reuters ein, hat mit Media Broadcast einen Vertrag über den Empfang und die Übertragung von Sendesignalen und vergibt bei Bedarf Filmaufträge an Unternehmen oder freie Journalisten.[649]

646   Bundestags-Drucksache 16/14094.

647   Schmidt, Dietmar: Tagesaktuell, authentisch, direkt, in: aktuell – Zeitung für die Bundeswehr Nr. 15/2002.

648   bwtv – einfach glaubwürdig, in: aktuell – Zeitung für die Bundeswehr Nr. 37/2002.

649   Bundestags-Drucksache 16/9184, zitiert nach: Wagner, Thomas: Fabriziertes Vertrauen, in: junge Welt vom 4. April 2009.

Etwa 55 Prozent des Programms werden von der Bundeswehr selbst produziert. Dafür sind fünf Kamerateams im Einsatz, die zu ca. 25 Prozent auch für die Erstellung anderer audiovisueller Produktionen arbeiten. Außerdem berichten fünf militärische und zivile Reporter. Daneben wirken elf Angehörige der bwtv-Redaktion und vierzig Angehörige des Bereichs Audio-Visuelle-Produktion der Abteilung I des Streitkräfteamtes mit. Laut dem Magazin *Stern* soll der Probebetrieb 8,9 Millionen Euro jährlich kosten, bisher wurden weit über 50 Millionen Euro für bwtv ausgegeben, was rund 40 Prozent aller Medienausgaben der Bundeswehr ausmacht.[650] Der Kosten-Nutzen-Aufwand soll jedoch miserabel sein: »Die Qualität ist schlecht und die Zuschauerzahlen verschwindend gering. [...] Wer das Bundeswehr-Fernsehen bwtv guckt, darf an die Glotze keine höheren Ansprüchen bezüglich Unterhaltung, Information und Wissenschaftlichkeit mitbringen«, urteilt *Stern*-Autor Hans Peter Schütz. Selbst in der Medienzentrale der Bundeswehr in Berlin soll über die insgesamt 120 bwtv-Mitarbeiter in Bonn nur selten ein gutes Wort zu hören sein, bwtv gilt als ein »verknöcherter, verstaubter Laden.«[651] Teilweise sollen beim Bundeswehr-Fernsehsender uralte Spielfilme gezeigt werden, so beispielsweise einer aus dem Jahr 1964 über die Wehrmacht 1944. Im Film wird behauptet, dass »überall bei den deutschen Soldaten Widerstandsgruppen gegen Hitler aktiv gewesen seien«, eine historisch unhaltbare Behauptung.[652] Mittlerweile soll sich die Qualität der gezeigten Spielfilme verbessert haben – vor allem Hollywood-Produktionen laufen über die Bildschirme in den Militärliegenschaften.[653] Große Sportereignisse wie Fußball-Welt- und Europameisterschaften der Herren werden teilweise live in die Einsatzländer der Bundeswehr übertragen.[654]

Viele Soldaten können solche Filme auf bwtv jedoch nicht sehen – was vielleicht auch besser ist. Die Empfangbarkeit des »Unternehmensfernsehens« soll miserabel sein: im Wehrbereichskommando I der Bundeswehr hätten die einfachen Soldaten meist keinen eigenen Fernseher auf der Stube, der Kanal werde höchstens von höherrangigen Militärs gesehen. Der *Stern* schreibt über die Empfangbarkeit des Senders weiter: »Bei den Soldaten auf dem Balkan läuft es oft auch nicht, weil die Decoder nicht funktionieren. Die Truppe dort schaut ohnehin lieber deutsche Profi-Sender, die wie RTL oder Sat.1 jederzeit zu empfangen sind. Bei den Soldaten am Horn von Afrika kommt nichts an. Kein Satellitenkontakt. In Afghanistan finden nur uralte James-Bond-Filme Zuschauer oder aber Sportsendungen. Die mitgeplante

650 Schütz, Hans Peter: Millionen teures Gähn-TV für die Front, in: www.stern.de, 6.6.2008.

651 Ebenda.

652 Ebenda.

653 Bundestags-Drucksache 16/14094.

654 Buse, Dietmar: In Kundus rollt der Ball, in: aktuell – Zeitung für die Bundeswehr Nr. 21/2006.

politische Information der Truppe findet nicht statt. Auf den Schiffen im Mittelmeer vor der libanesischen Küste kann auch nichts gesehen werden.«[655] Laut einem Gutachten des Sozialwissenschaftlichen Instituts der Bundeswehr schauen gerade einmal 36 Prozent der Soldaten im Ausland gelegentlich Bundeswehr-TV.[656]

Da der Bundeswehr-Sender in der Führungsebene der Streitkräfte ein beliebtes Projekt sein soll – das galt besonders für den ehemaligen Generalinspekteur Schneiderhan – gibt es ihn bis heute. Rein theoretisch sollte der Sender auch für die Führung der Bundeswehr ein wichtiges Instrument sein. Die Bundesregierung gibt auf Bundestagsanfragen über bwtv immer wieder flammende Plädoyers für den Sender ab, beispielsweise in Drucksache 16/14094 aus dem Jahr 2009:

> »Menschenführung, politische Bildung, Recht und soldatische Ordnung, Dienstgestaltung und Ausbildung, Informationsarbeit, Organisation und Personalführung, Fürsorge und Betreuung, Vereinbarkeit von Familie und Dienst, Seelsorge und Religionsausübung sowie sanitätsdienstliche Versorgung sind die Gestaltungsfelder der Inneren Führung der Bundeswehr. Politische Bildung steht in enger Wechselbeziehung zur Menschenführung und der damit verbundenen Wertevermittlung. Zudem sind Soldatinnen und Soldaten über ihre staatsbürgerlichen und völkerrechtlichen Pflichten und Rechte zu unterrichten. Politische Bildung vertieft geschichtliche Kenntnisse, erklärt politische Zusammenhänge, unterstützt politische Urteilsfähigkeit, verbessert die interkulturelle Kompetenz, fördert das Wertebewusstsein und regt zur aktiven Teilnahme an der politischen Willensbildung an. Alle Soldatinnen und Soldaten haben die Pflicht, sich politisch zu informieren und sich um Wissen und Bildung zu bemühen, damit sie dem Leitbild vom ›Staatsbürger in Uniform‹ gerecht werden. Vor dem Hintergrund von Auslandseinsätzen gewinnt politische Bildung zusätzlich an Bedeutung. Die Soldatinnen und Soldaten müssen über die politischen Hintergründe, sicherheitspolitischen Interessen und die daraus hervorgehende Notwendigkeit von Einsätzen der Bundeswehr rechtzeitig und angemessen informiert werden. Um die Ziele der politischen Bildung erreichen zu können, ist häufig die Betrachtung geschichtlicher Hintergründe erforderlich. Diese sollen den Soldaten und Soldatinnen die Entwicklung unseres demokratisch verfassten Gemeinwesens veranschaulichen und den Wert und die Bedeutung des Grundgesetzes aus den Erfahrungen deutscher Geschichte verdeutlichen. Aus dem Verständnis der Grundsätze unserer Verfassung sowie durch eine werteorientierte Auseinandersetzung mit der Vergangenheit werden Maßstäbe gewonnen, um politische Geschehnisse und Zusammenhänge der Gegenwart zu beurteilen und ein angemessenes Traditionsverständnis im Rahmen der gültigen Richtlinien zu entwickeln. Aufgabe der Truppeninformation ist es, Informationen dienstlich bereitzustellen, damit sich die Soldatinnen und Soldaten den Grundsätzen der Inneren Führung folgend eine eigene Meinung bilden und politisch mündig sowie auftragsgerecht handeln können. Für die Verbreitung der Inhalte der Informationsarbeit von BMVg und Bundeswehr durch bundeswehreigene Medien sind dem gegenwärtigen Stand der Technik entsprechend Druckerzeugnisse, audiovisuelle Medien, elektronische Medien und der Rundfunk notwendig. Bei ihrer Gestaltung und Anwendung ist sowohl dem gegebenen

---

655   Schütz, Hans Peter: Millionen teures Gähn-TV für die Front, in: www.stern.de, 6.6.2008.

656   Bulmahn, Thomas/Sender, Wolfgang: Nutzung und Bewertung des Bundeswehrfernsehens durch die Soldatinnen und Soldaten im Ausland. Gutachten 02/2007, Sozialwissenschaftliches Institut der Bundeswehr, Februar 2008.

medialen Angebot Dritter als auch dem unterschiedlichen Mediennutzungsverhalten der verschiedenen Zielgruppen der Informationsarbeit innerhalb und außerhalb der Bundeswehr und den rechtlichen Rahmenbedingungen Rechnung zu tragen. Dabei bedarf es auch eines audiovisuellen Bewegbildmediums, das exklusiv für Bundeswehrangehörige im Einsatz und unabhängig von der technischen Infrastruktur des jeweiligen Einsatzgebietes, angemessen zeitnah bis hin zu Live bei großer Reichweite und standortunabhängig, gleichzeitig und hierarchieübergreifend unter Nutzung aller Kommunikationsebenen authentische Informationen bereitstellt. Es muss zugleich für Maßnahmen der Betreuung geeignet sein und dem Anspruch der Soldaten und Soldatinnen nach bedarfsgerechten, glaubwürdigen, aktuellen, einfach und regelmäßig verfügbaren Informationen ebenso gerecht werden wie den Mediennutzungsgewohnheiten der Soldaten und Soldatinnen in den Einsatzgebieten entsprechen. Das audiovisuelle Medium ›Fernsehen‹ erfüllt derzeit allein alle entsprechenden Anforderungen. In der Bundeswehr entspricht das im Probebetrieb befindliche ›bwtv‹ grundsätzlich den Anforderungen an ein solches Medium.«[657]

Nicht nur der geringe Nutzen macht Bundeswehr-TV für Kritik anfällig. Warum brauchen die »Staatsbürger in Uniform« eigentlich einen eigenen Fernsehsender? Können sie »sich nicht wie jeder normale Staatsbürger informieren? *Zapp*, das kritische Medienmagazin des Norddeutschen Rundfunks spielt in einem Beitrag über bwtv auf diesen Punkt an: »Deutsche Tornados und Marine im NATO-Einsatz oder Totenkopf-Debatte in der Bundeswehr. Das sind Themen, die ›Bundeswehr TV‹ ganz sicher mit anderem Blick betrachtet als ›zivile‹ Sender.«[658] Ähnlich wie beim Pentagon-Channel geht es auch bei bwtv nicht um eine unabhängige Berichterstattung, sondern allein um die Sicht des Verteidigungsministeriums, denn: »bwtv ist als Medium der zentralen Truppeninformation Teil der Informationsarbeit der Bundeswehr.«[659] Das ausgestrahlte Fernsehprogramm ist ein Produkt der Informations- und Medienzentrale der Bundeswehr, der Abteilung I des Streitkräfteamtes. Diese vertritt laut Auskunft der Bundesregierung allein »den Regierungsstandpunkt«.[660] Den Soldaten der Bundeswehr könnte mithilfe von bwtv ein verzerrtes Bild öffentlicher politischer Debatten in der Bundesrepublik gezeigt werden. Eine militärische Schein- und Parallelwelt könnte errichtet werden. Ob der Militärsender jemals die breite Öffentlichkeit mit regierungsgerechten Bildern aus Kriegsregionen beliefern wird, steht aber noch in den Sternen.

Einzelne von Soldaten produzierte Filmminuten wurden aber schon verwendet. So berichtet die Bundeswehr-Zeitung *aktuell* am 15. März 2010: »Ein ZDF-Reporter berichtet von einer Offensive in einer Unruhe-Provinz, an der neben afghanischen Sicherheitskräften auch Soldaten der Bundeswehr beteiligt sind. Es gibt Verwundete

---

657   Bundestags-Drucksache 16/14094.

658   Uniformierte-Journalisten – Wie »Bundeswehr TV« für Soldaten sendet, in: www.ndr.de 14.2.2007.

659   Bundestags-Drucksache 16/9184.

660   Wagner, Thomas: Fabriziertes Vertrauen, in: junge Welt vom 4.4.2009.

auf Seiten der Bundeswehr und Tote auf der anderen Seite. Die Bilder, die über den Sender laufen, zeigen Gefechte mit Aufständischen. Die Gefechtsbilder, die das ZDF exklusiv präsentiert, stammen aber nicht von einer TV-Kamera des Senders, sondern von einer des Einsatz-Kamera-Trupps (EKT) in Mazar-e-Sharif. Hauptmann Dirk D. und Hauptbootsmann Tilo W. – der eine Redakteur, der andere Medien-produktionsfeldwebel – haben die Gefechtssituation in bewegten Bilder festgehalten und dem ZDF zur Verfügung gestellt.«[661] Ob die Bilder beim ZDF mit der Quel-lenangabe »Bundeswehr« ausgestrahlt wurden, kann nicht nachvollzogen werden. Offen bleibt auch, ob das ZDF für die Bewegtbilder etwas zahlen musste oder ob sie – wie bei anderen militärischen Medienprojekten – kostenlos zur Verfügung ge-stellt werden. Eigentliche Aufgabe der Einsatz-Kamera-Trupps, von denen die Bun-deswehr gleich mehrere sehr gut ausgestattete besitzt, ist die Lageaufzeichnung für das Einsatzführungskommando der Bundeswehr in Potsdam. Die Soldaten erstellen professionelle Videobeiträge, die via Satellit zur militärischen Leitung gesendet wer-den, die sich so ein Bild von der Lage im Einsatzgebiet machen kann. Zudem pro-duzieren die Soldaten seit 2008 wöchentlich ein »Einsatzvideo der Woche«, das frei zugänglich auf www.bundeswehr.de angesehen werden kann.[662] Wie viele Beiträge der Soldaten schon über zivile Fernsehsender liefen, ist unbekannt. Die Bundes-wehr-Kamerateams gehören zum Amt für Operative Informationen, welches auch den Bundeswehr-Radiosender »Andernach« produziert.

Zurzeit hat die Bundesregierung noch ein anderes mediales Eisen im Feuer: nach dem Vorbild des Forsvarskanalen, das seit 2006 ausgestrahlte Internetfernsehen der dänischen Armee, ging am 2. April 2008 der NATO-Channel auf Sendung. Der unter www.natochannel.tv zu findende Internetfernsehsender sendet laut Eigenan-gaben rund um die Uhr aktuelle Informationen über die NATO und deren Einsätze – vor allem aus Afghanistan. Bildmaterial wird auch zivilen TV-Stationen zur Ver-fügung gestellt und so Einfluss auf die Berichterstattung genommen, da überwiegend positiv und unkritisch berichtet wird. Die Zuschauer werden über die Herkunft des gesendeten Materials im Ungewissen gelassen.

Der Deutsche Journalisten-Verband (DJV) riet Medienschaffenden davon ab, Filmmaterial des neuen Nato-Fernsehkanals für eigene Berichte zu übernehmen.[663] Diese genüge »nicht den journalistischen Mindestanforderungen an Unabhängigkeit und Recherche«. »Natochannel.tv ist PR mit der Haubitze«, kritisierte DJV-Bundes-vorsitzender Michael Konken. »Der Informationsgehalt tendiert gegen Null. Statt-

---

661   In Bildern festgehalten, in: aktuell – Zeitung für die Bundeswehr Nr. 10/2010.

662   Ebenda.

663   Zörner, Hendrik: Natochannel.tv ist Propaganda, in: www.djv.de, 3.4.2008.

dessen überwiegt Lobhudelei in eigener Sache.« Der Journalisten-Verband forderte die NATO auf, akkreditierte Journalisten lieber zu unterstützen statt Propaganda zu liefern. *Der Spiegel* und die ARD-Tagesschau kritisierten die plumpe NATO-Propaganda.[664]

Auch die Bundesregierung hat bei der Gründung des NATO-Fernsehens direkt mitgewirkt. Sie war »durch einen Angehörigen der deutschen Vertretung beim Nordatlantikpakt«, als das Komitee für Öffentlichkeitsarbeit der NATO beschloss, ihren audiovisuellen Bereich entsprechend zu erweitern.[665]

Hierzulande zeichnet BwTV für den im August 2010 in Betrieb genommenen YouTube-Kanal der Bundeswehr verantwortlich und bietet dort auch eigene Dokumentationen und Berichte des Regierungsfernsehsenders an. Inweiweit dies allerdings rechtlich zulässig ist, ist zweifelhaft (mehr zum YouTube-Kanal der Bundeswehr im Abschnitt über Bundeswehr-Werbung im Web 2.0).

Heimische Klänge im Ausland – Bundeswehr-Radio Andernach

1974 produzierte die Bundeswehr erstmals ihr eigenes Radioprogramm – die Geburtsstunde des Armee-Senders »Radio Andernach«.[666] Ein erster Anlauf, der aus Kostengründen schon nach kurzer Zeit wieder eingestellt werden musste. Ein Jahr später erhielt das Psychologische-Verteidigungs-Senderbataillon den Auftrag, Truppenbetreuungssendungen für deutsche Soldaten im Ausland zu produzieren.[667] Zunächst nur für den Luftwaffen-Ausbildungsstandort El Paso im US-Staat Texas, danach weltweit für insgesamt 60 ausländische Bundeswehr-Standorte. Ein weiterer Armeesender wurde 1982 gegründet: »Radio Oberharz« sendet im Wechsel mit dem schon bestehenden Bundeswehr-Sender.[668] Aufgrund von Umstrukturierungen vereinen sich beide Radiostationen 1989 – der Name »Radio Andernach« setzt sich durch.[669] Ein Jahr später wurde die Einheit der »Psychologischen Verteidigung« in Einheit für »Operative Informationen« umbenannt und der Auftrag geändert. Ziel war es nun, »mit Mitteln der Massenkommunikation vom Verteidigungsministerium freigegebene Zielgruppen in den Einsatzgebieten [zu] informieren und deren Unterstützung für den eigenen Auftrag gewinnen«, heißt es auf einer Bundeswehr-Website

---

664   Wagner, Thomas: Fabriziertes Vertrauen, in: junge Welt vom 4.4.2009.

665   Bundestags-Drucksache 16/9184.

666   1974 – Geburtsstunde von »Radio Andernach«, in: www.opinfo.bundeswehr.de, 29.5.2008.

667   1975 – Betreuungssendungen für deutsche Soldaten im Ausland, in: ebenda.

668   1982 – Konkurrenz zu Radio Andernach entsteht, in: ebenda.

669   1989 – Auflösung des PSV-Bataillons in Clausthal-Zellerdorf, in: ebenda.

zur Geschichte des Radiosenders.[670] In diesem Rahmen war das Bataillon 1991 in der Türkei aktiv, um vor dem Krieg im Irak fliehende Kurden über NATO-Hilfs-leistungen und die Unterstützung der internationalen Hilfsorganisationen zu infor-mieren.[671] Zunehmende Auslandseinsätze der Bundeswehr brachten auch für Radio Andernach immer mehr Empfängerländer. 1992 war der Sender im Irak und in Kambodscha als Truppenbetreuer für deutsche Soldaten aktiv.[672] Erstmals war das Radio-Bataillon 1993 in Somalia im UN-Einsatz. Radio Andernach sollte »die soma-lische Bevölkerung über den Auftrag der multinationalen Schutztruppe [...] infor-mieren.«[673] Neben dem Radio gab es auch Lautsprecheraufrufe und Printprodukte der Bundeswehr. Das Bataillon berichtet auf seiner Website über diese Zeit: »Neben einem wöchentlichen Gruß- und Wunschprogramm, das aus dem Heimatstandort gesendet wird, sind erstmals Rundfunksoldaten vor Ort im Einsatz. Gemeinsam mit der Deutschen Welle erstellen sie täglich ein zwölfstündiges Live-Programm.« 1994 wird das Bataillon in die General-Delius-Kaserne nach Mayen in Rheinland-Pfalz verlegt.[674] In Bosnien-Herzegowina war das Bataillon Operative Informationen ab 1995 aktiv und baute unter anderem »TV-SFOR« auf, in dem Fernsehbeiträge für die lokalen Medien erarbeitet wurden.[675] Ein Jahr später schlugen die Militärs ihre Zelte in Kroatien auf und gaben – im Auftrag der NATO – monatlich das Hoch-glanzmagazin *Mirko* für bosnische Jugendliche heraus.[676] Zu dieser Zeit ging Radio Andernach erstmals live aus dem Ausland auf Sendung. In den darauf folgenden Jahren waren die Mediensoldaten auch im Kosovo aktiv und gaben unter anderem die beiden kostenlosen Jugendmagazine »Dritarja« (für Albaner) und »Prozor« (für Serben und Kroaten) heraus.[677] 2001 folgte das Bataillon Operative Informationen den Invasoren nach Afghanistan und baute ein umfangreiches Medienspektrum auf: »Das Schwerpunktmedium bildet dabei der Radiosender ›Sada-e Azadi‹ (›Stimme der Freiheit‹), der landesweit ausgestrahlt wird. Zusätzlich werden Druckerzeugnisse aller Art, Internetseiten und TV-Beiträge produziert. Aber auch die Lautsprecherkräf-te mit ihren Lautsprecheraufrufen kommen fast täglich zum Einsatz.«[678] Der Standort Andernach, Namensgeber des Senders, wurde zu diesem Zeitpunkt aufgegeben. Seit

670   1990 – PSV wird zu OpInfo – neuer Name, neuer Auftrag, in: ebenda.
671   1991 – OpInfo beteiligt sich an Flüchtlingshilfe, in: ebenda.
672   1992 – Unterstützung militärischer Operationen weltweit, in: ebenda.
673   1993 – OpInfo in Somalia, in: ebenda.
674   1994 – Neuer Auftrag nach erfolgreichem Einsatz in Somalia, ebenda.
675   1995 – Einsatz auf dem Balkan beginnt, in: ebenda.
676   1996 – OpInfo bringt das Jugendmagazin »Mirko« heraus, in: ebenda.
677   Bundeswehr mit KFOR im Kosovo, in: ebenda.
678   2001 – Einsatz am Hindukusch – die Bundeswehr in Afghanistan, in: ebenda.

April 2002 ist Radio Andernach auch in Afghanistan mit eigenem Programm zu hören: »Nach der ›Morningshow‹ folgen Programmteile, die bei Radio Andernach in Deutschland produziert und via Satellit in das Einsatzgebiet gesendet werden. Ab 18 Uhr ist in Kabul die Sendung ›Warehouse‹ zu hören. Danach folgt ›Extra‹, ein Programm, in dem sich Soldaten als Gastmoderatoren versuchen können.«[679] Programmende ist – wie auch an den anderen Radiostandorten – um 22 Uhr. Eine dreiköpfige Redaktion produziert das Lagerprogramm in Afghanistan. Von Beginn an wurden die Bundeswehr-Radiostationen von den öffentlich-rechtlichen Rundfunkanstalten mit Technik und Know-how unterstützt – sie liefern auch heute noch einen Teil des ausgestrahlten Materials, besonders die beiden Sender Bayern 3 und SWR 3.[680] Seit 2004 ist die Bundeswehr-Einheit Teil der NATO Response Force, der schnellen Eingreiftruppe der NATO, und leistet einen Beitrag im Rahmen der Combined Joint Psychological Operations Task Force – damit ist das Bataillon in die weltweite Kriegsführung eingebunden.[681] Auch in der ähnlichen EU-Battle-Group leisten die Medienmacher einen Beitrag.[682] Im EUFOR CONGO-Einsatz brachte die Truppe 2006 die Wochenzeitung *La Paillotte* heraus.[683] Die psychologischen Kriegsführer der Bundeswehr sind also überall dort, wo die Bundeswehr im Ausland ist. Sie kümmern sich einerseits – nach innen – um die Moral der eigenen Soldaten und werben andererseits – nach außen – bei der Bevölkerung in den Einsatzländern für die militärischen Ziele.

Im Dezember 2009 ging Radio Andernach im Inland in die Offensive und machte seinen Sender über das Internet verfügbar. Dieser Versuch scheiterte aber schnell und musste am 31. Januar 2010 eingestellt werden: »Nach dem Grundgesetz, dem aktuellen Rundfunkstaatsvertrag und anderen medienrechtlichen Quellen darf Radio Andernach sein Live-Programm hier im Internet nicht anbieten.«[684] Hier besteht dasselbe »Problem« wie bei den Regierungskanälen Pentagon-Channel und NATO-Channel – Regierungsrundfunk ist in Deutschland strengstens verboten. Derzeit ist auch keine Gesetzesänderung in Sicht.

---

679 »Guten Morgen Kabul«, in: aktuell – Zeitung für die Bundeswehr Nr. 16/2002.

680 2003 – Radio Andernach mit neuer Programmstruktur, in: www.opinfo.bundeswehr.de, 29.5.2008.

681 NATO Response Forve (NRF) wird neue Aufgabe, in: ebenda.

682 2005 – 2007 – Gründung und Aufbau der EU Battle Group (EU BG) – OpInfo ist dabei, in: ebenda.

683 2006 – EU-Mission im Kongo wird ein Erfolg, in: ebenda.

684 Internetradio abgeschaltet, in: www.radio-andernach.bundeswehr.de, 2.2.2010.

IV. Die Bundeswehr in zivilen Medien

»Die Bundeswehr wird um junge Männer ebenso kämpfen müssen wie um junge Frauen«[685], prognostiziert Ansgar Graw. Der politische Korrespondent der Tageszeitung *DIE WELT* fordert die Bundeswehr in seinem Kommentar in dem Militärfachblatt *Strategie & Technik* dazu auf, »offensiver in die Schulen [zu] gehen«. Neben Veranstaltungen mit Bundeswehr-Angehörigen gelangt die Armee heute vor allem durch Werbeanzeigen in Schüler- und Jugendzeitungen in die Klassenräume und Kinderzimmer der Republik. Die Kooperation zwischen Armee und Medien ist umfassend. Die aggressive Strategie der um Nachwuchs und Sympathie ringenden Bundeswehr scheint auch vor Minderjährigen nicht Halt zu machen. Egal ob in Zeitungen, im Radio, im Fernsehen oder Kino – die Bundeswehr ist überall vertreten.

Ohne Skrupel – Bundeswehr-PR in Print- und Onlinemedien

Aus ihrem gesamten Werbeetat wendete die Bundeswehr für Anzeigen in Druckerzeugnissen von 2006 bis 2009 die meisten finanziellen Mittel auf, nach Radio- und Kinowerbung: genau 5.822.538,49 Euro.[686] Und das allein für personalwerbliche Anzeigen. Hinzu kommen für den Zeitraum nochmals 574.831,66 Euro für »Werbeanzeigen allgemeiner Art [...] aus Haushaltsmitteln der Nachwuchswerbung«.[687] Um für einen hohen Wiedererkennungswert zu sorgen, sind die von der Anzahl her begrenzten Anzeigen alle im Corporate-Design-farbenen Blau gehalten: An Gymnasiasten richtet sich die Werbung mit dem großen Schriftzug »Studieren mit Gehalt«, mit ihr wirbt die Bundeswehr für ein kostenloses Studium an einer Armee-Universität bei gleichzeitigem bezahltem Dienst in der Bundeswehr und langjähriger Verpflichtung – zu finden beispielsweise in den Abiturienten-Heften der Zentralstelle für die Vergabe von Studienplätzen (ZVS). Auch die Anzeige »Top Chance: Ziviles Ingenieurstudium mit attraktiver Bezahlung« richtet sich an höher gebildete Jugendliche und wird –

---

685   Strategie & Technik – Juli 2008

686   Bundestags-Drucksache 16/14094.

687   Ebenda.

gerade in Zeiten des Fachkräftemangels – oft von der Bundeswehr verwendet – zum Beispiel in dem Magazin *Unicum*, Ausgabe Mai/Juni/Juli 2009. Häufig findet die allgemeine Nachwuchswerbung »Entschieden gut. Gut entschieden. Ihre Karriere in der Bundeswehr« in Printmedien Verwendung, die zwar immer mit den gleichen Sprüchen, aber mit oft wechselnden Fotos daherkommt – so etwa in der Schülerzeitung SPIESSER (dazu weiter unten mehr). Ausnahmen gibt es natürlich auch: für ein Abonnement der *infopost* wirbt die Bundeswehr mit einer bunten Anzeigen – beispielsweise im SPIESSER. Weil sich das kostenlose Bundeswehr-Jugendmagazin auch an eine jüngere Zielgruppe richtet ist die Werbung offenbar dieser Zielgruppe ebenfalls angepasst. Eine weitere Ausnahme bilden die jährlichen Studien & Berufswahl-Bücher der Bundesagentur für Arbeit. Dort warb die Bundeswehr unter anderem 2005/2006 doppelseitig mit »7 gute[n] Gründe[n] Offizier zu werden«.

Zu den Blättern, in denen sehr häufig Militärwerbung zu finden ist, gehört der schon erwähnte SPIESSER, eine kostenlose, von einer professionellen, kommerziellen Redaktion erstellte Schülerzeitung aus Dresden, die 1994 gegründet wurde. Seit September 2007 erscheint der SPIESSER bundesweit an über 19.000 Schulen, Jugendeinrichtungen, Berufsinformationszentren und anderen Orten, an denen sich Jugendliche aufhalten. Die Zeitschrift richtet sich an Jugendliche im Alter von 14 bis 22 Jahren und hat eine Gesamtauflage von mittlerweile bis zu einer Million Exemplaren.[688] Damit gehört der heute alle zwei Monate erscheinende SPIESSER zu einem der auflagenstärksten Jugendmedien in Deutschland. Dies weiß anscheinend auch die Bundeswehr und hat mehrfach Werbeanzeigen geschaltet.

Erstmals erschien im SPIESSER von Juni 2007 – damals noch mit einer Auflage von rund 300.000 Exemplaren – eine ganzseitige Anzeige der Bundeswehr.[689] Unter der bunten Überschrift »Gratis abonnieren & iPod gewinnen« warb die Armee für ein kostenloses Abonnement der *infopost*. In der nächsten Ausgabe des SPIESSER wurde gleich ohne Umwege für die »Karriere in der Bundeswehr« geworben.[690] Neben mehreren Fregatten und Marine-Soldaten war auch ein Marine-Hubschrauber zu sehen. Den Vordergrund der Anzeige bildete ein Bundeswehr-Matrose. »Eines vorweg: Unsere Auswahlkriterien sind genauso anspruchsvoll wie die späteren Einsätze. Wir suchen junge Frauen und Männer, die absolute Leistung bringen und Verantwortung übernehmen. Sie gehören dazu? Dann bewerben Sie sich jetzt«, hieß es in der Anzeige. Eine ähnliche Bundeswehr-Anzeige folgte im November 2007.[691] Die

---

688 www.media.spiesser.de.
689 SPIESSER #114 – Juni 2007, S. 37.
690 SPIESSER #115 – September 2007, S. 27.
691 SPIESSER #116 – Nov. 2007, S. 27.

Bilder zeigten diesmal nicht die Marine, sondern einen CH-53 Transporthubschrauber mit ISAF-Aufschrift in einer kargen Landschaft – scheinbar Afghanistan – und
ein Geländefahrzeug mit KFOR-Schriftzug. Im Vordergrund diesmal eine Soldatin
und ein Soldat des Heeres. Die Werbung zielte explizit auf einen Einsatz der potentiellen Rekruten im Ausland ab. Für das kostenlose Abonnement der *infopost* mit
iPod-Gewinnmöglichkeit warb die Bundeswehr abermals im April und November
2008[692]. Im SPIESSER Nr. 127 von Februar/März 2010 warb die Bundeswehr abermals mit einer ganzseitigen Anzeige[693] – diesmal für das »Studieren mit Gehalt« an
einer Bundeswehr-Universität. Die Ausgaben des SPIESSER sind samt Werbung
auch online einzusehen.

Wie viel Geld die Bundeswehr bisher für Werbung im SPIESSER aufgewandt
hat, ist unbekannt, es dürfte sich aber mittlerweile um einen sechsstelligen Betrag
handeln. Immerhin ergibt ein Blick in die Anzeigenpreisliste des SPIESSER, dass
allein eine ganzseitige Anzeige über 35.000 Euro kostet. Unbekannt ist auch, warum
die Schülerzeitung überhaupt Armee-Werbung abdruckt. Diese verstößt nämlich
gegen das eigene Redaktionsstatut, in dem es heißt:

> § 1 – […] Die Redaktion lehnt Gewalt als Mittel zum Erreichen sozialer, politischer oder
> gesellschaftlicher Ziele ab.
> § 3 Werbe- und Kooperationspartner müssen zum inhaltlichen Anspruch und den
> Redaktionsprinzipien (§ 1) von SPIESSER passen. Werbung für Produkte und
> Dienstleistungen, die sich ausschließlich an volljährige Leser richtet […], wird im
> SPIESSER nicht veröffentlicht.[694]

Auch wenn der SPIESSER bzw. die Bundeswehr dem § 3 noch damit begegnen
kann, dass auch schon 17-Jährige in der Armee dienen können, sollte zumindest § 1
zum Ausschluss von Militärwerbung führen. Auf Nachfrage wollte der SPIESSER
zu den Vorwürfen keine Stellung nehmen.[695] Dabei hatte die Armee immerhin schon
zahlreiche Werbeanzeigen im Heft – auch nach Hinweis auf das eigene Statut.

Ein enges Verhältnis scheint auch das Jugendmagazin BRAVO mit der Bundeswehr zu haben – wie schon im Kapitel über die »Bw Adventure Games« angeklungen. »Mit BRAVO setzen Sie auf den unangefochtenen Marktführer im Jugendmarkt
und auf das Original unter den Jugendzeitschriften«[696], heißt es auf einer Website des
Bauer-Verlags, der die BRAVO herausgibt. Die Kernleserschaft von »Europas größter

---

692   SPIESSER #118 – Apr. 2008, Spezial »Technik zum Anbeißen«, S. 9; #121 – Nov. 2008, S. 32.

693   SPIESSER # 127 – Febr. 2010, S. 47.

694   www.spiesser.de.

695   Schulze von Glaßer, Michael: Die Bundeswehr im Kampf an der Heimatfront, in: IMI Studie
       01/2009.

696   www.bauermedia.com.

Jugendzeitschrift« wird mit einem Alter zwischen 12 und 17 Jahren angegeben. Die verkaufte Auflage der wöchentlich erscheinenden Jugendzeitung beträgt über 470.000 Exemplare – anders als der SPIESSER ist die BRAVO kein kostenloses Blatt. Nach Auskunft des leitenden Redakteurs der *infopost* wurde auch in der BRAVO-Printausgabe für das Bundeswehr-Rekrutierungsblatt geworben. Die Bundesregierung bestätigt in einer Antwort auf eine kleine Bundestagsanfrage, dass es zwischen 2005 und 2009 fünf Bundeswehr-Anzeigen in der BRAVO (eine), bzw. BRAVO-Sport (vier) gab. BRAVO-Sport widmet sich besonders dem Fußball, aber auch anderen Sportthemen, und hat eine Auflage von wöchentlich etwa 155.000 Exemplaren.

Auch im Online-Auftritt der BRAVO-Gruppe ist Armee-Werbung zu finden. Auf www.bravo.de prangten im Herbst 2008 ein Bundeswehr-Pop-Up, das auf die Rekrutierungswebsite www.treff.bundeswehr.de aufmerksam machte. Ein Spielkonsolen-Gewinnspiel sollte die meist minderjährigen User zum Klick auf die Anzeige verführen.

Die Kooperation zwischen BRAVO und Bundeswehr geht jedoch weit über Werbeanzeigen hinaus. Seit mindestens 2006 veranstaltet die Armee gemeinsam mit der BRAVO die »Bundeswehr-Adventure Games«.[697] Die BRAVO berichtete beispielsweise 2007 in ihrem Onlineauftritt als »Special« über das Armeeevent: »Dass die Bundeswehr so coole Aktionen macht, wusste ich nicht‹, berichtet die 18-jährige Claudia aus Nürnberg. ›Die Leute hier waren alle sehr nett, und wir hatten super Betreuer. Ich würde treff.bundeswehr in jedem Fall weiterempfehlen und mich auch sofort noch mal zu so einem coolen Event anmelden‹«. Unter dem BRAVO-Artikel prangt ein Link, der direkt auf www.treff.bundeswehr.de führt. Auch die Bundeswehr berichtet auf ihrem Reklame-Portal in einem vor Superlativen strotzenden Artikel über die »Adventure Games 2007«. Auch für die »Bw-Adventure Games 2008« kooperierte das größte deutsche Jugendmagazin mit der Bundeswehr. Neben einem Artikel auf der Internetseite der BRAVO, der zur Teilnahme ermuntern sollte, stellte die Zeitschrift der Bundeswehr für ihr neuerliches Abenteuerspiel auch eine Umfrage zur Verfügung. Nachdem die zehn relativ unpersönlichen Fragen beantwortet sind, gibt es die Möglichkeit, sich gleich online für das Spektakel zu bewerben. Vom 27. bis 31. Juli 2008 wurden von der Armee im Rahmen der »Bw-Adventure Games« 20 Jugendliche aus der treff.bundeswehr-Community und der BRAVO-Bewerber zum taktischen Ausbildungskommando der Luftwaffe nach Sardinien (Italien) gebracht. Eine Nachberichterstattung ist ebenfalls jedes Jahr auf der Website der BRAVO zu finden. Stünde über den Bundeswehr-Artikeln und der Online-Befragung nicht das leicht zu übersehende englische Wort »PROMOTION«, man würde denken,

---

697 Siehe Kapitel über die »Bw Adventure Games«

es handele sich um einen redaktionellen Artikel der BRAVO. Wer die einseitigen Artikel letztendlich geschrieben hat, ist nicht ersichtlich. Die nachbereitenden Mitteilungen der Bundeswehr zu den »Bw-Adventure Games« finden sich aber fast wortwörtlich auf der Website der BRAVO. Die Bundesregierung gibt auf Nachfrage an, dass zumindest für die Bewerbung der »Adventure Games 2009« keine Kosten für die Bundeswehr anfielen.[698]

Ebenfalls in ihrem Online-Angebot warb BRAVO-Sport im April 2009 für das Jugendsportevent »Bw-Beachen«. An prominenter Stelle auf der Startseite wurde mit Foto und Text geworben: »Der Bundeswehr Beach-Cup geht in eine neue Runde. Und du kannst dabei sein!«.[699] Der Link führte zu einem längeren Promotion-Text über das Jugendsportevent der Armee, samt Link auf die bw-beachen-Website.

Warum die Bundeswehr mit der BRAVO kooperiert? »Frühzeitige Information fördert die persönliche Meinungsbildung in der Berufsfindungsphase. Da 40 Prozent der Nutzer zwischen 14 und 19 Jahren alt sind, bietet die Website ›BRAVO‹ grundsätzlich die Möglichkeit, Jugendliche altersgerecht über die Bundeswehr zu informieren und sie generell für die Berufsmöglichkeiten in der Bundeswehr zu interessieren oder einen unverbindlichen Dialog zur Bundeswehr aufzubauen«, so die Bundesregierung.[700]

Ähnliche Gründe dürfte es auch bei der engen Kooperation der Bundeswehr mit der Schüler- und Studierendenzeitschrift UNICUM geben. Neben 29 Werbeanzeigen zwischen 2005 und 2009 in den verschiedenen Publikationen des UNICUM-Verlags, vor allem in der UNICUM-Abi, der Schülerzeitung der UNICUM-Gruppe, ist es das Online-Angebot der Publikumszeitschrift, das durch Militärwerbung auffällt.[701] Dort betreibt der UNICUM-Verlag ein Job-Portal, in dem verschiedene Unternehmen und Institutionen ausführlich vorgestellt werden – darunter auch die Bundeswehr. Die Texte und Fotos entstammen der bundeswehr-karriere-Website.[702] Als Werbung gekennzeichnet sind die Texte aber nicht, was einen Verstoß gegen den Pressekodex Richtlinie 7.1 bedeutet: »Trennung von redaktionellem Text und Anzeigen – Bezahlte Veröffentlichungen müssen so gestaltet sein, dass sie als Werbung für den Leser erkennbar sind. Die Abgrenzung vom redaktionellen Teil kann durch Kennzeichnung und/oder Gestaltung erfolgen.«[703] Dass es sich um bezahlte Werbung handelt, geht aus Bundestags-Drucksache 16/14094 hervor.

---

698   Bundestags-Drucksache 16/14094.

699   www.bravosport.spox.com.

700   Bundestags-Drucksache 16/14094.

701   Ebenda.

702   Ihre Karriere in den Streitkräften der Bundeswehr, in: www.unicum.de.

703   Der Pressekodex, in: www.presserat.info.

Aber nicht nur mit dieser sehr offensichtlichen Werbung versucht die Bundeswehr durch UNICUM neue Rekruten zu gewinnen, auch der redaktionelle Teil dient sich der Armee an. So findet sich in einem Interview mit einem Bundeswehr-Studenten aus der Rubrik »Abi – was dann?« keine einzige kritische Frage, stattdessen solche: »Björn, wieso hast du dich für ein Studium bei der Bundeswehr entschieden?«, »Wo siehst du den Vorteil eines Studiums bei der Bundeswehr im Gegensatz zu öffentlichen Unis?« oder »In der Luftwaffe warten dann ja auch spannende Aufgaben auf dich. Auf was freust du dich besonders?«.[704] Der Text wird durch einen »Studieren bei der Bundeswehr«-Kasten, der über die beiden Armee-Universitäten informiert, komplettiert.

Weitere Printmedien, in denen die Armee seit 2005 Nachwuchs zu werben versuchte, waren das große Jugendmagazin *yaez*, das ZVS-info, unzählige Schülerzeitungen (siehe dazu Kapitel zu Bundeswehr und Schulen) und eine nicht überschaubare Zahl deutscher Tageszeitungen.[705]

Wie schon angeklungen, sind viele Printmedien – vor allem die für Jugendliche – mittlerweile auch im Internet sehr aktiv. Besonders die kostenlosen Magazine wie UNICUM oder SPIESSER stellen ihre Ausgaben komplett ins Internet. Daher soll an dieser Stelle auch die Armee-PR im Internet erwähnt sein. Diesbezüglich gab die Regierung zwischen 2005 und 2009 genau 1.010.531,68 Euro für personalwerbliche Zwecke der Bundeswehr aus, für allgemeine Armee-Werbung waren es 498.640,46 Euro.[706] Rekrutierungs-Werbung – Webbanner, Pop-Ups oder scheinbar redaktionelle Texte – fanden sich unter anderem auf den Websites der ZEIT-Campus[707], des Uni-SPIEGEL[708], Studentenpilot.de, Studieren.de, Karriere.de, Stellenanzeigen.de, Jobscout24.de, Monster.de und Jobpilot.de.[709] Sogar auf den Websites einzelner Schulen gab es Bundeswehr-Anzeigen, wie auf realschule-babenhausen.de oder gymnasium-muehldorf.de.[710] Bei der Online-Werbung wird entweder für die treff.bundeswehr-Website oder die bundeswehr-karriere.de-Website geworben, auf die die Werbeanzeigen auch jeweils verlinkt sind. Der ständig wachsenden Internetnutzung angepasst stiegen auch die Ausgaben der Bundeswehr für die Online-Werbung. Gab sie 2005 nur 96.000 Euro dafür aus, waren 2009 schon 460.000 Euro eingeplant.[711] Diese Stei-

---

704   Studium Wirtschaftsingenieurwesen bei der Bundeswehr, in: www.unicum.de, Sept. 2008.

705   Eine vollständige Auflistung findet sich in der Bundestags-Drucksache 16/14094.

706   Bundestags-Drucksache 16/14094.

707   www.zeit.de/campus/index.

708   www.spiegel.de/unispiegel.

709   Bundestags-Drucksache 16/14094.

710   Ebenda.

711   Ebenda.

gerung bei den Online-Werbekosten steht im Gegensatz zu den Aufwendungen für Printwerbung, die seit Jahren bei etwa 1,5 Millionen Euro stagnieren. Die Bundeswehr investiert dort, wo sich ihre Zielgruppe bewegt: immer mehr im Internet.

Auf die Ohren – Radiowerbung der Armee

In den Jahren 2006 bis 2009 gab die Bundesregierung 4.354.000 Euro für personalwerbliche Hörfunkwerbung der Bundeswehr aus.[712] Davon 2006 etwa 417.000 Euro, 2007 waren es ca. 973.000 Euro, 2008 ca. 1.666.000 Euro und 2009 waren 1.298.000 Euro für die Werbung eingeplant.[713] Für die Erstellung der sekundenlangen Spots wurden verschiedene Firmen beauftragt: Agentur Saatchi & Saatchi (Kosten ca. 6.300 Euro), Agentur Bellavista (ca. 15.000 Euro), P&P Studios (ca. 5.506 Euro), Die Klangmacher (ca. 3.900 Euro) und das Unternehmen Hörfunkkonzeption (ca. 357.000 Euro).[714] Besondere Erwähnung soll ein Spot der Agentur Saatchi & Saatchi in Zusammenarbeit mit der Agentur Zenithmedia finden. Der bereits 2005 entwickelte Spot »Frauen« bzw. »Männer« zur Rekrutierung von Pilotinnen und Piloten bekam im November 2008 eine Auszeichnung für den beliebtesten Radiospot des Monats der Internetseite www.radiozentrale.de, einem Mediendienst für Hörfunkunternehmen. Der Spot im Wortlaut:

Männerstimme 1:	Hier, übrigens, Annette studiert jetzt Luft- und Raumfahrttechnik.
Männerstimme 2:	Ah, ja? Mir hat sie gesagt, sie wird Pilotin.
Männerstimme 3:	Ah, komm, ich dachte sie geht zur Bundeswehr.
Alle drei Männerstimmen:	Frauen!
Off – Sprecher (männlich):	Fliegerische Ausbildung plus Studium und Gehalt von Anfang an. Der Pilot in der Offizierslaufbahn. Auf Helikopter, Jet oder Transportflugzeug. Wer ganz nach oben will, bewirbt sich jetzt: Bundeswehr minus Karriere de. Bundeswehr – Karriere mit Zukunft.

Einen ähnlichen Spot gibt es auch mit vertauschten Geschlechtern, stets geht es dabei um den Piloten-Beruf. Nicht immer wird dabei direkt auf die Rekrutierungswebsite verwiesen, sondern teilweise auch auf die Website der Radiostation. Dort befanden sich dann gut platzierte Werbeinhalte der Bundeswehr und Links zu den Rekrutierungsportalen: dieser Dreischritt hatte zum Vorteil, dass die Websites der Radiostationen meist schon bekannter und eingängiger sind als die der Bundeswehr. Der Publikumspreis für die beiden Agenturen war Anlass für ein Interview

---

712 Bundestags-Drucksache 16/14094.

713 Bundestags-Drucksache 16/14094.

714 Bundestags-Drucksache 16/14094.

der Radiozentrale-Website, in dem die Hintergründe des Spots zum Vorschein kommen. Darin bekundet Sabine Schmidt, Management Supervisor bei der Agentur Saatchi & Saatchi:

>»Zielsetzung der Kampagne war [...] nicht unbedingt eine quantitative Steigerung der Bewerbungen und damit erhöhter Bearbeitungsaufwand, sondern Gewinnung von ernsthaften Interessenten, die sich dann in einem aufwändigen mehrstufigen Verfahren qualifizieren müssen. Zur initialen Awareness und Generierung von Interesse hat sich das Radio aufgrund der spezifischen Zielgruppenansprache bisher gut bewährt. Die Verlängerung und Verlinkung zu den Job-Portalen und weiter zur Internet-Plattform erfüllt im Anschluss das Informationsbedürfnis zu dem doch insgesamt sehr komplexen Angebot, das sich in 30 Sekunden nur anteasen lässt.«[715]

Zur Kampagne gehörte neben den Radiospots und Webinhalten auch ein Kinospot (detaillierter siehe Kapitel zu Bundeswehr-Filmwerbung). Wohl wegen des erfolgreichen Hörfunkspots konnte Zenithmedia Ende 2008 einen vierjährigen Auftrag des Bundesamtes für Wehrtechnik und Beschaffung gewinnen, welches dem BMVg untergeordnet ist.[716] Am neuen Projekt ist auch die Agentur »von Mannstein« beteiligt. Auch bei dieser neuen Werbung geht es um die Rekrutierung neuer Piloten. Die zentrale Aussage im mit Hubschraubergeräuschen und Funksprüchen hinterlegten Spot: »Startfrei für Ihre Zukunft. Wir suchen junge Frauen und junge Männer, die Leistung bringen und Verantwortung übernehmen. Wir suchen die besten für unser Team. Jetzt informieren: www-bundeswehr-minus-karriere-de. Bundeswehr: Karriere mit Zukunft.« Der Hörfunkspot nutze akustische Signale, um Aufmerksamkeit zu erregen, hieß es dazu auf der »von Mannstein«-Website: »Rotorgeräusche moderner Helikopter, Code-Wörter über Funk. Die Botschaft lautet ›Action‹. Die Schlagwörter ›Leistung‹, ›Verantwortung‹, ›die Besten für unser Team‹ sorgen für die notwendige polarisierende Ansprache.«[717] Für den neueren Radiospot der Kreativagentur »von Mannstein« konnte die Bundesregierung noch keine Kosten angeben.[718] Ein weiterer bundesweit ausgestrahlter Rekrutierungsspot geht wie folgt:

Frauenstimme:	Hi, Tommy.
Männerstimme:	Hey, Sandra.
Frauenstimme:	Wow, Du klingst ja busy.
Männerstimme:	Ich bin schon seit Wochen auf der Suche nach dem richtigen Arbeitgeber für mich. Du weißt schon: Was Interessantes mit Perspektiven.

---

715   Baldauf, Susanne: Spot und Agentur des Monats November: Zenithmedia und Saatchi & Saatchi, in: www.radiozentrale.de.

716   Zenithmedia gewinnt Bundeswehr-Etat, in: www.wuv-media.de, 15.12.2008.

717   Hörfunk-Spot zur Rekrutengewinnung, in: www.mannstein.de.

718   Ebenda.

Frauenstimme:	Warte mal, ich hab da was für Dich… Pass auf: Teamarbeit, herausfordernde Aufgaben, volles Gehalt von Anfang an, Weiterbildung, Aufstiegschancen für Hauptschüler, Realschüler und Abiturienten bei einem der größten Arbeitgeber Deutschlands.
Männerstimme:	Klingt super, wer ist denn das?
Frauenstimme:	Check doch mal: Bundeswehr minus Karriere Punkt de.
Off – Sprecher (männlich):	Für alle, die Leistung zeigen.

Die Bundeswehr setzt bei ihren Hörfunk-Spots vor allem auf junge Stimmen. In Internetforen sorgte der gesprochene Wortlaut der Bundeswehr-Website für einigen Spott, da der Bindestrich als »Minus« ausgesprochen wird: Bundeswehr minus Karriere.

Neben den bundesweiten Spots gibt es bislang sechs regionale Bundeswehr-Radiospots und vier kurze Frage-Antwort-Spots, so genannte »Informer«.[719] Die »KarriereTreffs« der Bundeswehr in Wolfsburg und Wolfenbüttel wurden mit eigens auf die Orte zugeschnittenen Spots beworben. Für diese Spots entstanden, laut Bundesregierung, keine direkten Erstellungskosten: »Vereinzelt erfolgte die Produktion von personalwerblichen Spots mit regional bezogenem Werbeinhalt durch die jeweils ausstrahlenden Radiostationen. In diesen Fällen sind Produktionsausgaben in den Sendeausgaben enthalten«.[720]

Ausstrahlung finden die Rekrutierungsspots bundesweit: Eine umfassende und knapp 50 Seiten umfassende Liste mit Radiostationen und Ausstrahlungsdatum von 2006 bis Ende 2009 findet sich im Anhang der Bundestags-Drucksache 16/14094. Daraus geht hervor, dass vor allem Radiosender für Jugendliche als Rekrutierungsmedium dienten – zielgruppengerecht eben.

Bei Popcorn und im Wohnzimmer – Bundeswehr-Kino- und Fernsehspots

Trotz boomenden Internets ist (1) Fernsehen immer noch das Leitmedium in Deutschland. Auch das (2) Kino erfreut sich immer noch großer Beliebtheit vor allem bei jungen Leuten. Wie viele private Unternehmen nutzt auch die Bundeswehr diese Medien zu Werbezwecken.

(1) Die letzte Ausstrahlung von Armee-Werbung im Fernsehen liegt Jahre, wenn nicht Jahrzehnte zurück. Seit 2010 gibt es sie aber wieder, die Rekrutierungsspots im Fernseher. Das neue und zumindest für die letzten Jahre das teuerste Filmprojekt kam Anfang 2010 zur Ausstrahlung – sowohl im Kino als auch in den heimischen

---

719   Der Wortlaut aller Radiospots ist in Bundestags-Drucksache 16/14094 einzusehen.

720   Bundestags-Drucksache 16/14094.

Fernsehern. Die Frankfurter Produktionsfirma Bellavista erstellte für etwa 189.000 Euro einen 20-sekündigen Armee-Werbespot. *Horizonte*, ein Internetportal für Marketing, Medien und Werbung, schreibt zum Spot:

>»Das Bundesministerium der Verteidigung beschränkte sich in den vergangenen Jahren auf Kinowerbung, Anzeigen und einen Webauftritt. Ab sofort versucht die Bundeswehr auch in zielgruppenaffinen TV-Umfeldern den Nachwuchs für eine zivile oder militärische Karriere zu gewinnen. Im Spot werden unter dem Motto ›Bundeswehr. Karriere mit Zukunft‹ die verschiedenen Berufsfelder in kurzen Szenen vorgestellt, so zum Beispiel Kampftaucher, Piloten und Feldjäger. Zudem verweist der 20-Sekünder auf das Karriereportal der Bundeswehr, bundeswehr-karriere.de. Die bundesweite Schaltung von Anzeigen und TV-Spots übernimmt Zenith-Optimedia.«[721]

Den Spot gibt es in zwei Versionen mit gleichen Bildern aber unterschiedlichem Sprechtext. Auf der Internetpräsenz der Bundeswehr findet sich eine Version mit folgendem Text:»Herausforderung meistern, Teamgeist beweisen, Technik beherrschen. Bundeswehr, Karriere mit Zukunft.«[722] Auf der Horizonte-Website ist hingegen im Spot nur der Bundeswehr-Werbeslogan »Bundeswehr, Karriere mit Zukunft!« hörbar, der von einem Mann gesprochen wird. Die Kampagne lief von Januar bis Anfang Februar 2010.

Der deutsche Bundeswehr-Werbekurzfilm ist im Gegensatz zu den Rekrutierungs-TV-Spots im Nachbarland Österreich extrem professionell gemacht. Dort zog das Verteidigungsministerium eine sexistische Fernsehwerbung zur Nachwuchsgewinnung nach Protesten Ende Januar 2010 zurück.[723] *Spiegel-Online* über den Werbefilm:

>»Breitbeinig sitzt da ein muskelbepackter, glatzköpfiger Mann auf dem Kühler seines Sportwagens. ›Hey, Mädels, wollt ihr eine Spritztour machen mit einem flotten Flitzer?‹, fragt er keck zwinkernd eine Gruppe junger Frauen. Die Kamera zoomt verheißungsvoll auf ein Dekolleté, zeigt lange Beine in engen Stiefeln. Doch die Reaktion der vier Damen ist verhalten. Nein, man passe ja gar nicht in das enge Gefährt, nörgeln sie. Was für ein Glück, dass gerade aus einer Nebelwand gegenüber ein Panzer des österreichischen Bundesheeres hervorpresscht und mit einer Vollbremsung vor dem Grüppchen zum Stehen kommt. Ein fescher Soldat entsteigt dem Kettenfahrzeug und offeriert eine Rundfahrt. Dieses Angebot kommt bei den Damen weit besser an als der Trip im schnöden Sportwagen. Als der Tank davonbraust – übrigens ohne eine der Frauen an Bord zu nehmen – laufen sie dem Gefährt sogar aufgeregt hinterher, um doch noch ein Plätzchen zu ergattern.«[724]

Bleibt hinzuzufügen, dass der »fesche Soldat« in einer kurzen Szene auch noch mit der Hand über das Rohr seines Schützenpanzers streicht. Eigentlich hätte der Protest aber nicht nur das für den Spot verantwortliche österreichische »Bundesministerium

---

721   Bellavista rekrutiert Bundeswehr-Nachwuchs, in: www.horizonte.de, 19.1.2010.

722   Menschen, Technik, Chancen (Sprechertext), in: www.bundeswehr.de, 17.2.2010.

723   Langer, Annette: Peinliche Rekrutenwerbung: Österreichs Armee zieht sexistischen Panzerspot zurück, in: www.spiegel.de, 28.1.2010.

724   Ebenda.

für Landesverteidigung und Sport« treffen sollen – dieses hat den Spot nämlich auch
nur inhaltlich kopiert. Die ukrainischen Streitkräfte werben schon seit längerem mit
einem solchen Spot. Bei der ukrainischen Version ist neben dem Inhalt auch die
Kameratechnik von schlechter Qualität.

(2) Im Kino ist die Bundeswehr schon längere Zeit wahrnehmbar: 2006 wurde
für die Ausstrahlung personalwerblicher Armee-Spots in Kinos 408.000 Euro von
der Regierung gezahlt. [725] 2007 waren es 553.000 Euro. Ihren vorläufigen Kostenhö-
hepunkt hatte die Schaltung von Armee-Werbung 2008 mit 1.091.000 Euro. Ein Jahr
später wurden nur noch 211.000 Euro für Werbespots in Kinos gezahlt – die Bundeswehr fährt diese Art der Werbung herunter. Die Einblendung von Armee-Werbung
geschah laut Bundesregierung immer unabhängig vom gezeigten Kinofilm. 2006
lag der zeitliche Schwerpunkt der Kinowerbung vor allem auf dem Monat Januar.
Auch im September und November wurden die Bundeswehr-Spots oft vorgeführt,
vereinzelt auch noch im Dezember. In über 1.100 Kinosälen in knapp 200 Städten
war die Werbung zu sehen. Auf dem gleichen Niveau fiel das werbliche Engagement
in Kinos auch 2007 und 2008 aus. Dabei lag der Schwerpunkt 2007 auf Januar,
September, Oktober und November. In den anderen Monaten gab es keine Armee-
Werbung zu sehen. 2008 verteilte sich das werbliche Engagement der Bundeswehr
in Kinos allein auf die Monate September, Oktober, November.

Die schon im Kapitel über Bundeswehr-Radiospots erwähnte Kreativagentur
»Saatchi & Saatchi« zeichnet für eine Rekrutierungskampagne zur Gewinnung neuer
Piloten verantwortlich. Etwa 139.000 Euro soll die Agentur dabei von der Regierung
für die Erstellung eines Bundeswehr-Kinospots bekommen haben. Gezeigt wird ein
Eurofighter-Kampfjet beim Start mit Nachbrenner: »Zwei erstklassige Ausbildungen
– Zwei anspruchsvolle Berufe – Zwei mal 37.000 PS – Wenn das kein Karriereschub
ist. Fliegerische Ausbildung plus Studium und Gehalt von Anfang an. Als Pilotin
oder Pilot in der Offizierslaufbahn bei Heer, Luftwaffe oder Marine. Jetzt bewerben.
Bundeswehr – Karriere mit Zukunft.« Im zweiten Teil des Spots wird neben der
männlichen Sprecherstimme der Kampfjet auf dem Rollfeld gezeigt, im Hintergrund
ein Sea-Lynx-Armee-Helikopter. Um sich weiter informieren zu können, wird beim
2005 produzierten Spot die URL der Bundeswehr-Karriere-Website eingeblendet.

Über die Fernseh- und Kinowerbung hinaus gibt es aber noch weitere Werbefilme. Dieses sind speziell für die Websites der Bundeswehr hergestellt und werden
auch auf eigenverantwortlichen Veranstaltungen der Bundeswehr vorgeführt: Für
drei Rekrutierungsspots zeichnete bisher die Bundeswehr selbst als verantwortlich:
2007 drehte sie für ca. 41.000 Euro einen Kino-Spot zur Hubschrauberpilotengewin-

---

725   Bundestags-Drucksache 16/14094; die folgenden Angaben: ebenda.

nung. 2008 folgte eine nur für das Internet vorgesehene Reportage über Jetpiloten, die etwa 20.000 Euro kostete, und im gleichen Jahr eine, ebenfalls nur für das Internet bestimmte, Produktion zur Nachwuchsgewinnung speziell für das Luftlandeunterstützungsbataillon 262 für 10.000 Euro.

Eine Ausschreibung für sechs Werbefilme für eine Offizierslaufbahn in den Teilstreitkräften, dem Sanitätsdienst, der Streitkräftebasis und allgemein in der Bundeswehr konnte die Firma »Ehlert Film« 2008 gewinnen. Rund 80.000 Euro investiert die Bundeswehr für die Internet-Filme, die zumindest im Herbst 2009 noch nicht fertiggestellt waren.

1,91 Millionen Euro kostete die Produktion von sechs 3D-Werbefilmen durch das Unternehmen »Capture MM« 2008. Die Filme zu den Themen »Heer«, »Luftwaffe«, »Marine«, »Streitkräftebasis«, »Sanitätsdienst« und »Wehrverwaltung« werden für die Nachwuchsgewinnung während der »KarriereTreffs« im Kino-Truck vorgeführt und sollen auch im Internet verfügbar sein.

Zusammenfassend lässt sich für den Einsatz von Bewegtbildern für Nachwuchszwecke der Bundeswehr feststellen, dass schon seit Jahren sehr viel Geld für Produktion und Ausstrahlung der Spots investiert wird, sich die Art der Weiterverbreitung aber ändert: In Kinos laufen immer weniger Bundeswehr-Spots und wird weniger Geld investiert, dafür gibt es seit 2010 einen neuen aufwendigen TV-Spot, der für eine vermeintliche »Karriere mit Zukunft« wirbt. Auch die Entwicklung von Nachwuchsfilmen für die Internetpräsenzen der Bundeswehr hat zugenommen.

Der unterhaltsame Krieg – Militainment, die Bundeswehr in den Medien

Bewegte Bilder zur Unterhaltung in den Dienst des Militärs zu stellen – so genanntes Militainment – ist nicht neu. Als Geburtsstunde des Kriegsfilms gilt der 90-sekündige Propagandafilm TEARING DOWN THE SPANISH FLAG (USA) von 1898 – nur fünf Jahre nach der ersten Leinwandprojektion bewegter Bilder. US-Soldaten zeigen darin das Einholen der spanischen Flagge in Havanna, um dann die US-amerikanische zu hissen.[726] Im Zweiten Weltkrieg läuft das Kino als Propagandamaschine zur Höchstform auf, vor allem in Deutschland. Ähnliches gilt heute für Computerspiele: Schon einige der ersten digitalen Spiele drehten sich um Krieg, beispielsweise das 2-D-Spiel SPACEWAR!, welches 1961 in den USA entwickelt wurde. Darin treten

---

726 Bürger, Peter: Kino der Angst – Terror, Krieg und Staatskunst aus Hollywood, 2. Auflage, Stuttgart 2007, S. 44.

zwei Spieler mit Raumschiffen gegeneinander an. Ziel ist es, den anderen durch Beschuss zu zerstören. Heute versetzen First-Person-Shooter (auch Ego-Shooter genannt) den Spieler in eine nahezu fotorealistische 3-D-Welt. Im Zeitalter der elektronischen Medien und der globalen Satelliten-Kommunikation begegnen uns schier unvorstellbare Quantitäten und Qualitäten einer öffentlichen Mobilisierung zum Krieg. Sie betreffen die Rolle der Informationsmedien sowie die massenwirksame Vermittlung von militärischen Konzepten und Szenarien durch elektronische Computerspiele und alle anderen Unterhaltungsmedien.[727] Dabei werden dem Militär wohlgesonnene Medienproduktionen nicht zwangsweise auch von einer Armee oder deren Befürwortern materiell unterstützt, nicht selten sind es die Produzenten selbst, die ein unkritisches und unreflektiertes Bild von Gewalt und Militäreinsätzen wiedergeben.

Militainment aus den USA und etwas darüber hinaus hat sich der Düsseldorfer Publizist Peter Bürger in seinem 2006 mit dem Bertha-von-Suttner-Preis ausgezeichneten Buch »Kino der Angst – Terror, Krieg und Staatskunst aus Hollywood« sowie seinen Werken »Bildermaschine für den Krieg – Das Kino und die Militarisierung der Weltgeschichte« und »Napalm am Morgen – Vietnam und der kritische Kriegsfilm aus Hollywood« gewidmet. Diese Bücher sind grundlegend für das Thema »Militainment«. Der vorliegende Text soll sich auf das auch von Bürger noch wenig beleuchtete Thema des deutschen Militainments, in dem die Bundeswehr auftritt, beschränken. Zwar gibt es auch hier schon Forschungsansätze, gerade neuere Produktionen und Trends wurden aber bisher sträflich vernachlässigt – besonders im Hinblick auf den Krieg in Afghanistan und dessen Darstellung in den Medien.

Zunächst soll in diesem Buchabschnitt der Auftritt der Armee in deutschen Spielfilmproduktionen anhand der Filme MÖRDERISCHER FRIEDEN – SNIPERS VALLEY*[728] von 2007 und WILLKOMMEN ZUHAUSE* von 2009 analysiert werden (1). Anschließend soll der Einfluss und das Wirken der Bundeswehr in TV-Serien wie STREITKRÄFTE IM EINSATZ – SONJA WIRD EINGEZOGEN* von 2006 und der Erfolgsserie DIE RETTUNGSFLIEGER* von 1997 bis

---

727   Ebenda.

728   Im Folgenden ist zu beachten, dass Film- und Radioproduktionen sowie Computerspiele in Großbuchstaben stehen und Produktionen, bei denen die Bundeswehr mitgewirkt hat – beispielsweise durch die Bereitstellung von Großgerät, Dreherlaubnissen oder direkte (finanzielle) Mitwirkung – zusätzlich mit einem Sternchen (*) versehen sind. Produktionen, an denen das Militär anderer Länder mitgewirkt hat (dies ist vornehmlich die US-Army), sind mit zwei Sternchen (**) versehen. Dabei gilt immer, dass ein oder zwei Sternchen nur hinter Produktionen stehen, bei denen eine Mitwirkung des Militärs wirklich bewiesen ist. Da die Unterstützung von Medienproduktionen durch das Militär sehr intransparent ist, bedeutet dies auch, dass wahrscheinlich noch mehr der genannten Produktionen in irgendeiner Form vom Militär unterstützt wurden und ein Sternchen verdient hätten.

2007 aufgezeigt werden (2). Militär-Dokumentarfilme werden unter (3) behandelt. Dabei wird vor allem die vom TV-Sender DMAX in Auftrag gegebene Dokumentation OPERATION AFGHANISTAN – DIE BUNDESWEHR IM EINSATZ* genauer unter die Lupe genommen. Eine kurze Abhandlung der Bundeswehr in Nachrichtensendungen folgt (4). Auch im Radio ist die Bundeswehr – nicht nur mit Werbung – präsent, dies wird anhand eines »Erfahrungsberichtes« – VIER MONATE AFGHANISTAN – des Jugendradiosenders Fritz des öffentlich-rechtlichen Rundfunks Berlin-Brandenburg deutlich (5). Das Randthema des Einsatzes von Popstars, die die Bundeswehr in Auslandseinsätzen zur moralischen Unterstützung besuchen und dabei meist die Medien im Schlepptau haben, soll nur kurz beleuchtet werden (6). Zwar ist die Bundeswehr in dem Bereich noch nicht sehr aktiv, dennoch sollen in Abschnitt (7) Militärcomputerspiele betrachtet und analysiert werden. Es folgt eine Zusammenfassung samt Ausblick und Kritik am »Militainment made in Germany«. An den bereits oben genannten drei Militainment-Texten Peter Bürgers orientiert sich auch die allgemeine Militainment-Kritik am Ende dieses großen Kapitels.

Willkommen im Kriegsfilm

Am 29. November 2007 startete der Spielfilm MÖRDERISCHER FRIEDEN – SNIPERS VALLEY* des deutschen Regisseurs Rudolf Schweiger bundesweit in den Kinos. MÖRDERISCHER FRIEDEN* ist eine Koproduktion der Unternehmen BlueScreen, Kaleidoskop Film und des öffentlich-rechtlichen Senders Bayerischer Rundfunk, Südwestrundfunk und ARTE – die Öffentlich-Rechtlichen sollen besonders zur Finanzierung beigetragen haben. So ist MÖRDERISCHER FRIEDEN* ein Produkt des staatlichen Fernsehens. Die am Film Beteiligten rühmen sich damit, mit MÖRDERISCHER FRIEDEN* »als erste[m] deutsche[m] Kinofilm die Geschichte junger Bundeswehrsoldaten im Auslandseinsatz« dargestellt zu haben: »Hier wird keine Aussage und auch keine Wertung über den Krieg an sich und ein Für und Wider gemacht – es geht hier, aufgehängt an einem Konflikt, um Menschen in ihrer Vielschichtigkeit«, meint Oberst a. D. Hans-Jürgen Folkerts zum Film.[729] Die Handlung dreht sich um zwei junge Bundeswehr-Soldaten der KFOR im Kosovo 1999. Dort herrscht zwar offiziell Frieden, doch unterschwellig bekriegen sich Serben und Albaner. An einem Checkpoint kommt es zum Angriff eines Scharfschützen aus dem Hinterhalt. Eine junge Serbin wird getroffen, einer der Soldaten rettet die junge Frau, der andere nimmt gegen jeden Befehl die Verfolgung des Schützen auf und stellt einen minderjährigen, albanischen Jungen mit Gewehr. Dieser wurde

---

729 Presseheft zum Film »Mörderischer Frieden«, zu finden unter www.movienetfilm.de

zuvor von albanischen Paramilitärs angestachelt, sich für den Tod der eigenen Angehörigen zu rächen – das Gewehr gaben ihm die Albaner gleich mit. Die junge,
hübsche Serbin verliebt sich prompt in einen der deutschen Soldaten, was jedoch
zum Problem wird, da beide Soldaten die Gerettete begehren. Die junge Serbin
findet nach einigem Hin und Her heraus, dass ihr Vater während des Krieges an
Massakern beteiligt gewesen sein soll und Gefahr läuft, von den Albanern getötet zu
werden. Es kommt, wie es kommen musste: In der Nacht zündet ein aufgebrachter
Mob von Albanern das Haus der Familie an. Die deutschen Soldaten haben in der
Zeit selber recherchiert und eilen der Familie zur Hilfe. Schließlich ist es jedoch der
junge Attentäter vom Anfang des Films, der die Seite gewechselt hat und mit seinem
Scharfschützengewehr den hetzerischen Anführer der Albaner ermordet und nicht
die serbische Familie (Mutter und Vater der jungen Serbin kommen aber dennoch
um). Die spät eintreffende Bundeswehr kann die Lage letztendlich beruhigen. Übrig
bleibt eine kleine Familie: junger deutscher Soldat mit hübscher, junger Serbin und
kleinem albanischen Jungen.

In einer Filmrezension des *Spiegels* kommt der Film nicht gut weg. Bereits der
erste Satz kritisiert die Möchte-gern-Hollywood-Inszenierung: »›Pearl Harbour‹ auf
dem Balkan«. Der Film sei leider nur eine »Bürgerkriegsschmonzette«.[730] Rezensent
Christian Buß begrüßt zwar das Aufgreifen des Themas, die Umsetzung sei aber
misslungen, Gut und Böse mit »melodramatischen Kniffen« leicht eingeteilt worden.
So sei der Anführer der im Film dargestellten albanischen Paramilitärs mit einer
eisigen Stimme versehen worden und betone dazu, dass sein Vater im Zweiten Weltkrieg in der SS als Sturmführer gedient habe. Auf der serbischen Seite werde das
Stereotyp eines Arztes gezeichnet, der seinen medizinischen Eid gebrochen und an
Massenhinrichtungen teilgenommen hat: »Die Bundeswehr-Recken in ›Mörderischer Frieden‹ […] verstehen es nicht nur, sich schadlos durchs osteuropäische To-
huwabohu zu schlagen, sondern stiften dann auch noch wunderbar symbolträchtig
ein bisschen Frieden zwischen den Menschen«, so Buß. »Am Ende knattert dann
besinnlich ein Heeres-Hubschrauber. Ein Eingreifmärchen, wie es sich die PR-Ab-
teilung der Bundeswehr nicht schöner hätte ausdenken können.«[731]

Da die erstmalige Thematisierung der Auslandseinsätze der Bundeswehr in
einem Kinospielfilm »als förderlich für die Darstellung der Bundeswehr in der Öffentlichkeit bewertet«[732] wurde, gab es für Regisseur Rudolf Schweiger folgende
Unterstützungen durch das Bundesministerium der Verteidigung:

---

730   Buß, Christian: Bundeswehr-Drama »Mörderischer Frieden« – Kuscheln im Kosovo, in: www.
       spiegel.dc, 28.11.2007.

731   Ebenda.

732   Bundestags-Drucksache 16/7572.

- Militärfachliche Beratung durch Angehörige des Arbeitsbereichs »Medien« im Presse- und Informationsstab des BMVg,
- zwei Recherchereisen ins Kosovo (2003/2004), Begleitung durch Pressefachpersonal, Routineflüge mit Bundeswehr-Luftfahrzeugen,
- Erteilung einer Drehgenehmigung im Gefechtsübungszentrum des Heeres Altmark, Betreuung durch Pressefachpersonal,
- Erteilung einer Drehgenehmigung beim deutschen EUFOR-Kontingent in Sarajevo, Betreuung durch Pressefachpersonal.

Durch die Maßnahmen sollen keine zusätzlichen Kosten für die Bundeswehr entstanden sein. Neben dem Pressefachpersonal, das die Betreuung im Rahmen seiner üblichen Aufgaben erledigte, soll kein zusätzliches Personal gebunden worden sein. Gerät sei ebenfalls nicht zur Verfügung gestellt worden. Die geleistete Unterstützung des Filmprojektes fand im Rahmen der Medienarbeit der Bundeswehr statt. Fraglich ist indes, wer die im Film gezeigten Militärfahrzeuge gestellt haben soll, die mediengerecht vor der Kamera halten. In einer Szene zu Beginn des Filmes sind gleich mehrere Leopard-Kampfpanzer und Fuchs-Truppentransporter zu sehen. Auch Innenraumaufnahmen des Fuchs-Transporters werden gezeigt. Jeeps vom Typ »Wolf« kommen im Film zum Einsatz, die wurden allerdings eigens für die Dreharbeiten gekauft – der im Film gezeigte Bell UH 1-D-Hubschrauber jedoch nicht, er gehörte wahrscheinlich der Bundeswehr, wer dafür die Kosten trug, ist unklar. Auf der DVD des Films kann man im »Making-of« folgendes von Regisseur Rudolf Schweiger über die Zusammenarbeit mit der Armee hören:

> »Ein High-Light war auf jeden Fall auch die ganze Fabrik, das ganze Bundeswehr-Lager, dass wir ja mit großer Unterstützung der Bundeswehr drehen konnten, die wir am Schluss ja trotzdem noch gekriegt haben, was auch wirklich echt ein Grund zur Freude war, weil wir da ja am Anfang gar nicht mehr wussten, inwieweit können wir noch mit denen rechnen. Wir hatten zwei Wölfe [Bundeswehr-Geländewagen] die wir noch in Deutschland gekauft hatten, aber mit zwei Wölfen und ein paar Uniformen macht man nicht wirklich so einen Militärfilm. Da bin ich nach wie vor sehr, sehr froh, dass wir das mit Unterstützung der Bundeswehr doch alles so hingekriegt haben, dass es auch groß ausschaut.«

Wie die Unterstützung im Einzelnen aussah und wer die Kosten dafür trug, ist unbekannt. Die Bundeswehr versucht zudem oft Kosten zu verschleiern, indem sie angibt, dass Personal und Material so oder so vorhanden seien – ob diese nun herumsäßen, herumstünden oder an einem Film mitwirkten, die Kosten wären dieselben.

MÖRDERISCHER FRIEDEN* soll sogar von Jugendoffizieren im Schulunterricht eingesetzt werden, was nochmals die unkritische Haltung des Films zur Bundeswehr und dem Armee-Einsatz im Kosovo offenbart.[733] Wie das Gymnasium Sont-

---

733 Kriegspropaganda, öffentlich-rechtlich, in: www.german-foreign-policy.com, 3.7.2009.

hofen (Bayern) mitteilt, habe die Vorführung von MÖRDERISCHER FRIEDEN*
bei den 10. Klassen der Schule »großes Interesse an dem Besuch des Jugendoffiziers«
hervorgerufen. Der Film, heißt es weiter, vermittle »die schwierigen Bedingungen
der Auslandseinsätze« ebenso wie »die veränderte Rolle der Bundeswehr seit 1990«.
Dazu passend konnte der anwesende Jugendoffizier über eigene Erfahrungen bei
Kriegseinsätzen berichten: Vor seiner Zeit als Inlands-Werbeoffizier war er in Afghanistan eingesetzt. Der 85-minütige Film lief auch schon im frei empfangbaren Fernsehen, zum Beispiel am 4. Juli 2009 um 1.05 Uhr auf dem Sender ARTE.

Dass der Kosovo-Einsatz der Bundeswehr umstritten ist, kommt im Film nicht
zum Ausdruck. Der Konflikt darum, ob er nun völkerrechtlich gedeckt war, wird
ebenso wenig thematisiert wie ökonomische und geopolitische Interessen der
NATO-Staaten. Stattdessen werden vollendete Tatsachen und scheinbare Motive
schon zu Beginn dargestellt: »Kosovo 1999 – Es ist der erste Kampfeinsatz deutscher
Soldaten (KFOR) nach dem II. Weltkrieg. Die UN-Mission soll den Völkermord
beenden«, steht in weißer Schrift auf schwarzem Grund noch vor Beginn des eigentlichen Films auf der Kinoleinwand oder dem Fernsehschirm. In einer Ansprache
eines Bundeswehr-Soldaten werden sowohl die Serben als auch die Kosovaren als
rachsüchtig beschrieben – anstatt ihre Häuser wieder aufzubauen, gingen sie auf die
jeweils andere Bevölkerungsgruppe los. Regisseur Schweiger im Booklet der Spiel-
film-DVD:

> »Ich erzähle in unserem Film von Soldaten im Einsatz. Von jungen Frauen und Männern,
> die im Auge des Orkans stehen. Von ihrem Idealismus, ihrem Engagement und ihrer
> Bereitschaft: Ja, wir wollen helfen. Wir können verhindern, dass rivalisierende Ethnien
> damit weitermachen, sich gegenseitig auszulöschen. Aber der Film erzählt auch davon,
> dass dieser Wille zu helfen oftmals durch Vorschriften eingebremst wird. Und auch davon,
> dass auf die anfängliche Euphorie bittere Frustration folgt. Im schlimmsten Fall bleibende
> Traumatisierung.«

Was Schweiger meint, ist nichts weniger als die UN-Charta, die nur einen sehr engen
Rahmen für den Waffengebrauch bei UN-Militäreinsätzen vorsieht. Die UN-Rechte
zu kritisieren, war auch schon der Sinn hinter dem Vorgängerfilm von MÖRDERI-
SCHER FRIEDEN – SNIPER VALLEY* mit dem Titel SNIPERS ALLEY*. Der
14-minütige Kurzfilm wurde 2002 ebenfalls von Rudolf Schweiger zur Ausbildung
von Bundeswehr-Soldaten gedreht und beim 14. Internationalen Militär-Filmfesti-
val in Bracciano (Italien) mit dem Preis des Präsidenten des Italienischen Senats
ausgezeichnet. SNIPERS ALLEY* konnte sich in einem Feld von 65 Filmen aus
insgesamt 27 Nationen erfolgreich durchsetzen.[734] Die Bundeswehr-Zeitung *aktuell*
beschreibt den Ausbildungsfilm wie folgt:

---

734 Ausgezeichnet, in: aktuell – Zeitung für die Bundeswehr Nr. 48/2003.

»>Snipers Alley< ist ein Kurzspielfilm, der in klaren einfachen Bildern das dramatische Geschehen an einem fiktiven UN-Kontrollposten erzählt. Dort sind zwei deutsche Blauhelm-Soldaten eingesetzt, als unmittelbar vor ihrer Stellung ein Heckenschütze auf Zivilisten schießt. Eine Frau wird tödlich getroffen. Plötzlich wird aus den theoretischen Rules of Engagement, die eine strikte Nichteinmischung verlangen, eine konkrete militärische und menschliche Extremsituation: Das Grundbedürfnis, dem verletzten Mitmenschen zu helfen, gerät in Widerspruch zum Befehl. Die beiden Soldaten sind schließlich diesem enormen Druck nicht gewachsen. Gegen ihren Befehl nehmen sie die Verfolgung des Snipers auf – mit ebenso überraschendem wie erschreckendem Ergebnis.«[735]

Stellt sich die Frage was die Soldaten aus dem Lehrfilm und auch aus dem ähnlichen Spielfilm lernen sollen: Sie verstoßen zwar gegen UN-Recht, aber können sowohl dem verletzten Menschen helfen als auch den jungen Schützen stellen – eine gute Entscheidung also, die Vorschriften der UN zu brechen und zumal gut für die eigene Psyche?

MÖRDERISCHER FRIEDEN* ist ein klassisches Beispiel für die Wirkungsweise der von PR-Experten entwickelten »Two-Step-Communication«: Propaganda wird nicht vom Urheber, sondern von einer vermeintlich unabhängigen und neutralen Instanz lanciert und erweckt dadurch den Anschein der Objektivität. Ein von der Bundeswehr oft angewandtes PR-Prinzip.

Eine so in Deutschland wohl noch die da gewesene Kampagne brachte der SWR-Spielfilm WILLKOMMEN ZUHAUSE* mit sich, der nach mehrmaliger Verschiebung am Montag, dem 2. Februar 2009 zur besten Sendezeit um 20.15 Uhr in der ARD lief. Nach dem Film brach eine – vor allem von den öffentlich-rechtlichen Rundfunkstationen vorangetriebene – Medienflut über den Inhalt des Films los, die letztlich in einen im Bundestag behandelten Antrag mündete. Man wird den Eindruck nicht los, dass es sich dabei um eine lang geplante Inszenierung einer öffentlichen Diskussion handelt. Aber von vorn.

Vom 12. November bis 17. Dezember 2007 liefen die Dreharbeiten des 86 Minuten lange Spielfilms WILLKOMMEN ZUHAUSE*. Das Drehbuch schrieb der Journalist und Regisseur Christian Pfannenschmidt, Regie führte Andreas Senn. Thema des Films ist das Trauma eines jungen Bundeswehr-Soldaten und Afghanistan-Heimkehrers: scheinbar unverletzt landet Soldat Ben Winter in Deutschland und wird von seiner Frau und seinen Eltern am Flughafen empfangen. Statt vier war der deutsche Soldat nur drei Monate in Afghanistan, da er ein Attentat überlebte und danach zurückgeschickt wurde. Ein Kamerad und guter Freund von Soldat Winter wurde bei dem Attentat getötet – nur einem Zufall war es zu verdanken, dass Winters Freund und nicht er selbst aus dem Bundeswehr-Unimog ausgestiegen war. Zurück in Deutsch-

---

735 Ebenda.

land wird Ben Winter immer unberechenbarer: er verprügelt bei einem Anfall einen
Freund, ist unfähig über das Geschehene zu reden und isoliert sich – er leidet an einer
posttraumatischer Belastungsstörung, die er sicher aber lang nicht eingestehen will.
Erst die Begegnung mit einer Nachbarin – mit der er seine schwangere Freundin Tine
betrügt – wendet das Blatt. Sie macht ihm klar, dass er Hilfe braucht. Nach einem weiteren Trauma-Anfall sieht Winter dies ein und lässt sich im Bundeswehrkrankenhaus
behandeln. Der Militärarzt macht dem Soldaten klar, dass der Tod seines Freundes
nicht seine Schuld war. Der Soldat Ben Winter am Ende des Films: »Meine Therapie
geht zu Ende, es geht mir besser. Aber ich werde lernen müssen mit meinem Trauma
zu leben.« Die letzten drei Minuten des Spielfilms nehmen Ausschnitte politischer Reden ein: Gerhard Schröder und Joschka Fischer bei der Pressekonferenz zum Marsch-
befehl der Bundeswehr nach Afghanistan; der ehemalige Verteidigungsminister Peter
Struck (SPD) bei seinem legendären »Die Sicherheit der Bundesrepublik Deutschland
wird auch am Hindukusch verteidigt«-Satz; Angela Merkel bei den Bundeswehr-Soldaten in Afghanistan. Am Ende des Spielfilms ist wieder alles gut, die kurze Schluss-
szene zeigt Ben Winter mit seiner hochschwangeren Freundin, er kann endlich über
das Geschehene sprechen. In der Pressemappe zum Film heißt es:

> »›Willkommen zuhause‹ ist der erste deutsche Fernsehfilm, der sich mit dem zurzeit
> brennend aktuellen Thema der Folgen von Friedensmissionen der Bundeswehr für die
> rückkehrenden Soldaten auseinandersetzt. Intensiv und realistisch thematisiert das
> Drama die Überforderung eines jungen Soldaten, dessen Psyche mit den Erlebnissen im
> Krisengebiet nicht fertig wird. Und die Überforderung seiner heimatlichen Umgebung,
> die in ihrer friedlichen Alltäglichkeit nicht damit rechnet, sich mit Kriegsfolgen
> auseinandersetzen zu müssen. Der Ort Deidesheim [in dem der Film handelt] wird damit
> zu einem Spiegel der bundesdeutschen Gesellschaft, die Strategien für die Integration von
> traumatisierten Soldaten entwickeln muss.«

Am Tag nach der Ausstrahlung nahm der Deutsche Bundeswehrverband zum Film
Stellung:

> »Der Fernsehfilm ›Willkommen zuhause‹ am 2. Februar in der ARD hat einem
> Millionenpublikum ein Problem nähergebracht, das in der Öffentlichkeit bislang kaum
> wahrgenommen wurde: Posttraumatische Belastungsstörungen (PTBS) haben Mediziner
> die Krankheit der Seele genannt, die zunehmend bei Soldatinnen und Soldaten der
> Bundeswehr nach Auslandseinsätzen auftritt. Um Hilfsangebote weiter zu verbessern, hat
> der Deutsche BundeswehrVerband bereits vor einem Jahr einen 17 Punkte umfassenden
> Forderungskatalog vorgelegt.«[736]

Der Verband fordert darin die Einrichtung eines Forschungs- und Kompetenzzen-
trums zu PTBS, mehr Ärzte sowie eine anonyme Hotline für betroffene Soldaten.

---

736   Stolze, Wilfried: Hilfsangebote bei posttraumatischen-Belastungsstörungen (PTBS) müssen an-
      genommen werden – anonyme Hotline gefordert, Pressemitteilung des Deutschen Bundeswehr-
      verbands vom 3. Februar 2009.

Oft würden Soldaten sich die Krankheit nicht eingestehen, da dies vermeintlich als Schwäche angesehen würde.

Andere Medien sprangen auf den Film und auf die Pressemitteilung des Bundeswehrverbands auf: Obwohl es zu dem Thema eigentlich nichts Neues gab, wurde es in vielen Medien bis hin zur Tagesschau breit besprochen. »Immer mehr Afghanistan-Heimkehrer traumatisiert«, hieß es in der Überschrift eines Artikels auf tagesschau.de am 3. Februar 2009; der Spiegel schrieb am selben Tag: »Zahl deutscher Soldaten mit Trauma steigt dramatisch« – neue Zahlen gab es nicht, das Problem war schon vorher bekannt. Google-News findet bei der Eingabe von »PTBS Bundeswehr« für den Monat Februar 2009, also dem Monat der Filmausstrahlung, 50 Ergebnisse – eine sowohl vor als auch nach diesem Monaten unerreichte Spitze.[737]

Bereits im Januar 2009 hatte sich der Verteidigungsausschuss des Bundestags mit der steigenden Zahl PTBS-Kranker Bundeswehr-Soldaten beschäftigt und – wenig beachtet von der Öffentlichkeit – einen Antrag dazu formuliert. Die Forderungen entsprachen denen des Bundeswehrverbands. Der von CDU/CSU, SPD, FDP und Grünen erarbeitete Antrag wurde am 12. Februar, also 10 Tage nach Filmausstrahlung, vom Bundestag mit der breiten Mehrheit der Antragsteller abgesegnet. Ein Antrag der Linksfraktion, der zwar ebenfalls die bestmögliche Heilung der PTBS-Kranken vorsah, in dem jedoch vorbeugend auch gefordert wurde, die Soldaten erst gar nicht in Auslandseinsätze zu schicken, um sie so der PTBS-Gefahr gar nicht erst auszuliefern, fand keine Mehrheit. Auch die Zustimmung zum PTBS-Bundestags-Antrag der vier Parteien fand ein breites Echo in den Medien.

Doch was sollte der WILLKOMMEN ZUHAUSE*-Film, wenn der Bundestags-Antrag schon vor Filmausstrahlung verfasst und die Absegnung des Bundestags-Antrags vollkommen sicher war? Posttraumatische Belastungsstörungen sind nicht heilbar. Die Krankheit kann vermindert werden, vollkommen verschwinden wird sie nie – dazu sitzen die Erlebnisse zu tief bei den Betroffenen. Neben dem Versuch, die Krankheit zu mildern, bedarf es daher einer toleranten Öffentlichkeit, die Rücksicht auf die Soldaten nimmt. Die Bevölkerung soll darauf vorbereitet werden, dass mit zunehmenden Auslandseinsätzen auch immer mehr Opfer und verwundete Bundeswehr-Soldaten verbunden sind. Die (psychisch) verletzten Soldaten sollen nicht ausgegrenzt, sondern als Helden behandelt werden. Wie es schon in der Pressemappe zum WILLKOMMEN ZUHAUSE*-Film heißt, soll sich die »heimatliche Umgebung [...] mit Kriegsfolgen auseinandersetzen«. Zudem wird auf den Einsatz

---

737 Eingabe von »PTBS Bundeswehr« beim Internet-Suchdienst Google-News, Einträge vom Januar 2000 bis 28.2.2010.

in Afghanistan, zumal auf die politischen Hintergründe, nicht genauer eingegangen. Offen bleibt etwa, warum Ben Winter und sein Freund Opfer des Attentats wurden? Der Film wurde fachlich durch Ärzte des Bundeswehrkrankenhauses Hamburg unterstützt, zudem erteilte die Armee eine Dreherlaubnis auf dem militärischen Teil des Flughafens Köln/Bonn (Köln-Wahn).

Ins selbe Horn wie der Film WILLKOMMEN ZUHAUSE* stieß der ARD-Film BLOCH: TOD EINES FREUNDES, der am 16. September 2009 um 20.15 Uhr ausgestrahlt wurde. Auch hier ging es um einen PTBS-kranken Bundeswehr-Soldaten, der in Afghanistan Schlimmes erlebt hat – die Inszenierung war jedoch einfacher gestaltet als beim Spielfilm WILLKOMMEN ZUHAUSE*. Auch in TOD EINES FREUNDES soll vermittelt werden, dass die Soldaten in Afghanistan keine Täter seien, die Krieg führen, sondern Opfer, die im Dienst für die Gesellschaft verwundet würden und besonderer Wertschätzung bedürften.[738] Auf der ARD-Website zum Film[739] wird insbesondere auf www.angriff-auf-die-seele.de verwiesen, eine nicht-staatliche Website eines Hauptfeldwebels und eines Bundeswehr-Arztes, die sich mit PTBS beschäftigt. Wie bereits nach WILLKOMMEN ZUHAUSE* gab es auch nach TOD EINES FREUNDES einen Online-Chat auf der Website zum Thema. Die Initiative »Angriff auf die Seele« ist nicht unumstritten. Die Münchner Psychotherapeutin Michaela M. Müller wirft den Autoren unter anderem eine Täter-Opfer-Umkehr vor: Immerhin seien es die deutschen Soldaten, die in ein fremdes Land einmarschierten und dort (eventuell) ein Trauma erleiden.[740] Publizist Cluse Krings bezeichnet den Inhalt der angriff-auf-die-seele-Website als offen propagandistisch.[741] Auch bei TOD EINES FREUNDES ist am Ende wieder alles gut, der PTBS-kranke Soldat kann über das Geschehene reden, und sogar der Sohn tritt seinen Dienst in der Bundeswehr mit Freude an.

Doch schon vor WILLKOMMEN ZUHAUSE* und TOD EINES FREUN-DES wurde das Thema PTBS bei Afghanistan-Heimkehrern von einer deutschen Filmproduktion thematisiert – allerdings in weitaus kritischerer Weise. Im Februar 2008 startete der Film NACHT VOR AUGEN in deutschen Kinos. Auch in dieser Produktion der Firma noirfilm, die vom SWR und der Medien- und Filmgesellschaft Baden-Württemberg mit mehreren Hunderttausend Euro finanziert wurde, geht es um einen traumatisierten Afghanistan-Heimkehrer, der über seine Erlebnisse nicht

---

738   Willkommen im Krieg (II), in: www.german-foreign-policy.com, 11.9.2009.

739   Bloch: Tod eines Freundes, in: www.ard.de.

740   Michaela Müller bei einem Vortrag auf der 7. Strategiekonferenz der »Kooperation für den Frieden« am 12. Februar 2010 in Heidelberg.

741   Cluse Krings bei einem Vortrag auf der 7. Strategiekonferenz der »Kooperation für den Frieden« am 12. Februar 2010 in Heidelberg.

sprechen möchte.[742] Pikant: das Trauma des Soldaten stammt von der Erschießung eines achtjährigen afghanischen Jungen, der einen Anschlag auf die Armee-Einheit des Soldaten durchführen wollte. Dafür bekommt der Soldat David Kleinschmidt im Film sogar eine Ehrenmedaille von der Bundeswehr, muss über den Vorfall jedoch Stillschweigen bewahren, da die Erschießung eines Kindes in der Öffentlichkeit natürlich nicht gut ankommen würde. Die posttraumatischen Belastungsstörungen treiben den Heimkehrer jedoch – wie schon bei WILLKOMMEN ZUHAUSE* – ins gesellschaftliche Abseits. Die Lage eskaliert, als er mit seinem Halbbruder, der noch ein Kind ist, Kriegsspiele im Wald spielt und ihn zu Gewalt anstachelt. Letztlich wird Kleinschmidt, der sich seine Erkrankung trotz Bettnässens nicht eingestehen will, von der Polizei überwältigt und zur Behandlung in ein Bundeswehr-Krankenhaus eingewiesen.

Auch wenn es im Film von Brigitte Maria Bertele als Notwehr dargestellt wird, stellt die Erschießung eines Achtjährigen durch einen Bundeswehr-Soldaten ein Novum im deutschen Film dar. Auch die Vertuschung des Vorfalls lässt die Bundeswehr in schlechtem Licht erscheinen. In der »Darstellung der Bundeswehr ist der Film geradezu diffamierend«, meint Stephan Löwenstein, Rezensent und Verteidigungsexperte der *Frankfurter Allgemeinen Zeitung*.[743] Die Bundeswehr-Darstellung stehe in keinem Vergleich zu der im WILLKOMMEN ZUHAUSE*-Film, so der FAZ-Rezensent. Trotz der Abneigung einiger Bundeswehr-freundlicher Kräfte gegen den NACHT VOR AUGEN-Film führte eben diese erstmalige Thematisierung von PTBS im Kino zur Gründung der angriff-auf-die-seele-Internetplattform. Das Medienecho und die politische Bedeutung von NACHT VOR AUGEN reicht aber bei weitem nicht an die des Fernsehfilms WILLKOMMEN ZUHAUSE* heran.[744]

Serienweise Militärschauspiel

Zum 50. Bundeswehr-Geburtstag lieferte das ZDF ein Jubiläums-Special; die ARD brachte den Zweiteiler HELM AB ZUM JUBILÄUM – EINE GEBURTSTAGS-DOKUMENTAION, in der Moderator Ulrich Wickert Gewehre reinigte und Hemden faltete; vom Privatsender RTL kam das Geburtstagsgeschenk verspätet: Ab dem 8. Januar 2006 lief die vierteilige Bundeswehr-Show STREITKRÄFTE IM EINSATZ – SONJA WIRD EINGEZOGEN* jeden Sonntag um 19.05 Uhr für je eine Stunde. Die RTL-Moderatorin Sonja Zietlow durchläuft in der Mini-Serie jeweils eine Kurzausbildung in den verschiedenen Teilstreitkräften Heer, Marine und

---

742 Pressemappe zum Film NACHT VOR AUGEN – www.noirfilm.de.
743 Löwenstein, Stephan: Klappen vor Augen, in: www.faz.net, 25.6.2009.
744 Angriff auf die Seele, in: aktuell – Zeitung für die Bundeswehr Nr. 40/2008.

Luftwaffe. In der letzten Folge »Immer am Limit« wird die Moderatorin bei den Fallschirmjägern gezeigt. Die Serie ist actionreich und für Jugendliche ansprechend gestaltet: schnelle Schnitte, rockige Musik im Hintergrund und angeblich faszinierende Technik.

Die erste Folge beschäftigt sich mit dem Heer, Ort des Geschehens ist das Militär-Ausbildungslager Hammelburg. Zietlow tritt in Tarnanzug an und lässt sich zur Einzelkämpferin ausbilden. Sie bekommt ein G 36-Gewehr und los geht's ins Gelände. Zwischen den Szenen erklären Soldaten immer wieder, worum es ihnen vermeintlich geht: um »Friedenssicherung«. Am nächsten Tag der Übung wird ein feindliches Lager ausgekundschaftet und in der Nacht überfallen, die RTL-Moderatorin ist mit dabei. Nach dem Manöver gilt es für Zietlow und den restlichen Trupp einen Hindernisparcours zu überwinden. Anschließend geht es zum Abseilen aus dem Helikopter und zum Manöver in ein Übungsdorf: Einzelkämpfer-Ausbildung beendet. Der Hauptstrang der einzelnen Folgen wird immer wieder durch kleine Zwischenszenen unterbrochen: Einmal wird erklärt, was die Heeresflieger machen, und es werden gleich fünf Hubschrauber beim spektakulären Übungsflug gezeigt; ein anderes Mal geht es um »Europas modernsten Kampfpanzer«, den »Leopard 2«, der beim Übungsschießen und bei der Fahrt durch widriges Gelände gezeigt wird. Die Serie wird von Kommentaren begleitet, zudem gibt es immer wieder Kurzinterviews mit Zietlow, in denen sie ihre Eindrücke von der Ausbildung schildert.

In der zweiten Folge – Thema »Marine« – geht Zietlow für zehn Tage an Bord des Bundeswehr-Schulsegelschiffs Gorch Fock. Sie kocht für die Soldaten, schläft in einer engen Koje, muss Nachtwache schieben und Segel setzen. Die Rahmenhandlung wird ergänzt durch Marine-Kurzfilme zu Minentauchern – Sprecherkommentar: »Die Ausbildung ist berüchtigt«; bei der Vorstellung der Fregatte Sachsen erklärt Zietlow: »Ein Sturm muss schon gewaltig sein, damit man ihn an Bord überhaupt zu spüren bekommt«; das Schiff könne Nord- und Ostsee gleichzeitig überwachen. Bei der Vorstellung von »U-35« verkündet der Sprecher: »Das modernste U-Boot der Welt.« In einem Kurzfilm zum Schnellboot »Dachs« preist die RTL-Moderatorin damit an, dass »Schnellbootfahren etwas ganz besonderes« sei.

Die Luftwaffe wird in der dritten STREITKRÄFTE IM EINSATZ*-Folge behandelt. Zietlow – vor ihrer TV-Karriere selbst Lufthansa-Pilotin – lässt sich zur Pilotin eines F4-Phantom-Kampfflugzeugs ausbilden. Theoretisches und praktisches Training werden durchlaufen und schließlich wagt Sonja Zietlow auch den gemeinsamen Flug mit einem Armee-Piloten im Kampfjet. Zwischensequenzen in der »Luftwaffen«-Folge: Ausbildung deutscher Piloten in Texas, Lazarettflugzeuge der Bundeswehr, Hubschrauberpiloten der Gebirgsflieger und das Transportflugzeug

»Transall«. Schlicht falsch ist die Aussage des Kommentators darüber, was bei einer Flugzeugentführung über deutschen Boden gemacht werden darf: »Auch der Befehl zum Abschuss ist seit dem 11.9. [2001] erlaubt«. Dies stimmt nicht, zwar gab es (und gibt es) Bestrebungen eine solche Erlaubnis rechtlich zu erwirken, das Bundesverfassungsgericht hat das so genannte »Luftsicherheitsgesetz« jedoch im Februar 2006 für nichtig erklärt, da es gegen das Grundrecht auf Leben und die Menschenwürde verstößt. Der inhaltliche – nicht der zeitliche – »Fehler« in der Serie lässt sich dadurch erklären, dass mit der kurz vor Beschluss des Gerichts gedrehten und gesendeten Serie schlicht Politik gemacht werden sollte. Maßstäbe journalistischer Qualität seien an dieser Stelle nicht angelegt.

In der letzten Folge, »Immer am Limit«, geht es um die Ausbildung zum Fallschirmjäger bzw. hier: zur Fallschirmjägerin. Nach ersten Sprüngen vom Turm geht es im großen Finale der Mini-Serie zum Lied »Millenium« von Robbie Williams zum Tandemsprung aus einem CH-53-Armee-Hubschrauber. Gezeigt werden außerdem die Ausbildungen von Kampfschwimmern, Gebirgsjägern, Tornado-Kampfflugzeug-Piloten in Texas, Soldaten der Eliteeinheit Kommando-Spezialkräfte (KSK), Scharfschützen und Hundeführern.

Im Abspann jeder Folge wird zuerst der Armee gedankt: »Wir danken den Angehörigen der Bundeswehr für ihre Mitwirkung und Unterstützung.« Erst dann kommen die Namen der Film-Crew. Wie die Unterstützung genau aussah, darüber schweigen RTL und Bundeswehr – allein für den Phantom-Flug müssen aber erhebliche Kosten angefallen sein. Trotz der enormen Mühe kommt die Doku-Soap in Rezensionen nicht gut weg. Beispielsweise hieß es im *Stern*:

> »Natürlich zeigt RTL keine öden Zwölf-Stunden-Wachdienste oder stumpfe ›Falten-Sie-Hemden-auf-DIN-A4-Format‹-Übungen. Nein, Sonja Zietlow erlebt die letzten großen Abenteuer: Einmal Kampfpilotin sein, mit der Gorch Fock an der schönen Algarve entlang schippern. Als Einzelkämpferin im Tarnanzug Guerillataktiken üben oder sich mit einem Fallschirm aus einer Transportmaschine werfen. Sonjas Schnupperkurse beim Militär wurden von der Hamburger Produktionsfirma Allcom produziert, die schon öfters Imagefilme für diverse Bundesministerien gedreht hat. Sie reicherte die Bilder von den Übungen der blonden Frontfrau mit kleinen Helden-Porträts von Gebirgsjägern, Minensuchbooten und Flugsanitätern an – das alles im Hochglanzlook, ›Top Gun‹ lässt grüßen. Natürlich spielen Tote und Verletzte so gut wie keine Rolle. Und Krieg ist schlimm, das wissen die Soldaten natürlich – und werden nicht müde, es vor der Kamera zu wiederholen. Frieden dagegen ist gut. Den zu sichern sei für die Soldaten überhaupt das Wichtigste und darüber hinaus biete die Bundeswehr tolle Jobs und tolle Herausforderungen. Diese Botschaften sollen offenbar zeigen, wie aufgeklärt die Truppe ist – und sie bieten RTL die Chance, das Militariaspektakel schon am Vorabend, wenn die Familie vor der Glotze sitzt, zu senden.«[745]

745 Kruse, Niels: Blond an die Front, in: www.stern.de, 16.1.2006.

Auch in der *Süddeutschen Zeitung* schnitt STREITKRÄFTE IM EINSATZ* nur mäßig ab:

>»Die kurzen Beiträge sind Lehrstücke für gelungen verpackte Bundeswehr-PR. Mit einstürzenden Twin Towers, Todeswellen und Djerba-Opfern wird der brave sonntägliche RTL-Zuschauer verängstigt; anschließend sorgt der ruhige Flug des MedEvac-Airbus, der ›fliegenden Intensivstation‹ der Luftwaffe, wieder für das schöne Gefühl der Sicherheit. Naturkatastrophen und Internationaler Terrorismus sind das tägliche Bundeswehr-Business, so der erweckte Eindruck. Die interviewten jungen Soldaten haben einen festen Blick und zeigen auch schon mal Gefühl. Von Kriegseinsätzen, toten Kameraden und Unterbezahlung ist diese TV-Heerschau frei.«[746]

Bei der Bundeswehr-Führung soll die Serie sehr gut angekommen sein, ein anonymer Bundeswehr-Offizier findet Sonja Zietlows Armee-Serie gegenüber dem *Stern* jedoch höchst zweifelhaft: »Bei der Serie wird doch ein völlig falsches Bild von uns gezeichnet. Jetzt glauben die Leute, die Bundeswehr sei ein einziger Abenteuerspielplatz. Aber das ist sie nicht.«[747] Die Serie ist ein gut gemachter Image-Film der Bundeswehr. Im Gegensatz zum Spielfilm WILLKOMMEN ZUHAUSE*, der für Akzeptanz neuer Auslandseinsätze wirbt, zielt die RTL-Doku-Soap STREITKRÄFTE IM EINSATZ* vor allem auf die Gewinnung neuer Rekruten ab. Die Rekrutierungswirkung ist zwar nicht messbar, zumindest aber wurden viele Menschen erreicht: STREITKRÄFTE IM EINSATZ* kam mit maximal 3,44 Millionen Zuschauern auf einen Marktanteil von 14,3 Prozent in der werberelavanten Zielgruppe der 14- bis 49-Jährigen.[748] Insgesamt schauten sich die vier Folgen 12,53 Millionen Zuschauer ab drei Jahren an, was einem Marktanteil von 10,4 Prozent beim Gesamtpublikum entspricht.[749]

Ein oft aufgegriffenes Beispiel für Militainment aus Deutschland ist die Serie DIE RETTUNGSFLIEGER* des öffentlich-rechtlichen Fernsehens. 1997 startete die erste Staffel, nach 108 Folgen wurde die elfte und letzte im April 2007 ausgestrahlt. Norbert Meyerhöfer beschreibt in seinem Text »Kriegserzählungen. Alltäglicher Militarismus für Herz und Verstand«[750] aus dem Sammelband »Am Hindukusch und anderswo«, worum es in der Serie geht:

>»Actionreich [geht es] bei der ZDF-Produktion ›Die Rettungsflieger‹ zu [...], bei der die Bundeswehr mit Equipment, Piloten, Beratung und Schulung mitgewirkt hat. In jedem Abspann erscheint: ›mit freundlicher Unterstützung der Bundeswehr‹. Schön gleichberechtigt fliegt hier neben drei nicht unattraktiven jungen Männern eine nicht

746   Brenner, Jochen: »Ich hasse brechen«, in: www.sz-online.de, 9.1.2006.
747   Kruse, Niels: Blond an die Front, in: www.stern.de, 16.1.2006.
748   Wagner, Sven: Tarnfarbe statt Make-up, in: aktuell – Zeitung für die Bundeswehr Nr. 5/2006.
749   Ebenda.
750   Norbert Meyerhöfer: Kriegserzählungen. Alltäglicher Militarismus für Herz und Verstand, in: Arbeitsstelle Frieden und Abrüstung (Hg.): Am Hindukusch und anderswo. Die Bundeswehr – von der Wiederbewaffnung in den Krieg, Köln 2005, S. 94-106.

unattraktive junge blonde Soldatin als Notärztin mit. Es gibt keine nennenswerten Spannungsbögen und Erzählstränge über mehrere Folgen. Bei mindestens jeder zweiten zeigt eine Super-Slowmotion unsere HeldInnen, wie sie in ihren adretten grauen Lederjacken zum sonnenlichtbeschienenen Helikopter hinrennen. Jede Folge besteht aus zwei bis drei Rettungsaktionen im Stadtgebiet von Hamburg. Familientaugliche kleine Melodramen wie beispielsweise folgendes:
Ein heißer Sommertag in Hamburg, eine junge Frau schleppt sich mit offensichtlichen Kreislaufbeschwerden durch die Stadt und klappt schließlich an einem Obststand zusammen. Die Luftwaffen-Rettungsflieger sind mal wieder de ersten und versorgen die Frau. Ihr Baby hat sie im geschlossenen Wagen, der sich in der Sonne aufheizt, zurückgelassen. Eine groß angelegte Suchaktion im Zusammenspiel mit der Polizei beginnt, ein Wettlauf gegen den Hitzetod... Selbstverständlich finden unsere HeldInnen der Luftwaffe das Baby in dem Wagen und befördern es mit ihrem Helikopter zu dem Krankenhaus, in welchem schon die Mutter versorgt wird. Alle werden gerettet, alle sind glücklich. Der Subtext ist eindeutig und ähnlich bei allen anderen Serien zu finden. Bei der Bundeswehr erledigen attraktive, junge Menschen einen verantwortungsvollen und erfüllenden Job. Frauen sind gleichberechtigt und stehen ihren Mann; es gibt keine sexistische Anmache. Die Bundeswehr ist für die Zivilbevölkerung da. Gerade bei den ›Rettungsfliegern‹ ist sie ständig in der Stadt präsent, man gewöhnt sich an sie. Vor allem bei dieser Familienserie sind es ausschließlich humanitäre Aktionen, in denen sie als Lebensretter erscheinen. Dass Sinn und Zweck einer Armee darin besteht, Menschen auf möglichst effektive Weise zu töten, wird selbstredend ausgeblendet.«[751]

Mit dieser Einschätzung steht Meyerhöfer nicht allein, auch Heiko Humburg sieht hinter der Serie einen einseitigen Werbeeffekt, der nicht die wahre Armee zeigt. So schreibt er in seiner Studie »In Zeiten von Jugendarbeitslosigkeit und ›Hartz IV‹: PR-Strategien der Bundeswehr«:

»[Auch] das öffentlich-rechtliche Fernsehen stellt sich in den Dienst der Bundeswehr-Imagekampagne. ›Die Rettungsflieger‹ ist eine Co-Produktion von Bundeswehr und ZDF. Auf der Homepage zur Sendung kann man sich ausführlich über die Bundeswehr informieren. Unter der Überschrift ›Es wirkt nicht nur echt – es ist auch echt‹ ist nachzulesen, dass die Orte, an denen die Serie gedreht wird, echte Einsatzzentralen, Hubschrauberlandeplätze etc. der Bundeswehr sind. Zudem kann man auf der vom ZDF und der Bundeswehr gemeinsam gestalteten Internetseite erfahren, dass die Darstellungen so authentisch sind, weil die Bundeswehr direkt am Drehbuch mitschreibt und die Piloten der Hubschrauber echte Bundeswehrpiloten sind. Neben der Verbesserung des Images der Bundeswehr im Allgemeinen dient auch diese Sendung der Rekrutierung von Nachwuchs. Auf einer Extraseite können sich Interessierte informieren, wie man Rettungsflieger bei der Bundeswehr werden kann.«[752]

Die genannte Website soll hier genauer betrachtet werden. Allein dass die URL www.rettungsflieger.bundeswehr.de lautet, verwundert schon: Führt beim Dreh das ZDF die Regie, so wird die Website federführend von der Bundeswehr verwaltet. Ein Klick auf das Impressum führt direkt auf www.bundeswehr.de. Neben der aus-

---

751 Norbert Meyerhöfer: Kriegserzählungen, a. a. O., hier 98.

752 Humburg, Heiko/Schürkes, Jonna: Sozialabbau und andere Rekrutierungsstrategien der Bundeswehr, IMI-Studie 07/2008.

führlichen Vorstellung der Schauspieler, der Kolumnen, einem Folgenführer und einer Making-of-Rubrik können interessierte Internetnutzer unter dem Punkt »SAR-Einheiten« mehr über den »Search and Rescue«-Rettungsdienst der Bundeswehr erfahren. Unter »Crew« werden die eigentlichen Flieger des Hubschraubers vorgestellt. Besonderes auffällig ist aber die einfach »Hubschrauber« titulierte Rubrik auf der Website zur Rettungsflieger-Serie. Hier kann man alles über Hubschrauber der Bundeswehr nachlesen, beispielsweise wie viele von welchem Typ im Einsatz sind und welche neuen Militärgeräte es bald geben wird. Unter dem Text fehlt nicht der Link: »Hubschrauberpilot - mehr als ein hochinteressanter Job: www.bundeswehr.de«. Neun Hubschraubertypen können nochmals einzeln aufgerufen werden und sind mit Bild und Text beschrieben. User können beispielsweise erfahren, welche Bewaffnung der relativ neue Bundeswehr-Kampfhubschrauber »Tiger« zu welcher Mission mitnehmen kann und wie schnell der seit kurzer Zeit in die Armee eingeführte Mehrzweckhubschrauber NH-90 fliegen kann. In der Website-Rubrik »Specials« finden sich Bildergalerien des Hubschraubers und der als Soldaten verkleideten Schauspieler. Daneben gibt es E-Cards, Handy-Downloads, Diskussionsforen und sogar ein kleines SAR-Onlinespiel. Zudem kann man hier erfahren, dass die in Frankreich synchronisierte Rettungsflieger-Serie im französischen Teil von Kanada, in Burkina Faso, in der Tschechischen Republik, in Polen, Lettland und in der Türkei läuft. »Durch die enge Zusammenarbeit mit der Bundeswehr und vor allem durch die Beratung von Dr. Thomas Samek – einem erfahrenen Rettungsflieger – ist es dem ZDF gelungen, ein Höchstmaß an Authentizität zu gewährleisten‹, so nachzulesen auf der Homepage zur Serie, auf der das Emblem der Bundeswehr stets eingeblendet bleibt«, konstatiert Tanja Thomas.[753] Das Bundeswehr-Emblem ist mit der offiziellen Armee-Internetpräsenz verlinkt – wohlgemerkt nicht mit der bundeswehr-karriere-Website. Die Serie ist für die Bundeswehr mehr Image- denn Nachwuchswerbung.

Nicht nur den Helikopter stellt die Bundeswehr, auch Drehorte sind Eigentum der Armee: beispielsweise wird öfters in der (ehemaligen) Hamburger Lettow-Vorbeck-Kaserne gedreht.[754] Der Bell-UH1 D Hubschrauber »SAR Hamburg 31« ist allerdings mittlerweile veraltet und bei der Bundeswehr nicht mehr in Dienst und wird nur noch für die Dreharbeiten genutzt.

Beispiele für weitere deutsche Militainment-Serienproduktionen: Passend zum Bundeswehr-Einsatz im Kosovo von Februar bis April 2009 wurde die elfteilige ProSieben-Serie JETS – LEBEN AM LIMIT* ausgestrahlt, bei der die Bundes-

753 Thomas, Tanja: »Also, es hat was Starkes, was Mächtiges, Männer halt « – Dimensionen eines militärischen Gendermanagements in Medien und Alltag, in: Thomas/Virchow: Banal Militarism, a. a. O.

754 Rettungsflieger, in: aktuell – Zeitung für die Bundeswehr Nr. 37/2004.

wehr – gegen Honorar – Materialien stellte. Der WDR produzierte nach dem Millennium die fünfteilige Doku-Soap FRAUEN AM RUDER*, in der es um das erste Ausbildungsjahr von vier Offiziersanwärterinnen an Bord des Marine-Schulschiffs Gorch Fock ging. Die Serie FELDTAGEBUCH – ALLEIN UNTER MÄNNERN des SWR wurde 2005 zum wiederholten Mal ausgestrahlt und behandelt die Ausbildung von Frauen zu Panzergrenadierinnen.

Was in Deutschland in Serien verkauft wird – »faszinierende« Armee-Technik – wurde in Frankreich hingegen in einen Kinofilm verpackt: Der 2005 erschienene Actionfilm LES CHEVALIERS DU CIEL** (in Deutschland unter dem Titel SKY FIGHTERS** erschienen) handelt von einer Entführung eines französischen Dassault Mirage 2000-Kampfjets.[755] In spektakulären Bildern wird den Zuschauern das Militärvehikel angepriesen und so dazu angeregt, vielleicht selbst einmal ins Cockpit zu steigen.

Doku-Militainment

Vor allem Dokumentationen sind es, die von der Bundeswehr unterstützt werden. Von den 64 zwischen 2005 und Ende 2009 unterstützten Filmproduktionen waren 54 Dokumentations- bzw. Dokutainment-Formate.[756]

Oft in Anspruch genommen wird die Bundeswehr von der Dokutainment-Sendung GALILEO* (nur manche Dokumentationen der Sendung wurden vom Militär bezuschusst), die täglich im Abendprogramm (meist ab 19 Uhr) des Privatsenders ProSieben läuft. Das Heer hat für diverse Galileo-Filmbeiträge »Rahmenorganisation für die Dreharbeiten, Begleitung und Fachinfo«[757] gestellt, so die Bundesregierung in der Antwort auf eine kleine Bundestagsanfrage.[758] Am 14. Juli 2009 ging es in der Sendung beispielsweise um Minentaucher; der Beitrag strotzte vor Superlativen: die Ausbildung sei eine der härtesten der Bundeswehr, hieß es am Anfang des Filmbeitrags. »Minentaucher gehören zur Elite der Bundeswehr – der Job ist knallhart«, lautete es weiter. »Man ist ein kleiner elitärer Kreis«, so einer der von GALILEO begleiteten Soldaten, die im Beitrag später nur noch mit Vornamen genannt werden – um die Persönlichkeitsrechte der Soldaten zu schützen und um Nähe zum Zuschauer herzustellen. »Man muss schon durchgeknallt sein, um so was zu machen«, meint ein weiterer Soldat. Am Ende des Beitrags spricht der Kommentator von einem der härtesten Jobs der Welt.

---

755   Bürger, Peter: Bildermaschine für den Krieg, Hannover 2007, S. 189ff.

756   Bundestags-Drucksache 16/14094.

757   Ebenda.

758   Ebenda.

Das Programm des ebenfalls zur ProSiebenSat1. Media AG gehörenden Nachrichtenkanals N24 gehört zu den militarisiertesten in Deutschland. Beinahe täglich zeigt der Sender Dokumentationen über Kriege, Waffensysteme und Armeen. Viele der gezeigten Filme stammen aus den USA – es wird erklärt, wie ein Flugzeugträger funktioniert, ein M1 Abrams-Kampfpanzer gewartet oder ein Apache-Kampfhubschrauber gebaut wird. Besonders der N24-Auslandsreporter und Militärexperte Guido Schmidtke ist bei N24 an vorderster Front. Live berichtete Schmidtke für N24 am 24. August 2003 vom Tag der offenen Tür beim Marineflieger-Geschwader 2 aus dem schleswig-holsteinischen Eggebek. Der dreistündige Live-Bericht hatte das 90-jährige Bestehen der Marineflieger in Deutschland und das 45-jährige Jubiläum des Bundeswehr-Geschwaders zum Anlass.[759] Präsentiert wurden den heimischen Zuschauern der Bundesmarine-Bordhubschrauber »Sea Lynx«, der Such- und Rettungshubschrauber »Sea King«, der Seefernaufklärer »Atlantic Breguet«, das Ölbekämpfungsflugzeug »DO 228« sowie der Kampfjet »Tornado«. »N24-Reporter Guido Schmidtke, der als einer der wenigen deutschen Journalisten als sogenannter ›embedded correspondent‹ im Irak-Krieg war, zeigt die Technik der Fluggeräte und interviewt Kommandeure und ehemalige Marineflieger«, heißt es in einer Pressemitteilung des Senders.[760] Am 27. Oktober 2003 berichtete Schmidtke in einer Dokumentation über eine »Soldatin am Steuerknüppel – Die erste Einsatzpilotin der Bundeswehr« in einem N24-SPECIAL* (diese Sendung wird manchmal von der Armee unterstützt).[761] Vom 20. bis 24. Juni 2005 wurde dem N24-Zuschauer jeden Tag ein anderer Bundeswehr-Standort präsentiert: »Die Bundeswehr feiert in diesem Jahr 50. Jubiläum. Zu diesem Anlass reist N24-Reporter Guido Schmidtke eine Woche lang zu wichtigen Bundeswehrstandorten und zeigt deren Besonderheiten.«[762] Mit jeweils dreistündiger Live-Schaltung wurden präsentiert: das »Jagdgeschwader 73« in Laage bei Rostock, die U-Boot-Flotille in Eckernförde, das Marine-Schiffsicherungs-Ausbildungszentrum in Neustadt, die Panzertruppenschule in Munster und die Artillerieschule in Idar-Oberstein. Am 2. Dezember 2008 lockte das Programm mit folgendem Hinweis für die Sendung N24 – DIE REPORTAGE* (die Reportagen werden manchmal von der Armee subventioniert):

---

759   N24 berichtet live vom Marineflugtag 2003 Jubiläum: 90 Jahre Marinefliegerei, in: www.presseportal.de, 17.7.2003.

760   Ebenda.

761   Soldatin am Steuerknüppel – Die erste Einsatzpilotin der Bundeswehr, in: www.presseportal.de, 24.10.2003.

762   50 Jahre Bundeswehr N24-Reporter Guido Schmidtke besucht wichtige Bundeswehrstandorte, in: www.presseportal.de, 16.7.2005.

»Afghanistan – seit Jahren helfen ca. 3.000 deutsche Soldaten unter schwierigsten Bedingungen beim Wiederaufbau des Landes. 25 Soldaten sind bereits ums Leben gekommen. N24-Reporter Guido Schmidtke hat die deutschen Einheiten besucht und dem so genannten ›Close Protection Team‹ der Feldjäger über die Schulter geschaut. Als erster deutscher TV-Sender durfte N24 einen scharfen ›Medevac-Einsatz‹ – einen Rettungsflug – der deutschen Hubschraubercrews filmen.«[763]

Gerettet wurde dabei – wohl rein zufällig – ein kleines afghanisches Kind. Rührende Bilder flimmerten über die TV-Geräte in den Wohnzimmern. Die journalistische Qualität des N24-Programms ist äußerst fragwürdig. Nicht nur, dass die Dokumentationen von der Armee unterstützt wurden – was diese nur macht, wenn sie einen Vorteil darin sieht –, auch dass Reporter Schmidtke als eingebetteter Journalist im Irak war zeigt, dass keine Distanz zum Militär und kein Anspruch eines unabhängigen Journalismus gegeben sind. Ähnliche Dokumentationen finden sich häufig auch auf dem Kanal DMAX, der sich speziell an Männer richtet.

Auch das ARD-MORGENMAGAZIN* stellte sich schon in den Dienst des Militärs: 2002 berichtete es an einigen Dezember-Tagen live aus der afghanischen Hauptstadt und dem Bundeswehr-Lager[764]: »Erst am Vortag ist die Ausrüstung im Bauch einer ›Transall‹ auf dem Flugplatz der afghanischen Hauptstadt eingetroffen. Eine Tonne modernster Satellitenübertragungstechnik hat der Westdeutsche Rundfunk (WDR) für die ARD mit Hilfe der Bundeswehr auf die Reise geschickt. Bereits Wochen vorher sind die ersten Absprachen für die Sendewoche im Presse-/Informationszentrum (PIZ) der Bundeswehr in Kabul erfolgt«, weiß eine Bundeswehr-Zeitung dazu zu berichten. Am 18. Dezember befasste sich das WDR-Team ausführlich mit der ISAF-Truppe, berichtete über die Kommandoübergabe von Brigadegeneral Manfred Schlenker an Brigadegeneral Werner Freers und das Leben der deutschen Soldaten im zentralen Armeelager. Die Armee-Zeitung *aktuell* resümiert: »Unter Mithilfe des Presse-/Informationszentrums der Bundeswehr in Kabul konnten fünf Sendetage mit je drei Live-Übertragungen realisiert werden. Das Morgenmagazin live aus Kabul war ein Erfolg, die Resonanz aus der Heimat überaus positiv.« Kurz: das öffentlich-rechtliche Fernsehen hat eine gute Werbemaßnahme für die Bundeswehr durchgeführt – mit deren unmittelbarer Unterstützung.

Auch der öffentlich-rechtliche Nachrichtensender Phoenix besticht durch eine Affinität zur Armee: Auf dem Kanal wird alljährlich das Bundeswehr-Gelöbnis vor dem Berliner Bundestags-Gebäude am 20. Juli ausgestrahlt. 2009 wurde schon kurz vor der Live-Übertragung des Gelöbnisses Stimmung für die Bundeswehr gemacht. Der Dokumentarfilm DIE ZÄSUR – ZWISCHEN KRIEG UND FRIEDEN –

763 TV-Programm, in: www.n24.de.

764 Weber, Paul-Georg: Live aus Kabul, in: aktuell – Zeitung für die Bundeswehr Nr. 4/2003.

DEUTSCHE SOLDATEN IM EINSATZ* zeichnet die letzten 15 Jahre deutscher Auslandseinsätze. Zu Wort kommen viele (meist ehemalige) Politiker, darunter der damalige Wehrbeauftragte Reinhold Robben (SPD), der ehemalige Verteidigungsminister Franz Josef Jung (CDU) und der ehemalige Außenminister Joschka Fischer (Grüne). Zudem kommen viele Offiziere zu Wort. Die einzige kritische Stimme in der ganzen Dokumentation ist die von Hans-Christian Ströbele (Grüne). DIE ZÄSUR* lief am 19. Juli 2009 um 16.15 Uhr und am 20. Juli 2009 – als letzte Sendung vor dem Gelöbnis – um 18.45 Uhr auf Phoenix.

Eine in vielerlei Hinsicht herausragende Militärdokumentation ist OPERATION AFGHANISTAN – DIE BUNDESWEHR IM EINSATZ*. Die sechsteilige Dokumentation des Unternehmens META-Productions im Auftrag des auf Männer zugeschnittenen Fernsehsenders DMAX zeigt den Weg der Soldaten vom Abschied in der Heimat bis hin zur gefährlichen Streife auf den Straßen Kabuls und berichtet von den persönlichen Erfahrungen der Soldaten und ihrer Familien.[765]

Gleich der Einspieler zu Beginn jeder Folge ist eindeutig konnotiert: »Das ist ihr Einsatzraum. Das ist Teil ihres Auftrags: überwachen, sichern, ausbilden. Die internationale Schutztruppe ISAF – sie soll den Menschen in Afghanistan helfen, endlich wieder in Sicherheit zu leben, nach 22 Jahren Krieg«, so der Sprecher am Anfang jeder Folge von OPERATION AFGHANISTAN*, während Bilder von Bundeswehr-Panzerfahrzeugen und dem tristen afghanischen Land zu sehen sind. Es wird vermittelt, dass der Krieg mit Beginn der ISAF-Militärmission vorbei sei, also aktuell (zumindest während der Dreharbeiten 2007) kein Krieg herrsche. Diese Argumentationslinie zieht sich durch die gesamte Doku-Serie. Der eigentliche Grund für den Bundeswehr-Einsatz, die Sicherung westlicher Interessen nach dem Sturz des Taliban-Regimes, werden ganz verschwiegen.

Die Produzenten der META-Productions GmbH setzen in der Dokumentation vor allem auf Gefühle: In herzerweichenden Szenen werden die Kinder der Soldaten nach ihrer Meinung zur anstehenden Abwesenheit ihrer Väter befragt. Der Sprecher erklärt beispielsweise in der ersten Folge: »Hauptfeldwebel Ralf B. ist im Saarland daheim. Stolzer Vater von zwei Töchtern. Als der Papa das letzte Mal so lange weg war, bekam oft sein eingeschweißtes Foto den Gute-Nacht-Kuss ab. Inzwischen kann zumindest die Große [Tochter] schreiben und ihre Sorgen genauer kundtun.« Das Kind erklärt daraufhin, ihrem Vater Briefe nach Afghanistan schreiben zu wollen. Alle portraitierten Soldaten werden bei Übungen bzw. im Einsatz und auch zuhause bei ihren Familien gezeigt, alle haben – meist mehrere – junge Kinder. In einer 34 Se-

765   Bender, Günther: Operation Afghanistan – Sendetermine auf DMAX, in: www.deutschesheer.de, 05.12.2007.

kunden dauernden Zeitlupe wird schließlich die Verabschiedung eines Soldaten von seiner Frau und seinen beiden kleinen Kindern gezeigt, untermalt von sanfter Akustik-Gitarren-Musik. Später erfährt der Zuschauer, dass der kleinen Lara-Sophie Papa Ralf B. sehr fehlt. Auch andere Kinder fragen nach ihren Vätern: »Wann kommt der Papa wieder?« Die einzige portraitierte Soldatin, Stabsärztin Annika E., wird ohne Familie gezeigt. Das Rollenbild in OPERATION AFGHANISTAN* ist klassisch: junge Soldaten ziehen an die Front und lassen ihre besorgten, aber starken Frauen und ihre jungen Kinder zurück. Besonders in späteren Folgen wird die starke Hausfrau in der Heimat gezeigt, die anpackt, sich um die Familie kümmert und während der Abwesenheit des Mannes das halbe Haus renoviert.

Ein weiterer Schwerpunkt der Dokumentation liegt auf dem, was die Bundeswehr in Afghanistan angeblich betreibt: Wiederaufbau. Außer in der ersten, noch in Deutschland gedrehten Folge, kommt in jeder der gut 45 Minuten langen Doku-Folge mindestens ein Aufbau einer Schule in Afghanistan vor. »Die Schule liegt den Soldaten persönlich am Herzen«, erklärt der Off-Sprecher in der Doku-Serie gleich mehrmals. Die Soldaten hätten für das zivil-militärische Aufbauprojekt selber Geld gesammelt, erfährt der Zuschauer in Folge zwei der Serie. Patrouillenführer Ralf B. kommt zu Wort: »Unser Aufbau hier ist Schutz.« Vor einer neuen Mädchenschule erklärt er stolz: »Es geht vorwärts.« Grund dafür sei unter anderem die zivil-militärische Zusammenarbeit mit Nicht-Regierungsorganisationen. Auch Oberfeldwebel Sven S. und sein Zug von Bundeswehr-Soldaten haben für eine afghanische Schule Geld gesammelt, um die Bildungsstätte besser auszustatten. Im letzten Teil von OPERATION AFGHANISTAN* wird eine von einer zivile Hilfsorganisation errichtete Schule gezeigt. Deutsche ISAF-Soldaten besuchen die Schule, verteilen leere Schulhefte unter den Schülern. Die jungen Afghanen tragen sogar Schulrucksäcke mit dem ISAF-Logo drauf.

Nicht verschwiegen wird in OPERATION AFGHANISTAN* die schlechte Sicherheitslage im Land. Jedoch, so der Sprecher der Dokumentation: »Es ist kein Krieg, in den sie [die Bundeswehr-Soldaten] ziehen, sondern ein Krisengebiet, in dem Terror und Gewalt zur Tagesordnung gehören.« Auch Sabine P., Frau eines Soldaten, ist dieser Ansicht: »Also als ich hörte, dass er das erste Mal in den Einsatz ging, da war ich schockiert, weil ich wirklich der Annahme war, die Männer ziehen in einen Krieg. Wenn die Männer dann erstmal dort sind und sagen, so und so sieht's aus, und wir machen dies, wir machen jenes, dann ist es eine große Last, die runterfällt.« Schießende, sich im Angriff befindende ISAF-Soldaten werden in OPERATION AFGHANISTAN* nicht gezeigt. Ganz im Gegenteil wird bereits in der zweiten Folge in einer Szene auf einem Truppenübungsplatz in Deutschland der angeblich enge Rahmen für ISAF-Kampfhandlungen präsentiert. Den Soldaten werden die »Rules of Engagement« beigebracht: »Niemals einfach drauf losballern, sondern erst das Gegenüber identifizieren und warnen«, so der Sprecher. Statt als Täter – immerhin ist die Bundeswehr in einem fremden Land Besatzer – werden die deutschen Truppen gar als Opfer präsentiert: In Folge vier – »Der Anschlag« – geht es um ein Attentat auf einem Basar im nordafghanischen Kundus, bei dem im Mai 2007 drei deutsche Soldaten starben – zu der Zeit wurde die Militärdokumentation gedreht. Die besorgten Familien in Deutschland und die trauernden Bundeswehr-Soldaten im Feldlager werden gezeigt. Von den etwa 20 portraitierten Soldaten war keiner direkt Opfer des Anschlags. Zusammengefasst soll die DMAX-Dokumentation OPERATION AFGHANISTAN* dem Zuschauer vor allem drei Dinge vermitteln:

• Die Soldaten sind Menschen – wie die Zuschauer auch – mit Gefühlen und Familie, sogar jungen Kindern. Die Gesundheit und gar das Leben dieser Soldaten werden in Afghanistan von feindlichen Kräften, die nicht näher beschrieben werden, bedroht. Dem detailliert-menschlichen Bild der gefühlvollen deutschen Soldaten steht dabei ein mysteriöses, unbekanntes, bedrohliches und entmenschlichtes Bild der Aufständischen/Terroristen/Taliban entgegen. Ein simples Freund-Feind-Schema wird in der Serie präsentiert.

• Die deutschen Soldaten verrichten in Afghanistan nur Gutes, bauen Schulen auf und verteilen Lernmaterialien an die afghanischen Kinder. Die afghanische Bevölkerung steht hinter den Deutschen. Bei ihrem selbstlosen Einsatz in Afghanistan werden die Soldaten – das wird in Folge vier deutlich – vom Feind attackiert, dessen Motiv scheinbar pure Zerstörungslust ist. Die deutschen Soldaten schießen in Afghanistan nie selbst, es gibt keine einzige Gefechtsszene im ISAF-Einsatz.

• Die Sicherheitslage in Afghanistan ist zwar angespannt, Krieg ist es aber nicht. Hier orientiert sich die Dokumentation am Kurs der Bundesregierung und umschreibt die Situation in Afghanistan als »Stabilisierungseinsatz« oder »Aufbaumission«.

Letztlich soll die Bundeswehr in Afghanistan durch die Dokumentation unterstützt werden. So verlautbaren viele in OPERATION-AFGHANISTAN* zu Wort kommende Soldaten Durchhalteparolen. Brigadegeneral Josef D. Blotz darf seine Meinung zum Afghanistan-Einsatz im letzten Teil der Dokutainment-Sendung ausführlich kundtun:

»Ich bin hier in eine Situation reingekommen in der ich, genauso wie viele meiner Soldaten das Gefühl habe wichtig zu sein. Wir sind nicht allein hier, weil uns der Bundestag geschickt hat – das ist natürlich die formale Voraussetzung –, sondern weil wir wirklich gebraucht werden. Die Menschen hier geben uns das Gefühl – und ich erleb das an vielen Stellen –, dass das so sein muss. [...] Wir sind als Soldaten hier, um ein Umfeld zu erzeugen, in dem Wiederaufbau gelingen kann [...] wenn man sieht [...], dass tatsächlich [ein Projekt] gut vorangeht, dann erfüllt mich das mit Stolz.«

Dass die DMAX-Dokumentation für die Bundeswehr einen Wert hat, beweist auch ihre Unterstützung durch die Armee. Der Presse- und Informationsstab des Heeres begleitete die Produktion und stand mit Fachinformationen parat.[766] Im Abspann jeder Folge wird als militärischer Berater Oberstleutnant Günther Bender angegeben, welcher auch innerhalb der Bundeswehr – beispielsweise auf der Website des Heeres – für die Serie warb. Dreherlaubnisse innerhalb militärischer Sicherheitsbereiche – Truppenübungsplätzen, den Feldlagern in Afghanistan und sogar in den Räumen des Einsatzführungskommandos in der Henning-von-Tresckow-Kaserne in Potsdam – wurden zudem von der Armee erteilt. Außerdem wirken zumindest einige Szenen mit Soldaten-Beteiligung inszeniert. Die Unterstützungsleistung scheint weit umfangreicher als Bundeswehr und Regierung zugeben wollen.

Schlagzeilen produzieren

Erwähnt werden soll hier kurz, wie die Bundeswehr mithilfe von Nachrichten versucht, ihr Image zu verbessern: Ob Oder-Flut (1997), Waldbrand in Griechenland (2007) oder die von der Außenwelt weitestgehend abgeschnittene Ostseeinsel Hiddensee (Januar/Februar 2010), die Bundeswehr ist dort, um zu helfen – und vor allem, um gute Bilder zu produzieren. Gern bietet sich die Armee für solche Einsätze an und hilft – dies kann nicht bestritten werden – den Menschen dadurch. Solche tatsächlich humanitären Einsätze der Bundeswehr haben in den Köpfen vieler Menschen mittlerweile ein falsches Bild entstehen lassen. Keine bewaffneten, sondern Sandsäcke tragenden Soldaten wurden – bis zum Krieg gegen Jugoslawien – über Jahrzehnte in den Medien präsentiert. Alternativen zum Einsatz der Bundeswehr werden selten gezeigt bzw. sind auch in der Realität schnell ausgeschöpft: dem THW fehlen schlicht die Mittel, um bei großen Naturkatastrophen ausreichend zu helfen. Der Militär-Etat hingegen steigt seit Jahren bzw. stagniert auf sehr hohem Niveau.

Einer der größten Coups der Bundeswehr in den letzten Jahren war die Berufung Karl-Theodor zu Guttenbergs (CSU) zum Verteidigungsminister.[767] Der von den meisten Medien gefeierte Freiherr löste den oft farblos wirkenden Franz Josef Jung (CDU) als Minister für das Militär ab. Den »schönen« stehen aber auch oft unschöne Bilder entgegen: Nur wenige Institutionen produzieren so viele Skandale wie die Bundeswehr. Um eine Auswahl zu geben: In Coesfeld wurden Rekruten übel misshandelt (2005); ISAF-Soldaten posierten für Fotos mit Totenschädeln (2006); in einem Video von einer Maschinengewehr-Ausbildung bei der Bundeswehr forderte der Ausbilder von einem Rekruten sich vorzustellen, auf Afroamerikaner zu

---

766   Bundestags-Drucksache 16/14094.

767   Schulze von Glaßer, Michael: PR-Offensive – die Bundeswehr nach der Parlamentswahl, in: www.imi-online.de, IMI-Standpunkt 2009/060.

schießen (2007); Bundeswehr-Soldaten in Afghanistan erschossen mehrere Zivilisten in einem Auto (2008); unter dem Kommando von Oberst Klein wurden zwei von Taliban entführte Tanklastzüge bombardiert, wobei weit über 100 Menschen starben, darunter zahlreiche Frauen und Kinder; Rituale in manchen Bundeswehr-Einheiten wurden bekannt, darunter das Essen roher Leber und Alkoholkonsum bis zum Erbrechen (2010). Auch diese Bilder finden ihren Weg in die Nachrichten, wenngleich die Skandale zu Einzelfällen verklärt werden. Dass solche Vorfälle symptomatisch für eine militärische Struktur wie die der Bundeswehr sind, bleibt außen vor.

Krieg auf die Ohren

Auch im Radio wird das Militär zur Unterhaltung genutzt. Im September 2009 strahlte der Jugendradiosender »Fritz« vom Rundfunk Berlin-Brandenburg (RBB) den zehn Mal zwei Minuten langen Erfahrungsbericht VIER MONATE AFGHANISTAN aus: »Wie fühlt es sich aber wirklich an, Soldat in Afghanistan zu sein? Was erlebt man und was geht einem dort durch den Kopf? Das erzählt Micha dem Radio Fritz. Er war acht Jahre Zeitsoldat beim Bund. In dieser Zeit ging es für ihn auch nach Afghanistan. Dort war er Militärkraftfahrer in der Nähe der Stadt Masar-e Scharif«, heißt es zum Bericht auf der Website des Radiosenders,[768] auf dem 2006 und 2007 übrigens viel Armee-Werbung geschaltet war.[769] Der von dem Soldaten erzählte Bericht beleuchtet beide Seiten, einerseits wird von »Abenteuer« und »Action« sowie der Naivität, mit der der Soldat in den Einsatz zog gesprochen – »mir wird schon nichts passieren« –, andererseits werden auch eindeutige Nachteile benannt: Alle Soldaten gingen anders mit der Angst um, einige seien aufgedreht, andere ernst: »Manche erschießen sich«. Man habe kein Privatleben im Bundeswehr-Camp: »Die Toilette ist der einzige Rückzugsort.« Viele Soldaten würden trinken: »Die Bundeswehr sorgt sich – was das Privatleben angeht – nicht wirklich um die Soldaten.« Daher trinken viele Soldaten – besonders die Objektschützer, die sehr gefährdet seien, griffen zur Flasche. »Für die gibt es kein Ventil«. Die Bundeswehr sei selbst Schuld, wenn die Armee keine Freizeit schaffe, würden es die Soldaten eben selber tun. Es wird von Raketenangriffen – »Bass von der Detonation« – und Todesangst – »Man hat im Hinterkopf immer eine Bedrohung« – berichtet. Davon, dass bei keinem von Michas Kameraden die Beziehung zu ihren Freundinnen hielt, wobei er auch aus eigener Erfahrung spricht. Nichts desto trotz wolle er wieder nach Afghanistan: man lebe dort sorgenfreier und verdiene ganz gut: »Man ist da wieder im Afghanistan-Feriencamp, wo man sich wieder mit seinen Leuten austauschen kann.« Weiter sagt der Bundeswehr-Veteran: »Man ist da wer,

---

768   Erfahrungsbericht – Vier Monate Afghanistan, in: www.fritz.de.
769   Bundestags-Drucksache 16/14094.

man macht etwas Sinnvolles« – dass mache Micha zwar heute als Rettungsassistent auch, das Gefühl sei in Afghanistan aber tausend Mal stärker.

Zugute halten muss man dem Radiobericht, dass er nicht die Linie des Verteidigungsministeriums oder des Bundestags wiedergibt. Es wird auch harsche Kritik an der Situation der in Afghanistan stationierten Soldaten geübt. Dennoch wird – wie so oft – auch hier keine generelle Abhandlung über die Ursachen des Konflikts geführt. Keine Frage nach dem »Warum?«, sondern nur nach dem »Wie?«, keine Frage nach den politischen Interessen, sondern nur nach der Art deren Umsetzung.

Im Gegensatz zum Fernsehen kommt Militainment im Radio jedoch nur punktuell vor: der komplizierte Inhalt ist nicht gut mit Wort und Ton darzustellen, weshalb die Radio-Fritz-Serie hier auch die einzige vorgestellte bleiben soll.

Kriegsfestspiele und die Medien

Ein bewährtes Mittel zur Steigerung der Truppenmoral ist seit dem Vietnam-Krieg der Einsatz von Prominenten bei den Soldaten im Ausland – da steht auch die Bundeswehr nicht hinter zurück, zumal die Hoffnung besteht, dass mit Hilfe der Medien ein bisschen Glamour auf die Truppe abfärbt: Die Bandbreite der Auftritte reicht von DJ Bobo und dem fast wöchentlichen Aufenthalt der Rockmusikerformation Asshole im April 2000 in Bosnien über Tanzdarbietungen der Berliner Thunder Cheerleaders zum Jahreswechsel 2001/2002 in Mazedonien bis hin zu Gastspielen des Country-Liedermachers Gunter Gabriel, der ›rassigen Albanerin Anjesa‹ oder der Hildesheimer Band ›Blues Guys‹ mit der Frontsängerin Juli.[770] Neben unbekannten Coverbands, wie z. B. der Heart & Soul Blues Brother Cover Band, sangen und tanzten im Januar 2002 die Sängerinnen der Popgruppe ›No Angels‹ für 1.000 Soldaten in Prizren im Kosovo. Organisiert hatte das Konzert die BILD-Zeitung, die in ihren Printausgaben und in Videos im Internet über die ›heißeste Fracht‹ berichtete, die in der Luftwaffen-Maschine vom Typ Transall je transportiert worden sei.[771]

Ihren Widerhall finden solche Auftritte in der heimischen Presse. So berichteten von der *BILD*-Zeitung[772] über eher lokale Zeitungen wie der *Neuen Westfälischen*[773] bis hin zur *Süddeutschen Zeitung*[774] alle Printmedien im Juli 2009 über einen geplanten

---

770 Thomas Tanja: »Also, es hat was Starkes, was Mächtiges, Männer halt «, a. a. O.

771 Buse, Dietmar: Fünf gut gelaunte, singende und tanzende Mädels und ein Camp in heller Aufregung, in: aktuell – Zeitung für die Bundeswehr Nr. 4/2002.

772 Schüler, Uli: Sarah Connor – Darum gehe ich nach Afghanistan, in: www.bild.de, 16.7.2009.

773 Konzert für Soldaten – Sarah Connor will in Afghanistan singen, in: Neue Westfälische, 16.7.2009.

774 Fromme, Claudia: Die Geheimwaffe – Sarah Connor soll deutsche Soldaten in Afghanistan unterhalten, in: Süddeutsche Zeitung, 16.7.2009.

Auftritt der Sängerin Sarah Connor bei den deutschen ISAF-Soldaten in Afghanistan. Die Soldaten »sollen wissen, dass wir in Deutschland an sie denken. Ich bin Pazifistin durch und durch – doch ich bin auch eine Bürgerin dieses Landes, die jetzt die Chance hat, vor Ort etwas zu tun. Und wenn es nur darum geht, dass die Soldatinnen und Soldaten, die dort im Einsatz sind und mit Sicherheit ihre Familien und Freunde zeitweise schrecklich vermissen, für einen Moment ihre Sorgen vergessen. Und mit mir ein wenig Musik genießen können«, so die Sängerin in der *BILD*-Zeitung,[775] welche die Reise gleich mit unterstützte.[776] Zwar schrieb *BILD* im 2009 heroisch: »Ein rauhes Land, in dem Krieg herrscht ... Doch SIE [die Sängerin Sarah Connor] hat keine Angst, will für die Soldatinnen und Soldaten singen und ihnen Mut machen«, daraus geworden ist aber erstmal nichts: »Da sich die Sicherheitslage in Afghanistan – wie täglich in den Nachrichten zu sehen ist – leider zur Zeit zunehmend verschlechtert, ist mein Auftritt im Camp der deutschen Soldatinnen und Soldaten vorerst auf Empfehlung verschiedener Seiten auf nächstes Jahr verlegt worden«, schrieb die Popsängerin im September 2009 auf ihrer Website[777] – zumindest auf BILD-Online ist darüber nichts zu finden, dies hätte die schönen Schlagzeilen auch getrübt.

Ein weiterer bekannter Popstar im Afghanistan-Einsatz war Peter Maffay, der die Soldaten dort 2005 mit einem Konzert beglückte.[778]

Krieg aus Bits und Bytes

Der Umsatz der Videospielbranche liegt heute etwa auf gleichem Niveau mit dem der Filmindustrie. Krieg als Thema oder Element findet sich in vielen Computerspielen, besonders oft bei Action-, Strategie- und Simulations-Spielen. Vom Einzelkämpfer über die Steuerung eines Waffensystems (Panzer, Flugzeug etc.) bis hin zum generalstabsmäßig angelegten, strategischen Planspiel reicht die Palette, wobei in einem Spiel auch unterschiedliche Elemente nebeneinander auftreten können.[779] Besonders beliebt sind die oft in öffentlicher Kritik stehenden Ego-Shooter: 3-D-Spiele, bei denen der User in die Rolle beispielsweise eines Soldaten schlüpft. Die Weltbilder sind dabei – wie bei allen Kriegsspielen – einfach, die Strukturen klar, es

---

775   Schüler, Uli: Sarah Connor – Darum gehe ich nach Afghanistan, a. a. O.

776   Schüler, Uli: Sie will ihnen Mut machen – Sarah Connor singt für unsere Soldaten in Afghanistan, in: www.bild.de, 14.7.2009.

777   Connor, Sarah: Neuigkeiten von Sarah zur geplanten Afghanistan-Reise, in: www.sarah-connor. com, 22.9.2009.

778   Minister trifft Rockmusiker, in: aktuell – Zeitung für die Bundeswehr Nr. 49/2008.

779   Streibl, Ralf E.: Töten per Mausklick – Computerkriegsspiele, in: Wissenschaft & Frieden Nr. 2/1998.

geht um Gut und Böse. Hintergründe für das militärische Vorgehen werden meist nicht geliefert, und von gewaltloser Konfliktlösung ist keine Spur (eben dies würde ja gegen den Spieleffekt sein). Dabei sind Computerspiele in ihrer Bedeutung für den Sozialisationsprozess junger Menschen sowohl von klassischen (Brett-)Spielen als auch von anderen, überwiegend rezeptiv genutzten Medien (TV, Video/DVD) zu unterscheiden, da die Benutzer aktiv das ihnen gezeigte Geschehen beeinflussen können. Manche Kriegsspiele – wie zum Beispiel das kommerziell erfolgreiche Militärspiel OPERATION FLASHPOINT (2001) – bieten an manchen Stellen sogar verschiedene Lösungswege einer Mission: feindliche Kämpfer können angegriffen oder umgangen werden. Alle Computerkriegsspiele sind aber sehr gut geeignet und funktionalisierbar, um Feindbilder zu erzeugen und zu verfestigen sowie zu einer »Enttabuisierung des Militärischen« (Ex-Kanzler *Gerhard* Schröder, SPD) beizutragen.[780] Computerkriegsspiele erlauben den Spielern folgenlose Grenzüberschreitungen bei Gewaltausübung: wenn die Spieler andere Figuren töten hat dies keine Folgen, wenn ihre Spielfigur selbst getötet, wird ist dies ein Ärgernis, aber kein tiefergehendes Problem.[781] Die Diskussion um Gewalt-Computerspiele dreht sich meist darum, ob diese nun Aggressionen fördern oder helfen sie abzubauen. Wie Ralf E. Streibl jedoch bereits 1998 in der Fachzeitschrift »Wissenschaft & Frieden« notierte, gibt es für Behauptungen der Art »Kriegsspiele am Computer machen aggressiv« genau so wenig Belege wie für die Aussage »Sie helfen Aggressionen abzubauen«.[782] Einen Spaß- und Werbeeffekt haben die Spiele aber allemal, wie der Erfolg von AMERICA'S ARMY** beweist.

AMERICA'S ARMY** wurde 2002 im Auftrag der US-Armee produziert. Einziger Zweck des professionellen Ego-Shooters ist die Rekrutengewinnung. Das Multiplayer-Kampfspiel basiert programmiertechnisch auf der »Unreal Engine«, die auch diversen kommerziell erfolgreichen zivilen Spielen zugrunde liegt. Ziele sind z. B. Geiselbefreiungen oder die Sprengung militärischer Objekte. Im Werbetrailer des Spiels heißt es plakativ: »No other army game is as real, because nobody gets the army like the army!«. Im Juni 2009 ist die mittlerweile dritte Version dieses Spieles veröffentlicht worden. Die Spieler organisieren sich hierarchisch wie amerikanische Infanteriegruppen: Ein »Squad« besteht aus drei »Fire Teams« von je vier Personen und wird von einem Anführer kommandiert, der zu Beginn der Runde jedem Trupp ein Marschziel zuweist. Die Spieler bzw. Soldaten kommunizieren mit Kurznachrichten oder mittels Voice-over-IP auch mündlich. Passend zur Intention des Spiels,

780 Streibl, Ralf E.: Spielfeld Militärmaschine, in: Wissenschaft & Frieden Nr. 3/2009.
781 Streibl, Ralf E.: Töten per Mausklick – Computerkriegsspiele, in: Wissenschaft & Frieden Nr. 2/1998.
782 Ebenda.

ein sauberes Image des Militärs zu transportieren, werden Angriffe auf wehrlose Gegner negativ sanktioniert. Die sich gegenüberstehenden Teams im Online-Modus sehen sich selbst immer als US-Soldaten und den Feind als Terroristen – niemand spielt bewusst einen Aufständischen. In Ermangelung von Sanitätern leisten sich die Soldaten wechselseitig erste Hilfe, und stellen damit zugleich wieder die volle Kampfkraft her. Direkt nach der Veröffentlichung von AMERICA'S ARMY 3** wurden die Entwickler des bisher verantwortlichen zivilen Studios in Kalifornien entlassen und die weitere Entwicklung in den Militär-Stützpunkt Redstone Arsenal im US-Bundesstaat Alabama verlagert. Durch diese Maßnahme soll, so verlautete es aus der US-Armee, die Entwicklung des Online-Shooters konsolidiert und effizienter gestaltet werden.[783] Schon jetzt bezeichnet die US-Army das Spiel als kostengünstiges Rekrutierungs-Werkzeug. Die erfolgreichsten Spieler sollen gar per E-Mail von Rekrutierungsangestellten des Heeres angeschrieben werden. Seit Februar 2007 gibt es sogar eine mobile Version von AMERICA'S ARMY** für Mobiltelefone. Das Spiel soll weiter ausgebaut werden.

   Im Gegensatz zur US-Army gibt es solche Spiele von der Bundeswehr nicht: »Es gab und gibt keine Pläne, Computerspiele ähnlich dem Spiel ›America's Army‹ auf den Internetsites der Nachwuchswerbung einzustellen und es sind keine Werbeaktionen unter Nutzung von Computerspielen ähnlich dem Spiel ›America's Army‹ geplant«, hieß es von der Bundesregierung 2002.[784] Computerspiele, die auf Geschicklichkeit abzielen, gibt es von der Bundeswehr aber schon lange: 1994 erschien das von der Bundeswehr in Auftrag gegebene Computerspiel HELICOPTER-MISSION*. Darin werden – entsprechend der damaligen Diskussion um Out-of-area-Einsätze – in einer 2-D-Grafik mit Bundeswehrhubschraubern ausschließlich Hilfs- und Rettungsmissionen geflogen. Die zeitgleiche Produktion dieses Spieles zur Diskussion um eine Neubestimmung der Rolle der Bundeswehr ist kein Zufall: In HELICOPTER-MISSION* wird explizit auf die neuen Aufgaben und Strukturen der Bundeswehr Bezug genommen.[785] Jugendoffiziere verteilten das Werbespiel damals kostenlos an Jugendliche – es gab eine DOS- und eine Version für das Computersystem Amiga. Für damalige Verhältnisse soll es ein sehr reizendes Spiel gewesen sein, heute läuft es auf modernen Computern nicht einmal mehr. Neben HELICOPTER-MISSION* ist LUNA-MISSION* das einzige bisher von der Bundeswehr entwickelte Computerspiel mit militärischem Inhalt. Beim bis 2009 auf dem Rekrutierungsportal www.treff.bundeswehr.de für Jugendliche und Kinder

783   Streibl, Ralf E.: Spielfeld Militärmaschine, in: Wissenschaft & Frieden Nr. 3/2009.

784   Bundestags-Drucksache 14/9764.

785   Streibl, Ralf E.: Töten per Mausklick – Computerkriegsspiele, in: Wissenschaft & Frieden Nr. 2/1998.

zugänglichen Minispiel muss der User mit einer Aufklärungsdrohne vom Typ Luna, die auch im Afghanistan-Einsatz der Bundeswehr zum Einsatz kommt, feindliche Stellungen, Panzer, Soldaten oder Hubschrauber entdecken. Auch chemische und biologische Kampfstoffe müssen unter Zeitdruck in einem der vier Level entdeckt werden. Wer will, kann sich nach dem Spiel in eine Bestenliste eintragen. Im Gegensatz zu AMERICA'S ARMY** handelt es sich bei den beiden deutschen Produktionen aber nur um Minispiele, die in wenigen Minuten gespielt und die sowohl technisch als auch grafisch sehr einfach gemacht sind.

Für das 2001 erschienene 3-D-Ego-Shooter-Kriegsspiel OPERATION FLASH-POINT entwickelten einige Spieler eine Bundeswehr-Modifikation (kurz Bw-MOD). Nach dem kostenlosen Download und der Installation konnten die Spieler von OPERATION FLASHPOINT nicht nur mit den standardmäßigen US-amerikanischen- und sowjetischen Militärvehikeln und Soldaten in den Krieg ziehen, sondern auch mit deutschen Leopard-Panzern und Truppen der Bundeswehr. Dem Spiel OPERATION FLASHPOINT ist – im Gegensatz zu anderen Spielen des Genres wie CALL OF DUTY 1 – 6** (2003 – 2008) und BATTLEFIELD 1 – 8** (2002 – 2010) – zugute zu halten, dass es über ein relativ realistisches Schadensmodell verfügt. Schon ein Treffer kann für die Spielfigur tödlich sein. 2006 erschien der wenig erfolgreiche inoffizielle Nachfolger von OPERATION FLASHPOINT mit dem Titel ARMED ASSAULT. Entwicklungsfirma blieb das tschechische Unternehmen »Bohemia Interactive«. Im Sommer 2009 folgte ARMED ASSAULT 2, wofür Benutzer aus Deutschland wieder einen kostenlosen Bw-MOD entwickelten. Nahezu fotorealistisch können die User mit deutschen Wiesel-Panzern virtuelle 3D-Schlachten im vom Wind aus Bits und Bytes wogenden Gras austragen. Dieser kostenlose Werbeeffekt für die Bundeswehr wird von keiner professionellen und offiziellen Armee-Werbung begleitet, es gibt keine Aufforderung, seine Daten für eine etwaige Rekrutierung bereit zu stellen. Es gebe zwar durchaus Kontakte zur Bundeswehr, eine direkte Unterstützung durch das deutsche Militär finde aber nicht statt, teilten die Bw-MOD-Entwickler auf Nachfrage mit.

Im Ego-Shooter TERRORIST TAKEDOWN 2 der Firma City Interactive sind Bundeswehr-Soldaten die Protagonisten. Das Szenario hätten sich Militärpropagandisten nicht besser ausdenken können: »JOURNALISTEN ENTFÜHRT! Zwei Tage nach der Geiselnahme. Die Regierung beginnt, mit den Terroristen über die Freilassung der Journalisten zu verhandeln. Aber die Forderungen der Entführer scheinen unerfüllbar! Als Soldat einer Spezialeinheit ist es Ihre Aufgabe, die Geiseln aus den Händen der Terroristen zu befreien und sie lebend zurückzubringen…«. Die Einheit heißt im Spiel »Spezialkräfte Kommando« und ist an die reale Bundeswehr-Elite-Einheit Kommando-Spezialkräfte (KSK) angelehnt. Die Spielszenen lehnen sich an Schauplätze in Afghanistan an: kleine Dörfer und Märkte, öde und dürre Landschaft sowie kahle Berge. In Rezensionen schneidet das 2007 veröffentlichte Spiel aber nicht gut ab: die Grafik und das Gameplay sind schlecht.

Welche Nähe auch manches zivile Computerspiel zum Militarismus hat, zeigt sich daran, dass einige dieser Spiele auch zu Übungszwecken beim Militär verwendet werden. So wurde das Computerspiel DOOM II (USA 1994) vom U.S. Marine Corps Modeling & Simulation Management Office für die Ausbildung von U.S. Marines adaptiert.[786] Auch Ausbilder der Bundeswehr sollen ihren Untergebenen raten, ihre Reaktionsfähigkeit an Computerspielen zu üben. »Zivile« Computerspiele werden aber nicht nur vom Militär verwendet. Es geht auch anders herum: das Militär entwickelt Spiele, die danach in zivilem Gewand und ohne direkte Rekrutenwerbung auf dem Markt erscheinen. 1999 wurde mit umfangreichen finanziellen Mitteln der US-Armee an der University of Southern California das »Institute for Creative Technologies« in Kooperation mit dem »Simulation & Training Technology Center« der US-Armee aus der Taufe gehoben, das nach eigenem Bekunden Spezialisten aus dem Bereich der Artificial-Intelligence-Forschung mit kreativen Köpfen aus Hollywood und aus der Computerspiele-Industrie zusammenbringen soll. Das dort entwickelte Echtzeit-Taktik-Spiel FULL SPECTRUM WARRIOR** wurde 2004 für die Spielkonsole Xbox von Microsoft und 2005 für die Playstation 2 von Sony veröffentlicht. Auch für den Computer ist das Spiel erhältlich.[787] Der Spieler kommandiert dabei eine Armee-Einheit, die gegen »Terroristen« vorgeht – einmal mehr eine Fortschreibung der generalisierten Gut-Böse-Dichotomie des Anti-Terror-Krieges. Seit Ende 2008 ist das Spiel über das Internet frei zum Download erhältlich.

Dass es tendenziell noch mehr Kriegsspiele für Computer und Konsolen geben wird, ist schon jetzt sicher. Ob sich die Bundeswehr diese – laut US-Angaben – sehr effiziente Rekrutierungsmethode auf Dauer entgehen lässt, ist schwer hervorzusagen. Zwar ist der Bedarf der Bundeswehr nach neuem Nachwuchs groß, doch die Entwicklung eines modernen Computerspiels kann heute leicht mehrere Millionen Euro kosten. Ob die Bundeswehr ein eigenes aufwendiges Computerspiel entwickelt, hängt wohl vom Bedarf an neuen Rekruten ab. Gerade die immer wieder nach Amokläufen Jugendlicher in der Diskussion stehenden so genannten »Ballerspiele« haben in Deutschland einen schlechten Ruf. Auch für die Bundeswehr ist es daher aus moralischer Sicht schwer, einen eigenen Ego-Shooter zu etablieren. Schon aktuell kämpft die Armee mit Gegenwind beim Anpreisen ihrer eigenen virtuellen Schießsimulatoren in Kasernen: »Das ist ja noch viel toller als jedes Ballerspiel am

---

786   Streibl, Ralf E.: Töten per Mausklick – Computerkriegsspiele, in: Wissenschaft & Frieden Nr. 2/1998.
787   Streibl, Ralf E.: Spielfeld Militärmaschine, in: Wissenschaft & Frieden Nr. 3/2009.

PC«, meinte ein Junge Anfang März 2010 bei einem Schulbesuch in einer schleswig-holsteinischen Bundeswehr-Kaserne.[788] Dort durften die 50 Schüler sogar selbst Hand anlegen und virtuelle Schüsse abgeben. Bereits im Oktober 2009 führte die Bundeswehr eine Schülergruppe in einen ihrer Simulatoren: »Habt ihr eine Playstation zu Hause? Das macht bestimmt Spaß, oder? Das hier ist aber 1000 Mal besser!«, wurde ein Soldat damals in einer Lokalzeitung zitiert.[789] Nach beiden Truppenbesuchen hagelte es Protest von Elternverbänden und Politikern.

Militainment made in Germany

Welche Reichweite und Wirkung speziell die Bundeswehr schon heute in den »klassischen« Medien Zeitung und Fernsehen besitzt, lässt sich nachlesen. Das Sozialwissenschaftliche Institut der Bundeswehr (SoWI) hielt zu seiner im Januar 2010 veröffentlichten Bevölkerungsumfrage aus den Monaten Oktober/November 2009 fest: »Die Wahrnehmung der Bundeswehr durch die Bürgerinnen und Bürger wird von Medienbildern dominiert. Insbesondere das Fernsehen hat eine bemerkenswerte Breitenwirkung. Durch Fernsehsendungen werden 53 Prozent der Befragten mindestens einmal im Monat auf die deutschen Streitkräfte aufmerksam, darunter sechs Prozent täglich oder fast täglich, 21 Prozent etwa ein- bis dreimal in der Woche und 26 Prozent etwa ein- bis dreimal im Monat. Die Printmedien tragen in fast gleichem Ausmaß zur öffentlichen Präsenz bei. Beim Lesen von Zeitungen und Zeitschriften nehmen 48 Prozent die Bundeswehr mindestens einmal im Monat wahr: darunter sechs Prozent täglich oder fast täglich, 17 Prozent etwa ein- bis dreimal in der Woche und 25 Prozent etwa ein- bis dreimal im Monat. Etwa jeder Dritte wird seltener auf die Bundeswehr aufmerksam und jeder Fünfte nie.«[790] Über die Wirkung der Bundeswehr im Internet oder durch Computerspiele – in denen die Bundeswehr selten explizit dargestellt wird – gibt es noch keine Erhebungen. Thomas Bulmahn schreibt in der SoWI-Studie nicht nur über die Reichweite der Bundeswehr in den Medien, sondern auch über deren Wirkung: »Wer die Bundeswehr im persönlichen Lebensumfeld oder in den Medien wahrnimmt, der gewinnt zumeist positive Eindrücke. Bei Begegnungen im Alltag wird die Bundeswehr von insgesamt 90 Prozent der Bundesbürger vorteilhaft wahrgenommen, bei Gesprächen in der Familie sind es 86 Prozent.«[791] Weiter heißt es in dem Bericht: »Von denen, die im Fernsehen etwas

---

788   Schulze von Glaßer, Michael: Schüler im Schießsimulator, in: junge Welt vom 24. März 2010.

789   Ebenda.

790   Bulmahn, Dr. Thomas: Sicherheits- und verteidigungspolitisches Klima in Deutschland – Ergebnisse der Bevölkerungsbefragung Oktober/November 2009 Kurzbericht, Strausberg, Januar 2009, S. 18f.

791   Ebenda, S. 19.

über die Bundeswehr sehen, nehmen 87 Prozent die Streitkräfte positiv wahr, davon 41 Prozent ›Sehr positiv‹ oder ›Positiv‹ und weitere 46 Prozent ›Eher positiv‹. Nur 13 Prozent gelangen zu einem negativen Gesamtbild. Ebenso günstig sind die Eindrücke derjenigen, die dem Thema ›Bundeswehr‹ in Zeitungen und Zeitschriften oder im Internet begegnen.« Diese Ergebnisse verwundern nicht: Wirklich kritische Berichte über die Bundeswehr gibt es im deutschen Fernsehen nicht, Alternativen zur Bundeswehr und ihrem militärischem Eingreifen werden so gut wie nie vorgestellt. Dennoch sind die Zahlen des SoWI – wie immer – mit Vorsicht zu genießen, da das Bundeswehr-Institut nicht selten zu für die Armee positiven Ergebnissen kommt, die von denen unabhängiger Institute divergieren (siehe dazu das Kapitel über das SoWI).

Auf die Frage der Linksfraktion, welches Ziel die Bundeswehr mit der Unterstützung von Filmproduktionen verfolgt, antwortete die Bundeswehr: »Medienvorhaben Dritter werden durch das BMVg und die Bundeswehr unterstützt, sofern das Projekt geeignet erscheint, einer breiten Öffentlichkeit objektive Informationen über die Bundeswehr zu vermitteln und das öffentliche Ansehen oder die Akzeptanz ihres Auftrages zu fördern. Dienstliche Belange dürfen den Unterstützungsleistungen nicht entgegenstehen.«[792] Der Verdacht liegt nahe, dass die Bundesregierung mit der Filmunterstützung versucht, die öffentliche Meinung zu beeinflussen. Dies wird natürlich vehement bestritten: »Die Bundesregierung beabsichtigt nicht, die öffentliche Meinung durch die Unterstützung von Filmprojekten zu beeinflussen«, heißt es dazu kurz in einer Antwort in Drucksache 16/14094. Dabei nimmt die Zahl der subventionierten deutschen Filmproduktionen zu: 2005 unterstützte die Bundeswehr elf Produktionen, 2006 nur vier, 2007 waren es acht, 2008 schon zwölf und 2009 sogar 22.[793]

Auch in Deutschland wird Militainment produziert – teils von der Bundeswehr subventioniert, teils unabhängig. Dennoch ist die Zahl deutscher Produktionen im Vergleich zu US-Militainment-Produkten, die in Deutschland veröffentlicht werden und nicht minder zu einer banalen Militarisierung der Gesellschaft beitragen, minimal. Das Pentagon betreibt eigene Büros zur Filmunterstützung, stellt sogar Flugzeugträger in den Dienst guter Bilder für Hollywood. Dutzende Filme werden jährlich von der US-Army subventioniert und unterstützt.[794]

Die Produktion von Bildern, die das Militär im positiven Licht erscheinen lassen, ist für Armeen in bürgerlich-demokratischen Staaten überlebenswichtig. Op-

---

792   Bundestags-Drucksache 16/14094.

793   Ebenda.

794   Zum US-Militainments vgl. das Kapitel über die Nachwuchs- und Image-Arbeit der US-Army.

fer nimmt die deutsche Öffentlichkeit heute nur schwer in Kauf und die Scheu vor militärischen Interventionen ist immer noch groß. Dies zeigt beispielhaft der schon seit Jahren von Militärs geforderte Einsatz von Panzerhaubitzen in Afghanistan. Die Politik schreckt jedoch vor dem Einsatz der großen Panzer zurück – auch aus Sorge, im Inland eingestehen zu müssen, sie eskaliere den Krieg noch weiter.

Durch Militainment wird die Realität des Militäreinsatzes im besten Fall beschönigt, in den meisten Fällen verfälscht. Schon die massenkulturelle Geschichts-(re)konstruktion der 1950er Jahre erzählte von einem Volk, das ein einzelner Verrückter verführt hätte. Diese Version war für das Projekt einer Wiederbewaffnung der Bundesrepublik sehr nützlich.[795] Die dreiteilige Romanverfilmung 08/15 (BRD 1954/1955) diente auf skandalöse Weise dazu, den Bogen von der Wehrmacht hin zur soeben eröffneten Bundeswehrkaserne zu spannen. Der Titel, heute wieder in allen größeren Videotheken eingestellt und auf dem DVD-Markt als aufwändige Box mit rekonstruierten Langfassungen vertrieben, beginnt im ersten Teil mit Wehrmachtssoldaten, dargestellt als »gute Kerle«, und einem »netten« BDM-Mädel. Im Fortgang wird dem Zuschauer suggeriert, dass Nazis und ehrbare Wehrmachtsangehörige eigentlich gar nichts miteinander zu tun haben. Kriegssubventionierende Massenkultur transportiert den vom Militär propagierten Ehrbegriff, inszeniert mit Respekt oder Bewunderung Hierarchien, Traditionen, Uniformen, Dekorationen, Paraden etc., teilt die religiöse Verehrung der Fahne im Militär, findet Salutieren erhebend und rückt das Soldatentum als Hüter der Moral in den Mittelpunkt der Nation. Die Kriegstoten im eigenen Land sollen nicht als Opfer des Krieges in Erinnerung bleiben, sondern als Helden, schreibt Peter Bürger in »Kino der Angst«. Dies zeigt sich in Deutschland besonders im SWR-Film WILLKOMMEN ZUHAUSE*, in dem es zwar nicht um einen Gefallenen, dafür aber um einen im Krieg verwundeten Soldaten geht, dem die Gesellschaft Ehre erbieten soll. Die öffentliche Meinung – die Identifizierung mit »unseren Jungs« – ist wichtig, fast noch wichtiger aber scheint die Rekrutierungsfunktion des Kriegskinos zu sein. Die RTL-Produktion STREITKRÄFTE IM EINSATZ – SONJA WIRD EINGEZOGEN* fällt unter die offensichtlichsten deutschen Rekrutierungsproduktionen.

Ein halbes Jahrzehnt vor dem Golfkrieg 1991 vermittelte besonders die US-Luftwaffe ein Bild grenzenloser Überlegenheit und sorgte gleichzeitig für Nachwuchs. Im berühmten US-Kinofilm TOP GUN** (USA 1985) mit Tom Cruise wird jungen Leuten mit Spaß an moderner Technologie gezeigt, wo ihr Ort ist. Nebenbei gibt es die Möglichkeit, Extremsport zu betreiben oder unglaubliche Loopings zu fliegen,

---

795 Bürger, Peter: Bildermaschine für den Krieg – das Kino und die Militarisierung der Weltgeschichte, Hannover 2007, S. 84f.

und ganz primär stellt sich ein auf die eigene Person gerichtetes Begehren beim anderen Geschlecht ein. In US-Kinos wurde vor und nach Filmvorführungen von TOP GUN** vom US-Militär direkt in den Kinos um Nachwuchs geworben. In Deutschland gab es so etwas bisher nicht, im November 2007, also auch zum Kinostart von MÖRDERISCHER FRIEDEN*, lief jedoch Bundeswehr-Werbung in Kinos.[796]

Der vor allem von Vietnamkriegsfilmen – und auch solchen mit kritischem Anspruch – verbreitete Kult des vom Militär im Krieg bezahlten Urlaubsabenteuers hält an (BLACK HAWK DOWN**, USA 2002) – dies zeigt sich beispielsweise an der Produktion VIER MONATE AFGHANISTAN des Radiosenders Fritz, in dem das Feldlager als »Feriencamp« bezeichnet wird. Allzu viel soldatisches Wir-Gefühl mit entsprechendem Drill vermeiden die neueren Militärfilme, während die vermeintlich verlockende Aussicht auf einen Ersatzvater beim Militär nach wie vor sehr angesagt ist (BEHIND ENEMYS LINES**, in Deutschland erschienen unter: IM FADEN-KREUZ – ALLEIN GEGEN ALLE**, USA 2001). Im Rekrutierungskino wird die füreinander einstehende Kameradschaft stärker betont als die humanitären Ideale der offiziellen Kriegsverlautbarungen oder abstrakter Nationalismus. Entsprechende Dialogpassagen enthalten z. B. HAMBURGER HILL** (USA 1987), TIGERLAND** (USA 2000), WE WERE SOLDIERS** (in Deutschland erschienen unter WIR WAREN HELDEN**, USA 2001) und BLACK HAWK DOWN**. Die Devise »Dulce et decorum est pro patria mori« (»Süß und ehrenvoll ist es, für das Vaterland zu sterben«) ist im Sonderfall des massenkulturell inszenierten Heldentodes zwar noch präsent – und soll durch Einrichtungen wie die des 2009 eingeweihten Bundeswehr-Ehrenmals in Berlin wieder verstärkt werden –, doch sie taugt nicht mehr zur Massenrekrutierung. Tauglich sind Abenteuer-Dokumentationen wie STREITKRÄFTE IM EINSATZ* oder das Dokutainment der Sender N24 und DMAX.

Militainment-Experte Peter Bürger sieht Anzeichen dafür, dass das staatlich subventionierte Militainment in Europa in den nächsten Jahren zunehmen wird und dann auch verbleibende unbequeme Fragen – wie im SWR-Fernsehfilm DAS KOMMANDO (BRD 2004) von Thomas Bohn über präventive Interventionen einer bundesdeutschen »KSK«-Einheit zugunsten der USA – entfallen könnten.[797] Schon heute gestaltet sich die Recherche nach von der Bundeswehr subventionierten Filmproduktionen keineswegs einfach. Beim Südwestrundfunk musste ich mich erst durch die – gefühlt – halbe Redaktion telefonieren, um eine Antwort auf die Frage nach der Unterstützungsleistung der Bundeswehr am Spielfilm WILLKOMMEN ZUHAUSE* zu bekommen. Im Falle von STREITKRÄFTE IM EINSATZ*

---

796   Bundestags-Drucksache 16/14094.

797   Bürger, Peter: Kino der Angst – Terror, Krieg und Staatskunst aus Hollywood, 2. Auflage, Stuttgart 2007, S. 514.

ist noch immer unklar, inwieweit die Bundeswehr in die Produktion eingebunden war oder ob sie sogar eigentlicher Auftraggeber ist. Als erfolgreichster Versuch, etwas über deutsches Militainment herauszufinden, stellte sich die Möglichkeit einer kleinen Bundestagsanfrage heraus: die Bundestagsabgeordnete Ulla Jelpke (Die Linken) bot mir die Möglichkeit, zusammen mit ihrem Büro einen Fragenkatalog zu gestalten und die Anfrage – deren Antwort die hier oft als Quelle angegebene Bundestags-Drucksache 16/14094 ist – zu stellen.

Doch welche Forderungen müssen – außer der nach mehr Transparenz – aus friedensbewegter Perspektive gestellt werden? Ein Punkt sollte sein, die Realität des Krieges unverfälscht darzustellen. Die Forderung erscheint drastisch: Wo Militärfahrzeuge und oft sogar schießende Panzer und andere Waffen gepriesen werden, sollte auch gezeigt werden, was diese anrichten. Zu sehr wird beim Militainment – wie auch z. B. an Tagen der offenen Tür – versucht, die Menschen über die Technik – etwa mittels Panzerfahrzeugen – zu beeindrucken. Das militärische Großgerät begeistert viele Menschen und verbirgt hinter der Technik den eigentlichen Sinn und Zweck der Waffen: verängstigen, zerstören und morden. Die Dokumentationen auf N24 zeigen zwar die Panzer, nie aber – um es mit etwas drastischeren Worten auszudrücken – die zerfetzten Körper der von den Panzergranaten Getroffenen. Besonders die Dokutainment-Produktionen suggerieren einen unblutigen Krieg und ästhetisieren Militärtechnik. Fotos wie in Ernst Friedrichs schockierender Bilderdokumentation »Krieg dem Kriege« von 1924 gibt es von heutigen Kriegen nicht mehr. Peter Bürger argumentiert im Zusammenhang mit der Ästhetisierung des Militärs mit dem deutschen Jugendschutzgesetz, wobei sich vor allem die Frage stellt, was genau darunter fällt. Die Bundesprüfstelle für jugendgefährdende Medien (BPJM) bietet dazu – sowohl für Film- als auch Videospielproduktionen geeignete – inhaltliche Kriterien, die sich auf den Bereich Militainment anwenden lassen:

»Mediale Gewaltdarstellungen wirken nach der Spruchpraxis der Bundesprüfstelle u. a. dann verrohend, wenn Gewalt in großem Stil und epischer Breite geschildert wird; wenn Gewalt als vorrangiges Konfliktlösungsmittel propagiert wird, wobei in diesen Fällen überwiegend auch auf die Brutalität der Gewaltdarstellung abgestellt wird; wenn die Anwendung von Gewalt im Namen des Gesetzes oder im Dienste einer angeblich guten Sache als völlig selbstverständlich und üblich dargestellt wird, die Gewalt jedoch in Wahrheit Recht und Ordnung negiert; wenn Selbstjustiz als einzig probates Mittel zur Durchsetzung der vermeintlichen Gerechtigkeit dargestellt wird; wenn Mord und Metzelszenen selbstzweckhaft und detailliert geschildert werden.«[798]

Zu den »schwer jugendgefährdenden Medien« (§ 15 Abs. 2 JuSchG) gehören u. a.

---

798 Zitiert nach: Bürger, Peter: Kino der Angst – Terror, Krieg und Staatskunst aus Hollywood, 2. Auflage, Stuttgart 2007, S. 540ff.

solche, »die den Krieg verherrlichen, wobei eine Kriegsverherrlichung besonders
dann gegeben ist, wenn Krieg als reizvoll oder als Möglichkeit beschrieben wird, zu
Anerkennung und Ruhm zu gelangen und wenn das Geschehen einen realen Bezug
hat.«[799] Die formulierten Leitpunkte bieten grundsätzliche Perspektiven für eine öffentlich relevante Qualifizierung kriegssubventionierender Massenkultur:

- Die vorrangige oder gar alternativlose Propagierung von Gewalt und Krieg als
  »Konfliktlösungsmittel« kommt in den Blick.
- Entscheidend ist bei einer Darstellung von Verbrechen (z. B. Selbstjustiz, An-
  griffskrieg, Folter, Massenmord an Zivilisten, Einsatz völkerrechtlich geächteter
  Waffen), ob diese direkt oder suggestiv als richtig, üblich und rechtmäßig dargestellt werden;
- zumal wenn die »Ausführenden« staatliche Akteure sind bzw. als gesetzlich legitimiert erscheinen.
- Der Hinweis auf die Ästhetisierung von Mordwaffen könnte den Versuch ein-
  schließen, in scheinbar nicht militärischen Zusammenhängen z. B. Werbung für
  völkerrechtswidrige Massenvernichtungswaffen zu betreiben.
- Speziell die als schwer jugendgefährdend qualifizierte »Kriegsverherrlichung«
  umfasst implizit auch alle in diesem Buch behandelten Inhalte der Rekrutie-
  rungspropaganda

Ein Schwachpunkt des bundesdeutschen Jugendschutzes ist laut Peter Bürger jedoch
immer noch der isolierte Blick auf drastische bzw. realistische Gewaltdarstellung
(»blutende Wunden, zerberstende Körper, Todesschreie«), der mit Blick auf kindliche Verarbeitungsmöglichkeiten sinnvoll erscheint, im Zusammenhang mit kriegs-
propagandistischer Wirkung allerdings zu kurz greift.

Filmbotschaften, die sich deutlich gegen Krieg wenden, können in der Praxis
offenbar eine Nachsicht der Jugendschützer hinsichtlich gleichzeitiger realistischer
Gewaltdarstellung u. ä. bewirken. Die Frage stellt sich jedoch, mit welchen Kriterien
gerade solche Medien bewertet werden sollen, die durch politische Drehbücher, vermeintlich wertneutrale Begeisterung für Militärtechnologie, durch sterile Bilder vom
virtuellen Krieg und eben durch Verleugnung der blutigen »Ergebnisse der Kampf-
handlung« (unter Einsatz von High-Tech- und modernen Massenvernichtungswaffen) eine schleichende Militarisierung vorantreiben – wie im Falle der deutschen
Dokumentarfilme zu militärischem Großgerät. Gerade das besonders »Saubere«
kann ja das Dreckigste zeigen, und ein propagandistischer Streifen wird wohl kaum
jugendförderlicher durch Schnitte nach den herkömmlichen Vorgaben der Kontroll-
gremien. Notwendig erscheinen weitere Klärungen im Kontext.

---

799   Ebenda.

Bei der Sichtung von Gewalt im Film, die als Konfliktlösungsmittel propagiert wird, soll die Bewertung des Jugendschutzes »überwiegend auch auf die Brutalität der Gewaltdarstellung abgestellt« sein. Zahlreiche Inkonsequenzen in den Altersfreigaben, die vermutlich auf diesen besonderen Fokus zurückgehen, begünstigen kriegssubventionierende Filme, deren Programm gerade in Verharmlosung besteht. Die Bundeswehr-Dokumentation OPERATION AFGHANISTAN* hat eine FSK-Freigabe ab 0 Jahren. Die Vorgabe in einem fiktiven Film, dass die Besatzung eines »feindlichen« Bootes vor Einschlagen der Granate rechtzeitig über Bord springen muss, lässt sich leicht erfüllen. Der von Disney gezielt als harmlose Kinderkomödie angelegte Vietnamkriegsfilm OPERATION DUMBO DROP (USA 1995) hat in Deutschland aufgrund solcher Korrektheiten z. B. eine FSK-Freigabe ab dem sechsten Lebensjahr erhalten, erreicht also Zuschauer, die vermutlich erst zehn oder mehr Jahre später etwas vom gezeigten historischen Schauplatz zur Kenntnis nehmen werden.[800] Mit »lustigen« Werken dieser Art ließen sich ganze Vorschulkindergärten hervorragend für Militär und Krieg einnehmen. – Neuerdings können Sechsjährige in Begleitung ihrer Eltern Kinovorstellungen besuchen, die »prinzipiell« erst für Zwölfjährige offen stehen. Was bedeutet dies angesichts des Umstandes, dass zahlreiche kriegssubventionierende Filme – wie beispielsweise die deutschen Produktionen MÖRDERISCHER FRIEDEN – SNIPERS VALLEY* und STREITKRÄFTE IM EINSATZ – SONJA WIRD EINGEZOGEN* – eine Altersfreigabe ab 12 Jahren haben?

Die Erträge und Möglichkeiten des Jugendschutzes sind – trotz willkürlich erscheinender Einzelentscheide und mancher Possenspiele bei Indizierungsverfahren – insgesamt positiv zu bewerten, meint Peter Bürger. Bislang ist die Ausstrahlung von kriegssubventionierenden Spielfilmen im bundesdeutschen Fernsehen noch kein Hauptprogrammpunkt, was sich z. B. deutlich von kommerziellen Videoangeboten abhebt. Die Möglichkeiten, über eine Altersfreigabe auf den Medienmarkt einzuwirken und speziell auch auf die US-amerikanische Unterhaltungsindustrie, sind bei weitem noch nicht ausgeschöpft. Nach Angaben des Marktforschungsinstituts MarketCast verliert jeder in den USA für Jugendliche nicht freigegebene Film im Durchschnitt zwölf Prozent der Zuschauer und damit auch eine Menge Geld.

Voraussetzung wäre, dass sich die Europäische Union sich auf einheitliche Kriterien für Altersfreigaben einigen würde, bei denen die Abbildung von drastischer Gewalt – anders als bisher – ganz oben rangierte. Bei Medienprodukten zu Kriegsthemen könnte etwa die Darstellung von menschenrechts- und völkerrechtswidrigen Handlungen, deren Illegalität gezielt verschleiert wird, ein strenges Hauptmerkmal für Ju-

---

800 Bürger, Peter: Kino der Angst – Terror, Krieg und Staatskunst aus Hollywood, 2. Auflage, Stuttgart 2007, S. 542ff.

gendgefährdung sein – dies würde beispielsweise MÖRDERISCHER FRIEDEN*
betreffen. Durch eine solche Medienpolitik, die Profiteinbußen für Kriegspropaganda
bewirken würde, wären die materiellen Vorteile der Pentagon-Medienförderung ab-
geschwächt. Die auf Export-Gewinne bedachten Produzenten müssten sich fragen,
an welchen Werten und Interessen sie ihre Inhalte ausrichten. Die Regulierung über
Altersfreigaben wäre laut Peter Bürger im Übrigen eine sehr liberale Sanktion für die
massenkulturelle »Belohnung und Billigung von Straftaten«. Der Vorschlag Bürgers
ist zwar einleuchtend, dennoch sollte in ihn nicht zu viel Hoffnung gesteckt werden:
Seit über einem Jahrzehnt befindet sich die EU in einer ständigen Militarisierung, die
2009 mit dem Vertrag von Lissabon – der eine stetige Aufrüstung vorsieht – seinen
vorläufigen Höhepunkt erreichte. Auch die EU hat ein Interesse an einer militarisierten Gesellschaft und wird sich das Mittel Militainment nicht selbst verbieten.

Es hängt vor allem von der Politik ab, inwieweit Militainment eingeschränkt wird.
Bürger warnt daher vor den aktuellen Zuständen: Moralisten, die sich auf eine Zensur der erotischen Kultur und die Ausmerzung einer »schmutzigen« Umgangsspra-
che fixieren, zeichnen sich oft durch eine Grundhaltung aus, die eher als gewalt- und
kriegsfördernd bezeichnet werden muss. Oft genug halten sie zudem Puritanismus
und eine »patriotische« Heranführung an militärische Themen im gleichen Atemzug
für pädagogisch wertvoll. – Sehr zutreffend für die entsprechenden US-amerikanischen Verhältnisse ist immer noch ein Zitat aus APOKALYPSE NOW (USA 1979):
»Wir bilden junge Männer aus, um auf Menschen Bomben zu werfen, aber ihre
Kommandeure wollen ihnen nicht erlauben, das Wort ›Fuck!‹ auf ihre Flugzeuge zu
schreiben, weil das obszön ist!« – Auf der anderen Seite stehen Kulturfachleute und
Medienwissenschaftler mit einem neoliberal-relativistischen Ansatz, deren Einfluss-
nahme kaum förderlicher ist. Ästhetisch geleitete Einwände gegen eine moralistische
und selbstgerechte Zensur von Gewaltdarstellungen sind berechtigt und notwendig.
Auch gegen eine Pauschalverdächtigung von Konsumenten, die in virtueller Form
Erfahrungen suchen, die sie sich leibhaftig und politisch niemals wünschen würden, sollte Einspruch erhoben werden. Wenn in diesem Kontext jedoch die politische Kritik der massenkulturellen Kriegspropaganda ausgespart bleibt, befördert
der vermeintliche Einsatz für die »Freiheit der Kunst« ideologische Produkte, deren
Auftraggeber und Urheber Kriegskunst betreiben. Im Vergleich mit manchen »li-
beralen« Ästhetizisten muss man – wie am Beispiel der vier RAMBO-Filme (USA
1982, 1985, 1988, 2008) erinnert werden kann – den strengen Jugendschützern aus
Bayern mitunter eine schärfere politische Kritikfähigkeit zugestehen. Hinsichtlich
der Grundwerte des Zusammenlebens auf diesem Planeten gibt es eben durchaus
einen zivilisatorischen Grundkonsens »über das Unerwünschte bei den Wirkungen
medialer Darstellungen«.

Gleichwohl kann eine Erfolg versprechende und realistische Medienpolitik sich nicht vordergründig auf das Verbotsparadigma stützen. Radikale Restriktionen bewirken oft das Gegenteil des Intendierten und sind im Zeitalter von Internet und Satellitenkommunikation ohnehin kaum praktikabel. Die Alternative liegt nicht in einem indifferenten Liberalismus. Zu den Möglichkeiten des Gemeinwesens, rechtliche Grundlagen positiv umzusetzen gehören laut Bürger:

- Gesetzlich verpflichtende Verbraucherinformationen, die bei einer Beteiligung von Verteidigungsministerien, Militär und Rüstungsproduzenten die Herkunft massenmedialer Angebote transparent machen;
- Verpflichtende Verbraucherinformationen und Altersbeschränkungen bei allen massenmedialen Produkten, in denen (völker-)rechtswidrige Sachverhalte, Handlungsweisen etc. als rechtens oder billigend und belohnend dargestellt werden;
- Nationale und internationale Vernetzung bei der wissenschaftlichen Erforschung des massenkulturellen Kriegs;
- Klare, formale und inhaltliche Kriterien in der Medienbeobachtung von kriegssubventionierender Massenkultur durch öffentliche bzw. gesellschaftliche Einrichtungen, in denen auch der politische Rahmen und Fragen der (völkerrechtlichen) Legalität einbezogen werden;
- Eine Datenbank zu kriegssubventionierenden Filmen und Spielen, die auch medienkritische Alternativen zum kommerziell ausgerichteten Informationsangebot der Anbieter erschließt;
- Konsequenter Ausschluss von sämtlichen Medienprodukten, die UN-Ideal und Völkerrecht entgegenarbeiten, aus allen öffentlichen Programmangeboten, Verleihbibliotheken, Medienanstalten etc., die staatlich getragen oder unterstützt werden;
- Demokratische Kontrolle der Medien- und Öffentlichkeitsarbeit der Bundeswehr;
- Informations- und Beratungsangebote für Investoren der Unterhaltungsindustrie oder Fond-Anleger, die aus ethischen Gründen keine kriegssubventionierende Massenkultur finanzieren wollen.

Die Verbraucherinformationen könnten – wie bei Tabak-Produkten – vorn auf der Verpackung von DVDs stehen und vor Filmen im Fernsehen oder Kino eingeblendet werden. Diese Art der Information könnte zu mehr Konsumentendemokratie führen. Die Medien- und Öffentlichkeitsarbeit der Bundeswehr unter demokratische Kontrolle zu stellen, wäre sehr sinnvoll – jedoch nur schwer möglich, da das Militär selbst eine strukturell undemokratische Institution ist. Möglich ist jedoch mehr Transparenz, die zur Aufklärung der Öffentlichkeit über Armee-Werbung genutzt

werden könnte. Kurze Anmerkungen im Abspann wie bei STREITKRÄFTE IM
EINSATZ* oder OPERATION AFGHANISTAN* reichen als Verbraucherinfor-
mation bei weitem nicht aus.

Bereits heute gibt es – neben dem deutschen Jugendschutz – internationale
Medienrichtlinien, die auf Militainment angewandt werden können: Gemäß EG-
Fernsehrichtline (Art. 22a) haben die Mitgliedsstaaten dafür Sorge zu tragen, »dass
die Sendungen nicht zu Hass aufgrund von Rasse, Geschlecht, Religion oder Nationalität aufstacheln«[801]. In Anlehnung an Art. 1 der UNESCO-Mediendeklaration
von 1978 könnte »die Bekämpfung von Rassismus, Apartheid und Kriegshetze« als
ausdrückliche Zielsetzung der europäischen Medienpolitik benannt werden. Die in
Peter Bürgers Werk »Kino der Angst« unterbreiteten Lösungsvorschläge (Verbrau-
cherschutz, Jugendmedienschutz, Kulturarbeit im öffentlichen Raum etc.) zielen
nicht auf antiliberale Restriktionen, die im digitalen Medienzeitalter ohnehin immer
wirkungsloser bleiben. Eine Kennzeichnungspflicht für Unterhaltungsprodukte, bei
denen Staat, Militär oder Rüstungsindustrie mitgewirkt haben, müsste im Sinne eines
demokratischen Verbraucherschutzes als Selbstverständlichkeit gelten und ist durchaus keine ganz neue Idee, wie Bürger darlegt. Die dem deutschen Bundesrechnungs-
hof vergleichbare Institution der Vereinigten Staaten (GAO) hat beispielsweise eine
Kennzeichnungspflicht gefordert bei der Ausstrahlung von Sendungen, die für den
Zuschauer nicht als staatliche Produktion – z. B. der Regierungsfernsehsender »Pentagon TV« etc. – zu identifizieren sind. Den Bürgern darf es nicht verborgen bleiben,
wenn mit ihrem Medienkonsum bestimmte staatliche Absichten verbunden sind.[802]

Ein letzter Kritikpunkt: Keine Forschungseinrichtung in Deutschland befasst sich
momentan systematisch mit (deutschem) Militainment. Diese Kritik trifft neben Me-
dieninstituten auch Einrichtungen der Friedensforschung. Das Thema ist bisher sträflich vernachlässigt worden und Besserung ist kaum in Sicht, was nicht zuletzt auch an
den sehr beschränkten Mitteln zumindest der kritischen Friedensforschung liegt.

Jung, sportlich, beim Militär angestellt –
Sportsoldaten in der Bundeswehr

Wer Spitzensportler werden möchte, hat es oft nicht leicht damit, den eigenen Le-
bensunterhalt zu finanzieren, zumal das Einkommen durch Erfolg oder Misserfolg
bei Wettkämpfen stark schwanken kann. Zudem ist nicht jede Sportart gleich popu-

---

801   Zitiert nach: Bürger, Peter: Kino der Angst – Terror, Krieg und Staatskunst aus Hollywood, 2.
      Auflage, Stuttgart 2007, S. 641.
802   Bürger, Peter: Kino der Angst – Terror, a. a. O., S. 641.

lär, und Werbeverträge müssen auch erst einmal abgeschlossen sein. Daher bietet die Bundeswehr Sportlern an, bei ihr unterzukommen: es gibt ein regelmäßiges Gehalt und die Sportler können sich ganz auf ihre Tätigkeit konzentrieren. Die Bundeswehr verfolgt ihrerseits mit der Sportförderung das Motiv der Image-Verbesserung.

Anlässlich der Olympischen Sommerspiele in Peking im Jahr 2008 lag der auch an Kiosken erhältlichen Bundeswehrpublikation Y ein 16-seitiges Dossier zu den »SportsoldatInnen« bei. Darin konstatierte der damalige Verteidigungsminister Franz Josef Jung (CDU), dass die Bundeswehr bei der »Förderung des deutschen Spitzensports (...) eine herausragende Rolle« spiele – schließlich stelle sie mehr als 75 Prozent aller mit öffentlichen Mitteln finanzierter Förderplätze. Ihre Athleten hätten zudem seit 1992 bei den neun Olympischen Spielen 173 Medaillen gewonnen, das sind 44 Prozent aller von deutschen Olympiateilnehmern erkämpften Edelmetalle. Auch die im Zeitraum von 1991 bis 2007 erzielten nahezu 1.000 Welt- und Europameistertitel dienten Jung dazu, seine Aufforderung zu unterstreichen, dass die Sportler ihre Zugehörigkeit zum Militär offensiv nach außen vertreten sollten.[803]

Als Lehre aus dem Nationalsozialismus durften nur dort Militärsportvereine gegründet werden, wo es keine zivilen Sportgruppen gab. Darüber hinaus wurde 1956 geregelt, dass die Bedingungen zum Erwerb des Deutschen Sportabzeichens auch als Leistungsmaßstab für den Sport in der damals noch jungen Bundeswehr gelten sollten. Der Deutsche Sportbund (DSB) wollte damit zum einen das Aufkommen rivalisierender Sportgruppen durch Militärvereine verhindern, zum anderen wurde mit dieser Regelung der »unpolitische« Sport propagiert. Gleichzeitig sprachen sich nicht wenige führende Sportfunktionäre – die ihre Ämter auch schon im Nationalsozialismus ausübten – damals positiv zur Wiederbewaffnung aus. Die Kooperation zwischen Bundeswehr und dem DSB bestand vor allem in Unterstützungsleistungen bei sportlichen Großereignissen. In seinem Aufsatz »Jungs Jungs – Sport, Nation und Militär« beschreibt der Politikwissenschaftler Fabian Virchow den Weg der deutschen Sportsoldaten-Förderung:

> »Für die Förderung der Sportsoldaten stellten in der Bundesrepublik Deutschland die Olympischen Spiele 1972 einen wichtigen Meilenstein dar. Mit dem Beschluss des Deutschen Bundestags, der Bundeswehr per Beschluss die Option zur Einrichtung von Sportfördergruppen zu ermöglichen, wurde die Integration der Sportförderung der Bundeswehr in das System des organisierten Hochleistungssports im DSB nachdrücklich vorangetrieben.«

Die Verlagerung der 1957 gegründeten Sportschule der Bundeswehr vom bayerischen Sonthofen ins westfälische Warendorf 1987, wo sich auch ein Olympiastützpunkt be-

---

803   Virchow, Fabian: Jungs Jungs – Sport, Nation und Militär, in: Wissenschaft & Frieden 3/2009, S. 35.

findet, habe zur weiteren Vertiefung der Beziehung zwischen DSB und der Armee geführt, so Virchow. Bis zum Sommer 2006 gab es 25 Sportfördergruppen der Bundeswehr, in denen etwa 70 Sportarten – darunter Fußball, Rudern, Boxen, Schießen, Kanufahren, Rugby, Minigolf, Schach, Segelfliegen und Billard – von rund 900 Sportsoldaten ausgeführt wurden. Die Zahl der Sportler und Sportarten blieb bestehen, im Sommer 2006 wurde die Zahl der Sportfördergruppen jedoch auf 18 reduziert.

Wer als Sportsoldat sein Geld verdienen und gefördert werden will, braucht zum einen ein entsprechendes Votum des jeweiligen bundesweiten Sportverbands sowie die Bereitschaft, Soldat zu werden. Gehören die ausgewählten Sportler ohnehin bereits zu den Besten ihrer Disziplin, so führt das Nichterreichen der im Rahmen des Sportförderprogramms gesetzten Ziele zur Rückversetzung in die militärische Einheit und zum Verlust der mit dem Status »Sportsoldat« verbundenen privilegierten Trainings- und Wettkampfmöglichkeiten.[804] Die militärische Sportförderung, deren Finanzetat sich auf jährlich etwa 30 Millionen Euro beläuft, trägt maßgeblich zu den von deutschen Athleten erkämpften Olympischen Medaillen bei: Bei den Winterspielen im japanischen Nagano 1998 wurden 16 von 29 Medaillen von Sportsoldaten gewonnen, also knapp 55 Prozent des Edelmetalls.[805] In Salt Lake City 2002 wurden sogar 71 Prozent der von deutschen Sportlern erkämpften Medaillen an Bundeswehrangehörige vergeben. Bei den letzten olympischen Winterspielen 2010 im kanadischen Vancouver stellte die Bundeswehr von den 153 deutschen Sportlern 63. Die Soldaten holten 21 der 30 Medaillen für das deutsche Team. Bei den Sommerspielen 2000 in Sydney waren von den 428 aus Deutschland entsandten Athleten 113 Sportsoldaten, die 24 von 56 Medaillen errangen. Bei den Spielen in Athen 2004 war ein gutes Drittel der deutschen Sportler bei der Bundeswehr angestellt, die die Hälfte (24) aller deutschen Medaillen (48) gewannen.

In den vergangenen Jahrzehnten hat sich im Bereich der Sportförderung eine enge Symbiose zwischen der Bundeswehr und den Sportverbänden entwickelt. Es besteht inzwischen eine signifikante Abhängigkeit des Spitzensports und zahlreicher Spitzensportler von der Sportförderung der Bundeswehr. Hinsichtlich der Nordischen Ski-Weltmeisterschaften hieß es von Verbandsvertretern beispielsweise: »Ohne die Bundeswehrsoldaten wäre die Weltmeisterschaft im eigenen Lande zum Nullsummenspiel geworden«.[806] Obwohl die Sportförderung nach Aussagen des Sport-Dezernatsleiters im Bundesministerium der Verteidigung, Josef Nehren, »ursächlich nicht

---

804   Ebenda, S. 36.

805   Virchow, Fabian: Militär und Sport: Symbiotische Beziehung um Nation, Leistung und Disziplin, in: Virchow, Fabian; Thomas Tanja: Banal Militarism – Zur Veralltäglichung des Militärischen im Zivilen, S. 207.

806   Kebschull, Gerd: Heimspiel alpin, in: Y – Magazin der Bundeswehr 4/2005, S. 90-92.

zu den Kernaufgaben gehört«, so hat sie dennoch »einen hohen Stellenwert, der auch daran abzuschätzen ist, dass Spitzensportler das Bundeswehr-Logo abhängig von den entsprechenden Regelungen in ihrem jeweiligen Sport tragen oder im Bereich der Öffentlichkeitsarbeit und Nachwuchsgewinnung der Bundeswehr eingesetzt werden.«[807] Solche »dienstliche[n] Einsätze« im Bundeswehr-Trikot sind auch geförderten Sportlern selbstverständlich. »Wir bestreiten Schaukämpfe und versuchen damit auch, den Menschen die Bundeswehr näher zu bringen«, so der Tischtennis-Profi und Hauptgefreite Torben Wosik. Diese Zielsetzung betonte bereits Anfang der 1980er Jahre der damalige DSB-Präsident Willi Weyer, als er in einem Interview mit der Zeitschrift *Truppenpraxis* dazu aufforderte, mit den Erfolgen der Sportsoldaten offensiver für die Institution Bundeswehr Werbung zu machen. In Richtung der Sportverbände formulierte der Ende 2005 aus dem Amt geschiedene Verteidigungsminister Peter Struck die Erwartung, dass diese in der Öffentlichkeit viel deutlicher machen müssten, dass viele ihrer erfolgreichsten Sportler Dienst bei der Bundeswehr tun.[808]

Der seit 2009 amtierende und von vielen Medien hofierte Verteidigungsminister Karl-Theodor zu Guttenberg ging auch an der Seite von Sportsoldaten in die Offensive: Im Februar 2010 besuchte er die Soldaten aus der deutschen Auswahl bei den Winterspielen in Vancouver. »Mit Konzentration, Motivation, aber auch Professionalität haben unsere Sportler Deutschland ideal repräsentiert«, erklärte Guttenberg der Bundeswehr-Zeitung *aktuell*.[809] Auch in zivilen Medien kam die Aktion gut an, und so wurden die Existenz und Bedeutung von Sportsoldaten einer breiten Öffentlichkeit vermittelt. Kritik an der Sportförderung der Bundeswehr wie die eines Olympiasiegers von 1988 und heutigen Hochschullehrers Wolfgang Maennig wird in der Öffentlichkeit nur am Rande behandelt. Maennig wirft der Bundeswehr vor, dem Sport wie auch den Sportlern zu schaden. Mittelfristig begünstige die Förderung von Sportlern durch die Bundeswehr

»eine Verdrängung und Ausgrenzung des Talentpools der Berufstätigen und Bildungsaffinen aus dem Spitzensport. Die spitzensportliche Basis und damit der Erfolg schrumpfen langfristig. Hart formuliert: Ein System, welches signalisiert, dass man, um sportlichen Erfolg zu haben, Sportsoldat werden muss, wird langfristig denkende, bildungsaffine Jugendmilieus zukünftig vom Spitzensport abhalten. Das heutige Signal heißt tendenziell: Entweder du wirst Sportsoldat, oder du hast keine Chance im Sport. Und wenn du dann Sportsoldat bist, gehe keiner Ausbildung nach. Der Bundestrainer leitet aus deinem Soldatenstatus die ständige Verfügbarkeit ab.«[810]

---

807   Virchow, Fabian: Militär und Sport, a. a. O., S. 207f.

808   Ebenda, S. 208.

809   Jaeck, Sylvia: Medaillengewinner aus den Reihen der Bundeswehr, in: aktuelle – Zeitung für die Bundeswehr Nr. 9/2010.

810   Völker, Markus: »Fast schon Militärfestspiele«, in: www.taz.de, 2.2.2010.

Zudem sollen Bundeswehr-Broschüren über Sportsoldaten dazu beitragen, den Ruhm der Spitzensportler auf die Armee abfärben zu lassen.

Auch für die Nachwuchsgewinnung sind die Militärsportler wichtig: Bei den von der Bundeswehr organisierten Jugendsportfesten »BW-Olympix« und »BW-Beachen« treten jedes Jahr Militärsportler auf, um die Heranwachsenden vom Dienst in der Armee zu überzeugen. Zu den Olympischen Spielen 2000 im australischen Sydney veröffentlichte die Bundeswehr-Jugendzeitschrift *infopost* einen zweiseitigen, viel bebilderten Artikel über die Sportförderung der Bundeswehr.[811] Darin wird den jungen Lesern erklärt, was Sportsoldaten sind und erläutert, dass die Bundeswehr eine gute Zukunftssicherung für die Sportler biete und eine Anstellung im Militär daher sehr sinnvoll sei. Auch in den *infopost*-Ausgaben 4/2000, 2/2002 und 4/2008 geht es um Sportsoldaten und deren Erfolge bei den olympischen Sportwettkämpfen. Die Bundeswehr-Rekrutengewinnung über den Sport kennt aber noch andere Wege: »Im Rahmen des Personalmarketings der Bundeswehr wurden Verträge zur Durchführung personalwerblicher Maßnahmen mit 27 Sportvereinen [...] geschlossen«, so die Antwort des Parlamentarischen Staatssekretärs Thomas Kossendey auf eine Anfrage der Bundestagsabgeordneten Ulla Jelpke im Januar 2010.[812] Der Vertragsinhalt sei zwar vertraulich, die etwa 88.800 Euro teuren Werbemaßnahmen aber umfangreich:

> »Bandenwerbung in Sporthallen, Stadien und auf dem Trainingsgelände; Logoeinbindung auf der Sponsorentafel und der Pressekonferenzrückwand; Bannerwerbung/Einbindung auf der Vereinshomepage mit Link zu Internetseiten der Bundeswehr; Anzeigen im Stadionheft, Programmheft, Turnierheft, Saisonheft; Beilage im Saisonheft; Einsatz eines Kofferstandes bei Spielen; Dauerkarten für Multiplikatoren, Gäste und Zielgruppen; Ausstrahlung von Radiospots; Ausstrahlung von Videospots; PR-Termine mit den Spielerinnen/Spielern; Tragen von Einspieltrikots mit Bundeswehrlogo; Einbindung von Vereinen in personalwerbliche Aktivitäten der Wehrdienstberatung; Werbung mit Bundeswehrlogo auf Trikots, Sportanzügen; Vorbereitungsspiel gegen eine Bundeswehrmannschaft; Sporthallenaufkleber mit dem Aufdruck ›Bundeswehr – Karriere mit Zukunft‹; Werbung mit Bundeswehrlogo im Hallenbereich; Mannschaftsausstattung (Trikots, Shorts, Hosen, Jacken, Taschen ...) mit Bundeswehrlogo.«

Sehr erfolgreich ist die Bundeswehr jedoch nicht damit, den Ruhm der Sportsoldaten für das eigene Prestige zu nutzen. So ist die Existenz von Sportsoldaten allgemein immer noch wenig bekannt. Viele Menschen wollen auch gar keine vom Militär durchdrungene Sportfeste, da beispielsweise der Olympische Wettkampf als eine zivile Art des Kräftemessens verschiedener Nationen gesehen wird. Zudem gibt es nicht unerhebliche – aber noch sehr leise – Kritik an der Sportförderung der Bundes-

---

811 Mitrevska, Monika: Daumen drücken – Sportförderung der Bundeswehr, in: infopost Nr. 2/2000.

812 Bundestags-Drucksache 17/494.

wehr: Die Sportsoldaten würden in der Armee verkommen und hätten nach ihrer meist in noch jungen Jahren beendeten Karriere kaum weitere Zukunftsperspektiven, da ihnen eine zivile Ausbildung fehle. Die Sportförderung der Bundeswehr ist auch nicht alternativlos: Es gibt beispielsweise auch eine Förderung durch die »Stiftung Deutsche Sporthilfe«.

Die Personalgewinnung geschieht aber nicht nur durch olivgrüne Spitzensportler, sondern auch über großflächig angelegte Werbung in Sportvereinen. Wie sich gerade diese Werbemethode weiterentwickelt, ist schwer zu sagen, da auch Sportvereine und Verbände wie der DSB oder das Internationale Olympische Komitee, welches bei ihren Spielen jegliche Armee-Werbung und selbst Sympathiebekundungen untersagt, ein großes Mitspracherecht haben und oft keine einheitlichen Richtlinien zum Umgang mit dem Militär haben.

V. Vorbild US-Armee?

Um zu wissen wie sich die Öffentlichkeitsarbeit und Nachwuchswerbung der Bundeswehr entwickeln kann, lohnt ein Blick in die USA. Die Werbe-Aktivitäten der US-Army sind Vorbild für die Bundeswehr. Viele Rekrutierungswerkzeuge, die es in den USA schon seit Jahren gibt, halten auch immer mehr in Deutschland Einzug: Rekrutierungsbüros und Werbetrucks sind Teil dieser Entwicklung.

Vorbild für die Bundeswehr – Nachwuchsrekrutierung beim US-Militär

Als Berufsarmee, die gleich in mehreren Kriegen kämpft, ist die US-Armee besonders auf neuen Nachwuchs angewiesen. Ein jahrzehntelang erprobtes System von Rekrutierungsbüros über Werbestände, Berufsberatungen in Schulen, Werbung in Jugendmedien und im Fernsehen sowie Auftritte bei Sportveranstaltungen hat das US-Militär mittlerweile aufgebaut. Dabei folgte es meist dem Trend der Zeit – wenn es diesen nicht gar mitbestimmte – und hat seit 2002 bereits mehrere aufwendig gemachte Computerspiele herausgebracht, um junge Leute anzuwerben und ein positives Image zu verbreiten.

Im Gegensatz zur viel kleineren Bundeswehr werben die vier Teilstreitkräfte der US-Armee – US-Army, US-Navy, US-Air Force, US-Marines – getrennt voneinander: dabei verpasste die Army ihr Soll an angeworbenen Rekruten zwischen 1988 und 2008 nur viermal: 1991, 1995, 1998 und 2005. Im gleichen Zeitraum verfehlten Air Force und Navy sogar nur jeweils einmal ihr Ziel (1999 bzw. 1998); die Marines erfüllten ihr Soll sogar jedes Jahr.[813] Dennoch hatte die US-Armee 1999 und besonders nach dem Millenniumswechsel große Probleme bei der Nachwuchsrekrutierung.[814] Dafür werden vor allem die Kriege in Afghanistan und besonders im Irak mit tausenden toten US-Soldaten verantwortlich gemacht – der Dienst an

---

813   Dean, Sidney: Autos und Moneten, in: www.y-punkt.de, 14.7.2008.

814   Chwallek, Gabriele: Rekruten etwas knapp, in: aktuell – Zeitung für die Bundeswehr Nr. 31/2004.

der Waffe wurde mit dem von George W. Bush eingeläuteten »Krieg gegen den Terror« zunehmend gefährlich und daher für junge Leute unattraktiver. Von 2004 bis 2008 verdoppelten sich die Ausgaben für Rekrutierungsmaßnahmen von etwa 2,77 Milliarden Euro auf 6 Milliarden Euro (alle Geldwerte zur besseren Vergleichbarkeit mit Deutschland von Dollar in Euro umgerechnet).[815] Während die Ausgaben stiegen, wurden die Tauglichkeitsstandards gesenkt: auch als Schwerverbrecher Verklagte und ehemals drogenabhängige Menschen können nun in der Armee dienen. Seit 2002 vervierfachte die Army so den zulässigen Anteil der Rekruten mit Polizeiakten, Drogenerfahrung, gesundheitlichen Einschränkungen oder fehlendem Highschool-Abschluss. Außerdem hob das Heer 2006 das Höchstalter für neue Rekruten von 35 auf 42 an. Nun melden sich jedes Jahr zwischen 600 und 700 Männer und Frauen über 35 Jahre. Zudem bekamen die Rekruten Mitspracherecht bei der Wahl des Einsatzortes und es winkten Stipendien und hohe Bonuszahlungen für angehende Soldaten. Auf die Rekrutierer selbst erhöhte sich der Druck: die US-Anti-Rekrutierungsaktivistin Aimee Allison berichtete auf der 24. Konferenz der pazifistischen Organisation »War Resisters' international« in Eringerfeld bei Paderborn im Juli 2006:

> »Anwerber haben pro Monat mindestens eine Person zu rekrutieren, sonst gefährden sie ihren Job. Dutzende von Lügen wurden dokumentiert, auch gegenüber dem Militär. Sie änderten die Ergebnisse von positiven Drogentests um auf ihr Soll zu kommen. In anderen Fällen haben sie das nicht vorhandene Hochschuldiplom einfach erfunden oder den Aufenthaltsstatus von Immigranten verbessert. Im letzten Monat ging ein Fall durch die Medien, als ein Anwerber jemanden rekrutierte, der Schizophrenie hatte. Er hatte das einfach ignoriert.«[816]

Die Situation änderte sich schlagartig mit der Wirtschaftskrise 2009. Tausende Menschen meldeten sich in ihrer Not auf der Suche nach Arbeit für den Militärdienst. Insgesamt seien in den zwölf Monaten bis zum 30. September 2009 knapp 169.000 Freiwillige neu in die Armee eingetreten – ein Ansturm, den es in diesem Ausmaß seit gut 35 Jahren nicht mehr gab.[817] Als Ziel hatte sich das US-Verteidigungsministerium 164.000 Rekruten gesetzt. 95 Prozent der Rekruten hätten einen High-School-Abschluss. In der Gesamtarmee liegt diese Quote derzeit nur bei 83 Prozent, die Zielvorgabe ist 90 Prozent. US-Präsident Barack Obama erklärte daraufhin die Ausgaben zur Nachwuchsgewinnung für das Jahr 2010 um gut 11 Prozent – 630 Millionen Euro – zu kürzen. Die Anzahl der Nachwuchswerber sowie Kosten für Werbematerialien sollten reduziert und Bonuszahlungen an neue Rekruten stark gemindert

---

815   Vogel, Steve: Military Recruiting faces a Budget Cut, in: www.washingtonpost.com, 11.5.2009.

816   Allison, Aimee: Anti-Rekrutierungsbewegung in den USA, in: www.connection-ev.de.

817   Krisenfolgen – Freiwilligenansturm auf US-Armee, in: Financial Times Deutschland, 14.10.2009.

werden.[818] In der *Washington Post* warnten einige Militärs aber vor Kürzungen, da das Pendel auch wieder zurückschwingen könnte und ein Mangel an Rekruten sich langfristig auf die Einsatzbereitschaft der Armee niederschlägt.[819]

Entsprechend des Potenzials der jeweiligen Armeen sind Ausgaben und Umfang der Rekrutierung in Deutschland im Vergleich zur US-Rekrutierung – selbst in relation zur Einwohnerzahl der beiden Länder – gering: Offiziell will die Bundesregierung 2010 etwa 27 Millionen Euro für die Personalgewinnung ausgeben, nicht eingerechnet ist dabei der Rückgriff auf schon bestehende Ressourcen. Beispielsweise werden Soldaten für Reklameeinsätze eingesetzt, die aber auch so schon bei der Bundeswehr angestellt sind und daher keine Mehrkosten verursachen.

Doch wie wirbt die US-Armee? Als Lehre aus der Rekrutierungskrise 1999 machte sich die US-Army zur Marke. Der Marketing-Spzialist Leo Burnett, der auch schon für McDonald's und Coca-Cola Kampagnen entwarf, wurde engagiert. Der bisherige Rekrutierungsslogan »Be All You Can Be« wurde ersetzt durch den Spruch »Army of One« und ein schickes Logo und Corporate-Design entworfen. Der neueste, ebenfalls von Werbeprofis entwickelte Slogan lautet »There's strong, and then there's Army strong«.[820] Vieles wurde schon in Deutschland übernommen, so auch das Pochen auf eine vermeintliche Karriere beim Militär. In den USA gibt es in jeder größeren Stadt »Career-Center« der US-Army, in Deutschland gibt es den aus Werbelastwagen bestehenden Bundeswehr-»KarriereTreff«. Geworben wird in Deutschland mit dem Slogan »Karriere mit Zukunft«. 550.000 Euro gab das US-Militär 2006 für Werbeanzeigen in Schülerzeitungen aus – eine Methode, die auch der Bundeswehr nicht fremd ist. Es gibt »Adventure-Vans«, die den Bundeswehr-Infomobilen und Infotrucks ähneln, sowie »Cinema-Trucks«, in denen Militärfilme gezeigt werden. Alle US-Teilstreitkräfte beauftragen Werbefirmen, um Zeitschriften- und Fernsehwerbung zu organisieren. Die TV-Werbung wird vor allem während Sportübertragungen sowie auf den Science Fiction- und Action-Kanälen gezeigt, um möglichst viele junge Männer anzusprechen. Die Air Force engagierte sogar einen Hollywood-Regisseur, um einen rasanten, mit Flugzeugen und Hightech-Systemen gefüllten Werbefilm zu drehen. Ein anderer Werbeplatz ist das Internet: vor allem Webseiten wie die beliebten Videoplattform YouTube oder die Musikplattform MySpace sind Ziel von US-Militärwerbung. Alle einzelnen Teilstreitkräfte stellten 1999 eigene Rekrutierungswebseiten auf, die Auskunft über Ausbildung, Vergünstigungen, Laufbahn und Leben beim Militär vermitteln sollen. In einem Chatroom be-

---

818   Vogel, Steve: Military Recruiting faces a Budget Cut, in: www.washingtonpost.com, 11.5.2009.

819   Ebenda.

820   Allison, Aimee/Solnit David: Army of None, New York 2007, S.56.

antworten die Wehrdienstberater Fragen, Online-Videos zeigen Soldaten in Aktion, und natürlich gibt es Links zum nächstgelegenen Werbungsbüro – so macht es auch die Bundeswehr. In einem Artikel über US-Rekrutierungsstrategien hieß es im Bundeswehr-Magazin *Y* 2008:

> »Sportveranstaltungen sind die ideale Gelegenheit, sich vor Tausenden junger Menschen ins Bild zu rücken. Militärkapellen spielen bei American Footballspielen häufig zur Halbzeitunterhaltung auf, Fallschirmspringer landen auf dem Spielfeld, Kunstflugstaffeln fliegen übers Stadion. Army und Navy sponsern sogar jeweils einen Rennfahrer der NASCAR-Motorsportserie. Vor den Stadien werben Recruiter um Aufmerksamkeit. Die Air Force baut beispielsweise eine F-16 Replik und einen Flugsimulator auf. Die fahrbare Ausstellung der Army mit Schießsimulator und Kletterwand passt in drei Lkw-Anhänger. Wer sich daran versuchen möchte, muss vorher seine Personalien angeben und hört in Kürze von einem Recruiter.«[821]

Auch an Schulen ist die US-Armee aktiv. Das Militär hat eine eigene Nachrichtensendung, die jeden Tag in rund 11.000 Schulen ausgestrahlt wird und etwa sieben Millionen Mittel- und Oberschulkinder von 12 bis 18 Jahren erreicht. Sie heißt Channel One und berichtet über nationale und internationale Ereignisse. Die Sendung dauert 12 Minuten, hat vier Werbeblocks und in jedem ist ein Anwerbespot. Zudem kommen Wehrdienstberater an Schulen und führen Karrieretage durch – wie in Deutschland durch die Kooperationsvereinbarungen zwischen Bundeswehr und Landesschulministerien seit Oktober 2008 haben auch die US-Werber einen privilegierten Zugang zu Schulen. Die Arbeit der Anwerber für das Militär an Schulen basiert auf zwei US-Bundesgesetzen: Nach dem ersten ist jede öffentliche Hochschule verpflichtet, mehrmals im Jahr die Daten der Schüler an das Militär weiterzuleiten. Das zweite Gesetz nenn sich »No child left behind« (Kein Kind soll zurückbleiben) und ist eigentlich ein Gesetz für Ganztagsschulen, nach dem öffentliche Schulen, wenn sie sich daran beteiligen, Bundesgelder erhalten. Allerdings sind sie in diesem Fall verpflichtet, die Daten der Schüler weiterzugeben: Name, Geburtsdatum, Adresse, Telefonnummer, die Klasse, in die sie gehen, bis hin zu der Punktzahl, die bei verschiedenen Tests erreicht wurde. All diese Daten stehen den Anwerbern zur Verfügung. Diese können damit ihre Strategie genau auf die einzelne Person hin abstimmen: das Pentagon soll 30 Millionen Daten von 16- bis 25-Jährigen besitzen.[822] Auch Aktionen werden von der US-Army an Schulen durchgeführt: beispielsweise Panzer auf den Schulhof gestellt oder auf spektakuläre Weise von Flugzeugen oder Hubschraubern Werbematerialien über Schulen abgeworfen. Eine noch umfassendere Werbemaßnahme sind die »Junior Reserve Officer

---

821 Dean, Sidney: Autos und Moneten, in: www.y-punkt.de, 14.7.2008.
822 Allison, Aimee: Anti-Rekrutierungsbewegung in den USA, in: www.connection-ev.de.

Training Corps« (JROTC). Diese werden den Schulen als kostenloses Erziehungs-
bzw. Ausbildungsprogramm angeboten. Die Kinder und Jugendlichen, die sich an
dem Programm beteiligen, bekommen Uniformen, sie lernen nach militärischem
Standard zu marschieren, viele soll auch der umfangreiche Sportanteil reizen. Sogar
der Umgang mit Waffen wird gelehrt. Etwa die Hälfte der Kinder, die am JROTC
teilnehmen, schreiben sich dann auch beim Militär ein – somit ist das in den letzten
Jahren massiv ausgebaute Programm eines der erfolgreichsten Rekrutierungswerkzeuge der US-Armee.

Das seit Jahren erfolgreichste Werbemittel der US-Militärs ist das Computerspiel AMERICA'S ARMY**[823]. Am 4. Juli 2002 erschien die erste Version des von
der US-Armee entwickelten und finanzierten First-Person-Shooters. Die Entwick-
lungskosten beliefen sich auf knapp 4 Millionen Euro – drei Jahre dauerte es, das
sehr detailreiche und nahezu fotorealistische Videospiel zu konzipieren.[824] Wie das
US-Magazin *The Nation* berichtet, sind selbst die Geräusche beim Anschalten des virtuellen Nachtsichtgeräts vom Original übernommen. Waffen wurden originalgetreu
am Computer nachgebaut und selbst der Verschleiß beachtet, so dass Waffen auch
untauglich werden können. Beim Schießen müssen die User auf die Atmung ihres
virtuellen Ichs achten, um kurz nach dem Ausatmen eine ruhige Hand zu haben. Fast
alles ist realistisch – bis auf den Schaden, die die Waffen anrichten. Mit der Darstellung von Blut wird gespart, ebenso mit Rufen und Todesschreien im Spiel verwun-
deter Personen. Die unverbindliche Altersfreigabe beträgt 13 Jahre. In AMERICA'S
ARMY 1** und auch im zweiten, im November 2003 erschienenen Teil mussten
die User vor Spielbeginn ein virtuelles Training absolvieren, das gleichzeitig in das
Spiel einleitete. Nach diesem Single-Player-Modus kann man das Spiel nur gemeinsam mit anderen Spielern über das Internet spielen. Zwei Teams stehen sich in dem
3-D-Spiel aus der Ich-Perspektive auf einer von vielen zur Auswahl gestellten Karten
gegenüber. AMERICA'S ARMY 2** dreht sich vor allem um US-Spezialkräfte – die
USA planten zum Erscheinungszeitpunkt des Spiels einen Ausbau dieses Truppen-
teils. Das Ziel ist simpel: die Gegner töten. Dabei sehen sich beide Teams selbst als
US-Soldaten, das jeweils andere Team wird als »arabische Terroristen« dargestellt,
so dass im Endeffekt niemand die Aufständischen spielt, diese aber für die User
immer die Feinde darstellen. So sollen die jungen Spieler ein dauerhaftes Feindbild
internalisieren. Die meisten Karten sind an Schauplätze in Afghanistan und im Irak

---

823　Wie im Kapitel über Militainment-Computerspiele sind Produkte, die vom deutschen Militär
　　　entwickelt oder unterstützt wurden, mit einem Sternchen (*) und Produkte, die von ausländi-
　　　schem Militär unter stützt wurden, mit zwei Sternchen (**) gekennzeichnet.

824　Hodes, Jacob/Ruby-Sachs, Emma: ›America's Army‹ Targets Youth, in: www.thenation.com,
　　　23.8.2002.

angelehnt. Das im Juni 2009 erschienene AMERICA'S ARMY 3** verzichtet auf einen Trainingsmodus. Mittlerweile sind Spiele der AMERICA'S ARMY**-Reihe nicht nur für den Heimcomputer, sondern auch für die Microsoft Xbox-Konsole (2006) und sogar als mobile Version für das Handy (2007) erhältlich.[825] Dem Spieler werden bei AMERICA'S ARMY** schon früh allerlei militärische Fertigkeiten beigebracht. So gibt es im Spiel strikte Hierarchien und Befehlsstrukturen, die mithilfe von »Honor«-Punkten dargestellt werden. Je mehr dieser Ehrenpunkte ein Spieler hat, umso höher ist sein virtueller Rang, was es ihm ermöglicht anderen Befehle zu erteilen. Die »Honor«-Punkte setzen sich zusammen aus Loyalität, Pflicht, Respekt, selbstlosem Dienst, Ehre, Integrität und Mut. »Heilt« man die Verwundung eines Soldaten im eigenen Team, gibt dies Punkte ebenso wie das Töten von Feinden. Bei Befehlsmissachtung oder Verstoß gegen die »Rules of Engagement«, beispielsweise durch Verletzen oder Töten von Teammitgliedern oder Zivilisten, gibt es Punktabzug. Für grobe oder zu häufige Verstöße können User sogar für das Spiel gesperrt werden.

Der Rekrutierungseffekt durch AMERICA'S ARMY** ist enorm. Bis 2006 verzeichnete die US-Army acht Millionen registrierte User. An einem normalen Tag tummeln sich 30.000 Spieler auf den Servern der US-Army, um das Spiel zu spielen. Durch die Registrierung ist es der Armee möglich, den meist jungen Leuten Werbung zukommen zu lassen. Die besten Spieler mit den meisten »Honor«-Punkten sollen sogar persönliche E-Mails von Wehrdienstberatern bekommen. Zudem ist die Website des Spiels mit Rekrutierungsportalen der US-Army verlinkt, die Meldung zum Dienst an der Waffe ist also nur einige Mausklicks entfernt. Immer wieder organisiert das Militär große AMERICA'S ARMY**-Turniere, auf denen sich die Spieler messen können. Die Army reist mit mehreren Trucks namens »Virtual Army Experiance« und einem riesigen aufblasbaren Zelt durch die USA. In dem Zelt stehen mehrere originalgetreue Geländefahrzeuge der US-Army samt Gewehrnachbildungen. Nach einem Briefing in einem Raum, der den echten Kommandoständen nachempfunden ist, werden die jungen Leute in die Fahrzeuge geschickt. Vor ihnen und um sie herum gibt es Leinwände, auf die das Spiel projiziert wird. Wer als Fahrer des Geländefahrzeugs auf das Gaspedal drückt, bewegt den virtuellen Jeep im Spiel, wer den Abzug am Gewehr betätigt, feuert virtuelle Geschosse um sich. Auch in Rekrutierungszentren wird Jugendlichen angeboten, AMERICA'S ARMY** zu spielen, was aber auch schon zu Protesten führte.[826] Wie es mit dem Spiel weiter-

825 Power, Marcus: Digital War Games and Post 9/11 Geographies of Militarism, in: Schubart, Rikke/Virchow, Fabian/White-Stanley, Debra/Thomas, Tanja: Was Isn't Hell, It's Entertainment – Essays on visual media and the representation of conflict, Jefferson (USA) 2009.

826 Behrends, Christoph: »War is not a Game«, in: www.telepolis.de, 3.12.2009.

geht, ist ungewiss: Direkt nach der Veröffentlichung von AMERICA'S ARMY 3** wurden die Entwickler des bisher verantwortlichen zivilen Programmier-Studios in Kalifornien entlassen und die weitere Entwicklung in den Militär-Stützpunkt Redstone Arsenal im US-Bundestaat Alabama verlagert. Durch diese Maßnahme soll, so verlautete aus der US-Armee, die Entwicklung des Online-Shooters konsolidiert und effizienter gestaltet werden.[827] Dass die Spielreihe fortgesetzt wird, ist so gut wie sicher, die Frage ist allein, wann der vierte Teil herauskommt.

Wie verzweifelt die Nachwuchssuche der US-Armee – zumindest vor der Wirtschaftskrise – war, zeigt die Herkunft der Soldaten: Viele haben keine US-Staatsbürgerschaft und sind – ein Fall von Erpressung? – nur wegen Aussicht auf eben diese in die Armee eingetreten. Noch immer sind es zumeist die Unterprivilegierten, die im Militär dienen: Immigranten und Arme. Eine Entwicklung, die es so auch in Deutschland gibt. Gerade das deutsche Bildungssystem, das dazu beiträgt, dass Kinder aus »bildungsfernen« Haushalten kaum eine Chance auf bessere Bildung als ihre Eltern haben, ist für viele ein Anreiz zu einer der beiden Bundeswehr-Universitäten zu gehen, da dort keine Studiengebühren fällig sind. Wie also die US-Armee, so nutzt auch die Bundeswehr die Unterprivilegiertheit der Unterschicht, um deren Angehörige zu rekrutieren. So konstatiert das Magazin der *Süddeutschen Zeitung* (*SZ-Magazin*): »Ostdeutsche sind öfter arm, sie sind öfter arbeitslos. Deswegen gehen sie eher zur Bundeswehr. Die Lage scheint mittlerweile durchaus vergleichbar zu den USA, wo Afroamerikaner weit überproportional in der Armee vertreten sind und weit überproportional sterben.«[828] Zudem ist festzuhalten, dass die Bundeswehr der US-Rekrutierung nacheifert, sie in der Quantität wohl kaum einholen wird, aber in der Qualität Schritt hält – wie unter anderem die Kooperationsabkommen mit den Schulministerien, die Aufstellung des »Zentralen Messe- und Eventmarketings« und der Ausbau der vier Zentren für Nachwuchsgewinnung zeigen.

827   Streibl, Ralf E.: Spielfeld Militärmaschine, in: Wissenschaft & Frieden Nr. 3/2009.

828   Christoph Cardenbach/Bastian Obermayer: Nur fünf Prozent der deutschen Elite kommen aus dem Osten, in: SZ-Magazin, Nr. 30, 30.06.2010, S. 12-19, hier 18.

VI. Werbestopp? Die Bundeswehr in der Kritik

Die Armeewerbung nimmt zu – die Kritik daran auch. Ob in Schulen, auf Marktplätzen oder in Messehallen, die Zeiten, in denen die Bundeswehr ungestört werben konnte sind vorbei. Mittlerweile gibt es ein ganzes Netzwerk militärkritischer Gruppen, die sich im Bereich der Anti-Rekrutierung engagieren. Neben unabhängigen Gruppen beschäftigen sich auch Parteien, Gewerkschaften und andere große Organisationen immer mehr mit Militärwerbung.

Nein zum Werbefeldzug – Kritik an der Nachwuchs- und Öffentlichkeitsarbeit der Bundeswehr

»Wer die Öffentlichkeit sucht, der muss sie auch ertragen« – mit diesem Spruch sieht sich die Bundeswehr bei ihren werblichen Veranstaltungen immer öfters konfrontiert. Die Kritik am Werbefeldzug der Armee, besonders an ihrer Personalgewinnung, wächst. Viele Friedens- und antimilitaristische Gruppen sind heute aktiv: »Die aus heutiger Sicht erwartete Kostensteigerung [bei Bundeswehr-Werbetrucks und Messeständen] im Vergleich zum Jahr 2009 ergibt sich aus einer allgemeinen Steigerung der Betriebskosten sowie aus einem erhöhten Bedarf an Bewachungsdienstleistungen zum Schutz des Personals und Materials gegen bundeswehrkritische Aktivisten«, so die Bundesregierung in einer Antwort auf eine kleine Anfrage der Linksfraktion.[829] Zwar ist der Erfolg von Anti-Rekrutierungsaktionen schwer messbar; bei Aktionen gegen Werbeveranstaltungen der Armee, bei denen man beispielsweise Flugblätter verteilt, ist aber sehr wohl zu merken, dass junge Leute sich kritisch mit dem »Arbeitgeber Bundeswehr« auseinandersetzen. Im Folgenden soll ein Überblick über Gruppen gegeben werden, die sich kritisch mit Bundeswehr-Werbung auseinandersetzen setzen. Dabei soll eine Fülle von wichtigen Argumenten gegen die verschiedenen Werbemaßnahmen aufgelistet werden.

---

829   Bundestags-Drucksache 17/715

Bundeswehr raus aus den Schulen – Jugendoffiziere in Bildungsstätten

Da Jugendoffiziere die Grundlage für die wohl effektivste Form der Armee-Werbung – dem direkten Kontakt mit jungen Leuten in Schulen – sind und zehntausende Kinder und Jugendliche im Jahr erreichen, ist es wichtig, sich mit Jugendoffizieren und ihren Argumenten für Auftritte in Schulen auseinanderzusetzen. Was tun, wenn der Jugendoffizier in die Schulklasse kommen will? Es ist sehr schwierig überhaupt herauszufinden, wann dieser auf dem Plan steht, da die Termine meist nur mit dem zuständigen Lehrer abgesprochen werden. Nicht selten erfahren auch die Schüler erst kurz vor dem Termin von dem militärischen Besuch. Wenn die Eltern nicht aktiv werden oder die Schüler nicht selbst politisch genug sind, um etwas gegen die Werber zu unternehmen, wird der Bundeswehr-Schuleinsatz kaum bekannt. So konnten die 8.830 Jugendoffizier-Veranstaltungen 2009 weitestgehend kritiklos vonstatten gehen. Im Frühjahr 2010 hat die Bundestagsabgeordnete Ulla Jelpke (Linke) einen Versuch unternommen, die Termine von Schul-Veranstaltungen von der Bundesregierung zu erfragen. Zwar wurden bei weitem nicht alle Termine angegeben, da viele auch erst kurzfristig zustande kommen, aber die Liste umfasst dennoch hunderte von Bundeswehr-Veranstaltungen an Schulen. Diese sollte als Anlass dienen, an diesen Veranstaltungen öffentlich Kritik zu üben.

Mitte Mai 2009 wurde vom Kölner Friedensforum der Aufruf »Schule ohne Bundeswehr« veröffentlicht. Er wendet sich gegen die immer aufwendigere Werbeoffensive der Bundeswehr insbesondere an Schulen und kritisiert die Kooperationsvereinbarungen mit den Schulministerien der Länder:

> »Terrorismus und dessen Bekämpfung sind durchaus wichtige Unterrichtsthemen. Dabei müssen allerdings wirtschaftliche und politische Ursachen ebenso beleuchtet werden wie die verheerenden Auswirkungen sowohl des Terrorismus als auch dessen militärischer Bekämpfung für die Zivilbevölkerung, aber auch für die Soldaten. Untersucht werden muss, ob militärische Einsätze überhaupt geeignet sind, Terrorismus sowie die ihm u. a. zugrundeliegenden globalen Verteilungs- und Armutsprobleme zu lösen. Ihnen müssen Lösungsansätze einer zivilen Friedenspolitik entgegengesetzt werden. Einsichten können die Schüler nur dann gewinnen, wenn die Interessenlage aller an den Konflikten Beteiligten offen gelegt wird. […] Die potentiellen Soldatinnen und Soldaten, die sich einer zunehmend unsicheren sozialen Zukunft ausgesetzt sehen, werden mit Werbeversprechungen von guter Ausbildung, guter Bezahlung bei sicherem ›Arbeitsplatz‹ umworben. Es geht dabei aber buchstäblich um Leben und Tod. Sie müssen bereit sein, auf Befehl Menschen zu töten, das ist ihr Beruf. Das Berufsrisiko ist, getötet zu werden. Lehrerinnen und Lehrer sind aufgefordert, ihrer Verantwortung für die ihnen anvertrauten Kinder und Jugendlichen gerecht zu werden, indem sie sie zu Menschen erziehen, die verantwortungsvolle und wohlinformierte Entscheidungen für ihre eigene Zukunft treffen können und nicht einer Werbekampagne zum Opfer fallen, die sie in ein tödliches Abenteuer leiten kann. Deshalb wehren wir uns gegen die zweckgeleitete Beeinflussung von Jugendlichen durch die Bundeswehr. Das Militär hat an Schulen, Arbeitsämtern, Bildungsmessen nichts zu

suchen. Es darf keine Werbeanstrengungen, offen oder verdeckt, an den Schulen geben, keine Unterrichtseinheiten, die Schüler auf angebliche Sachzwänge orientieren statt eine gründliche Problemanalyse zu erarbeiten, keine Freizeiten, die mit Abenteuergeist und Technikfaszination ein geschöntes Bild vom Leben als Soldat vorspiegeln.«[830]

Erstunterzeichner sind vor allem Lehrerinnen und Lehrer aus Köln und der unmittelbaren Umgebung, Wissenschaftler wie der bekannte Sozialforscher Christoph Butterwegge und bekannte Schriftsteller, darunter Günter Wallraff und Roger Willemsen. Eine Reaktion seitens der Bundeswehr oder der Regierung blieb bisher aus – dafür scheint der Aufruf noch zu wenig Nachdruck zu haben. Mittlerweile hat sich in Köln aber auch eigens eine Gruppe namens »Schule ohne Bundeswehr« gegründet, die den Aufruf verbreitet und das Thema bekannter machen will. Gezielt sollen dabei auch die Gewerkschaften eingebunden werden: der Landesverband Bremen der Gewerkschaft Erziehung und Wissenschaft (GEW) hat den Aufruf sogar schon im Herbst 2009 unterzeichnet.

Die GEW mit ihren rund 258.000 Mitgliedern ist ein wichtiger, wenn nicht sogar der wichtigste Partner, wenn es um die Arbeit gegen Armee-Werbung an Schulen geht. Sie hat sich des Themas seit Anfang 2010 intensiv angenommen. Am 5./6. März 2010 fasste der Bundesvorstand der GEW unter der Überschrift »Bundeswehr und Schule: Einfluss zurückdrängen – Politische Bildung ist Aufgabe von Lehrkräften« einen umfassenden Beschluss, der die Linie der Gewerkschaft wiedergibt:

>»Die GEW wendet sich entschieden gegen den zunehmenden Einfluss der Bundeswehr auf die inhaltliche Gestaltung des Unterrichts und der Lehreraus- und Fortbildung, wie sie in den Kooperationsabkommen zwischen Kultusministerien und Bundeswehr deutlich werden. Die politische Bildung – auch in Fragen der Sicherheitspolitik – gehört in die Hand der dafür ausgebildeten pädagogischen Fachleute und nicht in die von Jugendoffizieren. Die GEW fordert die Landesregierungen auf, entsprechende Passagen in den Kooperationsabkommen zu kündigen. Die GEW bekräftigt die Gemeinsame Erklärung des Präsidenten der Kultusministerkonferenz und der Vorsitzenden der Bildungs- und Lehrergewerkschaften ›Aufgaben von Lehrerinnen und Lehrern heute – Fachleute für das Lernen‹ (Berlin 2000). Darin heißt es: ›Die Zukunftsaufgaben von Bildung und Erziehung werden vor allem geprägt sein durch (…) die Sicherung von Frieden und Gewaltfreiheit.‹ Die GEW betont, dass Militarismus und autoritäre Strukturen in der Gesellschaft ein Problem darstellen. [...] Lehrkräfte entscheiden souverän, ob sie in ihrem Unterricht externen Sachverstand hinzuziehen wollen oder nicht, denn ›Lehrerinnen und Lehrer sind Fachleute für das Lernen, ihre Kernaufgabe ist die gezielte und nach wissenschaftlichen Erkenntnissen gestaltete Planung, Organisation und Reflexion von Lehr- und Lernprozessen sowie ihre individuelle Bewertung und systemische Evaluation.‹ [...]. Sie erziehen ihre Schülerinnen und Schüler zu demokratischem Handeln, Kritikfähigkeit, Gewaltfreiheit und Toleranz und beteiligen sie an allen wichtigen Entscheidungen der inhaltlichen und methodischen Gestaltung des Lernens. Die GEW empfiehlt, Jugendoffiziere der

---

830   Der vollständige Aufruf kann auf der Seite des Kölner Friedensforums nachgelesen und unterstützt werden: www.friedensforum-koeln.de.

Bundeswehr nur dann einzuladen, wenn die notwendige politische Ausgewogenheit gewährleistet ist. Die unterschiedlichen friedenspolitischen Konzepte, die Kontroversen über die verfassungsmäßige Funktion der Bundeswehr (von der Landesverteidigung zur Interventionsarmee), die Möglichkeit des Zivildienstes sowie die verschiedenen Konzepte der internationalen Friedenspolitik müssen in gleicher Gewichtung dargestellt werden. Friedensorganisationen und Friedensinitiativen sind die gleichen Möglichkeiten wie der Bundeswehr einzuräumen, ihre Konzepte zu erläutern. Die GEW geht davon aus, dass die Landesregierungen, die mit der Bundeswehr Kooperationsvereinbarungen abgeschlossen haben, auch entsprechende Kooperationsvereinbarungen mit den Friedensorganisationen und Friedensinitiativen abschließen. Die GEW hält Exkursionen zu Informationsveranstaltungen der Bundeswehr für kein geeignetes Mittel der politischen Bildung und zur ›Sicherung von Frieden und Gewaltfreiheit‹. Waffenschauen und ähnliche Veranstaltungen der Bundeswehr haben auf dem Schulgelände nichts zu suchen – auch nicht an Wochenenden und während der unterrichtsfreien Zeit. Keine Pädagogin und kein Pädagoge und keine Schülerin und kein Schüler dürfen zur Teilnahme an und Durchführung einer Veranstaltung mit Bundeswehrangehörigen gezwungen werden. Die GEW lehnt die Werbeversuche der Bundeswehr an Schulen und anderen Bildungseinrichtungen ab und verurteilt sie. Die GEW ruft zu Aktionen gegen Werbeversuche der Bundeswehr auf. Die Schule ist kein Ort für Rekrutierung von Berufssoldatinnen und -soldaten. Es muss strikt darauf geachtet werden, dass die Bundeswehr weder offen noch verdeckt junge Leute für den Militärdienst wirbt. Wo dies jedoch Fall ist, muss die Schulaufsicht entsprechend informiert und tätig werden sowie bei der Bundeswehr Beschwerde einlegen. Junge Menschen, die ihre berufliche Zukunft oder ihre Ausbildung bei der Bundeswehr realisieren wollen, benötigen umfassende Informationen, worauf sich Zeitsoldat/innen einlassen (z. B. Verpflichtung zu 12 Monaten Auslandseinsatz und harten finanziellen Sanktionen bei vorzeitigem Vertragsausstieg). Zur Information gehören auch Berichte über traumatisierte Heimkehrer/innen aus Afghanistan und über diejenigen, die in einem Kriegseinsatz in Afghanistan getötet werden. Die Schule hat die Aufgabe, interessierten Schülerinnen und Schülern Hinweise zu geben, wo sie sich umfassend informieren können.«[831]

Ob der Aufruf Wirkung zeigt oder wie der »Schule ohne Bundeswehr«-Aufruf (zumindest bisher) eher wenig Einfluss auf die Politik hat, bleibt abzuwarten. Zwar sind GEW-Bundes- und Landesvorstände mittlerweile mit der Armee-Werbung an Schulen vertraut und auch einige GEW-Mitglieder zeigen sich sehr engagiert, aber bis zur breiteren Basis scheint der Beschluss noch nicht durchgedrungen zu sein.

Die Schüler wehren sich mittlerweile auch selbst gegen die Militärs in den Schulen. Im März 2009 beschloss die »LandesschülerInnenvertretung Nordrhein-Westfalen« (LSV-NRW) auf ihrer Delegiertenkonferenz eine Resolution »Bundeswehr raus aus den Schulen«, in der unter anderem auf die obligatorische Anwesenheitspflicht im Schulunterricht, die auch für die Schulveranstaltungen der Bundeswehr besteht, eingeht: »Dadurch wird der Bundeswehr ganz offiziell ein Platz in den Schulen NRWs eingeräumt, und keinE SchülerIn und keinE LehrerIn kann sich gegen den Einfluss der Bundeswehr wehren, ohne mit Konsequenzen rechnen zu müssen«. Laut der

---

831   Beschluss des Hauptvorstandes der Gewerkschaft Erziehung und Wissenschaft, 5./6. März 2010; www.gew.de.

erwähnten Kooperationsvereinbarung zwischen Bundeswehr und NRW-Schulministerium wird die Zusammenarbeit mit den Lehrern von Seiten der Jugendoffiziere evaluiert und ausgewertet. In einer Antwort der NRW-Landesregierung hieß es 2008: »Da es sich [bei Jugendoffiziers-Einsätzen an Schulen] um eine Unterrichtsveranstaltung handelt, ist die Teilnahme verpflichtend.«[832] Im August 2010 trafen sich Vorstandsmitglieder der LSV-NRW mit der Schulministerin Sylvia Löhrmann (Die Grünen), um mit ihr über die Kooperationsvereinbarung zu sprechen. Der Kooperationsvertrag zwischen Bundeswehr und Land solle verändert werden, so Löhrmann, damit die unterschiedlichen friedenspolitischen Konzepte gleichrangig im Unterricht behandelt würden.[833] Der Schülervertretung geht das nicht weit genug, sie fordert weiterhin die Abschaffung der Vereinbarung.

Nachdem eine Bundeswehr-Veranstaltung am 25. November 2009 am Paulsen-Gymnasium in Berlin-Steglitz aufgrund angekündigter Schülerproteste nur unter massivem Polizeischutz hatte durchgeführt werden können, reagierte auch die Landesschülervertretung Berlin und sprach sich klar gegen Bundeswehr-Werbung an Schulen aus: »Auf der einen Seite darf niemand das Schulgelände zu einer legitimen Kundgebung verlassen, weil die Schulleitung sich in der Obhutspflicht sieht und Verletzungsgefahr bestehen könnte – auf der anderen Seite werden die SchülerInnen einer Maschinerie in die Arme getrieben, die Tod und Verderben bringt«, erklärte ein Mitglieder der Berliner Schülervertretung dazu.[834] Die Schülervertretung in Hessen warnte Bundeswehr und Schulministerium bereits kurz vor Abschluss der Kooperationsvereinbarung: »Wir werden sehr genau beobachten, ob die Bundeswehr objektiv informiert oder manipulativ die Gefahren eines Soldatenlebens kaschiert«.[835]

Was allein die Ankündigung von Schülerprotesten bewirken kann, zeigt ein Beispiel aus Berlin: Am 27. Mai 2010 sollte ein Jugendoffizieren der Bundeswehr an das Hans- und Hilde-Coppi-Gymnasium in Karlshorst kommen, um Elfklässlern von den Aufgaben der Armee und den dortigen Berufsmöglichkeiten zu berichten.[836] Schüler machten dagegen mit Flugblättern mobil und auch einige Eltern äußerten sich kritisch. Die Schülervertretung wandte sich daraufhin mit einem Eilantrag an die Schulleitung, die Veranstaltung so nicht stattfinden zu lassen – mit Erfolg. Die Schulleitung sagte die Bundeswehr-Veranstaltung daraufhin ab. Stattdessen wird eine Podiumsdiskussion geplant, auf der sowohl die Bundeswehr als auch Militärkritiker eingeladen werden sollen.

832 NRW-Landtags-Drucksache 14/7606.

833 Schulen ohne Bundeswehr und Streikrecht für SchülerInnen, in: www.lsvnrw.de, 27.8.2010.

834 LSV spricht sich gegen Bundeswehr in Schulen aus!, in: www.lsv-berlin.de.

835 Gleiche Rechte für Sozialverbände und Bundeswehr, in: www.lsv-hessen.de, 8.4.2010.

836 Klesmann, Martin: Schulleitung lädt Bundeswehr aus, in: Berliner Zeitung, 20.5.2010.

Eltern und Elternvertreter sind weitere wichtige Mitstreiter beim Thema Bundeswehr an Schulen. Eine Vertreterin des Bayerischen Elternverbands kritisierte die Militarisierung der Schulen während einer GEW-Veranstaltung zum unter dem Motto »Die Eroberung der Schulen« am 4. März 2010: die Vertreterin forderte bei jedem Einsatz von Jugendoffizieren an Schulen die Anwesenheit eines Vertreters einer Friedensorganisation.[837] Zu einem großen Aufschrei von Eltern kam es, als im Oktober 2009 in Schleswig-Holstein Schulkinder der achten Klasse in einen Schießsimulator geführt wurden und ein Soldat diesen sogar noch anpries: »Habt ihr eine Playstation [Videospielkonsole] zuhause? Das macht bestimmt Spaß oder? Das hier ist aber 1.000 Mal besser!« Die Lokalzeitung, die über das Geschehen berichtete, druckte daraufhin zahlreiche Leserbriefe empörter Eltern ab. Auch ein halbes Jahr später, im März 2010, führten Soldaten wieder junge Leute in einen Schießsimulator: »Das ist ja noch viel toller als jedes Ballerspiel am PC«, wird ein junger Teilnehmer in den *Kieler Nachrichten* zitiert. Diesmal durften die Schüler sogar selbst schießen. Auch nach diesem Vorfall wurden Eltern aktiv, und die Bundeswehr war gezwungen zurückzurudern. In Kassel wurde die traditionelle Kundgebung zum Antikriegstag am 1. September 2010 auch von der GEW und der Landeselternvertretung unterstützt. Hella Lopez, Landesvorsitzende des Elternbunds Hessen, forderte ein Ende der Schul-Militarisierung. An den Schulen gebe es genügend ausgebildete Lehrer und Fächer wie Politik und Wirtschaft sowie Gesellschaftslehre, in denen Friedenspolitik und Militär behandelt werden könnten. Sollten dennoch Vertreter der Bundeswehr eingeladen werden, müsse darüber im Einzelfall von den Eltern abgestimmt werden.[838]

Unabhängige politische Jugendgruppen sind ebenfalls gegen die Bundeswehr aktiv. Eine Schülergruppe aus Berlin-Zehlendorf hat bereits 2009 und 2010 gegen Militärwerbung an Berliner Schulen protestiert und zum Besuch eines ehemaligen Militärs während der Berufsorientierungstage an einem Gymnasium eine bunte Kundgebung mit mehr als 100 Teilnehmern organisiert.[839] Am 23. Januar 2010 demonstrierten weit über 500 Menschen in Freiburg gegen die im Dezember 2009 vereinbarte Kooperation zwischen dem Schulministerium Baden-Württemberg und der Bundeswehr – die bundesweit erste Demonstration gegen diese neuen Vereinbarungen überhaupt. Getragen wurde der Protest von Freiburger Studierenden und Schülern die sich im Bildungsstreik engagierten.[840] Die Militarisierung des Bildungs-

837   Schätzl, Michael: Wen oder was sucht die Bundeswehr an Schulen?, in: Die Demokratische
       Schule (DDS) – Zeitung des GEW-Landesverbands Bayern, www.gew-bayern.de, Mai 2010.

838   Kein militär in Schulen, in: www.hna.de, 1.9.2010.

839   Schulze von Glaßer, Michael: Werben fürs Sterben, in: junge Welt, 27. März 2010.

840   Schulze von Glaßer, Michael: »Jede Zusammenarbeit mit der Bundeswehr einstellen«, in: junge
       Welt, 14.1.2010.

Protestaktion vor dem Schadow-Gymnasium in Berlin-Zehlendorf gegen den Besuch eines ehemaligen Soldaten, der Schüler rekrutieren sollte, 26. März 2010.

systems findet in der Bildungsstreik-Bewegung immer mehr Beachtung – bundesweit gibt es knapp 90 lokale Gruppen dieser seit 2008 bestehenden Protestbewegung von Schülern, Studierenden und Lehrenden. Daneben sind auch Parteijungend-Verbände wie die »linksjugend ['solid]« der Linkspartei und die DKP-nahe »Sozialistische Deutsche Arbeiterjugend« (SDAJ) gegen die Militarisierung aktiv. Letztere startete am 11. Januar 2010 sogar eine Kampagne unter dem Motto »Bundeswehrfreie Zone«. Neben Broschüren wurden Aufkleber gedruckt und ein Musik-Sampler mit antimilitaristischen Liedern an Schüler verteilt.

Ungewöhnliche Unterstützung in der Debatte um Bundeswehr-Einsätze in Schulen kommt aus Osnabrück: Die dort ansässige Kinderrechtsorganisation »terre des hommes« hat im Rahmen des Antikriegstag 2010 klar Stellung bezogen: »Die auch von Deutschland ratifizierte UN-Kinderrechtskonvention betont klar die Schutzrechte von Minderjährigen. Gefragt ist nicht Werbung für das Militär, sondern Friedenserziehung für Kinder und Jugendliche durch Pädagogen und zivilgesellschaftliche Organisationen«, so Danuta Sacher, Geschäftsführerin von terre des hommes. »Wir appellieren an das Verteidigungsministerium und die Kultusministerien der Bundesländer, auf jegliche Werbung der Bundeswehr an Schulen und bei Lehrerfortbildungen zu verzichten«, so Sacher auf einer Veranstaltung in Mannheim im September 2010. Es sei inakzeptabel, dass die Bundeswehr trotz des Protestes vieler Eltern und

Lehrer an Schulen und bei öffentlichen Veranstaltungen mit Kindern deren Spiel-
und Technikbegeisterung ausnutze und systematisch Werbung mache.[841]

Dass auch kleinere Initiativen einen großen Beitrag gegen die Militarisierung
von Schulen leisten können, zeigt sich in RheinlandPfalz. Dort reagierte die »AG
Frieden Trier« sofort nach Abschluss der dortigen Kooperationsvereinbarung zwischen Schulministerium und Militär mit einer kritischen Stellungnahme, die auch in
den regionalen Medien Beachtung fand. Einige Tage später setzte die Gruppe eine
Petition auf ihre Website (www.agf-trier.de), die von jedem unterzeichnet werden
kann, und dann in den Landtag gebracht werden soll: gefordert wird die Aufkündi-
gung der Vereinbarung. Auch andere politische Gruppen und Parteien beschäftigten
sich daraufhin mit der Vereinbarung und nahmen kritisch Stellung. Damit ist die
Vereinbarung zwar (noch längst) nicht abgeschafft, dass sie aber überhaupt zum Thema wird und nicht – wie etwa in Nordrhein-Westfalen beim Abschluss im Oktober
2008 – weithin unbeachtet bleibt, ist schon ein Erfolg. Das Abkommen hinter ver-
schlossener Tür und frei von jeder Kritik zu unterzeichnen, war in RheinlandPfalz
dank einiger Friedensaktivsten jedenfalls nicht möglich – was der Streit um die Vereinbarung ergibt, ist noch nicht absehbar.

Auch die Kirche ist ein potentieller Bündnispartner für Kritiker der Militärwerbung. So übte der Zivildienstbeauftragte der Hessen-Nassauischen Landeskirche,
Wolfgang Buff, deutliche Kritik am Abschluss eines Kooperationsabkommens zwischen dem Schulministeriums Hessen und der Bundeswehr: »Es wird eine Über-
macht an militärischem Denken zur Folge haben«, beschrieb Buff die Vorbehalte
in der Evangelischen Kirche im Hessischen Rundfunk.[842] Allerdings hat die Kirche
keine einheitliche Linie beim Umgang mit dem Militär. Bei Kirchentagen kann die
Bundeswehr offen und beinahe ungestört um Nachwuchs und Unterstützung werben, in der Adventszeit finden unzählige Konzerte der Bundeswehr-Musikkorps in
Gotteshäusern statt. Nicht zuletzt gibt es sogar die Einrichtung der Militärpfarrer, die
sich hinter die Bundeswehr und die Politik des Verteidigungsministeriums stellen.
Andererseits gibt es innerkirchliche Gruppen wie die katholische Friedensgruppe
»Pax Christi«, die sehr wohl Partner bei Aktionen gegen Armeewerbung sein kann.

Auch die Ärzteorganisation IPPNW (Internationale Ärzte für die Verhütung des
Atomkriegs/Ärzte in sozialer Verantwortung), die sich ansonsten nicht unmittelbar
mit Schulpolitik befasst, äußerte sich mit einem Appell an die Kultusministerkonferenz zur Schul-Militarisierung: »Wir fordern Sie auf, Kooperationsverträge zwischen
Schulministerien und Bundeswehr für ungültig und Unterrichtung von Schulklassen

---

841   Friedenserziehung in Schulen statt Werbung für die Bundeswehr!, in: www.tdh.de, 1.9.2010.
842   Kooperation anvisiert – Bundeswehr rückt in Schulen ein, in: www.hr-online.de, 7.4.2010.

in und außerhalb von Schulen durch Angehörige der Bundeswehr, sog. Jugendoffiziere, für unvereinbar mit dem Bildungsauftrag zu erklären.«[843] Auch widerspreche der Militäreinsatz dem Geist der UNO-Kinderrechtskonvention, in der stehe, »dass das Kind umfassend auf ein individuelles Leben in der Gesellschaft vorbereitet und im Geist der in der Charta der Vereinten Nationen verkündeten Ideale und insbesondere im Geist des Friedens, der Würde, der Toleranz, der Freiheit, der Gleichheit und der Solidarität erzogen werden sollte.« Der IPPNW-Appell geht weiter als der der GEW: »Auch eine gleichzeitige Kooperation mit ›Friedensfachleuten‹ lehnen wir ab, da diese erstens vergleichbare Ausbildungsressourcen erhalten müssten, was illusorisch erscheint, und weil für die genannten Fächer einschließlich der Kontroversen um Krieg und Frieden die Lehrerschaft zuständig und ausgebildet ist.« Damit spricht die 1985 mit dem Friedensnobelpreis ausgezeichnete Ärzteorganisation einen viel diskutierten Punkt an: Soll man ein komplettes Verbot des Einsatzes von Militärs in Schulen fordern oder nur, dass auch Friedensaktivisten eingeladen werden, um für einen ausgeglichenen Unterricht zu sorgen? Letztere Forderung ist einfacher durchzusetzen, da – zumindest in unzähligen Diskussionen, die ich geführt habe – weite Kreise einsehen, dass Jugendoffiziere der Bundeswehr weder neutral berichten noch Themen wie den Afghanistan-Einsatz kontrovers darstellen können. Allerdings werden auch oft Vertreter des Bundesamts für Zivildienst als ein möglicher Gegenpart zur Bundeswehr an, was jedoch faktisch nicht stimmt. Friedensaktivisten müssten dem Jugendoffizier Kontra bieten – und hier liegen die Probleme: Jugendoffiziere werden für ihre Arbeit bezahlt, sie bekommen Geld dafür, Veranstaltungen zu organisieren, diese durchzuführen und zu recherchieren. Zudem bekommen sie kostenlose Schulungen wie Rhetorik-Seminare. Dies ist bei Friedensaktivisten nicht der Fall – fast niemand bekommt Geld für seine Tätigkeit, alles muss selbst bezahlt werden und um sich Argumente anzueignen, muss die eigene Freizeit geopfert werden. Zudem sind die meisten Friedensaktivisten berufstätig und haben meistens keine Zeit, morgens in Schulen zu gehen, um dort mit Jugendoffizieren vor Schulklassen zu diskutieren. Um es militärisch auszudrücken: Die Waffen in diesem Kampf sind extrem ungleich. Allein quantitativ wäre es heutzutage gar nicht möglich zu den bundesweit über 8.000 Jugendoffiziers-Veranstaltungen Friedensaktivisten zu stellen. Eine Möglichkeit wäre also, Schulveranstaltungen mit dem Militär nur durchführen zu lassen, wenn auch Friedensaktivisten gefunden würden. Diese würde die Zahl der Schuleinsätze der Bundeswehr wohl automatisch senken, aber auch ein schlechtes Licht auf die Friedensgruppen werfen, wenn den Schülern dauernd gesagt wird, dass

---

843 IPPNW: Bundeswehr raus aus Schulen! Appell an die Kultusministerkonferenz, 24.4.2010, Herford.

eine geplante Veranstaltung nicht stattfinden kann, da kein Friedensaktivist Zeit hat. Zumal es nicht überall Friedensgruppen gibt. Eine andere Möglichkeit wäre, dass die Regierung für Gleichheit sorgt, also Friedensakteure finanziert und ihnen – so wie den Jugendoffizieren – eine Vollzeitstelle und alle anderen Privilegien gibt. Man kann beide Möglichkeiten fordern – sie sind aber unrealistisch. Daher kann die Forderung nur sein, der Bundeswehr den Zugang zu Schulen generell zu verweigern.

Außerhalb des Parlaments gibt es also einige Gruppen, die sich für eine demilitarisierte Schule einsetzen. Im Parlament ist vor allem auf die Linkspartei mit ihren militärkritischen Positionen eine Bündnispartnerin. Selbst der mitregierende Landesverband Berlin spricht sich gegen Schuleinsätze der Armee aus. Sowohl bei Protestaktionen vor Ort als auch bei der Informationsgewinnung –vor allem durch Bundestags- und Landtagsanfragen – kann die Linke weiterhelfen. Rechte Kräfte versuchen allerdings, die Partei unter Druck zu setzen und die Herausgabe von Terminen der öffentlichen (!) Bundeswehr-Reklameeinsätze zu unterbinden. So schrieb das konservative Nachrichtenmagazin Focus im Frühjahr 2009:

>»Mit Schreiben vom 20. Juli 2007 wies Verteidigungsminister Franz Josef Jung (CDU) den Parteifreund und Parlaments-Präsidenten Norbert Lammert erstmals auf den ›Missbrauch‹ der Auskünfte hin. Nochmals Mitte Februar 2009 erlaubte Jungs Parlamentarischer Staatssekretär Christian Schmidt (CSU) sich einen zarten Wink an Lammert. Kristina Köhler, Extremismus-Sachkennerin der Unionsfraktion, setzt nach: ›Die Nuss müsste der Ältestenrat knacken.‹«[844]

Kristina Köhler heißt heute Schröder und ist Familienministerin. Bisher wurde trotz Suche keine Möglichkeit gefunden, die Termine der öffentlichen Werbe-Veranstaltungen geheim zu halten und die Anfragen der Linkspartei nicht zu beantworten. Allein der Versuch, Protestaktionen schon dadurch zu verhindern, dass die Termine geheim gehalten werden, zeugt von einem bedenklich defizitären Demokratieverständnis.

Auf die Grünen kann man sich bei militärkritischer Arbeit leider nicht verlassen. Zwar gibt es auch dort Abgeordnete wie die noch sehr junge und erst bei der Bundestagswahl 2009 ins Parlament eingezogene Agnieszka Malczak, die Militär-Werbung in Bildungseinrichtungen scharf kritisieren; doch die Bundespartei scheint – in dem Maße, wie sie seit Ende der 1990er Jahre auch Auslandseinsätzen der Bundeswehr zustimmt – wenig kritisch mit dem Thema umzugehen. So stimmten neben CDU/ CSU, der SPD und der FDP Mitte 2009 auch die Grünen gegen den Bundestagsantrag der Linksfraktion, Jugendoffiziere aus Schulen zu verbannen. Zwar räumten die Grünen ein, »dass die Bundeswehr in der Tat kaum ein ausgewogenes Bild bei

---

844   Jach, Michael/Vernier, Robert: »Offene Missachtung«, in: Focus, 11.4.2009, S. 32.

der Darstellung von Sicherheitspolitik bieten könne«.[845] Es sei sinnvoll, auch »Vertreter anderer Ressorts« bei den Bundeswehr-Schulveranstaltungen einzubeziehen. Dennoch findet die Grünen-Fraktion den jetzigen Einsatz von Militärs an Schulen nicht grundsätzlich problematisch und lehnte den Antrag ab. Es gibt sogar Grünen-Mitglieder, die den Einzug der Bundeswehr in Schulen direkt fördern. So verabschiedete die schwarz-grüne Bezirksvertretung in Berlin-Steglitz im Januar 2010 einen Antrag, in dem sie Schulen dazu auffordert, regelmäßig Armee-Vertreter in die Klassen zu holen – die Rot-Rote Berliner Landesregierung hatte zuvor erklärt, in der bis 2011 dauernden Legislaturperiode keine Kooperationsvereinbarung mit der Bundeswehr abzuschließen.

Protestaktionen können viel bewirken. Dabei kann auch ein Blick auf die rechtliche Situation hilfreich sein: Die schon im Kapitel über Jugendoffiziere erläuterten, 1976 festgelegten Minimalbedingungen für Veranstaltungen der politischen Bildung – der Beutelsbacher-Konsens – sind ein wichtiges Argument gegen den Einsatz von Jugendoffizieren an Schulen. Offensichtlich verstößt die Bundeswehr gegen das dort festgehaltene Kontroversitätsgebot. Dessen Grundgedanke lautet: Was in Wissenschaft und Politik kontrovers ist, muss auch im Unterricht kontrovers erscheinen. Diese Forderung ist mit der vorgenannten aufs Engste verknüpft, denn wenn unterschiedliche Standpunkte unter den Tisch fallen, Optionen unterschlagen werden, Alternativen unerörtert bleiben, ist der Weg zur Indoktrination beschritten.[846] Lehrkräfte, die Jugendoffiziere in ihren Unterrichtsstunden einsetzen wollen, sollten immer wieder an diesen für sie bindenden Grundsatz erinnert werden. Daran lässt sich die Mindestforderung stellen, die Veranstaltung nur durchzuführen, wenn auch ein Experte für Frieden – sprich ein Friedensaktivist – teilnimmt. Auch der erste der drei Punkte des Beutelsbacher-Konsens kann auf die Jugendoffiziere kritisch angewandt werden: das Überwältigungsverbot. Danach ist es nicht erlaubt, den Schüler – mit welchen Mitteln auch immer – im Sinne erwünschter Meinungen zu überrumpeln und damit an der Gewinnung eines selbstständigen Urteils zu hindern.[847]. Immerhin versuchen die Jugendoffiziere nicht nur mit vermeintlichen Sachargumenten zu überzeugen, sondern wollen schon mit ihrem »coolen« Auftreten bei den jungen Menschen punkten. Zudem sind die Soldaten von der Bundeswehr rhetorisch geschult worden.

Der Wissenschaftliche Dienst des Bundestags kommt in einer kurzen Studie zur rechtlichen Situation bei Bundeswehr-Schuleinsätzen zu der Erkenntnis, dass diese zwar grundsätzlich legal seien, in allen Fällen – bei Veranstaltungen zur Personalge-

---

845   Bundestags-Drucksache 16/13664.

846   Mickel, Wolfgang W. (Hrsg.): Handbuch zu politischen Bildung, Schriftenreihe der Bundeszentrale für politische Bildung Band 358, Bonn 1999, S. 174.

847   Ebenda, S. 173.

winnung wie auch bei reinen Informationsveranstaltungen – aber auch eine »neutrale« Berichterstattung gegeben sein müsse: »Dies kann die Schule sicherstellen, indem sie z. B. zu einer Veranstaltung auch einen militärkritischen Vertreter einlädt oder im Vorfeld der Veranstaltung die Schüler für kritische Aspekte sensibilisiert.«[848] Laut dem fünfseitigen Papier ist ein alleiniger Unterricht von Jugendoffizieren zu kontroversen Themen unzulässig, da in den Soldaten keine neutralen Berichterstatter zu sehen seien – zumindest müsse der Lehrer also eine Gegenposition einnehmen. Auch ein Urteil des Bundes-Verfassungsgerichts in Karlsruhe könnte auf die Bundeswehr-Einsätze in Schulen kritisch bezogen werden:

> »Zwar darf der Staat auch unabhängig von den Eltern eigene Erziehungsziele verfolgen (BVerfGE 34, 165 <182>; 47, 46 <71>), dabei muss er aber Neutralität und Toleranz gegenüber den erzieherischen Vorstellungen der Eltern aufbringen (vgl. Beschluss der 2. Kammer des Ersten Senats des Bundesverfassungsgerichts vom 21. April 1989, – 1 BvR 235/89 –, juris). Der Staat darf keine gezielte Beeinflussung im Dienste einer bestimmten politischen, ideologischen oder weltanschaulichen Richtung betreiben.«[849]

Ebenso wichtig wie Kritik zu üben ist es aber auch, Alternativen für sicherheitspolitische Themen und Werbung für Wehrdienst in Schulen anzubieten. Die »Bundeszentrale für politische Bildung« (BpB) bzw. ihre Landesorgane unterstützen zwar auch Jugendoffiziere und finanzieren beispielsweise Pol&IS-Simulationsspiele, dennoch hat die Bundeszentrale 2009 eine brauchbare Broschüre zum Soldatenberuf herausgegeben. In zwei kurzen Filmen wird die Frage gestellt, ob ein junger Mann, der bereits eine Ausbildung abgeschlossen hat und nun eine neue Arbeitsstelle sucht, zur Armee gehen soll oder nicht. Zwar folgt auch die Broschüre dem Regierungssprech, die Bundeswehr sei »weltweit in Krisengebieten bei Friedenseinsätzen und humanitären Missionen im Einsatz«, aber auch Nachteile des Kriegsdienstes werden deutlich benannt: »Christoph [dem Protagonisten in den Filmen] kommen Zweifel: Er kann sich nicht vorstellen, auf einen Menschen zu schießen. Der Oberstleutnant erklärt ihm, dass er in der Ausbildung die Furcht davor verlieren wird. Die Ausbildung an der Waffe ist für jeden Soldaten Pflicht. Sie müssen die Angst und die Hemmungen abbauen einen Menschen zu töten.«[850] Auch das eigene gesundheitliche Risiko wird erläutert und die mangelnde Privatsphäre in den Kasernen und im Auslandseinsatz. Letztlich entscheidet sich der arbeitsuchende Christoph gegen den Dienst bei der Bundeswehr, sucht weiter nach einem zivilen Job und bleibt bei seiner Freundin.

---

848   Hoppe, Dr. Tilman: Bundeswehr im Schulunterricht – Ausarbeitung des Wissenschaftlichen
      Dienst des Bundestags, Berlin, März 2010.
849   BVerfG, 2 BvR 1693/04, 31. Mai 2006.
850   Bundeszentrale für politische Bildung: Entscheidung im Unterricht Die Schulstunde als Talk-
      show – Ein Leben als Soldat?, Bonn, 2009.

Auch Friedensinitiativen arbeiten an Unterrichtsmaterialien zur Sicherheitspolitik – so etwa die Informationsstelle Militarisierung in Tübingen. Bisher gibt es aber noch keine Materialien der Friedensbewegung, die mit denen der »Frieden & Sicherheit«-Hefte mithalten können. Dazu fehlen vor allem die finanziellen Mittel – immerhin werden die von einem neoliberalen Think-Tank herausgegebenen »Frieden & Sicherheit«-Materialien mit hunderttausenden von Euro staatliche finanzier.

Ebenso wie Schulen sind auch Universitäten vom Einsatz von Jugendoffizieren und anderen Militärs betroffen – wenn auch in geringerem Umfang. Aufgrund mangelnder Informationen regt sich aber nur selten Widerstand. Viele Studierende, Angestellte und sogar Lehrende wissen oft nicht einmal, dass an ihren Hochschulen wehrtechnische Forschung betrieben wird, da dies nirgendwo veröffentlicht werden muss. In immer mehr Universitäts-Städten gibt es aber Bestrebungen so genannte Zivilklauseln einzuführen, um Militärs und auch der Rüstungsindustrie den Zugang zu Hochschulen zu verwehren. Getragen werden diese Initiativen meist von linken Studierendengruppen oder in manchen Fällen sogar von der Studierendenvertretung. Erfolg haben die Initiativen aber nur selten: ohne Drittmittel von Rüstungsunternehmen könne keine vernünftige Forschung in einigen Themengebieten betrieben werden, heißt es oft seitens der Hochschulleitungen. Zudem wird mit der Freiheit der Forschung argumentiert, die Militärforschung einschließe. Abgeschlossene Zivilklauseln sind meist nicht weitreichend und rechtlich zudem nicht bindend, weshalb sie oft schlicht von den Hochschulleitungen ignoriert werden.[851]

Wider das militärische Spektakel – Bundeswehr-Events

In den Jahren 2007 und 2008 haderte das Verteidigungsministerium mit der Linken-Bundestagsabgeordneten Ulla Jelpke. Die Abgeordnete warf der Bundeswehr vor, durch die Ausstellung militärischen Großgeräts wie Panzern bei ihren Werbeveranstaltungen Jugendliche zu »ködern«. 2008 wies die Regierung den Vorwurf, »Nachwuchs durch Technikbegeisterung zu ›ködern‹ bzw. durch Präsentation moderner Technik Minderjährige für das Militär zu begeistern«, im Rahmen einer Antwort auf Jelpkes jährliche Anfrage zu Armee-Reklameeinsätzen zurück.[852] Die Technik – das betonte die Regierung gleich mehrmals – werde nur ausgestellt, um den jungen Leuten ihren möglichen Arbeitsplatz darzustellen. Das internationale Kinderhilfswerk »terre des hommes« kritisiert diese Art von Werbeversuchen: »Aus unserer Sicht ist es fatal, wenn sich schon Kinder für das Militär begeistern«, so Ralf Willinger,

---

851 Ein Dossier über den Streit um eine »Zivilklausel an der Universität Tübingen« findet sich auf der Website der Informationsstelle Militarisierung – www.imi-online.de.

852 Bundestags-Drucksache 16/8355.

Experte für Kindersoldaten.[853] Gerade die »kindliche Begeisterung für Waffen und Technik« sei eine einfache Möglichkeit, junge Menschen für das Militär zu gewinnen. Zudem macht Willinger darauf aufmerksam, dass Deutschland schon lange das Zusatzprotokoll der UN-Kinderrechtskonvention aushöhlt. Die UN-Konvention sah vor, dass Kinder unter 15 Jahre nicht vom Militär geworben werden dürfen. 2002 trat ein Zusatzprotokoll in Kraft, mit dem die Altersgrenze auf 18 Jahre hinaufgesetzt wurde. »Leider wurde auf Druck einiger westlicher Länder – darunter auch Deutschland – eine Ausnahmeregelung in das Protokoll gebracht«, so der Experte.[854] Staatliche Armeen dürfen daher noch immer ab dem 15. Lebensjahr rekrutieren – Deutschland macht dies offiziell ab dem 17. Lebensjahr. Fakt ist, dass viele, vor allem männliche Jugendliche gerade wegen der ausgestellten Technik zu Messeständen, »KarriereTreffs« und Tagen der offenen Tür der Bundeswehr kommen. Dort dürfen sie dann sogar meist in den Militärvehikeln Platz nehmen. Spätestens hier bricht die Bundeswehr sogar ihr eigenes Recht. Im Ministerialblatt des Bundesministeriums der Verteidigung vom 1. Februar 2007, welches für alle Soldaten bindende Richtlinien abdruckt, steht unter Punkt »9.8 Zugang zu Handfeuerwaffen, Munition und Waffensystemen« geschrieben:

> »Bei allen Veranstaltungen der Truppe, die der Informationsarbeit dienen, ist durch geeignete Vorkehrungen und Dienstaufsicht sicherzustellen, dass Kinder und Jugendliche bis zum vollendeten 18. Lebensjahr keinen Zugang zu Handfeuerwaffen oder Munition erhalten. Für ausgestellte Waffensysteme gilt dies adäquat.«[855]

Eben auf diesen Befehl spielte auch ein mit »Sicherheitshinweis« überschriebenes Blatt an, das während des Augustdorfer-Soldatentags 2009 an vielen ausgestellten Panzern in der Generalfeldmarschall-Rommel-Kaserne hing: »Der Zugang zu diesen Waffen/Waffensystemen ist für Kinder und Jugendliche bis zum vollendeten 18. Lebensjahr gesetzlich verboten: Diese Waffen/Waffensysteme dienen der äußeren Sicherheit und der Sicherung des Friedens, sie sind kein Spielzeug! Liebe Eltern, erklären Sie dieses bitte auch ihren Kindern. Vielen Dank für Ihr Verständnis«. Verantwortlich für den Hinweis war die veranstaltende Panzerbrigade 21 »Lipperland« – und eben die Soldaten dieser Brigade waren es auch, die den Kindern beim Einstieg in die Panzer halfen. Zwar gibt es die Vorschrift, doch kein Militärangehöriger scheint sich daran zu halten. Dass Leiter von Messeständen und Werbetrucks – im Gegensatz zu vielen einfachen Soldaten, die Kinder wohl teilweise aus schlichter Unwissenheit über die Vorschriften in Panzern herumklettern lassen – die Vorschrift

---

853   Schulze von Glaßer, Michael: Die Bundeswehr an der Werbefront, in: Forum Recht, Nr. 03/2009.

854   Schulze von Glaßer, Michael: Armee umwirbt Kinder, in: www.telepolis.de, 10.5.2009.

855   Ministerialblatt des Bundesministeriums der Verteidigung, Bonn, 1. Februar 2007, S. 8.

kennen, ist sehr wahrscheinlich. Friedensaktivisten sollten die Bundeswehr an ihre eigene Vorschrift erinnern, um zu verhindern, dass Kinder sich an die Gewehre begeben, wie es so oft passiert. Zwar sieht die zivilrechtliche Situation nochmal anders aus, denn dort gelten Panzer erst einmal nur als große Eisen-Vehikel und sie werden erst zur Waffe und damit für Kinder tabu, wenn ein Schlüssel steckt, doch die ministeriellen Vorschriften sind für die Soldaten bindend. Friedensaktivisten sollten bei Armee-Veranstaltungen also immer eine Fotokamera dabei haben, Verstöße zu dokumentieren, die sie den Militärs später vorhalten können.

Gruppen, die sich gegen Bundeswehr-Werbeveranstaltungen engagieren, gibt es viele. In den vergangenen Jahren war ein deutlicher Trend festzustellen: die Zeit der Massendemonstrationen ist vorbei. Der jährliche Ostermarsch bringt bundesweit zwar immer noch zehntausende Menschen auf die Straßen, es waren aber mal weitaus mehr. Großdemonstrationen gegen den Auslandseinsatz in Afghanistan finden, gemessen an der enormen Ablehnung in der Bevölkerung, ebenfalls nur wenig Teilnehmer. Hingegen steigt die Zahl kleinerer Aktionen gegen Bundeswehr-Veranstaltungen – besonders jüngere Friedensaktivisten engagieren sich gegen den Armee-Werbefeldzug. Es scheint, als würde die Generation traditioneller Friedensaktivisten durch eine junge, aktivistische Generation abgelöst.

Wichtig für das lose Netzwerk antimilitaristischer Gruppen ist besonders die Website der Kölner-Gruppe »Bundeswehr wegtreten« (www.bundeswehr-wegtreten.org). Diese listet seit Jahren so gut wie alle öffentlich bekannten antimilitaristischen Aktionen in der Bundesrepublik auf und gibt einen guten Überblick über die Bewegung. Zudem bietet die Website Hintergrundinformationen zu Militärwerbung und Terminhinweise zu anstehenden antimilitaristischen Protestaktionen. Auch die *Panzerknackerin*, eine kleine Zeitung über Anti-Rekrutierungs-Aktionen, steht auf der Website zum Herunterladen zur Verfügung. Seit März 2009 können Armee-Werbetermine außerdem auf der Website der Gruppe »kehrt marsch – den Bundeswehr-Werbefeldzug stoppen« (www.kehrt-marsch.de) auf einer Landkarte angesehen werden. Ziel der Gruppe ist es, militärkritische Gruppen zu Aktionen zu motivieren. Durch die Karte ist es möglich, die Werbeveranstaltungen vor Ort auf einen Blick zu sehen. Auch gewaltfreie Aktionsbeispiele finden sich auf der Website. In Zukunft will die Initiative anderen antimilitaristischen Gruppen Flugblätter und andere Materialien für Aktionen zur Verfügung stellen.[856] Eine weitere sehr empfehlenswerte Website ist das »Bundeswehr Monitoring« (www.bundeswehr-monitoring.de), ein Projekt der Arbeitsstelle für Frieden und Abrüstung e. V. (ASFRAB) aus Berlin. Auf

---

856   Schulze von Glaßer, Michael: »Die Bundeswehr hat sogar eigene Büros in Arbeitsämtern«, in: junge Welt, 5. Mai 2010.

der Website erscheinen mehrmals in der Woche aktuelle Neuigkeiten zur Bundeswehr und zur Militarisierung der Gesellschaft. Umfassende Informationen und ein reichhaltiges Archiv – und das nicht nur über Armee-Reklameeinsätze, sondern zu allen friedensrelevanten Themen, gibt es auf der Website der Kasseler AG Friedensforschung (www.uni-kassel.de/fb5/frieden). Teilweise sehr ausführliche Studien zu Bundeswehr-Werbung sind bei der Tübinger Informationsstelle Militarisierung e. V. zu finden, die alle kostenlos unter www.imi-onlinde.de abgerufen werden können. Nicht zuletzt finden sich auch auf der Website der »Deutschen Friedensgesellschaft – Vereinigte KriegsdienstgegnerInnen« (www.dfg-vk.de) nützliche Informationen zum Thema. Wer auf dem Laufenden bleiben will, sollte auch einen Blick in linke Tageszeitungen werfen, die oft ausführlich und kritisch über Militärwerbung berichten.

Das Werben stoppen – Bundeswehr-PR in zivilen Medien

Wie umgehen mit Armee-Werbung in zivilen Medien? Zum Umgang mit Militainment wurden bereits im entsprechenden Kapitel einige Vorschläge unterbreitet. Da die Bundesregierung kaum ihre eigene Werbemaßnahmen verbieten wird, müssen besonders junge Menschen den Umgang mit Medien lernen, um Werbestrategien zu durchschauen. Dies könnte beispielsweise durch ein Lehrfach in der Schule geschehen, was auch über das Thema der Bundeswehr-Werbung hinaus sinnvoll wäre, um die jungen Menschen in der heutigen Medienwelt nicht untergehen zu lassen und sie zu kritischen Individuen zu erziehen.

Werbeanzeigen in Printmedien könnten durch öffentlichen Druck verhindert werden. Die BRAVO gibt ihre Kernleserschaft mit einem Alter ab 12 Jahren an und kooperiert mit der Bundeswehr sowohl durch Anzeigen als auch bei den »Bw-Adventure Games«. Kritische Anrufe bei der Redaktion und Berichte in den Medien könnten den herausgebenden Verlag vielleicht umstimmen. Gleiches gilt für den SPIESSER, der mit der Armee-Werbung schon jetzt gegen sein eigenes Redaktionsstatut verstößt. Nicht zu vergessen sind die über einhundert anderen Schülerzeitungen, in denen die Bundeswehr wirbt.

Die Medien-PR der Armee zu stoppen, ist wohl am schwersten, da diese nicht direkt greifbar und zudem sehr intransparent ist. Was die Bundeswehr mit den Medien vereinbart, geht an der Gesellschaft vorbei – einzugreifen ist schwer. Stattdessen könnte durch eigene – militärkritische – Medien versucht werden, Aufmerksamkeit zu erregen und ein anderes Bild von der Bundeswehr zu zeichnen. Aktuelle kritische Informationen finden sich bereits auf den schon genannten Internetseiten. In den USA gibt es sogar professionelle, via Internet-Videoportalen verbreitete Anti-Rekrutierungs-Videos. In einem kurzen Spot – ähnlich einem Fernseh-Werbespot – wird beispielsweise über die Gefahr informiert, im Kriegseinsatz traumatisiert zu werden.

Gelöbnix-Demonstrationen gegen das Militärritual – wie hier im westfälischen Rheine am 29. Mai 2009 – finden fast alljährlich zum großen Berliner-Gelöbnis am 20 Juli statt.

Neue Medien sollten auch in Deutschland verstärkt für Militärkritik und Aufklärung genutzt werden. Das so genannte Web 2.0 bietet zudem einfache Möglichkeiten der Unterschriftensammlungen. Die deutsche Nichtregierungsorganisation »Campact – Demokratie in Aktion« sammelt beispielsweise auf ihrer Internetseite (www.campact. de) immer gleich zu mehreren, meist umweltpolitischen Themen Unterschriften und übergibt diese in der Regel mit Aufsehen erregenden Aktionen an die von ihnen kritisierten Politiker oder Unternehmen. Ein ähnliches Projekt mit einem Schwerpunkt auf Kriegspolitik wäre mit Sicherheit Erfol versprechend.

Die Bundeswehr in der Kritik – Wie argumentieren?
Die antimilitaristische Bewegung in Deutschland kann viel von den Anti-Rekrutie-rungs-Strategien der US-Friedensbewegung lernen. Zwar unterscheiden sich US-Armee und Bundeswehr – allein schon in ihrem Umfang und der Art der Kriegsführung – deutlich. Da die Bundeswehr (wie ich Kapitel über die Nachwuchsgewinnung

der US-Armee gezeigt) den USA hinsichtlich der Personalgewinnung jedoch nacheifert, gibt es auch deutliche Überschneidungen. Das große Thema »Militär an
Schulen« ist sowohl in den USA als auch in Deutschland aktuell. Die amerikanische
Anti-Rekrutierungs-Aktivistin Aimee Allison, die gemeinsam mit David Solnit unter
dem Titel »Army of none« bereits ein ganzes Buch über »Strategies to Counter Military Recruitment« geschrieben hat, macht in ihren Schriften auf einen wichtigen
Punkt aufmerksam: Sollte man bei Diskussionen z. B. mit Lehrern, Schülern aber
auch Soldaten darauf abzielen, das Militär als Ganzes zu kritisieren oder nur die Art
der Nachwuchsgewinnung? Allison schreibt dazu: »Wenn wir dann unser Anliegen
vor der Klasse präsentieren, sagen wir nicht ›Krieg ist schlecht. Lasst euch deswegen
nicht rekrutieren!‹ Wir sagen stattdessen: ›Wir möchten euch zusätzliche Informationen geben, denn die Anwerber erzählen Euch nicht alles. Es gibt andere Möglichkeiten der Arbeitslosigkeit zu entgehen. Geht nicht zum Militär!‹«[857] Es gibt viele sehr
gute Argumente zur Abschaffung des Militärs. Aus taktischen Gründen scheint eine
Argumentation, die sich gezielt auf die Verhinderung der Nachwuchsrekrutierung
beschränkt, aber oft klüger. Jugendliche, die nicht nur einseitig von der Bundeswehr
informiert wurden, sondern durch Militärkritiker wirklich alle Informationen – beispielsweise bezüglich post-traumatischer Störungen und anderer gesundheitliche Ri-
siken – bekommen haben, zögern weit eher, zur Armee zu gehen. Es ist gar nicht
sofort nötig, die jungen Menschen von einer Welt ohne Militär zu überzeugen, erst
einmal müssen sie nur komplett über eine mögliche Arbeitsstelle beim Militär aufgeklärt werden, um sie davon abzubringen Soldat zu werden. Wer in Diskussionen
gleich den Standpunkt vertritt, das ganze Militär abschaffen zu wollen findet, meist
wenig Gehör. Oder konkret: die Forderung »Bundeswehr raus aus den Schulen«
findet auf Anhieb mehr Zustimmung als die Forderung »Bundeswehr abschaffen«.
Dennoch sollte man – auch wenn man zunächst nur gegen die Armee-Nachwuchs-
gewinnung argumentiert – nie den Gesamtkomplex aus den Augen verlieren. Ohne
Militär wäre auch keine Rekrutierung nötig. Andererseits greift die Arbeit gegen
Rekrutierung schon sehr tief: Ohne Soldaten kein Militär!

Was in Deutschland – im Gegensatz zu den USA – in der Anti-Rekrutierungs-
Bewegung gar nicht unternommen wird, ist die Arbeit mit Militär-Veteranen. So
sind für Allison neben Schülern/Lehrern und Aktivisten auch Militär-Veteranen ein
wichtiger Partner bei der Anti-Rekrutierungsarbeit in Schulen. In Deutschland kritisiert die Soldatenorganisation »Darmstädter Signal« (www.darmstaedter-signal.de)
die Auslandseinsätze der Armee. Zudem spricht sich die Organisation gegen den
Einsatz von Jugendoffizieren in Schulen aus, da diese nach Meinung der kritischen

---

857   Allison, Aimee: Anti-Rekrutierungsbewegung in den USA, in: www.connection-ev.de.

Protestaktion gegen ein Konzert der Bundeswehr-BigBand, die am 7. August 2008 im Rahmen eines Stadtfestes im westfälischen Rheine auf der schwimmenden Ems-Bühne spielte.

Soldaten nur einseitig berichten würden. Dennoch ist das Darmstädter Signal (welches allerdings auch nur wenige hundert Mitglieder hat) nicht in die Arbeit gegen Militärwerbung eingebunden. Oft werden Bundeswehr-Soldaten von Friedensbewegten pauschal als »Gegner« angesehen und dabei Hintergründe vergessen. Nicht alle Soldaten sind mit der Politik des Verteidigungsministeriums und den ausufernden Militärinterventionen einverstanden. Viele sind weniger aus Überzeugung als viel mehr aus ökonomischen Gründen beim Militär. Zwar gehört zum Dienst an der Waffe eine gewisse Überzeugung, dennoch gibt es auch kritische Soldaten in und außerhalb der Bundeswehr. Diese könnten – auch wenn sie den Militärapparat nicht grundsätzlich ablehnen – mögliche Partner bei der Anti-Rekrutierungsarbeit in Deutschland sein.

Jugendschutz ist ein weiteres wichtiges Thema. In Deutschland gibt es dazu viele Vorschriften und die Bundeswehr hat sogar eigene Vorschriften erhoben, die es beispielsweise verbieten, unter 18-Jährige auf Panzern herumspielen zu lassen. Das politische Ziel sollte indes sein, junge Menschen soweit für die Idee des Friedens zu begeistern, dass sie von selbst gar nicht mehr auf Panzer wollen. Eine Aufgabe, die nicht leicht, aber aus emanzipatorischer, linker Perspektive unumgänglich ist. Erziehung zum Frieden ist daher essenziell. Umso stärker muss die Auseinandersetzung über Armee-Einsätze in Schulen geführt werden. Denn Erziehung zu Gewaltfreiheit und Frieden ist mit der Bundeswehr nicht machbar.

Danke

Für die vielen wichtigen Hinweise möchte ich mich bei allen Unterstützerinnen und Unterstützern herzlich bedanken: ohne euch wäre dieses Buch nicht entstanden. Gerhard Reth aus Schleswig-Holstein, David Werdermann aus Telgte und den Leuten von der Informationsstelle Militarisierung e.V. aus Tübingen gebührt ein spezieller Dank für viele wichtige Informationen. Besonderer Dank geht auch an die Bundestagsabgeordnete Ulla Jelpke und ihr Büro, das unermüdlich daran arbeitet, Licht ins Dunkel der Bundeswehr-Rekrutierungsarbeit zu werfen und sich auch von harscher Kritik aus Richtung der Regierung und des Militärs nicht erschüttern lässt. Peter Bürger möchte ich für seine wertvolle Arbeit zu Militainment und seine Verbesserungsvorschlägen zum Militainment-Abschnitt in diesem Buch danken.

Dank an Anika Niggeweg, ohne deren Korrekturen noch viel mehr Schreibfehler unentdeckt geblieben wären. Gleicher Dank geht auch an den Verlag, dem ich auch für die Herausgabe des Buchs danken möchte.

Dank an Adelheid und Egbert Schulze von Glaßer, die sich als meine Eltern hin und wieder fragen, was sie wohl falsch gemacht haben, und dennoch das Buchprojekt unterstützten. Macht euch keine Sorgen, ihr habt alles richtig gemacht.